面向“十二五”高等院校应用型人才培养规划教材

物流学

Logistics

精品课主持人　王　辉◎主　编

刘金方◎副主编

Logistics

中国铁道出版社
CHINA RAILWAY PUBLISHING HOUSE

图书在版编目（CIP）数据

物流学/王辉主编．—北京：中国铁道出版社，2010.2（2017.7重印）

ISBN 978-7-113-10897-7

Ⅰ.①物…　Ⅱ.①王…　Ⅲ.①物流　Ⅳ.①F252

中国版本图书馆 CIP 数据核字（2010）第 001478 号

书　　名： 面向“十二五”高等院校应用型人才培养规划教材
物　流　学

作　　者： 王　辉　主编

责任编辑： 曾亚非　**电话：** 010-51873014

封面设计： 薛小卉

责任校对： 张玉华

责任印制： 李　佳

出版发行： 中国铁道出版社（100054，北京市西城区右安门西街 8 号）

网　　址： http://www.tdpress.com/51eds1

印　　刷： 三河市兴达印务有限公司

版　　次： 2010 年 2 月第 1 版　　2017 年 7 月第 2 次印刷

开　　本： 787mm×1 092mm　1/16　印张：20.75　字数：536 千

印　　数： 4 001 ～ 5 000 册

书　　号： ISBN 978-7-113-10897-7/F・643

定　　价： 39.80 元

面向“十二五”高等院校应用型人才培养规划教材
编审委员会

《物流学》这部教材在“十二五”开局之年前，祖国60周年华诞之际完成，从开始各章的内容酝酿到写作过程凝聚了教育同仁们的智慧、汗水和教学精髓。

比较而言，物流业是一个年轻的行业，物流类专业又是开办时间不长的专业，但并不意味着物流发展和教育的稚涩。物流业是融合运输业、仓储业、货代业和信息业等的复合型服务产业，是国民经济的重要组成部分，涉及领域广，吸纳就业人数多，促进生产、拉动消费作用大。2009年，物流业成为国务院确定的我国十大振兴产业之一，标志着物流业在国民经济中的重要地位。我们也和众多教育同行一样，愿为中国物流知识的传播贡献绵薄之力。

为了使本书更符合“教材”的特点，我们把它定位于“能够为师生提供贴身式服务的教材”，这就意味着不仅仅本书体现专业性、可读性和新颖性，还要体现教材配套性，实现“结构式”和“启发式”教学的统一。为此，我们一是在知识内容上力争做到简洁而覆盖物流领域的所有知识点，反映物流理论的最新发展。二是在编写上采用了图表、小知识、小案例等形式以求生动化。三是加强了各章后面部分的组织，包括有：本章小结、关键概念、课堂讨论、复习思考题、案例分析、推荐阅读。另外，我们还编写了相关的课件、讲义、各种练习题参考答案等电子辅助资料，供师生们下载参考。目的是让使用者“一册在手，尽知物流”，做到理论知识掌握与实际能力培养的有效结合。

全书共分为14章，均由具有丰富经验的一线授课老师合作完成。第1章由刘金方编写；第2章、第11章由王辉、杨博编写；第3章由朱桃杏编写；第4章由张俊勇编写；第5章由蒋秀兰编写；第6章由赵莉琴编写；第7章由刘敬严编写；第8章由郭跃显编写；第9章由唐淑娟、秦一方编写；第10章由陶宇编写；第12章分别由刘金方、朱桃杏、张永林、刘敬严、陶宇、郭跃显编写；第13章由张永林编写；第14章由刘霖编写。全书由刘金方、李占平校稿，王辉审阅和定稿。其中，研究生安宝春、曲理萍同学为本书的编写做了大量工作。希望本书出版后，能有更多的师生察其瑕疵，纠其错误，在此十分感谢！

特别说明的是，在本书中我们参考了本领域诸多前辈和同行的思想和方法。凡涉及的文献，包括案例的出处我们均在书的末尾注明。尽管如此，仍可能有遗漏之处。请各位作者能不吝向我们提出，使我们改正非本意所犯错误。

编　者

2010年1月

教学建议

课程介绍

《物流学》以物流活动为对象，阐述现代物流理念及其特征、物流系统的功能、物流组织与管理、物流评价、企业物流、国际物流等内容。教学目的在于使学生了解现代物流系统的整个框架体系，树立科学的物流管理理念，掌握物流的基本理论、基本技术和物流管理的方法。做到将现代最新的物流思想、组织体系、现代科学技术和管理技术与物流实践的紧密结合，为进一步深入学习其他专业课程打下坚实的专业基础。

选课建议

适用于物流管理、交通运输专业作为专业基础课。市场营销、电子商务、工商管理、公共管理、信息管理等专业作为专业通识课。一般在各专业第三、第四学期开设。

教学思想

- 系统、全面、准确地阐述物流管理的基本原理和实务，在原理的阐述和案例的列举中要多联系中国实际，既遵循科学原理，又学以致用。
- 加大案例教学和课堂讨论的比重，如有可能安排必要的社会实践，给学生接触实际、动手分析的机会。
- 着重于重点的归纳、难点的剖析，并扩展知识领域。建议布置适量的作业题，以综合练习和案例分析的形式为主。

教学内容、学习要点及课时安排

教学内容	学习要点	课时安排	
		通识课	基础课
第 1 章 物流概述	■ 准确把握物流的概念 ■ 熟悉物流与流通的关系 ■ 掌握现代物流的七项基本活动 ■ 了解物流的性质以及我国物流发展现状和发展趋势	2	3
第 2 章 现代物流理念	■ 了解物流的发展趋势 ■ 掌握绿色物流、精益物流、敏捷物流、大规模定制物流、虚拟物流的概念、特征和基本理论	2	2
第 3 章 物流战略与系统规划	■ 了解物流战略的组成与物流系统规划的过程 ■ 掌握物流战略的制定、实施与控制过程 ■ 掌握物流系统的特点和规划原则、规划的基本原理、规划程序 ■ 掌握物流中心与物流园区的规划原则、规划方法	2.5	6
第 4 章 运　输	■ 了解运输的概念和地位 ■ 掌握物流运输的功能与原理 ■ 掌握各种运输方式的优缺点 ■ 了解物流运输的优化方法 ■ 了解物流运输的不合理方式及表现形式	2.5	4
第 5 章 仓　储	■ 熟悉仓储管理活动内容 ■ 了解仓库的分类 ■ 了解仓库平面布置的内容 ■ 熟悉仓储作业流程及各环节的主要内容 ■ 掌握库存控制的 ABC 分类管理法、定量订货法、定期订货法 ■ 了解 MRP 和 JIT 库存控制的原理	2.5	4
第 6 章 配　送	■ 了解现代配送的影响及在物流业中的地位和作用 ■ 了解配送的特点及类型、配送作业的基本程序、配送的三个基本环节和工艺流程 ■ 了解配送的一般应用以及配送中心的基本功能和类别	2	3
第 7 章 装卸搬运	■ 掌握装卸搬运的方法，装卸搬运机械的选择 ■ 了解装卸搬运合理化的措施 ■ 了解装卸搬运机械的种类	2	3
第 8 章 包装与流通加工	■ 掌握包装技术和方法 ■ 了解主要的包装机械，包装的合理化 ■ 了解流通加工技术种类 ■ 掌握不合理流通加工的主要表现以及流通加工合理化的主要措施	2	3
第 9 章 物流信息管理	■ 掌握信息、物流信息、物流信息化、信息系统等概念 ■ 了解物流信息技术的种类及其在物流管理中的应用，了解信息系统开发知识 ■ 了解常见物流信息系统的基本功能	2.5	3

续上表

教学内容	学习要点	课时安排	
		通识课	基础课
第 10 章 **第三方物流**	■ 掌握第三方物流的概念、特点、作用 ■ 掌握第三方物流企业运作模式 ■ 了解第三方物流发展现状 ■ 了解第四方物流的概念及其特点	2	3
第 11 章 **企业物流**	■ 了解企业物流的内涵 ■ 掌握采购与供物流、生产物流、销售物、逆向物流的流程和相关理论 ■ 掌握企业物流一体化管理的概念和流程 ■ 掌握施工企业物流管理的基本理论	2	3
第 12 章 **物流组织与管理**	■ 了解物流企业组织结构 ■ 掌握物流服务和物流质量以及物流成本的含义、重要性和管理方法 ■ 熟悉物流标准化和供应链的基本常识	4	6
第 13 章 **物流活动绩效评价**	■ 了解物流活动绩效评价的基本概念 ■ 了解评价的意义和作用 ■ 掌握物流活动绩效评价的内容、评价方法以及物流活动绩效改善途径	2	2
第 14 章 **国际物流**	■ 了解国际物流的概念和主要类别，明确国际物流与国际贸易的关系 ■ 掌握国际物流基本业务流程，熟悉各环节的主要内容 ■ 了解国际展品物流的基本内容 ■ 了解国际邮政物流的主要内容	2	3
案例讨论：结合本课程各章的内容，提供若干中外案例，建议各章至少选择 1 个案例让学生参与讨论，提出解决问题的方案			
课时总计		32	48

注：案例讨论的课时可由教师灵活掌握分配使用。

目录 Contents

物流学 Logistics

第1章 物流概述

开篇案例・泸州酒业:龙头企业带动产业大发展

泸州,酒城。泸州是中国酿酒历史悠久的地区,发展酿酒业的自然条件得天独厚。全国白酒市场,川酒三分天下有其一,泸酒则贡献了川酒的四成产量,不仅有"国窖1573"、"红花郎"等高端品牌,也有"仙潭"、"巴蜀液"、"国粹"等地产知名品牌。

虽然泸酒的名气很大,在全国白酒市场占有率却并不高,高端品牌中也不占强势地位。泸州推进酒业发展也面临着一些难题。一方面是酒类生产的全面发展,另一方面是配套产业的发展滞后让品牌商和制造商伤脑筋。一个从产地宁波运到泸州的酒瓶包装盒,就让1瓶酒的成本至少多出1元钱。1573是老窖的高端产品,其所用的酒盒都是手工定型,不能折叠,一辆长15米的载重货车可以拉30吨货物,但只能装运1.7万个酒盒,每个酒盒成本就要高出1元钱,如果在本地包装成本也就1毛钱。

企业面临的难题在泸州酒业集中发展区得到了解决,这里并非酒窖的简单集中,而是包装、检测、灌装、物流的优化组合,是一个在质量与效益上统一提升的发展区。泸州酒业集中发展区的目标是成为中国第一个白酒加工配套产业集群,形成中国名白酒原产地黄金经济圈。泸州酒业集中发展区作为"四川省重点项目"、"四川省中小型企业创业基地",总投资逾70亿元,全部建成后将达到40万吨白酒年综合生产能力。2010年一期工程全部建成后,将聚集生产型企业100家以上。

泸州酒业集中发展区在功能设计上主要满足两个方面的需求,一是为白酒生产搭建一个具有规模优势、质量控制优势、技术优势、成本优势、管理优势的平台,凡是涉及白酒生产及相关产业在商誉、设施、技术、管理、物流、营销网络等方面的合作,在园区都能实现;二是创建白酒行业的创业孵化园区,为有志投身白酒及相关产业的人士搭建创业平台。

在已具规模的一期工程,灌装、基酒储存、包材生产、物流四个主题区定位明确形成由产到销、多企业多环节协作的白酒产业链。目前,园区一期规划已投资35亿元,入驻33家企业,形成了灌装11.5万吨酒的能力。

建立酒业集中发展区,构建以供应链管理为运营模式的白酒产业集群,不仅是泸州的新举措,也是四川酒业的一次成功尝试。从传统酒业的全能化,发展到供应链管理模式下以物流为纽带的优势资源整合,寄托着川酒从传统工业走向现代工业、提升区域经济竞争力的愿望。

(资料来源:食品商务网 http://www.21food.cn)

1.1 物流的含义

物流简单地说,就是物的流动。由于它对商品生产、商品流通和商品消费的影响日益明显而引起了各方面的重视。

1.1.1 物流概念的产生

物流最原始、最根本的含义是物的实体运动。从这一方面来讲,物流的历史存在和人类历史一样久远,因为物质是人类的第一需求。古代发展最好的一种物流活动,就是仓储活动,其次是运输活动。而现在,我们对物流考察的重点已从实体运动本身转向了在此基础上建立的物流科学、物流技术、物流系统、物流管理等诸多内容。

物流是随流通的出现而发展的。人类社会开始商品生产之后,生产和消费便逐渐分离,诞生了连接生产和消费的中间环节——流通。随着工业文明的崛起,社会生产和消费规模越来越大,流通对生产的反作用就越来越突出。产需分离越来越大,分工越来越彻底,就必须依靠流通来弥合越来越大的分工和分离。这就促使了流通的迅速发展,物流也就在这一发展中成长起来。

在20世纪初至60年代,人们提出了"物流"的概念,但仍不清晰。物流概念源于美国。美国的早期物流含义,是实物配送(Physical Distribution,以下简称PD,也译为实物分配或实体分销),是指与产品销售有关的输出物流,不包括物料供应(输入物流)。到20世纪初期,随着经济危机的频繁发生,美国经济衰退、产品滞销、企业利润下降,企业界逐渐开始重视物流管理在经济发展中的作用,逐步实行输出物流(PD)和输入物流(Material Management)一体化的物流管理制度,称之为Modern Logistics(现代物流)。物流的概念就产生于这个时期。所以,初期的物流不具有明确的内涵,常常被视为同运输近似的概念,它是在社会发展的过程中不断完善的。

一战期间,英国有位勋爵成立了"即时送货股份有限公司",公司宗旨是在全国范围内把商品及时送达批发商、零售商以及用户的手中。这是人类社会早期的系统性的物流活动。20世纪30年代,美国销售协会最早对物流进行了定义:"PD是包含于销售之中的物质资料和服务于从生产地点到消费地点流动过程中伴随的种种经济活动"。

二战期间,美国在军火的战时供应中首先采用了Logistics Management(后勤管理)这一概念,对军火的运输、补给、调配等进行全面管理,对战争的胜利起到了保障作用。二战后,后勤学逐渐形成了单独的学科,并不断发展为"后勤工程"(Logistics Engineering)、"后勤分配"(Logistics of Distribution)等学科。1963年,韦勃斯特把后勤定义为"军事装备物资、设施与人员的获取、供给和运输"。1970年,美国空军在一份技术报告中对后勤学的含义表述为:"除了军需物资的订购、生产计划、采买、库存管理、配给、输送、通用外,还包括规格化、品质管理等军事作战行动所必需的资材管理"。后勤管理的方法后来被引入到工业部门和商业部门,被人们称为"工业后勤"和"商业后勤"。其定义中包括下列一些业务活动:原材料的流通、产品分配、运输、购买与库存控制、贮存、用户服务等等。这时的后勤一词已经不仅是军事上的含义了,已经等同或接近于现代物流。

20世纪50年代末,PD概念被介绍到日本,目前使用的“物流”一词,是日语“物的流通”的简称。当时,日本正处于经济的高速成长期,生产规模的迅速扩大导致流通基础设施严重不足。于是,加强道路、港口和仓库等流通基础设施建设,实现运输手段的大型化、专用化和高速化,以提高货物的处理能力以及商品供应效率就成为当时的迫切任务。因此,流通技术便成为人们关心的重点。60年代初,以日本效率协会为中心的一些专家对将PD作为“流通技术”理解提出了不同意见,认为偏离了PD的原意。到60年代中期正式翻译成“物的流通”,70年代初又简称为“物流”。在日本物流最初是指销售物流,即站在个别企业的角度看,局限于销售领域范畴,以后扩展到采购供应和生产领域。

在物流概念被认识以前,与物资实体位移相关的运输、保管和装卸搬运等活动是分散在生产、销售和采购部门进行个别管理,重视的是个别功能的最优化。但是,在确立了“大量生产大量流通”的体系,迎来了高速增长期之后,商品实体移动方面遇到了两个重要障碍。其一是高速增长期增大的物流量超过了企业商品的供应能力。更为严重的情况是,顾客无法收到订购的商品,即便可以收到,送货期也被延长,因此加大了成本支出。第二个问题是物流活动上所支出的成本显著上升。物流原本是一个高劳动密集型的部门,加之高速成长期劳动力费用上涨,导致物流活动的成本支出明显加大。这说明在“物流”以前的时期,与商品实物移动相关的活动缺乏专门化的组织协调,处于非效率状态。上述问题在高速成长期之前,由于企业的物流量不多,并且存在着丰富的劳动力,因而并未显现出来。但是,以前的做法却无法适应高速成长期带来的环境变化,内在的非效率性便逐渐表现出来。在这样的背景之下,物流概念开始为人们所关注,并广泛推广。

1962年美国管理学者德鲁克(P. F. Druker)在《财富》杂志上发表的一篇题为“经济的黑暗大陆”的文章中指出,消费者所支出的商品价格的约50%是与商品流通活动有关的费用,物流是降低成本的最后领域。正是那时,在企业经营决策者层面上,对物流的认识普遍得到提高,开始把寻求成本优势和差别化优势的视角转向物流领域,物流被视为“第三利润的源泉”,对物流各项功能活动的管理由过去的分散管理开始向系统化、集成化方向转变。通过物流功能的最佳组合,在保证物流服务水平的前提下,实现物流总成本的最低化成为现代物流的重要特征。

由此可见,物流不单纯是伴随着物资流动而发生的各种活动的总称,而是在对这些活动的相互关系作出调整,作为一个有机整体和一个系统来进行管理的必要性得到成分认识的基础上产生的概念。

1.1.2 物流定义

物流的定义很多,日本的学者和企业家们的提法是:物流是物质资料从供给者到需求者的物理性运动,主要是创造时间价值和场所价值,有时也创造一定加工价值的活动。

美国供应链管理专业协会(Concil of Supply Chain Management Professionals,简称CSCMP,其前身为美国物流协会)是世界上权威的物流组织,该组织最近几次对物流进行的定义如下。

物流是对货物、服务及相关信息从起源地到消费地进行有效率、有效益地流通和储存,以满足顾客要求的过程,并对这个过程进行计划、执行和控制。这个过程包括输入、输出、内部和外部的移动以及以环境保护目的的物流回收。(1991年)

物流是供应链活动的一部分,专注于物品、服务及相关信息从起源点到消费点的有效流动

和储存的企划、执行与控制过程,以达成顾客的要求。(1998 年)

企业在供应链运作中,以满足顾客要求为目的,对货物、服务和相关的信息从产出地到消费者之间实现高效率低成本的正向和反向的流动和储存所进行的计划、协调、执行和控制的过程。(2002 年)

在 2001 年颁布的《物流术语》国家标准中,物流的定义是:物品从供应地向接收地的实体流动过程。根据实际需要,将运输、储存、装卸、搬运、包装、流通加工、配送、信息处理等基本功能实施的有机结合。在本概念中,突出强调了物流八项基本功能的有机结合(如果把装卸和搬运合在一起,就是 7 个)。表 1.1 清楚地表明了现代物流概念的内涵。本书主张使用该定义,当然,随着物流的发展,国家标准中的物流定义必然会有更新。

从上述定义中,可以看到运输、储运和物流在系统观的不同表现在成本上的立场差异性。

表 1.1　储运与物流的不同立场

运输的立场	储存的立场	物流的立场
运输最经济,运费最低	储存量最低,库存费用最低	物流系统最合理,不求总运费最低,也不求总库存费用最低,但求物流总成本最低
运输成本目标$=\min(C_{运输})$	储存成本目标$=\min(C_{储存})$	物流成本目标$\neq\min(C_{运输})+\min(C_{储存})$ 物流成本目标$=\min(C_{运输}+C_{储存})$

1.1.3　物流的价值

物流价值主要表现在其所创造的时间价值、场所价值和加工附加价值。

1. 时间价值

“物”从供给者到需要者之间有一段时间差,由于改变这一时间差创造的价值,称作“时间价值”。时间价值通过物流获得的形式有以下 3 种。

(1)缩短时间创造价值。缩短物流时间,可获得多方面的好处,如减少物流损失,降低物流消耗,增加物的周转,节约资金等。马克思从资本角度早就指出过:“流通时间越等于零或近于零,资本的职能就越大,资本的生产效率就越高,它的自行增值就越大”。时间越短,资本周转越快,表现出资本的较高增值速度。现代物流学着重研究的一个课题,就是如何采取技术的、管理的、系统的方法来尽量缩短物流的宏观时间和有针对性地缩短微观物流时间,从而取得高的时间价值。

(2)弥补时间差创造价值。经济社会中,需要和供给普遍地存在着时间性差异。例如,粮食生产有严格的季节性和周期性,即使人类已有了改造自然的能力,创造人工条件使粮食种植不受季节影响,但周期性仍是改变不了的。这就决定了粮食的集中产出。但是人们的消费是天天有需求,因而供给和需求之间出现时间差。又如,水泥工厂一旦点火,生产就必须连续进行,每时每刻都在生产产品,但是其消费却带有一定时间间隔的集中性,这也出现了时间差。再如,凌晨磨制的鲜豆浆在上午出售;前日采摘的蔬菜、水果在次日出售等等,都说明供给与需求之间存在时间差,可以说这是一种普通的客观存在,正是有了这个时间差,商品才能取得自身最高价值,才能获得十分理想的效益。但是商品本身是不会自动弥合这个时间差的,如果没有有效的方法,集中生产出的粮食除了当时的少量消耗外,就会损坏掉、腐烂掉,而在非产出时间,人们就会找不到粮食吃。物流便是以科学的、系统方法弥补,有时是改变这种时间差,以实现其“时间价值”。

(3)延长时间差创造价值。在某些具体物流中也存在人为地、能动地延长物流时间来创造价值的情况。例如,配合待机销售的物流便是一种有意识地延长物流时间、有意识增加时间差来创造价值的方式。当然,这是一种特例,不是普遍的现象。

2. 场所价值

“物”从供给者到需求者之间有一段空间差异。供给者和需求者之间往往处于不同的场所,由于改变这一场所的差别,创造的价值被称作“场所价值”。物流创造场所价值是由现代社会产业结构、社会分工所决定的,主要原因是供给和需求之间的空间差,商品在不同地理位置有不同的价值,通过物流将商品由低价值区转到高价值区,便可获得价值差,即“场所价值”。有以下三种具体形式。

(1)从集中生产场所流入分散需求场所创造价值。现代化大生产的特点之一,是通过集中的、大规模的生产以提高生产效率,降低成本。在一个小范围集中生产的产品可以覆盖大面积的需求地区,有时甚至可覆盖一个国家乃至若干个国家。通过物流将产品从集中生产的低价位区转移到分散于各处的高价位区有时可以获得很高的利益。例如,现代生产中钢铁、水泥、煤炭等原材料生产密集在一个地区达几百万甚至几千万吨,汽车生产有时也可达百万辆以上,这些都需通过物流流入分散需求地区,物流的“场所价值”也依此决定。

(2)从分散生产场所流入集中需求场所创造价值。和上面相反的一种情况在现代社会中也不少见。例如粮食是在多亩地上分散生产出来的,到大城市集中销售;一个大汽车厂的零配件生产也分布得非常广,但却集中在一个大厂中装配,这也形成了分散生产和集中需求,物流便依此取得了场所价值。

(3)从甲地生产流入乙地需求创造场所价值。现代社会中供应与需求的空间差比比皆是,除了生产因素之外,有不少是自然地理和社会发展因素决定的,例如农村生产粮食、蔬菜而异地于城市消费,南方生产荔枝而异地于各地消费,北方生产高粱而异地于各地消费等。现代人每日消费的物品几乎都是相距一定距离甚至十分遥远的地方生产的。这么复杂交错的供给与需求的空间差都是靠物流来弥合的,物流也从中获利。

3. 加工附加价值

加工原本是生产领域常用的手段,并不是物流的本来职能。但是,现代物流的一个重要特点,是根据自己的优势从事一定的补充性的加工活动,这种加工活动不是创造商品主要实体,形成商品主要功能和使用价值,而是带有完善、补充和增加性质的加工活动,这种活动必然会形成劳动对象的附加价值。虽然在创造加工附加价值方面,物流不是主要责任者,其所创造的价值也不能与时间价值和场所价值比拟,但这毕竟是现代物流有别于传统物流的重要方面,也更是有别于简单力学运动的重要方面。

1.2 物流与流通

物流概念的产生说明物流与流通存在一定的联系:即最初的物流主要是在流通领域产生的。但物流跟流通又不是同一个概念,它们既有区别又有联系。

流通包括4个相互联系又相互独立的流通形态,即商流、物流、信息流、资金流。物流是商品实物形态的流通,主要解决生产与消费的地点和时间差异。

流通是联结生产和消费之间的纽带。因而,作为一种经济形式而存在的流通是伴随着商品生产和交换的历史而产生和发展的。在商品经济初期,由于产品的种类、数量较少,生产与消费间的交换关系以直接方式进行，流通处于初级形态。随着社会的全面发展，生产方式多样化、分工专业化、生产规模化，尤其是现代经济全球化的发展，大大增加了产品的种类和数量，生产地点与消费地点逐渐分离，流通走向更高级、更复杂阶段。

1.2.1 流通的四大支柱流

传统流通过程要解决两方面的问题：一是产成品从生产者所有转变为用户所有，即对象物所有权转移的活动，是解决所有权的更迭问题，我们称之为商流；二是实现物的流转过程，即解决对象物从生产地转移到使用地以实现其使用价值的问题，我们称之为物流。商流与物流共同构成了传统流通活动的全部内容。

然而，随着商品经济的发展，流通领域也在不断扩展。人们逐渐认识到当今的流通领域已不能简单地用“商流＋物流”来概括了。现代流通领域包含了四大支柱流，即商流、物流、信息流、资金流。

1. 物流

现代流通领域中的物流包含“物流”与“后勤”两层含义，是与传统物流相区别的现代“大物流”。

2. 商流

商流是物资在由供应者向需求者转移时实体的流动，主要表现为物资与其等价物的交换运动和物资所有权的转移运动。具体的商流活动包括买卖交易活动及商情信息活动。商流活动可以创造物资的所有权效用。

商流的特点：①突出了流通，即把商流看成是流通的一部分；②突出了与物流活动的伴随关系；③突出了商流的功能——“所有权效用”。商流的活动内容：①交易前收集商品信息，进行市场调查；②按照市场调查的结果，对商品生产计划、数量、质量、销售渠道等因素进行调整；③买卖双方通过谈判达成交易；④交易的履行过程。

3. 信息流

信息流的广义定义是指人们采用各种方式来实现信息交流，从面对面的直接交谈到采用各种现代化的传递媒介，包括信息的收集、传递、处理、储存、检索、分析等渠道和过程。信息流的狭义定义是从现代信息技术研究、发展和应用的角度看，指的是信息在计算机系统和通信网络中的流动。

4. 资金流

资金流是指顾客确认购买商品后，将自己的资金转移到商家的过程。资金流扮演着重要的角色。顾客在选购商品完成后所支付的款项能否安全、及时、方便地到达商家，关系到交易的最后成败。因此，支付不论是对于顾客还是对于商家，都具有非常重要的意义。交易的资金流都可分为交易环节和支付结算环节两大部分，银行是资金流的核心机构。

1.2.2 物流与其他流之间的关系

1. 物流和商流的关系

(1)物流和商流之间的联系

① 它们都属于流通领域，是商品流通的两种不同形式，在功能上互相补充。通常是先发生商流后发生物流，在商流完成以后再进行物流。②它们都是从供应者到需求者的流动，具有相同的出发点和归宿。

(2)物流和商流之间的区别

①流动的实体不同，物流是物资的物质实体的流动，商流是物资的社会实体的流动。②功

能不同。物流创造物资的空间效用、时间效用、形质效用，而商流创造物资的所有权效用。③发生的先后顺序和路径相同。在特殊情况下，没有物流的商流和没有商流的物流都是可能存在的。

总之，先有商流，然后才有物流。商流是物流的上游，没有上游就没有下游，所以要靠商流带动物流。但是如果没有物流，商流也无从实现，商流越兴旺，则物流愈发达，反之如果物流服务滞后也会影响商流的发展。因此，两者之间是相辅相成，相互促进的。

2. 信息流与物流之间的关系

两者之间的联系是：在物流系统中，信息流用于识别各种需求在物流系统内所处的具体位置，两者之间的关系极为紧密，它们互为存在之前提和基础。

两者之间的差别是：从传递内容来看，信息流是一种非实物化的传递方式，而物流转移的则是实物化的物质。

3. 资金流与物流的关系

资金流与物流关系密切，在很多情况下，也互为条件。如："款到发货"是资金流在先，物流在后；而"货到付款"是物流在先，资金流在后。一般情况下，二者的流向是相反的(如图 1.1 所示)。从图中可以看出，流通中包含有物流活动，但物流活动并不仅仅局限于流通领域，除了流通中的物流外，还有生产和消费环节的物流活动，也是我们研究的对象。

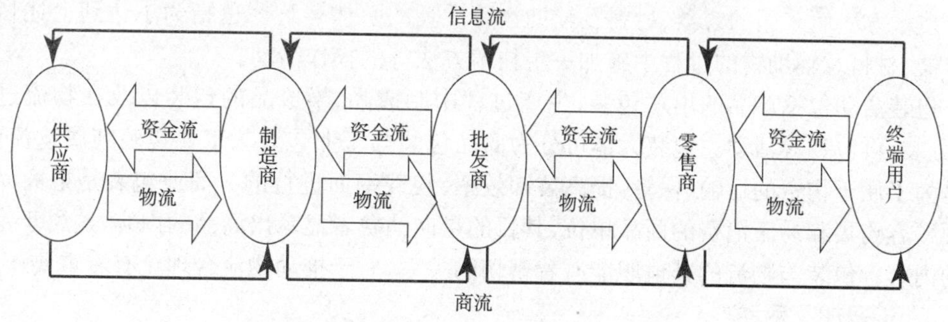

图 1.1　流通中的四个流之间的关系示意图

1.3　物流活动的构成

物流活动由运输、储存、装卸、搬运、包装、流通加工、配送、信息处理等工作构成，常被称之为"物流活动的基本职能"。

1.3.1　运输活动

运输活动(Transportation)是用设备和工具，将物品从一地点向另一地点运送的物流活动。其中包括集货、分配、搬运、中转、装入、卸下、分散等一系列操作。它是"第三利润源"的主要源泉。运输的形式主要有铁路运输、公路运输、水上运输、航空运输和管道运输等。

对运输活动的管理要求选择技术经济效果最好的输送方式及联运方式，合理地确定输送路线，以实现运输的安全、迅速、准时、价廉的要求。

1.3.2　储存活动

储存活动(Storing)是指保护、管理、储藏物品，具有时间调整和价格调整的活动。它的重要设施是仓库，在商品入库信息的基础上进行在库管理。储存活动也称为保管活动，是为了克服生产和消费在时间上的矛盾而形成的。保管活动是借助各种仓库，完成物资的保管、保养、堆码、维护等工作,以使物品的消耗下降到最小的程度。储存的管理要求确定仓库的合理库存量,建立各种物资的保管制度,确定仓储作业流程,改进保管设施和提高储存技术等。储存的目的是"以与最低的总成本相一致的最低限度的存货来实现所期望的顾客服务。"储存活动也是物流的核心,与运输活动具有同等重要的地位。

1.3.3 装卸搬运活动

装卸活动(Loading and Unloading)是指在指定地点以人力或机械装入运输设备或从运输设备卸下。它是一种以垂直方向移动为主的物流作业。搬运活动(Handing/Carrying)是指在同一场所内,对物品进行水平方向移动为主的物流作业。装卸和搬运活动往往结合在一起,统称为装卸搬运活动。

装卸搬运活动包括物资在运输、保管、包装、流通加工等物流活动中进行衔接的各种机械或人工装卸搬运活动。在全部物流活动中只有装卸搬运活动伴随物流活动的始终。运输和保管活动的两端作业是离不开装卸搬运的,其内容包括物品的装上卸下、移送、拣选、分类等。对装卸搬运活动的管理包括选择适当的装卸方式,合理配置和使用装卸机具,减少装卸事故和损失等内容。

1.3.4 包装活动

包装活动(Package/Packaging)是指在流通过程中,为保护产品、方便储运、促进销售,按一定技术方法而采用的容器、材料及辅助物等活动的总体名称。也指为了达到上述目的而采用容器、材料及辅助物的过程中施加一定技术方法等的操作活动。

包装活动包括产品的出厂包装,生产过程中制成品、半成品的包装以及在物流过程中换装、分装、再包装等活动。包装大体可分为商品包装与工业包装。工业包装纯属物流的范围。它是为了便于物资的运输、保管,提高装卸效率、装载率而进行的。商业包装是把商品分装成方便顾客购买和易于消费的商品单位,其目的是向消费者显示出商品的内容,这属于销售学研究的内容。包装与物流的其他职能有着密切的关系,对于推动物流合理化有着重要作用。

1.3.5 流通加工活动

流通加工活动(Distribution Processing)又称为流通过程的辅助加工,是在物品从生产者向消费者流动的过程中,为了促进销售、维护产品质量、实现物流的高效率所采取的使物品发生物理和化学变化的活动。商业和物流企业为了弥补生产过程中加工程度的不足,以便更有效地满足消费者的需要,更好地衔接产需,往往需要进行各种不同形式的流通加工活动。

1.3.6 配送活动

配送活动(Distribution)是按用户的订货要求,在物流据点进行分货、配货工作,并将配好的货物送交收货人的物流活动。配送活动由配送中心为始点,而配送中心本身具备储存的功能。分货和配货工作是为满足用户要求而进行的,因而要开展拣选、改包装等工作,必要的情况下要对货物进行流通加工。配送的最终实现离不开运输,这也是人们把面向城市内和区域范围内的运输称为"配送"的原因。

1.3.7 物流信息活动

在物流活动中大量信息的产生、传送、处理活动为合理地组织物流活动建立了可能性。物流信息对上述各种物流活动的相互联系起着协调作用。物流信息包括上述各种活动有关的计划、预测、动态信息以及相关联的费用情况、生产信息、市场信息等。物流信息的管理要求建立情报系统和情报渠道,正确选定情报科目和情报收集、汇总、统计、使用方法,以保证指导物流活动的可靠性和及时性。现代信息采用网络技术、电子计算机处理手段,为达到物流的系统化、合理化、高效率化提供了技术条件。

1.4　物流的本质

1.4.1　物流的性质

物流的性质可以分为固有性质和非固有性质两类。物流的固有性质包括物的实体性质和运动性质。无论传统的还是现代的物流活动，人们所处理的无非是物的实体性质（物）和运动性质（流）的关系问题。

要利用物的流动造福于人类，就必须伴之以人类有智慧的活动，这具体反映在物流服务、管理、技术和经济四个方面的选择优化活动中。企业通过物流服务为消费者提供物流产品，在经济效用原则指导下，通过管理和技术，实现消费者的效用最大化，满足消费者的要求，同时实现企业自己的利润最大化，从而促进物流产业经济的不断发展。这四个方面不是物流所固有的性质，因而称其为物流的非固有性质。它们与物流主体的意志和选择性相关联，决定了物流活动的目的性、方向性和效率性。

物流固有性质反映了"物的流动"这一性质，物流非固有性质揭示了"物的流动"效率改善的性质，前者是后者选择优化的客观对象，后者是前者选择优化的途径和方法。只有前者而无后者，即只有物的流动而不考虑物流的服务、管理、技术和经济，那么，就可能带来大量浪费和经济损失；反之，只有后者而无前者，即抽去了物流的固有性质，那么物流服务、管理、技术和经济也就无从谈起。正是物流的固有性质与非固有性质相互联系、相互作用，从整体上构成了物流发展的基本规律。

1.4.2　与物流有关的概念辨析

1. 物流与物流管理

物流与物流管理既相互联系又相互区别，两者不能混淆。前者是由物的实体性质和运动性质决定的，后者是物流的四个非固有属性之一，是人们为了改进"物的流动"效率而进行的一种有智慧的活动，体现了物流主体对物流在管理上的选择和优化。不同企业之间的物流、传统与现代的物流，其性质都是一样的，即提供"物的流动"；但物流管理则不同，它可以通过采取不同的方法和技术，为顾客提供形式多样、功能各异的物流服务。一些专业物流企业如铁路、航空、公路行业的企业，正在考虑向第三方物流企业转化。实际上这些企业就是物流企业，他们对自己物流企业的性质模糊不清，甚至产生怀疑，势必影响未来的投资方向和战略发展。

2. 物流与储运

有人认为储运不是物流，这是对物流属性认识不清的表现。储运是指物的空间和时间位置移动，而时间位置移动（仓储）是为空间位置移动（运输）服务的，反映了"物的流动"的性质。物流不是抽象存在的，而是通过具体的物流形态（如储运）表现出来的。物流与储运的关系是一般（共性）和个别（个性）的关系，物流是一般，具体的物流形态（运输、仓储）是个别，一般只能通过个别而存在。储运虽然是物的运动状态的特殊存在形式，但它仍然是物流。对于我国的储运公司来讲，应明确自己的物流企业性质，集中注意力，苦练内功，加强物流管理。

3. 现代物流与物流

还有人认为只有现代物流才是物流，传统物流不是物流，这也是对物流属性认识不清的表现。实践证明，物流的固有属性从古至今始终没有改变，而人们为了提高物流的效益和效率，对物流非固有属性的选择和变革始终没有停止过，这体现在物流服务、物流管理、物流技术和物流经济由量变到质变的人类有智慧的活动中，由此产生了传统物流与现代物流的区分。特别是进入 20 世纪 80 年代以后，在物流服务方面，第三方物流发展壮大，服务效率有了较大改进，物流服务由单项发展到综合，由一般化发展到个性化。在物流管理方面改变了物流各要素相互独立发展的状况，建立了横向产业关联和系统集成的新机制，实现了物流与信息流的整合。同时，在物流技术与物流经济方面也有很大的发展，从而出现了传统物流与现代物流的概念区分。这一区分告诉我们，由传统物流向现代物流转变是一个渐进的过程，需要较长的时间，需要政府和企业制定正确的物流政策和策略，不断完善物流方案。

1.5 我国物流现状与发展趋势

物流业是融合运输业、仓储业和信息业等的复合型服务产业，是我国国民经济的重要组成部分，也是衡量一个国家现代化水平与综合国力的重要标志之一。

1.5.1 中国物流业的发展历程

1. 筹备阶段（建国初到 20 世纪 80 年代末）

新中国成立后到改革开放以前，中国仍处于传统的计划经济体制的条件下，国家对生产资料和主要消费品实行计划生产、计划分配和计划供应。商业、粮食等流通部门自成体系，分别建起了本部门的供销公司、批发零售网点和仓储、运输队伍，按计划储存和运输；铁路、航空等专业运输部门也各自拥有储运企业。我国在这一时期只有传统的储运活动，即传统的物资运输、保管、包装、装卸、流通加工等活动，它还不算是真正意义上的现代物流活动。

1978 年中国共产党十一届三中全会确立了改革开放国策后，我国各个经济领域都开始了解发达国家的进展，我国不同的政府部门组织相关领域的工作考察团，开始广泛地对国外进行考察，并从国外引进物流的概念。我国引入概念主要依靠两条途径：一是 20 世纪 80 年代初随市场营销理论的引入而从欧美传入；二是 PD 从欧美传入日本，而 1980 年前后我国从日本直接引入“物流”的概念。物流概念传入国内后，得到了政府和领导者的高度重视，他们开始改革国家的物资分配体制、商品流通体制、交通运输体制，并且加强企业自主权，同时大力加强物流基础设施的建设。现代化的物流开始在中国大地上出现。

2. 起步阶段（20 世纪 90 年代初到 21 世纪初）

党的十四届三中全会后，我国又掀起了经济建设的浪潮。经济的持续健康发展迫切需要物流水平的显著提高，可是当时中国物流业相当落后。为了改变国内经济的快速发展及物流业发展十分落后的现状，我国从 20 世纪 90 年代初开始积极借鉴发达国家物流发展的成功经验，推动物流业在国内的迅速发展。1992 年，原国内贸易部提出了《关于商品物流中心发展建设的意见》，在上海、广东确定了试点企业。为了进一步推动物流业的发展，1996 年，原国内贸易部草拟了《物流配送中心发展建设规划》，提出了发展建设物流配送中心的指导思想和原则，确定商业储运企业向现代物流配送中心转变，建设社会化的物流配送中心，发展现代物流网络为主要的发展方向；并对物流配送中心的发展建设提出了总体构想。在起步阶段，中国物流业取得了重大的成就：物流理论研究工作更加深入，物流基础设施日趋完善，社会产品供应日益丰富，综合运输体系初步形成，国内市场出现了类型繁多的物流服务企业。我国物流业粗具雏形。

3. 发展阶段(2000年至今)

新世纪开始,中国现代物流大踏步进入发展期。中国开始致力于现代物流的普遍发展。我们取得了以下5方面的重大进展。

(1)物流政策环境得到改善。中国政府采取了一系列的政策以推动物流业的发展。2001年3月1日,原国家经贸委、铁道部、原交通部、原信息产业部、原对外贸易经济合作部、原中国民用航空总局联合下发了《关于加快我国现代物流发展的若干意见》。这是我国政府发布的有关现代物流业发展的第一个政策性、指导性文件,是我国现代物流业发展的新里程碑。2004年,国家发展与改革委员会等九部委又出台《关于促进我国现代物流业发展的意见》。国家有关物流业发展政策的不断出台,体现了国家对物流业发展的高度重视,为物流业的发展创造了良好的政策环境。

(2)物流规划工作井然有序。物流产业得到了国家和各级政府的高度重视,国家加强了对物流业发展的规划。我国"十五"物流发展总目标正式确立后,各省、市、自治区纷纷制定物流发展规划,物流园区、物流中心、配送广泛成立。企业也通过制定物流规划开始现代物流系统的建设。2009年3月,国务院通过了《物流业调整和振兴规划》,以应对国际金融危机的影响,落实党中央、国务院保增长、扩内需、调结构的总体要求,促进物流业平稳较快发展,培育新的经济增长点。在该规划中,确定了振兴物流业的九大重点工程;提出了积极扩大物流市场需求,加快企业兼并重组,推动五大重点领域物流发展,加强物流基础设施建设的建议。

物流振兴规划的出台,将极大地刺激我国物流业发展,也必将对中国物流技术装备业发展起到极大地推动作用。

(3)物流平台建设取得重大进展。受惠于国家的信息化建设,我国的信息基础网络和实用技术已经能够支持现代物流的信息运作要求。铁路、公路网络的建设,在我国的东部和发达地区已经完成了基本的布局,而且在国家的大力支持下,平台建设开始向中西部演进。例如,高速公路网络平台,今后三十年将形成总量为8.5万公里的国家高速公路网,包括七条首都放射线、九条南北纵向线和十八条东西横向线,并且能够实现和台北的高速公路对接。2020年,二级以上的高等级公路骨架网会覆盖西部地区;2020年,新建的西部铁路也会达到1.6万公里。

(4)物流技术日益先进,应用日趋广泛。互联网信息平台、电子数据交换、全球卫星定位系统、无线射频识别技术和条码等现代信息技术手段在物流管理和物流技术中的广泛应用,使现代化物流达到一个新的水平。

(5)物流逐步得到全社会的关注。几十亿、上百亿甚至上千亿的资本涌入物流领域,发达国家知名物流企业开始大批量地进驻中国。10年前国内名牌大学极少涉足物流领域,高等院校仅有一两个物流专业,现在已达到一百多个。

1.5.2 中国物流业的发展现状

中国物流业发展迅速,截止到2007年,中国从事物流行业的企业有2万多家,物流业市场已有2万亿元人民币的巨大规模,而且随着国民经济的发展,这一市场规模还在不断扩大。现代物流业作为新兴的生产性服务业,已成为推动中国经济发展的重要因素。

表 1.2 2008 年度我国物流企业前十名

排名	企业名称
1	中国远洋物流有限公司
2	中铁快运股份有限公司
3	中邮物流有限责任公司
4	中铁集装箱运输有限责任公司
5	山东海丰国际航运集团有限公司
6	招商局物流集团有限公司
7	中国石油天然气运输公司
8	中铁现代物流科技股份有限公司
9	远成集团有限公司
10	芜湖安得物流股份有限公司

资料来源:中国物流百强企业评选组织委员会。

1. 物流基础设施建设和行业基础工作取得重大的进展

目前我国已经在交通运输、仓储设施、信息通讯、货物包装与搬运等物流基础设施和装备方面取得了长足的发展,为物流产业的发展奠定了必要的物质基础。在储运设施方面,我国目前已经建成了由铁路运输、公路运输、水路运输、航空运输和管道运输 5 个部分组成的综合运输体系,运输线路和场站建设方面以及运输车辆及装备方面都有较大的发展。

在仓储设施方面,除运输部门的货运枢纽和场站等仓储设施外,我国商业、物资、外贸、粮食、军队等行业中的仓储设施相对集中,近年来发展比较迅速,年投资规模出现了快速增长趋势。在信息通讯方面,目前我国已拥有电信网络干线光缆超过 30 万公里,并已基本形成以光缆为主体,以数字微波和卫星通讯为辅助手段的大容量数字干线传输网络,其覆盖范围包括全国地市以上城市和 90%的县级市及大部分乡镇,并与世界主要国际信息网络连通。在包装与搬运设施方面,现代包装技术和货物搬运技术在我国已有广泛的应用,在一定程度上改善了我国物流活动中的货物运输的散乱状况和传统的手工搬运方式,并且带动了包装、搬运等机械设备制造业的发展。

在政府的支持和企业的积极参与下,物流行业的基础工作取得了明显的突破。为了加强对物流业的引导和监督,2003 年 9 月,经国家标准化管理委员会批准,全国物流标准化技术委员会和全国物流信息标准化技术委员会相继成立。我国也高度重视物流业的规划工作,按照国家标准委等八部门制定的《2005—2010 年物流标准发展规划》,至 2008 年 9 月,全国物流标委会以及全国物流信息标委会和其他物流相关机构已完成、正在编制、已立项计划编制的物流国家标准、行业标准项目,总计约 110 项。

2. 物流企业不断成长壮大

在国家的扶持下,中国涌现了一大批如中远物流、中外运物流、中邮物流、中海物流、诚通物流、中储物流、中铁物流等,他们通过改制取得了重大的成果,目前他们有的已经或正在融入国际物流市场,有的在国内市场占有率进一步提高。在以公有制为主体,多种所有制共同发展,国家加强引导扶持企业的背景下,也涌现出了一大批民营物流企业,如传化、大田、南方、宅急送、诚协物流等。另外，中国物流业巨大的发展潜力和诱人的发展前景也吸引了大批国际大型物流企业，如丹麦马士基、美国联邦快递、联合包裹、总统轮船、荷兰天地、德国邮政等，都扩大了对中国物流业的投资。

3. 物流信息化和技术进步迈入了新的发展轨道

据中国物流信息中心对国内1 000多家企业的调查显示，有信息系统和数据库支持的企业占被调查企业的70%，大型企业信息化普及率达90%以上。此外，条形码、智能标签、射频识别(RFID)、电子数据交换(EDI)、全球定位系统(GPS)等信息技术应用范围扩大。中国移动、联通等网络运营商参与物流信息化运作，移动电话成为获取物流信息的便捷通道。物联网的兴起，加强了物流业与信息产业的结合。

我国物流业的装备技术也迈入了新的发展阶段。数据显示，到2007年年底，我国叉车产量达13.9万辆，自动立体仓库保有量超过600座，流通中的托盘数量约为9亿个。第五次中国物流市场供需状况调查报告显示，我国大型制造企业在物流作业中采用物流集装单元化技术的占31%，使用工位器具的占67%，使用叉车/拖车等搬运设备的占76%，采用吊车/起重机的占27%，在生产线采用连续自动输出线的占46%，采用自动包装与码垛技术的占19%，采用其他物流技术的企业占28%。

4. 物流对经济和社会的带动作用凸显

从1978年到2008年，我国物流业有了很大发展，对经济社会的贡献越来越大。这里只举4组数据：①2008年，我国社会物流总额达89.89万亿元，每1个单位的GDP需要3个单位的物流量来支撑；②2008年，我国物流业增加值占全部服务业增加值的比重为16.5%；物流业每增加6.06个百分点，就可以带动服务业增加一个百分点；③2008年，我国社会物流总费用占GDP的比率为18.1%，比发达国家高出一倍左右；这个比率每一个百分点，就等于创造3 000亿元的经济价值；④目前我国物流业现有从业人员约2 000万人；物流业每增加一个百分点，就可以新增10万个就业岗位。

以上数据表明，物流业是国民经济的重要支撑，是调整结构的重要手段，是提高效益的重要途径，是就业的重要渠道，潜力巨大。

5. 物流企业效率低下，功能不全，服务水平不高

从第六次中国物流市场供需状况调查报告可以看出工商企业对现行第三方物流运作不满意的主要原因。(见表1.3)

表1.3 工商企业对第三方物流运作不满意的主要原因

原因	生产制造企业	商贸企业
运作成本高	22%	45%
信息不及时不准确	35%	32%
作业速度慢	13%	20%
服务内容不全	39%	21%
货损率高	30%	4%
作业差错率高	35%	9%
服务态度差	26%	7%

续上表

没有网络服务	26%	10%
不能满足需求波动	32%	27%
不能提供供应链整合	39%	18%
不能提供管理与咨询服务	30%	17%
其他	4%	10%

从上述调查中,显示出运作成本高、服务水平低、综合子功能欠缺是我国物流业目前存在的较突出的问题。

1.5.3 我国物流未来的发展

1. 物流需求日益旺盛,物流业发展的区域布局逐渐优化

经济增长由主要依靠投资、出口拉动向依靠消费、投资、出口协调拉动转变,由主要依靠第二产业带动向依靠第一、第二、第三产业协同带动转变。经济发展的热点地区,国际上由发达国家向发展中国家转移,国内由东部沿海地区向中西部转移。这两个"转变"和"转移",必将推动物流业结构调整,主要表现为对物流需求"质"的提升要大于"量"的扩张。

2009 年出台的《物流业调整和振兴规划》中提出,根据市场需求、产业布局、商品流向、资源环境、交通条件、区域规划等因素,重点发展九大物流区域,建设十大物流通道和一批物流节点城市,优化物流业的区域布局。该规划的实施,将使社会的物流网络和物流设施更加系统化、合理化,降低社会的物流成本,满足日益增长的物流需求。

2. 企业物流社会化与专业化的趋势

在物流需求扩大,成本上升的压力下,越来越多的制造企业开始从战略高度重视物流功能整合。分离外包物流业务的行业已经从前几年的家电、电子、快速消费品等企业向钢铁、建材、汽车等上游企业扩展。外包的环节由销售物流向供应物流、生产物流、回收物流,由简单的仓储、运输业务外包向供应链一体化延伸。制造企业与物流企业将会加强深度合作,结成战略合作伙伴关系,我国物流社会化程度将会进一步提高。

企业物流的专业化趋势也相当明显。不少的企业,特别是商贸企业正在加大投资力度,强化自身物流功能,几乎所有大型连锁企业都在力图优化自己的专业供应链。一些具有强势品牌的生产企业,如海尔、联想、双汇等已发展了大批连锁专卖店,并相应发展自身的物流配送网络。制造企业对第三方物流提出了面向高端的物流服务需求,要求物流企业能够提供专业化的解决方案和运作模式。总体来看,制造企业的外包意向大于流通企业。

3. 物流企业规模化与个性化的趋势

据国家发展改革委、国家统计局和中国物流与采购联合会联合发布的《2007 年全国重点企业物流统计调查报告》显示,随着物流服务需求的高速增长,物流企业物流业务量上升较快。2006 年调查的综合型物流企业业务收入增长 37.9%,仓储型物流企业业务收入增长 22%,运输型物流企业业务收入只增长了 10.3%。2007 年主营业务收入前 50 名物流企业与上年对比,主营业务收入在 30 亿元以上的由 13 家上升到 18 家;20 亿元以上的由 18 家上升到 24 家;10 亿元以上的由 34 家上升到 35 家;排序第 50 位企业由 3.55 亿元提高到 6.22 亿元。可以看出物流市场集中度提高,物流企业规模扩大的发展趋势。物流企业个性化发展的趋势,主要表现为传统服务的整合和专业化服务的创新。普通型的低端服务利润会越来越薄,而创新型业务、增值型服务和适合客户需要的特色服务将获得更大发展空间，专业化物流的发展会更加深入。

4. 物流市场细分化与国际化的趋势

各行业物流的规模、结构和要求不同，其物流需求的速度、成本和服务也有很大差别，这就加速了物流市场的细分化。从各行业物流费用率的差异来看，工业生产行业物流费用率较高的是橡胶制品业、家具制造业、造纸及纸品、煤炭开采和洗选业及农副产品加工业等行业；流通企业物流费用率较高的是纺织服装日用品零售、文体用品零售、综合零售和食品饮料烟草零售行业。相对来说，物流费用占销售额比例较高的行业，采用现代物流方式的压力和动力就会比较强。作为世界第三大贸易国和第四大经济体，中国的物流市场正在成为国外企业关注的重心和投资的热点。一些国际化的企业将加快并购国内企业，完善在中国的网络布局，国内物流网络逐步成为全球供应链网络的一部分。同时，随着全球化配置资源的推进和中国劳动力成本等方面优势的减弱，国外企业也会把产业转移的目标选择在其他的发展中国家。面临国际化竞争的中国物流市场，国内大型物流企业将加快资源重组，组建具有国际竞争力的企业集团。

5. 物流基础设施整合与建设的趋势

我国物流基础设施已有相当规模。2007 年全国铁路营业总里程已达 7.8 万公里。据《中长期铁路网规划》，铁路系统计划在北京、天津、上海等地建设 18 个物流中心。全国公路通车总里程达 3 573 万公里，其中高速公路 5.36 万公里。按照《国家公路运输枢纽布局规划》，将整合与建设 179 个国家公路运输枢纽。

我国拥有 1 400 多个港口，各类生产性泊位 35 753 个，其中万吨级深水泊位 1 403 个，内河通航里程 123 万公里。全国运输机场总数从 2006 年底的 147 个增加至 152 个。物流园区建设各地普遍制定了规划，已有一批投入运营。

6. 物流信息集成化与移动化的趋势

公共信息平台在经过几年的探索后，逐步走向成熟。一是电子商务物流平台。2007 年中国 B2B 电子商务交易规模达到 12 500 亿元人民币，增长率高达 25.5%；B2C 电子商务市场营业收入规模达到 52.2 亿元人民币，增长 33.5%。钢铁、煤炭、粮食等大宗商品批发市场以及新兴的电子商务企业，利用电子商务平台信息技术，发展的势头很猛。二是物流园区信息平台。一种是在园区内建立信息平台，让进驻的企业共享信息，另一种是以园区复制的模式，即把成功的园区模式复制到其他区域，并开展联网经营。三是电子口岸平台。可以实现一个门户入网、一站式通关服务、统一用户管理，为用户提供高品质、多功能、全方位的口岸通关服务。四是政府监管物流平台。这几类信息平台，在政府和企业双重推动下，还会获得快速发展。网络运营商为寻找新的业务增长点，纷纷将服务和竞争的触角伸向物流信息化应用市场。中国联通推出了专业服务品牌“物流新时空”，中国移动推出了物流行业移动信息化解决方案，中国网通以供应链管理系统为核心，定制整合成物流行业解决方案，中国电信推出“一站式”服务，利用信息技术改造传统物流。移动与物流的结合，显示了物流信息化的新趋势。

本章小结

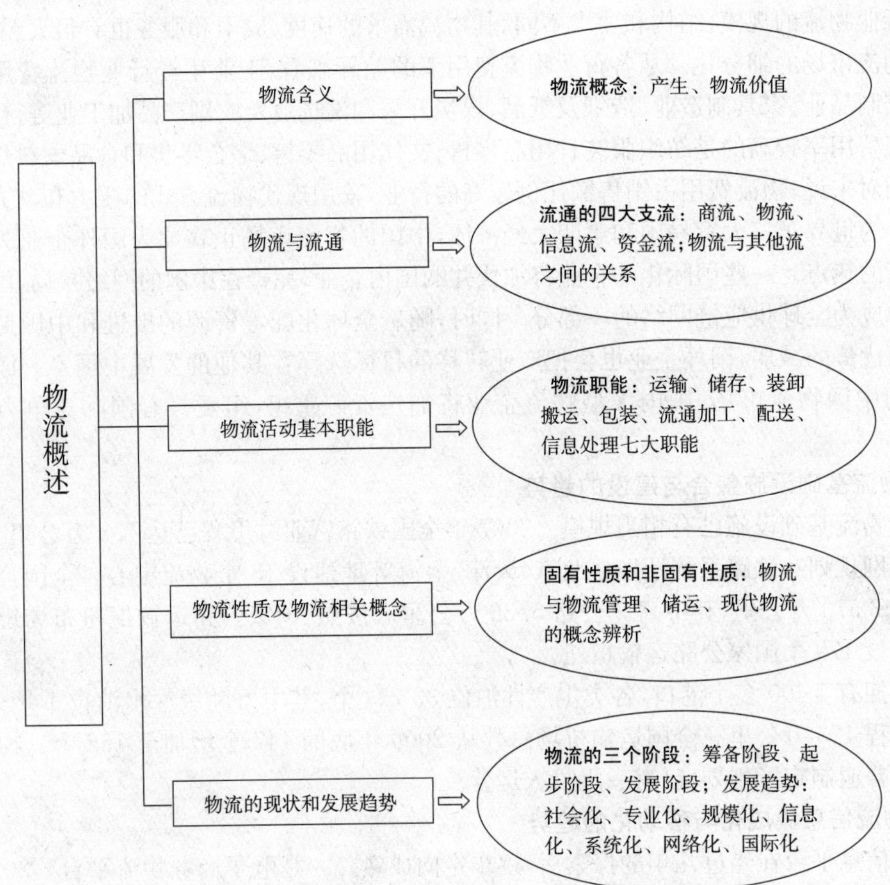

关键概念

物流　流通　物流活动　商流　资金流　信息流

课堂讨论

1. 试举出你所熟悉的企业哪些是物流企业。
2. 结合我国物流企业的现状,谈一谈如何实现传统储运企业向现代物流企业的转变。
3. 针对我国物流振兴规划,谈谈其实施对物流现代化的意义。

复习思考题

1. 选择题

(1)(　　)是人类的第一需求。

A. 物质　　B. 精神　　C. 流通　　D. 生产

(2)现代物流的概念强调的是(　　)。

A. 运输费用最低　　B. 仓储费用最低

C. 运输和仓储费用都最低　　D. 物流总费用最低

(3)对象物所有权转移的活动称为(　　)。(　　)是实物从供给方向需求方的转移,二者共同构成了流通的重要内容。

A. 资金流,信息流　　B. 商流,物流　　C. 信息流,资金流　　D. 物流,商流

(4)物流需要通过(　　)来调节供需双方在时间节奏方面的差别。

A. 运输　　B. 包装　　C. 流通加工　　D. 储存保管

(5)(　　)是物流的核心。

A. 仓储　　B. 运输　　C. 配送　　D. 运输与储存

(6)商流活动可以创造物资的(　　)效用。

A. 场所　　B. 所有权　　C. 时间　　D. 物理

(7)下列哪个不是流通加工的主要目的?(　　)

A. 形成产品　　B. 维护产品质量

C. 促进销售　　D. 实现物流的高效率

(8)我国在(　　)年前后从日本引进了物流的概念。

A. 1960　　B. 1970　　C. 1980　　D. 1990

(9)物流的固有性质包括物的(　　)。

A. 实体性质　　B. 服务优化　　C. 运动性质　　D. 技术优化

(10)流通的内容包含物流、商流、资金流、(　　)。

A. 交通流　　B. 现金流　　C. 客流　　D. 信息流

2. 问答题

(1)简单说明物流概念的产生过程。

(2)美国物流协会对物流的概念是如何定义的?

(3)我国对物流的概念是如何规定的?

(4)物流的价值表现在哪些方面?

(5)物流与流通的关系是怎样的?

(6)物流活动包括哪些?

(7)什么是物流的固有性质?

(8)什么是物流的非固有性质?

(9)我国物流发展的现状如何?

(10)我国物流的发展趋势有哪些?

案例分析

宝供的初期成长里程

宝供物流企业集团有限公司创建于1994年，总部设在广州，1999年经国家工商总局批准，成为国内第一家以物流名称注册的企业集团。目前已在全国40多个城市建立了8个子公司、7个分公司、48个办事处，形成了一个覆盖全国，并向美国、澳大利亚、泰国等地延伸的物流运作网络。企业拥有先进的物流信息平台，为全球500强中40多家大型跨国公司提供物流服务，并与他们结成了不可分的战略合作伙伴关系，是当今国内领先的第三方物流企业，也是我国现代化物流示范基地。

宝供创始人刘武，高中学历。1992年承包了广州的一个铁路货物转运站。他的货运站服务好，是唯一一家24小时提供货运仓储服务的企业。也正是因为这些原因，1994年，美国宝洁公司在广东地区建立大型生产基地后，由于无法忍受国有企业储存和运输公司的分割、低效率和工作时间制度，而把目光投向了民营储运企业，找到了刘武。

被宝洁公司这样的一个大客户看上，使当时还处于个体户形态的刘武颇感紧张。他像照料小孩一样对待宝洁公司的货物，虽然没有赚到钱，但宝洁从此开始陆续地加大业务量，甚至一度把自己所有的铁路货运业务全部交给了他。他于是成立广州宝供储运有限公司。

宝供储运在发展到高速成长阶段的时候开始遇到了一个信息瓶颈的问题。1996年，宝洁连续几次批评宝供不能提供及时准确的货运信息。这时，中国科学院退休人员唐友三加入宝供，但由于投入和技术的原因，建立的“原始网络”不能发挥作用，这时，宝洁公司出于成本的考虑，结束了与宝供的铁路总代理合同。

这件事对刘武的触动很大。他一下子意识到自己的企业一定要去开发更多的新客户，建立先进的企业信息系统也自然被提上了议事日程。经过几年的努力，自动报表系统完成，极大地提高了宝供的信息系统应用水平，并带来了另一大客户——飞利浦公司。这都归于这场对信息管理的“思想革命”。

（案例来源：http://www.chinawuliu.com.cn）

案例思考：通过宝供物流的成长，你对现代物流的发展有何认识？

推荐阅读

[1] 物流的起源和发展 http://edu.wuliu800.com/2009/0105/2687.html

[2]《第六次中国物流市场供需状况调查报告》http://jpkc.hnuc.edu.cn/qywl/Course/include/editor/uploadfile/20090316053337119.doc

[3]《物流业调整和振兴规划》http://news.qq.com/a/20090330/000928.html

第2章　现代物流理念

开篇案例·德国大众汽车公司

德国大众汽车公司的零库存实施方法——JIT。从所需采购的零配件在使用的频率上可分为高、中、低3个部分，依次为80%、15%、5%；从所需采购零配件所含价值量高低分为高、中、低3个部分，依次为80%、15%、5%；使用频率高和价值含量高重合部分为需即时供应的零配件，目前大众汽车公司为20%。实际操作的基础条件首先是供方和需方的计算机联网，其二是将质量控制转变为质量生产，供方要绝对保证其所提供的配件的质量。具体操作如下：某种需即时供应的配件在前12个月，供方通过联网的计算机得到需方的需求量，这个需求量的准确性较差，假设在650～350之间，误差上下各30%；前3个月供方又从计算机得到较准确的需求量，大致在550～450之间，上下相差各10%；在前1个月供方得到更近似的需求量，在510～490之间，相差上下各1%；到前1周获得精确的需求量为550。这批配件在供货的前2天开始生产，成品直接运到大众汽车公司的生产线上。借助计算机的信息网络及质量生产，供应商不仅为他的用户即时供应所需配件，而且它的供应商也得到相应的信息，向他即时供应所需原材料，据德国有关方面统计和分析，通过有效的即时供应，目前能使德国生产企业库存下降4%，降低运输成本15%。

（资料来源：物流天下 http://www.56885.net）

当前，物流业的发展呈现出日新月异的变化，表现为以信息技术为核心的新技术革命为传统物流转向现代物流构筑了流通平台；强调环境友好和节约型的生产和经营，环境负荷小的绿色物流体系初现雏形；随着全球一体化发展，物流规模和物流活动的范围进一步扩大，物流企业日益注重集约化与协同化，物流服务的优质化趋势日益明显。因此，现代物流的新理念、新思维正逐渐成为贯穿企业物流活动，提高企业竞争力的重要指导思想。

2.1　绿色物流

21世纪人类面临人口膨胀、资源短缺和环境恶化三大危机，作为大量耗用能源、燃料，产生噪声、废气严重破坏环境的物流业，绿色管理应成为企业促进经济发展、改善人民生活质量，实现可持续发展战略的重要组成部分，因此，企业应强化物流管理，共同构筑绿色物流发展的新框架。

2.1.1 绿色物流的内涵

绿色物流(Environmental Logistics)是指物流过程中抑制物流对环境造成危害的同时，实现对物流环境的净化，使物流资源得到最充分的利用。或者说绿色物流是指在运输、储存、包装、装卸、流通加工等物流活动中，采用先进的物流技术、物流设施，最大限度地降低对环境的污染，提高资源的利用率。绿色物流的内涵如下。

(1)物流是共生型物流。传统物流往往是以对环境与生态的破坏为代价，实现物流的效率。而绿色物流则注重从环境保护与可持续发展的角度，求得环境与经济发展共存。通过物流革新与进步减少和消除物流对环境的负面影响。

(2)物流是资源节约型物流。绿色物流不仅注重物流过程对环境的影射，而且强调对资源的节约。在实际工作中，资源浪费现象是普遍存在的，它不仅存在于生产领域、消费领域、也存在于流通领域。例如，过量储存产品会造成产品陈旧、老化、变质；运输过程的商品破损；流通加工过程余料的浪费等。

(3)绿色物流是循环型物流。传统物流只重视从资源开采到生产、消费的正向物流，而忽视废旧物品、可再生资源的回收利用所形成的逆向物流。循环型物流包括原材料副产品再循环、包装废弃物在循环、废旧物品再循环、资源垃圾的收集和再资源化等。

总体讲，绿色物流的目标不同于一般物流。一般物流主要是为了实现物流企业的盈利、满足顾客需求、扩大市场占有率等等，这些目标最终仅是为了实现某一主体的经济利益。而绿色物流在实现经济利益目标之上，还追求节约资源、保护环境这一既具经济属性，又具有社会属性的目标。尽管从宏观角度和长远利益看，节约资源、保护环境与经济利益的目标是一致的，但对某一特定的物流企业在特定时期内却可能存在矛盾。

绿色物流既包括企业的绿色物流，又包括社会对绿色物流的管理、规范和控制。从绿色物流的范围来看，它既包括各个单项的绿色物流功能要素(如绿色运输、绿色包装、绿色储存等)，还包括为实现资源再利用而进行的废弃物循环物流。

小案例：贝克啤酒厂绿色物流
船舶运输是贝克啤酒出口业务的最重要运输方式。贝克啤酒厂毗邻不来梅港，是其采取海运的最大优势。凭借全自动化设备，标准集装箱可在8分钟内罐满啤酒，15分钟内完成一切发运手续。每年，贝克啤酒通过海运方式发往美国一地的啤酒就达9000TEU(为货柜容量的计算基础)。之所以选择铁路运输和海运方式，贝克啤酒解释为两个字：环保。欧洲乃至世界范围陆运运输的堵塞和污染日益严重，贝克啤酒选择环保的方式不仅节约了运输成本，还为自己贴上了环保的金色印记。

2.1.2 绿色物流的理论基础

1. 可持续发展理论

可持续发展指既满足当代人的需要，又不对后代人满足其需要的能力过程构成威胁。由于物流过程中不可避免地要消耗能源和资源，产生环境污染，因而为了实现长期、持续发展，必须采取各种措施来维护自然环境。现代绿色物流管理正是依据可持续发展理论，形成了物流与环境之间相辅相成的推动和制约关系，进而促进了现代物流的发展，达到环境与物流的共生。

2. 生态经济学理论

生态经济学是研究再生产过程中，经济系统与生态系统之间的物质循环，能量转化和价值增值规律及其应用的科学。物流是社会再生产过程的重要环节，它既包括物质循环利用、能量转化，又有价值转化与价值实现。因此，物流涉及经济与生态环境两大系统，理所当然地架起了经济效益与生态效益之间联系的桥梁。而传统的物流管理没有处理好二者的关系，过多地强调了经济效益，而忽视了环境效益，导致了社会整体效益的下降。经济效益主要涉及目前和局部利益，而环境效益则关系到宏观与长远利益。现代绿色物流的出现，较好地解决了这一问题。绿色物流以经济学的一般原理为指导，以生态学为基础，对物流的经济行为、经济关系和规律与生态系统之间的相互关系进行研究，以谋求在生态平衡、经济合理、技术先进条件下的生态与环境的最佳结合以及协调发展。

3. 生态伦理学理论

生态伦理学迫使人们对物流过程中造成的环境问题进行深刻的反思，从而产生一种强烈的社会责任感与义务感。为了人类自身更健康和安全地生存与发展，为了千秋万代的切身利益，人类应自觉维护生态平衡。绿色物流正是从生态伦理学中得到了道义上的支持。

目前我国面临的现实环境问题是：①城市大气环境污染相当严重；②水资源匮乏及水污染问题日趋严重；③我国城市道路噪声居高不下；④垃圾污染已成为当今社会的重要问题。环境污染问题非常严重并已引起政府和全社会的关注和重视，企业作为环境污染的主要制造者，必须在环保方面承担起社会责任，将物流活动同自然环境、社会环境的发展协调起来，使物流活动有利于环境的良性循环。

2.1.3 企业绿色物流管理

1. 绿色运输管理

(1)开展共同配送。如果彼此合作，采用共同配送，则筹集资金、大宗货物，通过信息网络提高车辆使用率等问题均可得到较好的解决。共同配送可以最大限度地提高人员、物资、资金、时间等资源的利用效率，取得最大化的经济效益。同时，可以去除多余的交错运输，并取得缓解交通，保护环境等社会效益。

(2)采取复合一贯制运输方式。这种运输方式以集装箱作为联结各种工具的通用媒介，要求装载工具及包装尺寸都要做到标准化。由于全程采用集装箱等包装形式，可以减少包装支出，降低运输过程中的货损和货差。

(3)发展第三方物流。当大城市的车辆配送饱和时，专业物流企业的出现使得在大城市的运输车量减少，从而缓解了物流对城市环境污染的压力。

此外，企业对各种运输工具还应采用节约资源，减少污染和环境的原料作动力。如使用液化气、太阳能作为城市运输工具的动力，或响应政府的号召，加快运输工具的更新换代。

2. 绿色包装管理

绿色包装的途径主要有：促进生产部门采用尽量简化的包装以及由可降解材料制成的包装；在流通过程中，采取措施实现包装的合理化与现代化。

(1)包装模数化。确定包装基础尺寸的标准，即包装模数化。包装模数标准确定以后，各种进入流通领域的产品便需要按模数规定的尺寸包装。模数化包装利于小包装的集合，利用集装箱及托盘装箱、装盘。包装模数如能和仓库设施、运输设施尺寸模数统一化，也利于运输和保管，从而实现物流系统的合理化。

(2)包装的大型化和集装化。有利于物流系统在装卸、搬迁、保管、运输等过程的机械化，加快这些环节的作业速度,有利于减少单位包装,节约包装材料和包装费用,有利于保护货体。如采用集装箱、集装袋、托盘等集装方式。

(3)包装多次、反复使用和废弃包装的处理。采用通用包装,不用专门安排回返使用;采用周转包装,可多次反复使用,如饮料、啤酒瓶等;梯级利用,一次使用后的包装物,用毕转化作他用或简单处理后转作他用;对废弃包装物经再生处理,转化为其他用途或制作新材料。

(4)开发新的包装材料和包装器具。做法是包装物的高功能化,用较少的材料实现多种包装功能。

3. 绿色流通加工

绿色流通加工主要包括两个方面措施:一是变消费者加工为专业集中加工,以规模作业方式提高资源利用效率,减少环境污染,如饮食服务业对食品进行集中加工,以减少家庭分散烹调所带来的能源和空气污染;二是集中处理消费品加工中产生的边角废料,以减少消费者分散加工所造成的废弃物的污染,如流通部门对蔬菜集中加工,可减少居民分散加工垃圾丢放及相应的环境治理问题。

4. 废弃物物流的管理

从环境的角度看,今后大量生产、大量消费的结果必然导致大量废弃物的产生,尽管已经采取了许多措施加速废弃物的处理并控制废弃物物流,但从总体上看,大量废弃物的出现仍然对社会产生了严重的消极影响。为此应建立一个包括生产、流通、消费的废弃物回收利用系统。要达到上述目标,企业就不能只考虑自身的物流效率化,而是需要从整个产供销供应链的视野来组织物流,而且随着这种供应链管理的进一步发展还必须考虑废弃物的循环物流。即管理型物流追求与交易对手共同实现效益化;供应链型物流追求从生产到消费流通全体的效益化;循环型物流应追求从生产到废弃物全过程效率化。

2.2 精益物流

2.2.1 精益物流的内涵

精益物流(Lean Logistics)作为一种新型的生产组织方式,给物流管理提供了一种新的思维方式。

(1)以客户需求为中心。企业要从客户的立场,而不是仅从企业的立场,或一个功能系统的立场,来确定什么创造价值、什么不创造价值。

(2)对价值链中的产品设计、制造和订货等的每一个环节进行分析,找出不能提供增值的浪费所在。

(3)根据不间断、不迂回、不倒流、不等待和不出废品的原则制定创造价值流的行动方案。

(4)及时创造仅由顾客驱动的价值。

(5)一旦发现有造成浪费的环节就及时消除,努力追求完美。

所以,作为JIT的发展,精益物流的内涵已经远远超出了Just-In-Time的概念。即精益物流通过消除生产和供应过程中的非增值的浪费,以减少备货时间,提高客户满意度。

精益物流起源于日本丰田汽车公司。它是从精益生产的理念中蜕变而来的,是精益思想在物流管理中的应用。精益思想的核心就是以越来越少的投入——较少的人力、较少的设备、较短的时间和较小的场地创造出尽可能多的价值;同时也越来越接近用户,提供他们确实要的东西。

2.2.2 精益物流的要求

(1)精益物流前提:正确认识价值流。价值流是企业产生价值的所有活动过程,这些活动主要体现在三项关键的流向上:从概念设想、产品设计、工艺设计到投产的产品流;从顾客订单到制定详细进度到送货的全过程信息流;从原材料制成最终产品、送到用户手中的物流。因此,认识价值流必须超出企业视角,去查看创造和生产一个特定产品所必需的全部活动,搞清每一步骤和环节,并对它们进行描述和分析。

(2)精益物流的保证:价值流的顺畅流动。消除浪费的关键是让完成某一项工作所需步骤以最优的方式连接起来,形成无中断、无绕流和排除等候的连续流动,让价值流顺畅流动起来。具体实施时,首先要明确流动过程的目标,使价值流动朝向明确。其次,把沿价值流的所有参与企业集成起来,摒弃传统的各自追求利润极大化而相互对立的观点,以最终顾客的需求为共同目标,共同探讨最优物流路径,消除一切不产生价值的行为。

(3)精益物流的关键:顾客需求作为价值流动力。在精益物流模式中,价值流的流动要靠下游顾客的拉动,而不是靠上游来推动,当顾客没有发出需求指令时,上游的任何部分都不要去生产产品,而当顾客的需求指令发出后,则快速生产产品,提供服务。当然,这不是绝对的现象,在实际操作中,要区分是哪一种类型的产品,如是需求稳定、可预测性较强的功能型产品,可以根据准确预测进行生产,而需求波动较大、可预测性不强的创新型产品,则要采用精确反应、延迟技术,缩短反应时间,提高顾客服务水平。

(4)精益物流的生命:不断改进,追求完善。精益物流是动态管理,对物流活动的改进和完善是不断循环的,每一次改进,消除一批浪费,形成新的价值流的流动,同时又存在新的浪费而需要不断改进,这种改进使物流总成本不断降低,提前期不断缩短而使浪费不断减少。

2.2.3 精益物流系统的内容框架

1. 以客户需求为中心

在精益物流系统中,顾客需求是驱动生产的源动力,是价值流的出发点。当顾客没有发出需求指令时,上游的任何部分不提供服务,而当顾客需求指令发出后,则快速提供服务。系统的生产是通过顾客需求拉动的。

2. 准时

在精益物流系统中,电子化的信息流保证了信息流动的迅速、准确无误,还可有效减少冗余信息传递,减少作业环节,消除操作延迟,这使得物流服务准时、准确、快速,具备高质量的特性。货品在流通中能够顺畅,有节奏的流动是物流系统的目标。而保证货品的顺畅流动最关键的是准时。物流服务的准时概念是与快速同样重要的方面,也是保证货品在流动中的各个环节以最低成本完成的必要条件,同时也是满足客户要求的重要方面之一。准时也是保证物流系统整体优化方案能得以实现的必要条件。

3. 准确

准确包括:准确的信息传递,准确的库存,准确的客户需求预测,准确的送货数量等。准确是保证物流精益化的重要条件之一。

4. 快速

快速包括两方面含义:第一是物流系统对客户需求反应速度,第二是货品在流通过程中的速度。物流系统对客户个性需求的反应速度取决于系统的功能和流程。当客户提出需求时,系统应能对客户的需求进行快速识别,分类,并制定出与客户要求相适应的物流方案。客户历史信息的统计,积累会帮助制定快速的物流服务方案。货品在物流链中的快速性包括,货物停留的节点最少，流通所经路径最短，仓储时间最合理，并达到整体物流的快速。速度体现在产品和服务上是影响成本和价值重要因素，也是竞争的强有力手段。快速的物流系统是实现货品在流通中增加价值的重要保证。

5. 系统集成

精益系统是由资源、信息流和能够使企业实现“精益”效益的决策规则组成的系统。精益物流系统则是由提供物流服务的基本资源、电子化信息和使物流系统实现“精益”效益的决策规则所组成的系统。在提供物流服务的基本资源基础上，对这些资源进行最佳配置，资源配置的范围包括：设施设备共享、信息共享、利益共享等。只有这样才可以最充分地调动优势和实力，合理运用这些资源，消除浪费，最经济合理地提供满足客户要求的优质服务。

6. 信息化

高质量的物流服务有赖于信息的电子化。物流服务是一个复杂的系统项目，涉及大量繁杂的信息。电子化的信息便于传递，这使得信息流动迅速、准确无误，保证物流服务的准时和高效；电子化信息便于存贮和统计，可以有效减少冗余信息传递，减少作业环节，降低人力浪费。此外，传统的物流运作方式已不适应全球化、知识化的物流业市场竞争，必须实现信息的电子化，不断改进传统业务项目，寻找传统物流产业与新经济的结合点，提供增值物流服务。使系统实现“精益”效益的决策规则包括使领导者和全体员工共同理解并接受精益思想，即消除浪费和连续改善，用这种思想方法思考问题，分析问题，制定和执行能够使系统实现“精益”效益的决策。

2.2.4 精益物流的方法

精益物流的根本目的是要消除物流活动中的浪费现象，如何有效地识别浪费就成了精益物流的出发点。为此，物流专家做了大量的工作，创建了一些“工具箱”。目前行之有效的方法有7种：过程活动图、供应链反应矩阵、产品漏斗图、质量过滤图、需求放大(扭曲)图、决策点分析图、实体结构图。其中最常用的方法是过程活动图和实体结构图。

1. 过程活动图

这是一种传统的工业工程方法，它由5阶段构成：①过程流研究；②浪费识别；③过程再思考；④流向设计或运输路线的再优化；⑤价值流中每项活动存在必要性的进一步确认。

在运用过程活动图进行分析时，主要把握三个关键点：过程的总体考察；每次过程的详细记录，包括所花时间、所需人员、产品所移动距离、所用设备及场地面积；用5W1H法进行分析活动为什么存在(Why)、谁来执行(Who)、用什么设备(What)、在哪里(Where)、何时(When)和怎样实施(How)。

2. 实体结构图

该方法从整个供应链的角度识别价值流，它有助于了解供应链的结构及供应链运行状况，一般由容量结构图和成本结构图两部分构成。与过程活动图一样，通过实体结构图可以消除不必要的活动，或简化、合并活动或调整活动顺序以达到减少浪费的目的。

综上所述，运用供应链管理的整体思维，站在顾客的立场，无限追求物流总成本的最低是精益物流真正核心所在。

2.2.5 精益物流的实施

1. 企业系统的精益化

(1)组织结构的精益化。由于我国的大多数企业在计划经济中所形成的组织结构，制约着企业的变革。因此，企业要发展物流，应当利用精益化思想减少中间组织结构，实施扁平化管理。

(2)系统资源的精益化。我国的传统企业存在着众多计划经济下遗留的资源,但如果不进行整合、资源重组,则很难与其他大型物流企业进行竞争,将有可能把自己的优势变为劣势。

(3)信息网络的精益化。信息网络系统是实现精益物流的关键,因此,建立精益化的网络系统是先决条件。

(4)业务系统的精益化。实现精益物流首先要对当前企业的业务流程进行重组与改造,删除不合理的因素,使之适应精益物流的要求。

(5)服务内容及对象的精益化。由于物流本身的特征,即不直接创造利润,所以,在进行精益物流服务时应选择适合本企业体系及设施的对象及商品。这样才能使企业产生核心竞争力。

(6)不断的完善与鼓励创新。不断完善就是不断发现问题,不断改进,寻找原因,提出改进措施,改变工作方法,使工作质量不断提高。鼓励创新是建立一种鼓励创新的机制,形成一种鼓励创新的氛围,在不断完善的基础上有一个跨越式的提高。

2. 提供精益物流服务

主要是以客户需求为中心,提供4种服务:准时化服务,快速服务,低成本高效率服务,使顾客增值的服务。

总之,精益物流作为一种全新的管理思想,势必会对我国的物流企业产生深远的影响,它的出现将改变企业粗放式的管理观念,使企业尽快适应国际化竞争,保持企业的核心竞争力。

2.3　敏捷物流

敏捷物流(Agile Logistics)是在供应链一体化的协同商务基础上,为满足目标顾客的准时化需求,综合运用各种敏捷化管理手段和技术,对目标产品、服务和信息从起始点到目标地点,进行快速、高效、成本与效率比最优的物流活动过程。

敏捷物流的过程是强调敏捷的、高效的反应和以敏捷为目标的运作。而敏捷目标是速度、满意度、合作双赢、供应链一体化的集成统一。速度是基本特征和衡量尺度,满意度是物流目标和顾客服务水平的尺度,合作双赢是敏捷物流运行的机制和准则,供应链一体化的集成是基础。这些因素共同作用保证敏捷物流的最终实现。

敏捷物流强调过程中的物流管理,物流本来是个过程,其管理的关键也在于对全过程的优化和监控,过程之中的各环节无缝对接,信息传递准确和快捷都是物流管理者要首先保障的问题。

2.3.1　敏捷物流的特性

敏捷物流的目标是在整个供应链中的物流活动达到成本与效率比最优,即敏捷物流是在高效率与低成本、高顾客满意度之间寻找平衡点。它强调找平衡优化,而不是单纯追求一方面的高指标。单求成本最低的物流运作和单求效率最高的物流运作都不是敏捷物流。因此,敏捷物流的特性为:①顾客化原则是第一原则;②快速响应原则是表现;③同步化原则是标准;④成本效率原则是核心。

2.3.2　发展敏捷物流的障碍

敏捷物流基于一体化供应链,发展敏捷物流存在一定的障碍。Eliyahu. M. Coldrarr的约束理论认为:链条如同木桶,一环弱则链也弱。从制造业供应链的角度分析,发展敏捷物流的障碍如下。

(1)供应链的多头管理。无主体的供应链的多头利益特性可能导致无序,无一致协议,无一致标准,则供应链控制极难,无供应链控制则物流敏捷化无从谈起。

(2)供应链的不确定因素。供应链的时间延迟累积效应导致无论是库存还是运输还是交货都有放大的不确定性。

(3)物流作业因素。物流作业障碍源于运营过程、顾客服务政策及运输操作等多方面。如订单处理顺序被"插队"安排;并行处理与顺序处理;集运、分拨、拼车、拼箱等。

(4)技术制约。美国的大拖头技术,托盘技术等,对于中国而言,技术上还有很长的路要走。

(5)信息。信息观念、信息管理、信息技术、信息共享与交流都很缺乏,尤其是缺乏信息系统支持,这是致命之弊。

(6)人才。缺乏有团队精神的物流人才,缺乏相应的技术人员,人员在运作中的配合不够,人员与系统配合不够。

2.3.3 敏捷物流的关键

1. 即时采购

采购的目的是为了有效地供给。没有需求的采购,或不能实现有效供给的采购只能算是花钱。采购什么、如何采购决定了供给的可能性、可靠性,以及供给的成本效率是否能够平衡。采购的关键是在供应链一体化基础上实现采购与供给的对接。

传统采购管理存在许多的问题,包括:运行风险大、质量难以控制、竞争多于合作、响应顾客需求能力迟钝等,这样的采购管理方法不能满足敏捷物流的要求。

准时生产方式是一种有效利用各种资源、降低成本的准则。其中心思想是寻求、消除在生产过程中形成浪费的一切根源和任何不产生附加价值的活动,实现这一思想的控制方法和原则是:将必要的材料,以正确的数量和完美的质量,在必要的时间,送往必要的地点。因此准时化采购是准时化生产管理模式的必然要求,也是敏捷物流的必然选择。

2. "零库存"管理

"零库存"是以信息化为依托,利用各种管理、销售手段和策略,来达到库存最优化,从而使物流成本最低的一种管理模式。零库存状态下,没有资金占用和仓库占用,是库存管理的理想状态。然而,由于受到不确定供应、不确定需求和生产连续性等诸多因素的制约,企业的库存不可能为零,基于成本和效益最优化的安全库存是企业库存的下限。但是,通过有效的运作和管理,企业可以最大限度地逼近零库存。

3. 合理化配送

判断配送合理不合理主要看三个因素:安全通达性、时间准确性和成本效率比。配送不合理的表现有:①资源筹措不合理;②库存决策不合理;③价格不合理;④配送与直达的决策不合理;⑤不合理积载和不合理运输;⑥配送计划不合理;⑦经营观念不合理。

消除配送不合理的方法有:①制定合理的配送计划,包括车辆积载、联合配送计划、路线设计、时刻表等;②标准化建设;③合理化制度,包括配送管理规范,处理程序,与物流其他职能的衔接与协调,合理化的组织、运作、监督和考评等;④具体项目方案制订,包括资源筹措、实施要素、订单处出入库管理、运输工具、途径、路线等;⑤合理选择合作伙伴与资源外包管理。

2.3.4 实现途径

1. 延迟化技术

延迟是尽量使无差别的产品和服务能统一、规模化地生产，把顾客化定制等最终产品的加工过程尽量延迟到顾客确定的订单下达之后。延迟物流策略要求生产企业采取适应订购的决策而不是存货选择来满足顾客的敏捷化、个性化需要，使产品尽可能长时间地处于中间或者未利用状态，从而推迟生产，直到需求到来。这样就使按订单生产且在总量上的经济生产成为可能。

物流延迟对于物流经营来讲就是尽可能延迟物流系列活动的决策时点的经营方式，绝大部分情况是在一个或多个战略地点对全部货品进行预估，而将进一步库存部署延迟到收到顾客的订单，这实际上要求加工能力和输送能力很强且十分精确，实际上提供了一种减少物流预估风险的经营思路。如将一种产品的制造完成和销售配送延迟到收到顾客的订单后再进行，则不合适的或错误的生产活动和物流活动就能够自动减少和消除。

物流的延迟化技术往往与生产制造的延迟化策略一并使用。生产延迟可在得到顾客精确订单之前，不生产任何成品，而只生产到合理中间产品的存量，顾客化定制部分留在其后。接到订单后，将标准中间产品、通用件、标准件用柔性生产的方式组合生产，使之在顾客时间窗口内满足要求。这种策略的新颖之处在于柔性生产能够取得对有效顾客需求的敏捷反应而又不丧失效率，可以摆脱对引导物流的销售预测的依赖，从而使生产和销售按照实际的需求来进行。

2. 资源外部管理

资源外部管理就是将企业的资源或非核心业务外部化，交由其他更专业的企业管理，而自身则专注于发展核心竞争力的一种做法。主要是转移库存所有权的做法。

资源外部管理的内容有：①向供应链上游转移库存的供应商管理库存 VMI(Vendor Managed Inventory)，库存所有权属于供应商，企业随时可调来使用；②向供应链下游转移库存的经销商管理库存 RMI(Retailer Managed Inventory)，库存所有权属于分包商、经销商，经销商将库存寄存于企业，可随时来取；③在供应链一体化基础上实现采购与供给的对接等。

3. 日清日结

"日清日结"方法有两个内容：日清和日结。日清指各岗位人员当日作业过程中任务要清、质量要清、成本要清、效益要清、完成时间要清、达到的标准要清、缘故所得奖惩要清。在统一、规范的统计表格、台账上记录当天的任务、投入、产出、成本、利润、奖金、回报等。日结有三层含义：一是结果，二是结论，三是了结。"日清日结"方法充分体现了企业生产运作的敏捷与高效，强调反应和运作以敏捷为目标。

2.4 大规模定制物流

2.4.1 大规模定制物流的含义

大规模定制物流(Mass Customization Logistics)是大规模物流和定制物流的结合。大规模物流是物流服务提供者对所有客户都提供同样方式、相同水平的物流服务，简化物流操作，以最小成本获得最大效益。大规模物流的优势在于利用规模经济原理，提高物流操作效率，其不足之处是忽视客户需求的多样性和差异性，不考虑企业物流服务目标的多重性，没有或很少让客户参与物流服务的设计和评价。关注的只是有利于物流服务提供者自身的经济效果，而非满足客户的特定需求。定制物流以客户服务为中心，通过提供独特的物流服务方案来满足客户需求。其不足之处是：由于物流服务提供者将每位客户作为一个单独的细分市场，分别提供不同的物流服务，其物流服务方案的设计和实施是一个庞大的工程，无论是厂商自营物流还是第三方物流都将面临管理客户、为客户服务、维护客户关系、评价物流业务绩效等诸多问题，物流活动的开展难以产生规模经济效应，致使物流总成本过高。

以上两种物流服务方式是降低成本或追求服务的极端情形。厂商和第三方物流企业不仅要满足客户不同的物流需求，而且面临降低物流总成本、提高物流和供应链效率的挑战，为此，将大规模物流与定制物流进行集成，在二者中求得某种平衡，从而产生大规模定制物流。

大规模定制物流指的是根据客户的不同物流需求进行市场细分，运用现代物流技术和信息技术以及先进的物流管理经验，通过物流功能的重新整合，实现以大规模物流的成本和效率为每个客户提供定制物流服务。除了有效提供定制物流服务之外，大规模定制物流还有利于企业扩大市场占有率、提高客户忠诚度、增加利润等。

2.4.2 大规模定制物流的特征

1. 以客户需求为导向

大规模定制物流旨在充分识别客户的物流需求，并根据需求特征进行市场细分，寻求差别化的物流战略，从而通过对物流功能的重组和物流操作的重构，提供客户化定制物流服务，是一种需求拉动型物流服务模式。

2. 以现代信息技术和物流技术为支持

大规模定制物流要在获得规模经济效益的同时提供客户化定制物流服务，必须依靠现代信息技术和物流技术，包括电子数据交换（EDI）、条形码（Bar Code）、电子自动订货系统（EOS）、全球卫星定位系统（GPS）、地理信息系统（GIS）、射频技术（RF）等。这些技术使企业能采用先进的管理方法如快速反应（QR）、有效客户反应（ECR）、准时制管理（JIT）；提供客户要求的供应商管理库存计划（VMIP）、提前运送通知（ASNS）商品预测和计划、上架准备等特定服务；支持工厂和仓库中新增的物流活动如越库（Cross-Docking）操作、运输调度及回程安排等。

3. 以物流细分为手段

大规模定制物流通过对物流需求的细分，划分出客户群，并根据每个客户群的需求特征确定物流服务水平，从而避免为单个客户定制物流服务水平的复杂性和低效率。从产品角度进行的市场细分可以从充分识别客户需求，进而确定目标市场，寻求差别化市场机会，为每个客户群提供所需要的产品。同样，从物流角度进行市场细分，可以明确各个客户群的物流需求，在此基础上实施差别化物流服务战略，提供客户所需要的物流服务。

4. 以物流功能模块化、标准化为基础

物流服务功能主要包括运输、保管、包装、装卸/搬运、配送、流通加工、信息处理等，各个功能可以作为物流服务的模块，并进行标准化。各模块功能的实现可通过自营或外购的方式获得，以每个组织的核心竞争力为依据确定自营功能模块，外购非核心能力的功能模块。在实现标准化的过程中，可以运用标杆瞄准（Benchmarking）方法，以该功能领域的领先者或竞争对手为标杆，实现物流设施设备、物流操作等的标准化。最后，根据具体的客户需求进行物流功能模块的组合，以物流服务总效益最大化为指导，实现各功能模块的协调。

小资料：CDL物流(Cross—Docking Logistics)

CDL(Cross—docking Logistics，简称CDL，越库物流)物流因沃尔玛而出名，作为一种先进的物流配送战略和运作模式在西方发达国家已获得成功应用，与其他配送战略比较，CDL物流配送战略可以在时间、空间和成本上获得利益。

《向CDL物流转变——CDL物流运作的计划、设计和实施的应用指南》的作者Maida Napolitano认为："CDL物流是几乎跨越仓库贮存生命周期本身的一种运作战略。它是一个过程，在这个过程中，通过一种设施把收到的产品和其他偶然将运到同一个地点的产品一起尽可能早地运送，而不长期地存储这些产品。"关于什么是CDL物流，有一个更加直接的解释："CDL物流实质上是在收货和发货之间直接地运送商品，取消了商品储存和选择的步骤。在发货区域，商品经过一个传送带直接流向每个拖车；在收货区域，产品从卡车上直接移到CDL物流传送系统。"在CDL物流系统中，仓库充当库存的协调点而不是库存的储存点。在典型的CDL物流系统中，商品从制造商达到仓库，然后转移到零售商的车辆上，进而尽可能快地运送给零售商。商品在仓库中停留的时间很短，通常不超过12个小时。

CDL物流显著的特征：一是CDL物流以"零库存"为最终目标，是一种基于JIT先进的现代库存管理系统；二是CDL物流以更精确的顾客需求预测为基础，是一种需求驱动的"拉动"系统；三是CDL物流以供应链上各方的积极参与为基础，旨在追求和提高供应链的整体系统性能和效率；四是CDL物流以成本—效益分析为基础，是一种先进的配送战略；五是CDL物流是一个遵循PDCA循环的连续改进过程。

2.4.3　大规模定制物流的实现

1. 物流细分

实现大规模定制物流首先要从物流角度进行市场细分，通过物流细分来识别客户的需求特征，并按照一定的标准划分客户群，从而为物流服务水平的设计打下基础。

物流细分所使用的工具与市场细分相似，主要是进行因素分析。不同之处在于决定分类的因素不同，市场细分主要以客户需求的产品特征为基础，物流细分则主要以客户的物流需求和产品的物流特征为基础，这些因素主要包括购买关系性质、订货和账单送交方式、运送和服务支持、订单内容、运送内容等等。由于不同物流服务提供者对各因素重要性的理解有异，因此物流细分中所使用的主要因素也不一致，例如澳大利亚一家大型酿酒公司利用客户订货特征、物流运送要求和客户规模作为主要因素进行物流细分，而另外一家电子通讯产品供应商则主要根据客户的订货方式、运送要求来进行物流细分。

通过物流细分将具有相同需求特征的客户划为一个客户群，并界定不同客户群的需求，以识别物流服务的优先性。如果某种物流服务需求在市场中没有得到充分满足，则与已满足的物流服务需求相比，就具有一定的优先性，企业即可将此作为差别化的市场机会，并提供与需求相适应的物流服务，以创造差异化的竞争优势。市场细分对制造厂商而言，还存在一个从产品角度进行的市场细分与物流细分的平衡问题，总体而言，营销部门与物流部门要保持协调，使市场细分与物流细分的结果相匹配。

2. 物流服务水平设计

在细分市场之后，要针对每个客户群定制物流服务水平。首先要了解企业的物流服务能力，在此基础上，根据物流细分的结果设计相应的物流服务水平满足客户群的物流需求。有时需要在物流服务水平的设计方案中增加新的物流服务能力，才能满足客户的物流服务要求，如为了跟上竞争者的物流服务水平，或采取差别化战略而缺乏相应的物流能力，或缺乏满足重要客户物流需求的某些物流能力等。因此，就应比较新增物流服务能力的总成本和收益机会，做出正确的决策。

进一步地，所设计的物流服务水平必须进行内外部的测试和检验，并根据测试反馈情况，进行适当的变更，最后确定物流服务水平。内部测试主要是针对市场营销部门和销售人员进行，当某些方面发生抵触时，要进行协调，确保总体效益最大。

最后，在为具体客户提供物流服务的实际操作中，为客户提供的物流服务水平以该客户所在客户群的物流服务水平为基础，再根据客户特定需求对物流服务内容进行适当的增减，从而在大规模的基础上提供定制化物流解决方案。

3. 物流服务能力重构

要达到设计的物流服务水平，企业需重构其物流服务能力。为此，要综合考虑物流操作流程、物流资产和技术以及人员安排等三个方面。

新的物流操作流程要确保能有效地提供定制物流服务。对制造商而言，需要明确新执行的物流活动；了解由于物流服务变动所影响的客户数目和预期的产品数量，寻求执行新流程而不干扰其他产品流的最好方式；明确单个流程(接收、入库、存储、拣选、分拨、运输计划)所受到的影响；弄清市场预测、生产计划、存货管理和分销管理流程和政策，以及市场营销流程和政策需进行的变动。

物流资产和技术也是物流服务能力重构中必须考虑的问题。进行重构时要分析资产构造的变化，确定重构的仓储设施、新增物流设备的数量；明确为支持新流程，在销售、订单管理以及客户服务系统方面的变化；明确为支持提供新服务，在生产计划、供应链计划、仓储和运输管理系统方面的变化等。

物流服务能力重构还需考虑人员安排。一般的，工作流程上的变化、引进新系统需对人员进行培训。另外，如果物流能力的实现是外包第三方，则需与第三方物流服务提供者进行新的协议。

小案例：美国纸品制造商的服务能力确定
在美国，一家为全美零售商提供纸产品的大型纸品制造商面临利用物流获得竞争优势、提高潜在销售量、降低成本的挑战。为寻求有效提供定制物流服务的途径，该公司组建了专门项目小组。通过拜访不同规模的客户，发现所有的客户都认为订货准确率、供应比率和准时运送是非常重要的服务标准；与此相反，其他服务要求的重要性对不同的客户而言不尽一致，这些方面对公司而言是实行差别化策略的潜在发展方向。同时项目小组认识到，虽然公司在基本服务方面做得很好，但其他纸制品供应商也都能提供同样水平的基本服务。因此，在基本服务上不可能实行差别化策略。在其他服务方面，如 EDI 汇票、提前运送通知、EDI 订货跟踪、越库、直接配送至商店等，市场提供的物流服务还需改进，这是企业差别化的机会；另外还存在一些不重要的服务或微利服务，如零担运输、连续补货计划、EDI 存货跟踪等，如果公司的重要客户认为其中的某些服务很重要，而且经济上可行，也可以将其作为一种差别化服务来发展。综合考虑物流服务对客户的重要性及物流服务的相对复杂性，该项目小组将整个市场划分为四个客户群：传统型、跟随型、集中型与伙伴型。然后根据客户潜力及公司潜力对每个客户的战略重要性进行评价，确定客户的服务成本，将成本—服务分析和战略重要性分析相结合，制定出新的物流服务战略，从而有效地提供大规模定制物流服务。

2.5 应急物流

2.5.1 应急物流的含义

应急物流(Emergency Logistics)最初与军事物流联系在一起，二战结束后，美国许多学者研究了美国在战争中的后勤供给并提出了自己的见解。但在我国，真正引起学术界重视的是因为 2003 年 SARS 疫情的突袭。这次事故带来的巨大损失使人们意识到长期形成的物流定式和以单纯追求经济效益最大化为物流驱动力的物流模式不利于应急物流的实现，由此展开了对应急物流系统的研究。

狭义应急物流是指应对突发事件的一系列紧急物流行动。广义应急物流是指为应对严重自然灾害、突发性公共卫生事件、公共安全事件及军事冲突等突发事件而对物资、人员、资金的需求进行紧急保障的一种特殊物流活动。应急物流与普通物流一样，由流体、载体、流向、流程、流量等要素构成，具有空间效用、时间效用和形质效用。应急物流多数情况下通过物流效率实现其物流效益，而普通物流既强调效率又强调效益。

应急物流作为一种特殊物流活动，可大体划分为以下几种(见表2.1)：

表2.1　应急物流的类型

规模	起因	归属
企业级 区域级 国家级 国际级	自然灾害 事故 疾病 军事	地方 军队 单一型 综合型

2.5.2　产生原因

1. 自然灾害

中国是世界上自然灾害发生较多的国家之一，经常发生地震、台风、滑坡、泥石流、火灾、水灾、旱灾以及其他自然灾害，如1998年长江及2003年淮河、黄河的大洪水，2003年甘肃、内蒙、云南的地震，SARS等传染疾病的流行，2008年初南方冰雪，5.12汶川大地震等，2009年台湾8.8南部水灾等。这些灾害一旦出现，必然会产生大量的应急物流需求，每年给社会造成的额外物流成本目前无法估计。

2. 决策失误

由于决策所需的信息不完备以及决策者的素质限制等原因，任何决策者都无法确保所有决策均正确无误，但一旦决策错误，就会造成物资上的损失。比如，空调企业如果对天气预测失误，预期可以大量销售的空调因为天气转凉而大量堆积于仓库，或者预期气温不会升高，结果产量不足导致紧急追加生产和紧急调运，这都会增加应急物流成本。决策不能确保不失误，但失误以后要确保有预案，只有这样才有可能有效地降低应急物流成本。

3. 复杂国际环境

随着对外开放的深入，我国国际环境变得更加复杂，2002年我国的外贸依存度已经超过50%，石油、钢铁等重要能源和原材料成为世界的主要进口国，以石油和钢铁为原材料的企业的供应链变得非常复杂和冗长，中国与欧洲的进出口商品几乎100%都是通过海运，走苏伊士运河和马六甲海峡，而这些咽喉要道经常遭到武装劫匪和恐怖分子的袭击，从国外到中国的海上、陆上和空中物流通道常常受到威胁和干扰，1993年中国货轮“银河号”在公海被美强行检查，2009年亚丁湾海盗的猖獗活动，这些都对中国的国际物流形成了很大的威胁，起码是延长了进口原料向中国境内的制造商、分销商的交货期，增加了交货成本和海上货物运输保险成本。同时，2003年的伊拉克战争使中国认识到依靠中东地区供给石油的战略需要进行调整，而日本与中国在俄罗斯远东石油输油管道建设上的竞争已经公开演化成为一场体现在物流领域里面的政治、经济竞争，因此，建立中国的石油应急物流体系应该具有重大的战略意义。中国的外向型企业的供应链物流系统也将变得脆弱起来，建立应急物流系统对它们显得格外重要。

4. 消费者权益保护

为了保护消费者的权益，消费者向商家退货现在更加自由和方便，汽车、家电等产品如果有质量问题，厂商必须召回，这在国外已经为法律所规定，中国现在还没有，但此类法律正在制定中。北京市从2003年4月1日起在全市实施《电子市场质量管理通用规范》，规范要求，各商户应回收国家公示召回商品，并实行先行赔付制。三菱帕杰罗、本田CRV、尼康数码相机在中国都有过召回的记录，当然这些跨国公司都有良好的召回物流系统。但中国的本土企业在面临产品召回时，可能会不知所措，相当多的企业根本就没有建立处理这样的应急物流需求的应急物流处理机制。一旦发生这样的召回事件，其应急物流成本一定会吞噬掉这些产品的销售利润。

5. 重大活动和重要节假日

如2008年北京奥运会、2010年上海市博会，每年的春节、国庆节、旅游黄金周等。如四川百事可乐公司从元旦到春节约一个月的销售量占全年销售总量的15%，绝对是全年销售最高峰。这一类属于短时间内爆发的不能确定的巨大的物流活动，是机遇也是挑战。

6. 第三方的原因

第三方的原因可以导致厂商出现应急物流需求，比如因道路建设断路而绕行使在途时间延长、交货期延长，因信息传递错误而导致货到而不能及时提取等，影响工期和市场销售。

以上这些原因中，有的属于不可抗拒，有的属于人为造成的应急物流，厂商应该明确认识，及早制定预案，进行有效地防范，将应急物流成本降到最低。

小案例：应急物流的成本损失
根据亚洲开发银行的统计，2003年的SARS给中国经济带来了176亿美元的经济损失。其中与物流相关的成本有两类，一类是由防止SARS而引发的物流活动成本，另一类是因为SARS影响正常生产、经营和消费活动而产生的物流成本，具体包括四项： (1)医院、学校、车站、机场、码头、工厂、商店、机关、部队以及居民家庭等花在SARS防治物资的运输、储存、包装及管理上的成本； (2)在运输途中对人员和车辆及设备进行重复、多余的检查、检测、消毒产生的成本； (3)由于过度预防造成后期库存的预防物资如消毒用品、药品的积压、变质、浪费，以及临时性预防设施的维护与保养、处理等费用； (4)由于预防SARS造成的交货期延误或者取消运输发货等造成的成本。 以上四项合计至少为30亿美元。这就是SARS期间中国处理危机物流的巨大成本。

2.5.3 企业参与应急物流的策略

应急物流是一般物流活动的一个特例，它具有区别于一般物流活动的特点：①突发性和不可预知性；②应急物流需求的随机性；③时间约束的紧迫性；④峰值性；⑤弱经济性；⑥非常规性；⑦政府与市场的共同参与性。

针对上述特点，企业应当采取以下措施。

(1)建立完整的应急物流体系。这套体系包括应对管理政策的变化，比如燃油税出台伊始导致物流企业成本上升30%～40%；以及真正遭遇社会突发事件，如"非典"时期天津德利得等物流公司，因为接下了通用医疗床头X光机的配送业务，而非常忙碌。在配送过程中怎么保证员工安全，如何消毒，如何保障运力等等，成为该企业应急体系的一部分。

(2)保持信息畅通。根据实战经验，在紧急情况下最大的问题就是关键时刻通讯不畅。有些物流公司为运输车司机配备了手机和GPS定位系统，但仍可能出现沟通障碍。应急统一指挥很重要。

(3)批次管理。人员分批次干活，具体措施如，运输公司一个司机带一个人外出搬运干活，或者一个搬运工带一个外出司机，或者行政人员顶上去，或者一辆干活的车后面跟两辆轮换的车。

(4)预留一定的生产能力和物流能力。在需求高峰时间通过其预留的弹性能力来满足。

(5)加强与政府的合作。如果是自然灾害或者"人祸"灾害，则企业需要全力配合政府主导的应急物流，而不能再以企业经济利益为首要考虑因素，生产与物流能力应全力满足紧急状况的物质需求，以承担应尽的社会责任。

2.6 虚拟物流

2.6.1 虚拟物流概念

虚拟物流(Virtual Logistics)是指以计算机网络技术进行物流运作与管理,实现企业间物流资源共享和优化配置的物流方式。即多个具有互补资源和技术的成员企业,为了实现资源共享、风险共担、优势互补等特点的战略目标,在保持自身独立性的条件下,建立的较为稳定的合作伙伴关系。

虚拟物流利用日益完善的通讯网络技术及手段,将分布于全球的企业仓库虚拟整合为一个大型物流支持系统,以完成快速、精确、稳定的物资保障任务,满足物流市场的多频度、小批量订货需求。本质上是"即时制"在全球范围内的应用,是小批量、多频度物资配送过程。它能使企业在世界任何地方以最低的成本跨国生产产品,以及获得所需物资,以赢得市场竞争速度和优势。虚拟物流管理模式的另一个优势就是可以在较短的时间内,通过外部资源的有效整合,实现对市场机遇的快速响应。但由于虚拟物流并没有改变各节点企业在市场中的独立法人属性,也没有消除其潜在的利益冲突。因此,虚拟物流也给各联盟企业带来了一些新的风险问题。

小案例:台湾在南京的"虚拟物流"发展

近年来,台湾高科技产业为降低代工成本,纷纷来大陆投资,而江苏地区以其地理位置、人员配置、资源环境、城市发展等众多因素而成为台商在大陆地区投资的偏爱地之一。南京作为江苏地区的中心城市,本身就是物流重镇,对于在江苏的所有企业而言,都迫切需要一套快速、便捷、高效的现代物流体系。台湾物流企业进入南京选择了一种新的方式——虚拟物流。有别于传统物流"仓库加车队"的模式,虚拟物流通过建立一个物流信息化平台,提供信息和情报,从而节省物流成本,达到整合资源的效果。

台湾信息产业发展比较早,在管理、市场开拓和技术创新方面经验丰富,虚拟物流已经发展到比较高的水平。台湾地区传统的仓库业、运输业以及海空运货代的发展已经全面转向现代物流营运的方向。仓储保管设备、理货设备与搬运设备等物流设备供货商已经向信息化和自动化方向发展。台湾现代物流业已经发展得比较成熟了,加上岛内外向型制造业的高度发达及IT业的崛起,使其物流业在物流理念、物流配送技术、物流中心建设、全球物流网络以及供应链管理等方面都有比较强的跨区域运作能力,在虚拟物流方面的经验已比较成熟。

南京作为长三角中心城市之一,区位优势明显。目前南京有物流企业500多家,货运代理企业260多家,国际货代120家,基本上已形成配送、运输、装卸直至仓储的一条龙式格局。近年,南京以信息、物流、零售和金融咨询行业为主的第三产业发展迅速。占GDP比重上升至47.8%,超过全国第三产业占GDP39.5%的比重。此外物流、软件这两个新兴服务行业正逐渐成为南京的龙头产业,去年软件业的销售额达258亿人民币,位居大陆省会城市软件销售额第一位。在发展物流信息化方面,南京已经具备台商投资的良好投资环境,并且科研实力雄厚,市场潜力巨大。为台商发展虚拟物流提供了一座"金矿"。

虚拟物流对于中小企业来说意义十分重大。中小企业在大的竞争对手面前经常处于不利的地位,他们从自己的物流活动中不但无法获取规模效益,而且还会加大物流成本的消耗。虚拟物流可以使这些小企业的物流活动并入到一个大的物流系统中,从而实现在较大规模的物流中降低成本,提高效益。

2.6.2 虚拟物流的特点

虚拟物流的要素包括:①虚拟物流组织,它可以使物流活动更具市场竞争的适应力和赢利能力;②虚拟物流储备,它可以通过集中储备、调度储备以降低成本;③虚拟物流配送,它可以使供应商通过最接近需求点的产品,并运用遥控运输资源实现交货;④虚拟物流服务,它可以提供一项虚拟服务降低固定成本。

1. 信息化

物流信息化表现为物流信息的商品化、物流信息收集的数据库化和代码化、物流信息处理的电子化和计算机化、物流信息传递的标准化和实时化、物流信息存储的数字化等。因此,条码技术、数据库技术、电子订货系统(EOS)、电子数据交换(EDI)、快速反应(QR)及有效的客户反映(ECR)、企业资源计划(ERP)等技术与观念在我国的物流中将得到普遍应用。

2. 自动化

自动化的基础是信息化,自动化的核心是机电一体化,自动化的外在表现是无人化,自动化的效果是省力化,另外还可以扩大物流作业能力、提高劳动生产率、减少物流作业的差错等。物流自动化的设施非常多,如条码/语音/射频自动识别系统、自动分拣系统、自动存取系统、自动导向车、货物自动跟踪系统等。

3. 网络化

网络化有两层含义:一是物流配送系统的计算机通信网络,包括物流配送中心与供应商或制造商的联系要通过计算机网络,另外与下游顾客之间的联系也要通过计算机网络通信,比如物流配送中心向供应商提出订单过程,就可以使用计算机通信方式,借助于增殖网(VAN)上的电子订货系统(EOS)和电子数据交换技术(EDI)来自动实现,物流配送中心通过计算机网络收集下游客户的订货过程也可以自动完成;二是组织的网络化,即所谓的企业内部网(Intranet)。例如,台湾的电脑业在20世纪90年代创造出了“全球运筹式产销模式”,这种模式的基本点是按照客户订单组织生产,生产采取分散形式,即采取外包的形式将一台电脑的所有零部件、元器件、芯片外包给世界各地的制造商去生产,然后通过全球的物流网络将这些零部件、元器件和芯片发往同一个物流配送中心进行组装,由该物流配送中心将组装的电脑迅速发给订户。这一过程需要有高效的物流网络支持。

4. 智能化

智能化是物流自动化、信息化的高层次应用,物流作业过程大量的运筹和决策,如库存水平的确定、运输(搬运)路径的选择、自动导向车的运行轨迹和作业控制、自动分拣机的运行、物流配送中心经营管理的决策支持等问题都需要借助于大量的知识才能解决。在物流自动化的进程中,物流智能化是不可回避的技术难题。专家系统、机器人等相关技术在国际上已经有比较成熟的研究成果,物流的智能化已成为电子商务下物流发展的一个新趋势。

5. 柔性化

柔性化本来是为实现“以顾客为中心”理念而在生产领域提出的,但要真正做到柔性化,即真正地能根据消费者需求的变化来灵活调节生产工艺,没有配套的柔性化的物流系统是不可能达到目的的。因此,20世纪90年代,国际生产领域纷纷推出弹性制造系统(Flexible Manufacturing System,FMS),以增强生产柔性。

2.6.3 虚拟物流体系建设存在的问题

(1)缺乏健全的物流信息平台。随着我国物流行业的不断发展,物流的信息化水平也已经有了显著的提高。部分城市已经建立诸如“物流信息网”等形式的简单的物流信息平台,但是其功能单一、信息安全和保密性差,与发展虚拟物流体系的要求还存在很大差距。

(2)缺乏潜在用户群的理解。虚拟物流参与方往往没有自己的仓库、车队等显性资源,仅有信息、知识、方案等隐性资源。此外,由于全国范围内已成功实施虚拟物流的具体案例也非常少,再加上业界对物流宣传力度不够,导致在今后一段时间内虚拟物流很难让用户群完全理解和接受。

(3)物流标准化建设尚不完善。发展虚拟物流体系的关键在于整合现有的物流资源,这就要求具备完善的物流标准化体系。当前我国物流行业低标准造成与物流相关的现有产业标准体系起步较低，缺乏系统性，问题突出表现在托盘、包装、信息技术等通用技术设备与标准上。另外，产业间的标准难统一，制约了物流各相关产业间的统一性和协调性。

(4)从事现代物流虚拟管理或是智慧性运筹管理的人才严重匮乏。物流虚拟化需要更高层次的管理人才，要求他们具有基本的运输仓储行业知识、生产服务管理知识，电子通讯网络知识以及运筹学、统计学等高级理论和知识外，特别要具有较强的协调能力和统一指挥调度能力，这样的高级人才在我国还相当匮乏。

本章小结

物流新理念

大规模定制物流
- 内涵：大规模物流和定制物流的结合
- 特征：以客户需求为导向、以现代信息技术和物流技术为支持、以物流细分为手段、以物流功能模块化、标准化为基础
- 实现：物流细分、物流服务水平设计、物流服务能力重构

绿色物流
- 内涵：采用先进的物流技术、物流设施，最大程度降低对环境的污染，提高资源的利用率
- 基本理论：可持续发展理论、生态经济学理论、生态伦理学理论
- 企业绿色物流管理：绿色运输、包装、流通加工、管理以及废弃物物流管理

敏捷物流
- 内涵：在整个供应链中的物流活动达到成本与效率比最优，在高效率与低成本、高顾客满意度之间寻找平衡点
- 特点：顾客化是第一原则；快速响应是表现；同步化是标准；成本效率是核心
- 发展障碍：供应链的多头管理、不确定因素、物流作业因素、技术制约、信息、人才
- 关键：JIT采购、“零库存”管理、合理化配送
- 实现途径：延迟化技术、资源外部管理、日清日结

精益物流
- 内涵：以客户需求为中心，及时创造由顾客驱动的价值，以减少备货时间，提高客户满意度
- 要求：正确认识价值流、价值流的顺畅流动、顾客需求作为价值流动力、不断改进，追求完善
- 基本框架：以客户需求为中心、准时、准确、快速、系统集成、信息化
- 方法：最常用的方法是过程活动图和实体结构图
- 实施：企业系统的精益化，提供精益物流服务

虚拟物流
- 内涵：以计算机网络技术进行物流运作与管理，实现企业间物流资源共享和优化配置的物流方式
- 特点：信息化、自动化、网络化、智能化、柔性化
- 问题：缺乏健全的物流信息平台、潜在用户群的理解和接受，物流标准化建设不完善，人才严重缺乏
- 对策：构建完善的物流信息平台，强化对虚拟物流认识，加快物流标准化体系建设，重视物流人力资源的开发

应急物流
- 内涵：应对突发事件而对物资、人员、资金的需求进行紧急保障的一种特殊物流活动
- 产生原因：自然灾害、决策失误、复杂国际环境、消费者权益保护、重大活动和重要假日
- 企业绿色物流管理：绿色运输、包装、流通加工、管理以及废弃物物流管理

关键概念

绿色物流　精益物流　敏捷物流　大规模定制物流　虚拟物流

课堂讨论

1. 物流新理念和方法创新最容易体现在哪些行业？为什么？
2. 企业实施绿色物流的难点何在？

复习思考题

1. 选择题

(1)绿色物流是(　　)。

A. 社会物流　　B. 企业物流

C. 环境物流　　D. 社会物流与企业物流

(2)绿色物流关注于(　　)。

A. 企业效益　　B. 社会效益

C. 企业效益和社会效益的协调　　D. 公众利益

(3)价值流的顺畅流动是(　　)。

A. 精益物流的前提　　B. 精益物流的保证

C. 精益物流的关键　　D. 生命

(4)同步化原则是敏捷物流的(　　)。

A. 标准　　B. 表现　　C. 关键　　D. 第一原则

(5)应急物流的主要原因是(　　)。

A. 重要活动和节假日　　B. 产品质量缺陷

C. 决策失误　　D. 自然灾害

(6)精益物流常用的方法有(　　)。

A. 过程活动图　　B. 供应链反应矩阵

C. 决策点分析图　　D. 实体结构图

(7)精益物流提供的服务有(　　)。

A. 满意服务　　B. 准时化服务　　C. 快速服务　　D. 低成本高效率服务

(8)大规模定制物流的内容是(　　)。

A. 物流细分　　B. 服务水平设计　　C. 服务能力重构　　D. 集中客户群

(9)应急物流的特点是(　　)。

A. 突发性　　B. 大规模性

C. 灾害性　　　　　　　　　　　D. 政府与市场的共同参与性

(10)虚拟物流具有(　　)的特点。

A. 自动化　　　B. 网络化　　　C. 智能化　　　D. 柔性化

2. 问答题

(1)绿色物流与传统物流比较,其特点是什么?

(2)绿色物流的理论基础是什么?

(3)精益物流的内容框架有哪些?

(4)企业如何实施精益物流?

(5)企业实施敏捷物流的关键点是什么?

(6)企业如何实施敏捷物流?

(7)应急物流与一般物流有何差异?

(8)举例说明应急物流产生的原因。

(9)虚拟物流有何特点?

(10)阐述如何进行虚拟物流体系建设。

烟草物流"精益化管理"

烟草商业企业物流主要包括卷烟的采购、入库、仓储、呼叫、分拣、结算、送货等环节,实现卷烟从工业企业到零售户,最终到消费者这样一个空间转移。烟草商业企业通过精益化管理实现了精益物流。

1. 硬件方面:根据精益管理的思想分析商业企业物流各个作业环节,提高效率,消灭浪费,具体可以从入库、仓储、分拣、送货几个关键环节入手。

(1)借助RFID技术,实现出入库的高效管理。RFID技术与现代配送中心技术相结合,大大提高了配送中心的存取效率,提高配送中心的吞吐量,完全有效地解决了配送中心里与货物流动有关的信息的管理,大大提高配送中心的货物处理能力。

(2)采用先进的分拣设备,提高分拣效率。分拣配货是一件很复杂、工作量很大的活动,尤其是在多用户、所需品种规格多而需求批量小的卷烟商业流通行业。年卷烟销售量超过六万大箱的物流中心通过提高分拣设备的拣自动化水平,来提高分拣效率。

(3)借助GIS,实现配送线路优化和车辆精确管理。由于卷烟零售户在地理上分布比较广泛,各个地区的地理位置、建筑情况、周围环境,交通线路都错综复杂,这就使得配送线路的优化成为难事。使用GIS的电子地图可以显示出车辆和货物的实际位置,并能查询出车辆和货物的状态,以便进行合理的调度和管理;可以对配送范围内的主要建筑和地形地貌、客户资源等进行查询,并在电子地图上显示;可以在对地理信息的模拟抽象后,转换为点面构成的网络图,结合实际车量流速、流向状况使用Dijkstra法求出最短路,或按照"中国邮路问题"计算最优运行线路。

(4)提高信息管理水平,加快响应速度。物流中心几乎每天都要接收大量来自内部、外部和各个运作环节的信息,如果不进行及时响应处理和反馈,就不能保证整个物流配送的高效运转，物流信息系统是物流配送中心的"大脑指挥室"，也是实现精益管理的关键。

2. 软件方面：主要体现在重视统计分析，基础数据的采集，优化业务流程和确定合理的定额标准等方面。

(1)推行6S管理，为实施精益化管理打好基础。6S就是整理(SEIRI)、整顿(SEITON)、清扫(SEISO)、清洁(SEIKETSU)、素养(SHITSUKE)、自检(SELF-CRITICISM)六个词，6S管理的基本要义是注重细节，是实现精益化管理的第一步(基础)，该方法操作简单，且投资少，见效快。6S管理过程是形式→行事→习惯→企业文化，最终目的是提高全体员工的素质，从而6S管理也是人性化管理的基础。

(2)企业管理者需要重视统计学的应用。物流中心需要通过对各作业环节的基本数据进行分类和收集，建立一套管理控制指标体系，运用统计学原理和方法测算出具体的指标，在一定的范围内为衡量物流管理的好坏建立起客观的标准，而不能完全依据、依靠传统的经验、教训作为管理决策的依据。

(3)优化业务流程，建立严格的规章制度和落实责任管理。烟草商业物流从进货到验收、入库、货位管理、分拣、打码、包装、分类、出货检查、装货、送货，必须有专门的标准化措施。做什么、何时做、做多久、怎样做，都要建立指南，画出流程图，形成作业流水线。还要建立严格的规章制度对各流程进行全面质量管理，规范操作，明确职责，要定期进行监督检查，保证做到"最简洁的工序、最合理的操作、最理想的效率"。实施精益化管理的另一个关键点就是落实管理责任，将管理责任具体化、明确化，使每一个管理者都能按照预定目标实现每一次都把工作做到位，每一个管理环节都精细化，从而以最经济的管理方式获取最大的效益。

(4)确定合理的标准定额。比如油耗，车辆调度管理员需要对常规线路(特别是长途线路)进行实地、随车考察，得出固定油耗数，把油耗数录入系统作为考核依据。这些最为基础但又恰恰对管理产生重要影响的精益化数据都应由管理决策者事先或在事中事后不断分析得出，再借助信息系统强大的数据处理分析能力，制订出科学合理的标准定额。

精益管理和精益物流理论所强调的消除浪费、持续改善是烟草商业企业物流继续生存和发展必须具备的根本思想。它使得烟草商业企业物流的经营观念转变为以顾客为中心，通过物流管理软硬件水平的提高，实现物流配送的标准化、信息化、准时化作业，不断谋求成本的节约，谋求物流服务价值增值。

(案例来源：物流杂志 http://www.gd-logistics.com/news/Article/Article/)

案例思考：烟草商流企业的做法还能用于哪些行业？为什么？

推荐阅读

[1]《物流工程》杂志，2000—2009年

[2]《现代物流报》近3年期刊

[3] 新华物流网：http://www.cn56net.com

[4] 锦程物流网：http://www.jctrans.com/

[5] 中国物流网：http://www.56.com.cn/

第3章　物流战略与系统规划

开篇案例·上海浦东汽车运输总公司物流系统案例

在上海浦东汽车运输总公司(以下简称浦运)的现代物流系统变革中,快步易捷公司全程参与了浦运公司的企业变革。双方的合作集中在3个方面:一是企业战略规划,包括市场战略、内部运作体系战略;二是开发应用一套可适应多种业务模式和多种调度模式的一体化运输管理系统;三是物流系统变革的实施。

要保证物流系统达到预期目标,实施步骤是关键。第一阶段,快步易捷在对浦运实际的运作情况和业务流程进行分析的基础上,提出了详尽的企业变革计划。在变革计划实施的过程中,快步易捷的物流顾问团队直接参与了浦运营销中心的建立,领导和完成了SOP(标准运作流程)和KPI体系的设计。

第二阶段,快步易捷为浦运设计了未来业务模式的核心目标,目标之一就是:建立起一个支持浦运快速业务发展、适应多种业务类型和运作方式的一体化运输管理系统。快步易捷在对系统进行全面设计和开发的过程中,融合了国际先进物流管理理念和深厚的本土行业经验,以及跨系统、跨平台的集成方案,协助浦运建立起基于客户业务模式的、跨部门的、动态实时配置的流程管理平台。

方案凭借强大的技术平台,实现企业物流信息的高效管理,重组企业业务流程,其目的是对运输过程中的人、车、货、客户进行有效的协调和管理,以提高运输企业的经营管理水平,创造更好的效益与利润,从而最终做到:①形成在全国范围内提供多种增值服务、处于领导者地位的资产型专业运输公司;②通过运输管理系统,将托运单调度作业流程统一化、规范化和高效化,实现最优的客户服务和最大的资源利用;③使所有运作成本透明化,帮助浦运进行成本控制的集中管理。

系统面向管理、调度、作业、车辆技术、人事和市场营销等各个部门,实现了贯穿托运单处理及调度、作业全过程的信息化处理,能向企业内部的周边系统及客户提供有关托运单处理的相关信息。在统一的流程驱动基础上,规范了托运单的处理和优化调度,实现了最大化资源的利用,确保托运单全过程相关方获得透明、准确、一致的信息。

经过一段时间的上线运作,上海浦运基本做到了从收到订单开始到货物准时、安全抵达客户手中的运作过程的全程可视性。目前，通过一体化物流信息平台的接入，再加上良好的管理制度，上海浦运轻松地实现了企业间物流流程的电子化连接、集成和整合。

（资料来源：中国物流协会网 http://www.cla.gov.cn/）

对于任何一个物流组织来说，要取得物流管理的良好业绩，首先要明确企业的物流战略，战略是站在目标和远景的高度来指导某项行动的，它为物流系统指明了努力的方向。在此基础上，物流组织有必要了解自身系统的特点，并对自身系统进行有效地分析与规划。物流系统中节点是其重要的组成要素，而物流中心与物流园区是物流节点的重要类型。

3.1 物流环境分析

物流战略选择和物流系统规划不但要受物流企业状况、同业竞争、行业特点、国内外市场环境的影响，还受到国家产业政策变化、环保要求以及世界科技进步等多方面的制约。物流企业战略选择之前，必须首先对物流企业的各种相关因素进行充分地分析，找出影响物流企业发展的各种可能的因素，为将来的战略选择与系统规划做好准备。

3.1.1 外部环境分析

1. 经济环境分析

经济环境是指构成企业生存和发展的社会经济状况和国家经济政策。社会经济状况包括经济要素的性质、水平、结构、变动趋势等多方面的内容，涉及国家、社会、市场及自然等多个领域。国家经济政策是国家履行经济管理职能，调控国家宏观经济水平和结构，实施国家经济发展战略的指导方针，对企业经济环境有着重要的影响。

2. 政治法律环境分析

物流企业的政治法律环境是指一个国家或地区的政治体制、方针政策、法律法规等方面。这些因素常常制约、影响企业的经营行为，尤其是影响企业较长期的投资行为。其对企业的影响特点是：①直接性，即国家政治环境直接影响着企业的经营状况；②难以预测性，对于企业来说，很难预测国家政治环境的变化趋势；③不可逆转性，政治环境因素一旦影响到企业，就会使企业发生十分迅速和明显的变化。

3. 科学技术环境分析

物流企业的科技环境指的是企业所处的社会环境中的科技要素及与该要素直接相关的各种社会现象的集合。企业的科技环境，大体包括四个基本要素：社会科技水平、社会科技力量、国家科技体制、国家科技政策和科技立法。

4. 社会文化环境分析

物流企业社会文化环境涉及社会文化的各个层面，其中影响较大的有企业的社会责任和人口、文化等。企业的社会责任指的是企业管理者对整个社会的进步和保护社会的整体利益所承担的一种管理责任。企业的社会责任来源于它的社会权利。人口因素对企业战略的制订有重大影响。例如，人口总数直接影响着社会生产总规模；人口的地理分布影响着企业的厂址选择；人口的性别比例和年龄结构在一定程度上决定了社会需求结构，进而影响社会供给结构和企业生产；人口的教育文化水平直接影响着企业的人力资源状况；家庭户数及其结构的变化与耐用消费品的需求和变化趋势密切相关，因而也就影响到耐用消费品的生产规模等。

5. 生态环境分析

不同国家和地区的地理、气候、季节等有着很大的差别，因而有不同的需求，也就有不同的市场。

3.1.2　行业环境分析

行业环境又称为运营环境，是指直接影响物流企业实现其目标的外部力量。与物流企业宏观环境相比，行业环境对于物流企业有着更为直接、更为现实的影响。行业环境分析就是对行业整体的发展状况和竞争态势进行详细的分析，并确定本物流企业在行业中的地位。行业环境的分析应包括以下内容。

1. 目标市场对本物流企业的包容性或接纳程度

由于不同地区中的消费群有着不同的文化传统和价值观念，所以可能对某些物流企业的物流企业文化有不同的接受程度。这种价值观念和文化的影响有的直接进入了法律体系，有的成为政府的政策，有的则只是以社会的习惯出现。如果进入目标市场时，未对其进行详细的分析和了解，就会受到政府、行业协会、工会、消费群体等的排斥，有可能造成投资失败的结果。在当今社会，权力营销已成为一种重要的营销手段，目标市场的权力主体对本物流企业的包容性或接纳程度就更显重要。

2. 行业生命周期

行业生命周期的划分与产品生命周期相类似，只是它所针对的不单是一个产品，而是整个行业的发展变化趋势。行业生命周期包括：开发期、成长期、成熟期、衰落期四个阶段。

行业生命周期反映了行业销售的变化规律，一般采用评价某些关键性因素的方法来判别行业生命周期的阶段。不同行业中的关键性评价因素可能不同，每一因素在不同行业中的重要性也可能不同。因此，具体描述行业成熟度需结合具体行业的特点进行。

3. 行业的竞争状况

行业的竞争状况主要包括：市场的大小、垄断情况、竞争物流企业的数目和实力、可能的新进入者。

①目标市场的大小不是很容易确定的。一般来说，它是根据行业过去数年内的市场容量而估算出来的。估算过程中，既要考虑目标市场中人口结构、经济状况等因素，还要考虑产品生命周期、产品升级换代等多种因素的影响。②垄断情况是指目标市场中是否存在着行业垄断，垄断的程度有多大，是否有机会打破现有垄断状况，如何打破垄断等一系列问题。③物流企业的竞争首先是同业间的竞争。因此，物流企业要对竞争物流企业的情况了如指掌，包括竞争物流企业的数目和实力及其发展战略等。④还要考虑可能的新进入物流企业。此时，物流企业的对手变为行业外的欲进入者，物流企业需与其他同业者结成某种程度的联盟，提高行业进入难度，排斥行业的进一步竞争。这时，物流行业内部就会同时出现既竞争又合作的“竞合”局面。

4. 技术经济支持情况

一个物流企业在目标市场内投资还是撤资退出，不仅要看自己所经营的产品是否有销路，而且还必须考虑市场内的配套设施是否完善。一方面，本物流企业的产品的原料和设备是否能在当地解决，如不能，如何从其他地区或国家引入；下游产品的销售前景，如下游产品目前旺销只是暂时的现象，或下游产品目前不景气，但有望在不久的将来重新恢复，则要考虑本物流企业是否将来有市场。也就是说，不能简单地考虑本产品的市场前景，而是要考虑整个供应链的竞争优势问题。另一方面，物流企业要发展就需要有人才、资金、技术等要素的保障，物流企业应充分考虑目标市场的要素提供能力，如某种要素不能满足物流企业的需要，物流企业应如何设法解决。

5. 新技术、新产品的影响

有时，新技术、新产品的出现会对现有行业体系产生重大的冲击，可能形成替代产业。新技术具有变化快、影响面大(可能会超出国界)、影响力强等特点。

3.1.3 物流企业内部条件分析

不断变动着的外部环境既会对企业物流战略带来有利影响，也会带来不利的影响。如何充分利用有利影响，降低甚至消除不利影响，关键要看企业如何运用有限的资源。因此，要求企业系统分析其内部条件，摸清企业自身资源要素，并合理配置这些资源要素。见表3.1。

表3.1 物流组织内部条件要素

内部条件	组成要素
人力资源	人员素质、人员结构、人员配置、人员培训、人员流动、劳动保护、人力资源管理制度和运行机制等
财力资源	物流资产结构、负债和所有者权益结构、物流服务增值、物流成本、物流投资风险等
物力资源	物流服务设施设备、能源供应状况等
信息资源	环境监测、竞争情报、内部信息、信息共享等
技术资源	物流信息技术、物流工程技术、物流设备技术等
组织资源	物流组织状况、物流管理效率等
信誉资源	物流服务质量、企业信誉、物流管理模式等

3.2 物流战略制定

物流一词从“Physical Distribution”发展到“Logistics”的一个重要变革，是将物流活动从被动、从属的职能活动上升到企业经营战略的一个重要组成部分。在物流业发展策略实施之前，对现代物流的特征进行研究，并制定物流战略这一环节至关重要。

3.2.1 物流战略的概念及特征

物流战略是指为保证物流的可持续发展，制定的物流发展目标及实现目标的途径与措施的行动纲领。根据组织的特点，物流战略一般分为宏观战略(物流业发展战略)和微观战略(企业物流发展战略)，其基本内容包括物流系统的使命、物流战略目标、物流战略导向、物流战略类型、物流战略措施等。

(1)全局性。物流战略是以组织的全局为对象所制定的整体行动纲领，追求的是整体效果和综合效益。

(2)长远性。物流战略谋求的是长远发展，是组织对未来较长时期内生存和发展的运筹和规划。

(3)对抗性。物流战略是关于组织在激烈的物流市场竞争中如何与对手抗衡的行动方案，也是针对来自各方的压力和挑战制定的战略。

(4)指导性。物流战略所规定的是组织整体的长远目标、发展方向和战略重点等原则性的、概括性的行动纲领；还必须层层分解，分步骤实施，形成具体的行动计划。

(5)风险性。物流战略考虑的是物流市场的未来,而未来具有不确定性,因而战略必然带有一定的风险性。这就要求决策者关注环境的变化,并且能根据环境的变化及时调整战略,提高组织承担风险能力。

3.2.2 物流战略的层次结构

物流活动的组成和物流管理的要求,物流战略的内部主要分为四个层次。如图 3.1 所示。

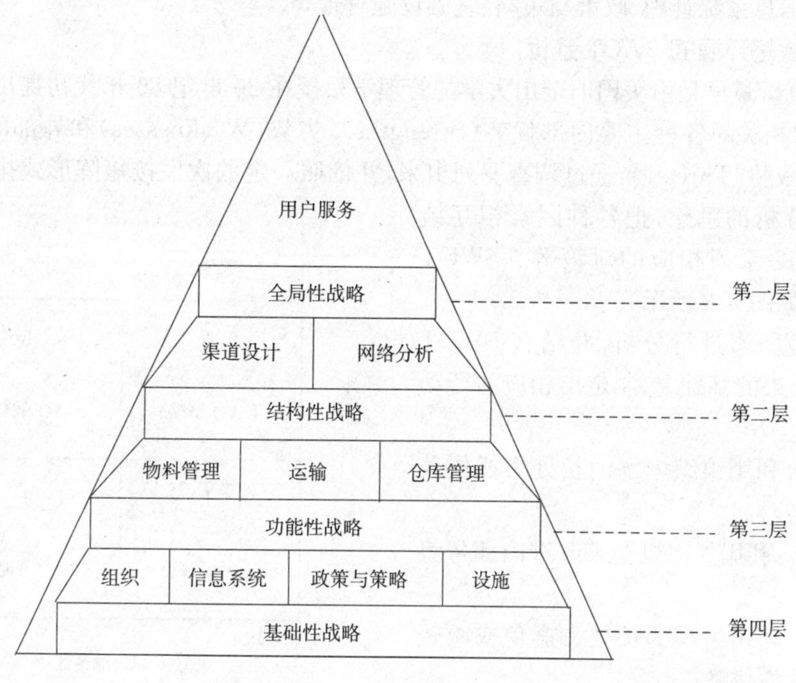

图 3.1 物流战略层次图

1. 全局性战略

物流管理的最终目的是满足用户需求,因此用户服务应该成为物流管理的最终目标,即全局性的战略性目标。要实现用户服务的战略目标,必须建立用户服务的评价指标体系,如平均响应时间、订货满足率、平均缺货时间、供应率等。努力创建提高用户满意度的管理体系,全面提高用户服务水平。

2. 结构性战略

结构性战略的目标是要不断减少物流环节,消除物流链运作过程中不增加价值的活动,提高物流系统的效率。其内容包括渠道设计和网络分析。渠道设计的内容包括重构物流系统、优化物流渠道等。通过优化渠道,可提高物流系统的敏捷性和响应性,降低物流成本。网络分析为物流系统的优化设计提供参考依据。网络分析内容主要包括:①库存状况的分析,通过对物流系统不同环节的库存状态分析,找出降低库存成本的改进目标;②用户服务的调查分析,通过调查和分析,发现用户需求和获得市场信息反馈,找出服务水平与服务成本的关系;③运输方式和交货状况的分析,通过分析,使运输渠道更加合理化;④物流信息及信息系统的传递状态分析,通过分析,提高物流信息的传递速度,增加信息反馈,提高信息利用率。

3. 功能性战略

功能性战略的目标是不断改进物流组织方法,优化运输路线、降低运输成本;加强库存管理、降低仓储费用、努力实现“零库存”目标;保证及时配送、准时交货;最终实现物流过程的适时、适量、适地的高效运作。包括物料管理、仓库管理、运输管理等三个方面。具体内容主要有:①运输工具的使用和调度;②采购与供应、库存控制的方法与策略;③仓库的作业管理等。

4. 基础性战略

基础性战略的主要目标是为保证物流系统的正常运行提供基础性的保障。内容包括:组织系统管理、信息系统管理、政策与策略、基础设施管理等。

3.2.3 物流战略环境的 SWOT 分析

SWOT 分析最早是由美国旧金山大学的管理学教授在 20 世纪 80 年代初提出的,是将与研究对象密切相关的各种主要内部优势(Strengths)、劣势(Weaknesses)和外部的机会(Opportunities)、威胁(Threats),通过调查罗列出来,并依照一定的次序按矩阵形式排列起来,然后运用系统分析的思想,把各种因素相互结合,从中得出一系列相应的对策等。SWOT 分析框架图(如图 3.2 所示)。

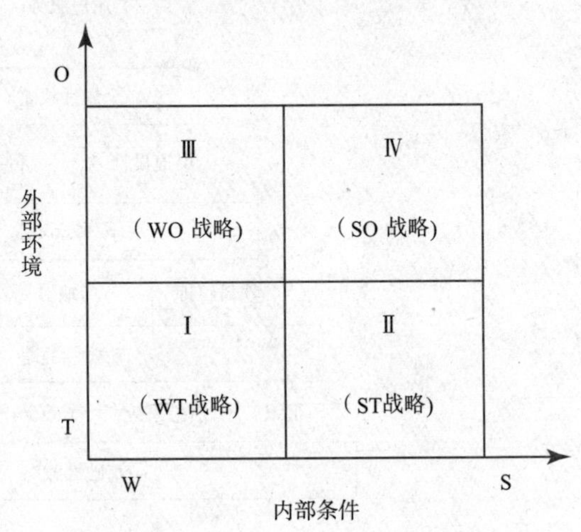

图 3.2 物流战略 SWOT 分析图

在对环境因素进行分析,并结合 SWOT 矩阵的分析结果的基础上,制定出相应的行动计划。

SO 战略:利用组织内部的长处去抓住外部机会的策略;

WO 战略:利用外部机会来改进内部劣势的战略;

ST 战略:利用组织的长处去避免或减轻外在威胁压力的战略;

WT 战略:直接克服内部弱点和避免外部威胁的战略。

3.3 物流战略实施与控制

物流战略的实施根据所考虑时间长短不同可以分成三个层面:战略层面、策略层面和执行层面。战略层面考虑长期的规划制订,时间一年以上;策略层面考虑一年内的实施计划;执行层面是考虑短期的行动,经常需要作出每天甚至每小时的决策。

进行物流管理需要制订和实施物流计划,但仅仅如此并不能保证预定目标的实现,随着时间的推移,物流环境的动态变化和不确定性可能导致实际绩效偏离计划绩效。为使绩效与期望目标一致,需要考虑管理的控制功能,使计划的执行情况与期望目标相一致或使它们保持一致的过程。控制过程就是将实际履行的情况与计划实施情况相比较的过程。

物流系统控制过程为循环过程,在此过程中,管理者根据客户服务和成本对计划中的物流活动(运输、仓储、库存、物料搬运和订单处理),结合物流目标与标准,形成对物流过程的监控,监控结果为下一步的物流活动提供修正措施,由此形成对物流整体流程的控制。物流控制过程如图 3.3 所示,图上半部分为控制要素的循环作用过程,下半部分为控制要素作用于具体流程示意。

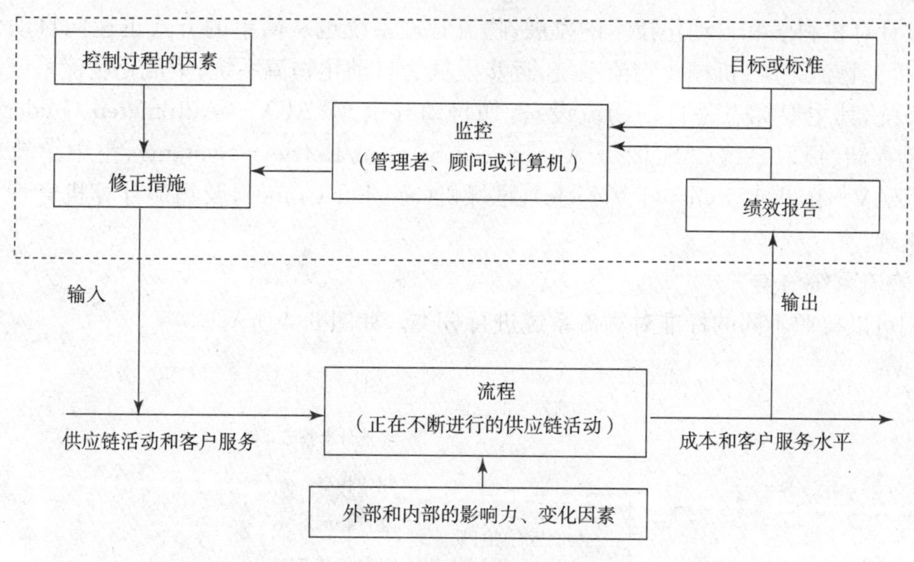

图3.3　物流控制过程示意图

1. 输入信息、流程和输出信息

这一流程可能是某一单项活动，如履行订单、补足库存，也可能包括物流部门涉及的所有活动。输入信息以计划形式注入流程，而计划又指明了流程设计的方法。

2. 标准和目标

管理控制过程需要有一个参照标准，用来比较物流活动的执行情况，而管理者、顾问或计算机都为实施绩效符合该标准付出了劳动。一般而言，参照标准可以是成本预算、客户服务目标水平或对利润的贡献等。

3. 监控

监控是控制系统的神经中枢，它收取有关执行情况的信息，与参与目标进行对比，并负责启动修正措施。监控者得到的信息基本上采取定期报告和审计的形式，通常是有关库存状况、资源利用情况、管理成本及客户服务水平等方面的报告。

3.4　物流系统分析

物流系统分析是指在一定的时间和空间里，将其所从事的物流活动和过程作为一个整体来处理，以系统的观点、系统工程的理论和方法进行分析研究，以实现其空间和时间的经济效益。或者是指从对象系统整体最优出发，在优先系统目标、确定系统准则的基础上，根据物流的目标要求，分析构成系统各级子系统的功能和相互关系，以及系统同环境的相互影响，寻求实现系统目标的最佳途径。

3.4.1　系统及物流系统

系统是由相互作用、相互影响、相互制约和相互依赖的若干要素组合而成的、具有一定结构和特定功能的有机整体。系统本身又是它所从属的一个更大系统的组成部分。系统的构成必须具备三个基本条件：两个以上的要素，要素间互相联系，能完成某种特定功能。

所谓物流系统是指在一定的时间和空间里，由所需输送的物料和包括有关设备、输送工具、仓储设备、人员以及通信联系等若干相互制约的动态要素构成的具有特定功能的有机整体。随着计算机科学和自动化技术的发展，物流管理系统也从简单的方式迅速向自动化管理演变，由手工物流系统、机械化物流系统，逐步发展为自动化物流系统、集成化物流系统和智能化物流系统，其主要标志是自动物流设备，如自动导引车（AGV－Automated Guided Vehicle）、自动存储、提取系统（AS/RS－Automated Storage/Retrieve System）、空中单轨自动车（SKY－RAV－Rail Automated Vehicle）、堆垛机（Stacker Crane），及物流计算机管理与控制系统的出现。

3.4.2 物流系统分类

我们可以按照不同的标准对物流系统进行分类。如图 3.4 所示。

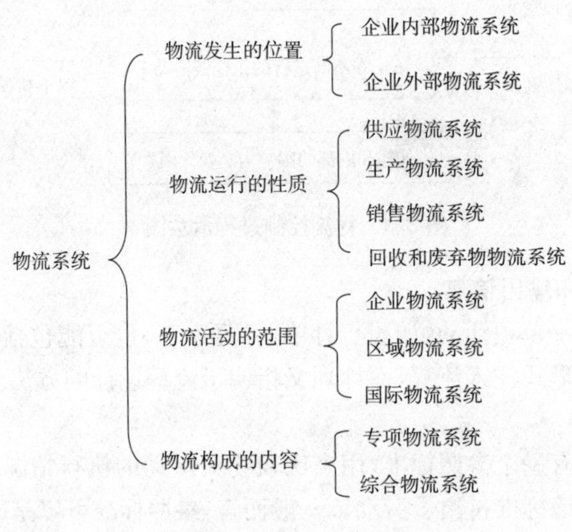

图 3.4 物流系统分类

1. 按物流发生的位置划分

(1)企业内部物流系统。例如，制造企业所需原材料、能源、配套协作件的购进、储存、加工直至形成半成品、成品最终进入成品库的物料、产品流动的全过程。

(2)企业外部物流系统。例如，对于制造企业，物料、协作件从供应商所在地到本制造企业仓库为止的物流过程，从成品库到各级经销商，最后送达最终用户的物流过程，都属于企业的外部物流系统。

2. 按物流运行的性质划分

(1)供应物流系统。从原材料、燃料、辅助材料、机械设备、外协件、工具等从供应商处的订货、购买开始，通过运输等中间环节，直到收货人收货入库为止的物流过程。供应物流系统通过采购行为使物资从供货单位转移到用户单位，一般是生产企业进行生产所需要的物资供应活动。

(2)生产物流系统。从原材料投入生产起，经过下料、加工、装配、检验、包装等作业直至成品入库为止的物流过程。生产物流的运作过程基本上是在企业（工厂）内部完成。流动的物品主要包括原材料、在制品、半成品、产成品等，物品在企业（工厂）范围内的仓库、车间、车间内各工序之间流动，贯穿于企业的基本生产。辅助生产、附属生产等生产工艺流程的全过程，是保证生产正常进行的必要条件。生产物流的运作主体是生产经营者，部分生产物流业务可以延伸到流通领域，例如，第三方物流所提供的流通加工。

(3)销售物流系统。指成品由成品库（或企业）向外部用户直接出售，或经过各级经销商直到最终消费者为止的物流过程。从事销售物流运作的经营主体可以是销售者、生产者,也可以是第三方物流经营者。

(4)回收物流系统。指物品运输、配送、安装等过程中所使用的包装容器、装载器具、工具及其他可以再利用的废旧物资的回收过程中发生的物流。回收物流主要包括边角余料,金属屑,报废的设备、工具形成的废金属和失去价值的辅助材料等等。

(5)废弃物流系统。指对废弃杂物的收集、运输、分类、处理等过程中产生的物流。废弃杂物一般包括伴随产品生产过程产生的副产品、废弃物,以及生活消费过程中产生的废弃物等等。废弃物流通常由专门的经营者经营,国外亦有第三方物流经营者参与废弃物流作业过程的实例。

3. 按物流活动的范围划分

(1)企业物流系统。围绕某一企业或企业集团产生的物流活动。它包括企业或企业集团内部物流活动,也涉及相关的外部物流活动,如原材料供应市场和产品销售市场。企业物流活动往往需要考虑供应物流、生产物流和销售物流之间的协调,及相应的一体化规划、运作和经营。

(2)区域物流系统。以某一经济区或特定地域为主要活动范围的社会物流活动。区域物流一般表现为通过一定地域范围内的多个企业间的合作、协作,共同组织大范围专项或综合物流活动的过程,以实现区域物流的合理化。区域物流通常需要地方政府的规划、协调、服务和监督,在促进物流基础设施的科学规划、合理布局与建设发展等方面给予支持。在规划某区域物流系统时,如省域物流系统、公路运输站场规划与布局等,一般需要考虑区域物流设施与企业物流设施的兼容和运行方式。全国物流系统可以看作是扩大的区域物流系统。在全国范围进行物流系统化运作时,需要考虑综合运输及运网体系、物流主干网、区域物流及运作等。

(3)国际物流系统。在国家(或地区)与国家(或地区)之间的国际贸易活动中发生的商品从一个国家或地区流转到另一国家或地区的物流活动。国际物流涉及国际贸易、多式联运和通关方式等多种问题。它需要国际间的合作,国内各方的重视和积极配合参与,一般比国内物流复杂得多。

4. 按物流构成的内容划分

(1)专项物流系统。以某一产品或物料为核心内容的物流活动系统。常见的有粮食、煤炭、木材、水泥、石油和天然气等的物流过程。专项物流往往需要专用设施、专用设备与相应物流过程的配套运作才能完成。

(2)综合物流系统。包括社会多方经营主体及多种类产品、物料构成的复合物流系统。

从不同角度对物流系统进行分类划分,可以加深对物流性质、过程的理解和认识,有利于更好地进行物流系统的规划、设计、运营组织与管理。

3.4.3　物流系统构成要素

现代物流系统的一般要素由四方面构成。它是组织现代物流系统运行的基础物质条件,包括物流站场、物流中心、仓库、物流线路、建筑物、公路、铁路、港口等。它是物流网络的“软件”,起着联结、调运、运筹、协调、指挥其他各要素,以保障物流系统目标实现的作用。

1. 现代物流系统的一般要素

现代物流系统的一般要素由三方面构成:劳动者要素、资金要素、物的要素。

2. 现代物流系统的功能要素

现代物流系统的功能要素指的是现代物流系统所具有的基本能力,这些基本能力有效地组合、联结在一起，便成了现代物流的总功能，便能合理、有效地实现物流系统的总目的。

现代物流系统的功能要素有采购、运输、储存保管、包装、装卸搬运、流通加工、配送、物流信息等，如果从物流活动的实际工作环节来考察，现代物流主要由上述8项具体工作构成。

3. 现代物流系统的支撑要素

现代物流系统的建立需要有许多支撑手段，尤其是处于复杂的社会经济系统中，要确定现代物流系统的地位，要协调与其他系统的关系，这些要素必不可少。主要包括体制、制度；法律、规章；行政、命令；标准化系统等。

4. 现代物流系统的物质基础要素

现代物流系统的建立和运行，需要有大量技术装备手段，这些手段的有机联系对现代物流系统的运行有决定意义。这些要素对实现物流和某一方面的功能也是必不可少的。主要有物流设施、物流装备、物流工具、信息技术及网络、组织及管理等。

3.4.4 物流系统分析

对物流系统的分析、设计可以由企业专职的系统分析设计师完成，但更多的企业乐于借助外部咨询机构。物流系统分析方法如下。

1. 数学规划法(运筹学)

这是一种对系统进行统筹规划，寻求最优方案的数学方法。其具体理论与方法包括线性规划、动态规划、整数规划、排队规划和库存论等。这些理论和方法都是解决物流系统中物流设施选址、物流作业的资源配置、货物配载、物料储存的时间与数量的问题。

2. 统筹法(网络计划技术)

统筹法，是指运用网络来统筹安排，合理规划系统的各个环节。它用网络图来描述活动流程的线路，把事件作为结点，在保证关键线路的前提下安排其他活动，调整相互关系，以保证按期完成整个计划。该项技术可用于物流作业的合理安排。

3. 系统优化法

在一定约束条件下，求出使目标函数最优的解。物流系统包括许多参数，这些参数相互制约，互为条件，同时受外界环境的影响。系统优化研究，就是在不可控参数变化时，根据系统的目标，确定可控参数的值，以使系统达到最优状况。

4. 系统仿真

利用模型仿实际系统进行仿真实验研究。

5. 其他方法

主因素分析法、层次分析法、聚类分析法、遗传算法、退火算法等是近年来的流行方法。

上述不同的方法各有特点，在实际中都得到广泛应用，其中，系统仿真技术近年来应用最为普遍。系统仿真技术研究随着计算机科学与技术的发展也不断完善，应用不断扩大。

3.5 物流系统规划

3.5.1 物流系统规划目的

物流系统规划设计的核心就是用系统的思想和方法对物流的各个功能进行优化整合，从而保障物流系统的良性、健康、有序发展。物流系统规划设计的目的可以概括为“三大一小”四个方面：最大服务、最大利润、最大竞争优势、最小的资产配置。每个目标战略通常要求独特的物流系统设计。

1. 最大服务

物流系统规划设计提供具有更高运行效率的配送服务，以确保用户需求。该战略虽然服务较好，但对降低成本不利，多是用于某些特殊的商品，如价格极高，而荷重和面积均较小，或是为某些产品开拓市场空间时采用。最大服务战略受物流系统本身的工作能力、运输线路的布局质量、客户的要求以及服务系统的成本等因素的影响。

2. 最大利润

以追求物流系统利润的最大化为努力目标，在物流系统规划设计中达到利润最大化。

3. 最大竞争优势

即把主要的资源集中在如何保证最有利的用户，使之得到最好的服务，同时必须考虑物流服务成本的合理性，协调物流节点能力与市场营销要求之间的关系，降低成本，以获取最大的竞争优势。

4. 最小的资产配置

物流系统规划是期望投入物流系统的资产最小化。如果该系统能力基本稳定，系统在为广大用户提供客户满意服务的前提下，力图使物流系统总成本最小，达到最小投入获得最大产出。

3.5.2 物流系统规划的原则

物流系统规划设计必须以物流系统整体目标作为中心。物流系统整体的目标是使人力、物力、财力和人流、物流、信息流得到最合理、最经济、最有效的配置和安排，即要确保物流系统的各方面参与主体功能，并以最小的投入获取最大的效益。

1. 系统性原则

系统性是指在物流系统规划设计时，必须综合考虑、系统分析所有对规划有影响的因素，以获得优化方案。首先，从宏观上来看，物流系统在整个社会经济系统中不是独立存在的，它是社会经济系统的一个子系统，与其他社会经济子系统不但存在相互融合、相互促进的关系，而且它们之间也存在相互制约、相互矛盾的关系。因此，在对物流系统进行规划设计时，必须把各种影响因素考虑进来，达成整个社会经济系统的整体最优。其次，物流系统本身又由若干的子系统(如运输系统、存储系统、信息系统等)构成。这些物流子系统之间既相互促进，也相互制约，即存在着大量的“背反”现象，因此，在进行物流系统规划设计时，必须坚持发挥优势、整合资源、全盘考虑、系统最优的系统性原则。

2. 可行性原则

可行性原则指的是在物流系统规划设计过程中必须使各规划要素满足既定的资源约束条件。也就是说，物流系统规划设计必须考虑现有的可支配资源情况，必须符合自身的实际情况，无论从技术上，还是从经济上都可以实现。为了保证可行性原则，在进行物流系统规划设计时，要与总体的物流发展水平、社会经济的总体水平及经济规模相适应，既要体现前瞻性和发展性，又不能超越企业本身的整体承受能力，以保证物流系统规划设计的实现。

3. 经济性原则

经济性原则指在物流系统的功能和服务水平一定的前提下，追求成本最低，并以此实现系统自身利益的最大化。显然，经济性也是物流系统规划追求的一个重要目标，具体体现在以下几个方面。

(1)物流系统的连续性。良好的系统规划设计和节点布局应该能保证各物流要素在整个物流系统运作过程中流动的顺畅性，消除无谓的停滞，以此来保证整个过程的连续性，避免无谓的浪费。

(2)柔性化。在进行系统规划设计时,要充分考虑各种因素的变化对系统带来的影响,便于以后的扩充和调整。

(3)协同性。在进行物流系统规划设计时,要考虑物流系统的兼容性问题,或者说是该物流系统对不同物流要素的适应性。当各种不同的物流要素都能够在一个物流系统中运行时,该物流系统的协同性好,能够发挥协同效应,降低整体物流成本。

(4)资源利用率高。物流系统的主体投资在基础节点与设备,属于固定资产范畴,也就是说,不管资源的利用率如何,固定成本是不变的。因此,提高资源的利用率就可以降低物流成本。

4. 社会效益原则

社会效益原则指物流系统规划设计应该考虑环境污染、可持续发展、社会资源节约等因素。一个好的物流系统不仅在经济上是优秀的,在社会效益方面也应该是杰出的。物流的社会效益原则也越来越受到政府和企业的重视,中国目前正倡导循环经济,绿色物流是其中的重要组成部分。另外,政府在法律、法规上将会对物流系统的社会效益问题做出引导和规定。

3.5.3 物流系统规划的基本理论

物流系统是一个大系统,地域跨度大、时间跨度大、行业跨度大,同时,是一个具有满足社会需要、适应环境能力的动态系统。物流系统的特点对物流系统规划提出了较高的要求,因此物流系统规划应该遵循物流系统分析原理、物流供需平衡原理和供应链一体化原则等三大基本原理。

1. 物流系统分析原理(Logistic System Analysis,简称 LSA)

应用系统分析方法对物流系统进行研究是系统规划的核心思想方法。物流系统分析非常注重逻辑推理,系统分析人员要不断地提出一系列为什么,直到问题取得圆满的答复。分析的要点见表 3.2。

表 3.2 物流系统分析要点

分析内容	第一次提问	第二次提问	第三次提问
对　象	做什么(What)	为什么做这个(Why)	对象是否已经清楚
目　的	是什么(What is)	为什么是此目的(Why)	目的是否已经明确
地　点	在何处做(Where)	为什么在此处做(Why)	有无其他更合适的地点
时　间	在何时做(When)	为什么在此时做(Why)	有无其他更合适的时间
人　员	由谁做(Who)	为什么由此人做(Why)	有无其他更合适的人选
方　法	怎样做(How)	为什么用此方法做(Why)	有无其他更合适的方法

2. 物流供需平衡原理

物流规划的主要目的是解决如何提供物流供应满足物流需求的要求。物流的供应与需求的平衡是一个基本指导思想。应用供需平衡原理规划设计物流系统,能保证以尽可能少的投入最大限度地满足物流发展的要求。

(1)物流系统的内部分析。物流系统的目的是实现物流的空间效益和时间效益。具体讲,是在保证社会再生产顺利进行的前提条件下,实现各种物流环节的合理衔接,并取得最佳的经济效益。

物流系统是由运输、储存、包装、装卸、搬运、配送、流通加工、信息处理等各环节组成的,它们也称为物流的子系统。作为系统的输入是输送、储存、搬运、装卸、包装、物流情报、流通加工等环节所消耗的劳务、设备、材料等资源，经过处理转化，变成整个系统的输出，即物流服务。物流系统运作的目的就是使输入最少，即物流成本最低，消耗的资源最少，同时输出最大，即输出的物流服务的数量与质量最佳。

物流系统可以划分为作业子系统和信息子系统，前者包括输送、装卸、保管、流通加工、包装等，以力求省力化和效率化；后者包括订货、发货、在库、出货管制等，力求完成商品流通全过程的信息活动。这两大子系统的机能不是互相分割、互不联系的，而是一个有机的整体，它们相互结合，充分利用资源，开展物流服务，促进经济活动高效、合理地展开。

物流系统的内在特征表现为：以物流的效率和效益为目的，把适当的物品以适当的数量、适应的价格、适当的质量在适当的时间送到适当的地点。

(2)物流系统和外部系统关系的模式。物流作为社会系统中的一个因素，是由社会经济活动的需要而派生出的，物流模式又是受物流系统影响的。所以物流模式是活动系统与物流系统共同作用的结果，同时又反作用于物流系统和社会经济活动系统，如图 3.5 所示。

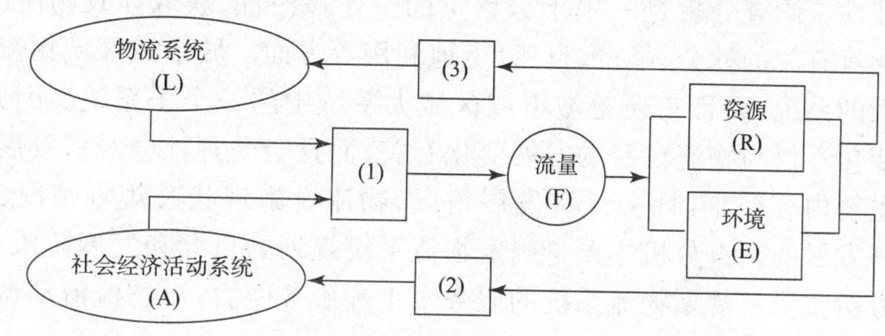

图 3.5　物流系统和外部系统关系的模式

其中，L 表示物流系统，它是由运输、仓储、装卸搬运、流通加工、信息处理等子系统构成，具有一定服务能力和水平的系统；A 表示社会经济活动系统；F 表示物流的模式，包括物流的大小、方向、时间分布、空间分布规律等；E 表示环境，包括自然环境、人文环境、经济环境、政策环境等；R 表示资源。

3. 供应链一体化原则

在现代物流规划中，如何提供与现代制造模式和市场模式相协调的物流保障体系以满足来自制造、消费领域中的物流需求，是一个十分关键的问题。供应链一体化是物流系统规划的客观环境，同时供应链管理理念也是物流系统规划的指导思想。因此，在供应链环境下进行物流系统规划与设计时，不能独立或局部地进行，而要紧紧把握供应链的思想，采用自上而下和自下而上相结合的方法，系统思考和分析问题，重点应注意以下要点。

(1)供应链管理系统的设计问题。重点解决怎样将供应链上的节点企业有机的集成起来，使之成为相互关联的一个整体。诸如基于产品的供应链设计策略、基于成本核算的供应链设计策略、基于多代理的集成供应链设计思想与方法。

(2)供应链分布数据信息的集成问题。充分利用 EDI、Internet 等技术手段实现供应链的分布数据库信息集成，集中协调不同企业的关键数据——订货预测、库存状态、缺货情况、生产计划、运输安排等数据，达到共享采购订单的电子接收与发送、多位置库存控制、批量和系列号跟踪、周期盘点等重要信息。

(3)集成的生产计划与控制模式和支持系统。运用系统论、协同论、精益生产等理论与方法，研究适应于供应链管理的集成化生产计划与控制模式和支持系统。

(4)适应供应链管理的内部业务流程和组织系统重构。根据供应链的特点优化企业业务运作流程,并对供应链上的不同企业、在不同地域的多个部门进行重构,确定出相应的供应链管理组织系统的构成要素及应采取的结构形式。

(5)建立适应供应链管理要求的绩效评价系统。供应链绩效评价系统应能够反映供应链整体运营状况以及上下节点企业之间的运营关系,而不是孤立地评价某一供应商的运营情况。因此,现行的基于职能部门的绩效评价指标不适用于供应链绩效的评价,应建立基于业务流程的绩效评价指标。

3.5.4 物流系统规划步骤

现代物流系统规划由调查分析、需求及服务水平预测、规划、评价与实施四个阶段构成。

1. 调查分析阶段

对物流系统规划所需的各项资料进行调查分析,是物流规划的基础性工作。调查资料是否全面、准确、真实,将直接影响到物流发展预测、物流系统评价的准确性,进而影响物流系统规划的合理性。调查分析是一项十分繁重的工作,资料的获取涉及物流的源和流、物流设施以及与物流有关的社会、经济、自然、土地利用等方面。城市或区域物流不仅其自身是一个相互联系的系统,而且它还是城市或区域大系统中的一个子系统。因此,城市或区域物流的发展变化不仅与物流自身的发展变化有关,而且会受到社会经济发展变化的极大影响。调查的主要内容包括:社会经济发展情况、物流设施现状及规划情况、物流流动情况。对社会经济发展的调查分析主要是确定物流系统规划的目标和发展阶段;对物流设施与规划的调查分析主要是规划物流系统的服务水平和服务能力;对物流流动调查可以确定物流的发展趋势。

2. 需求及服务水平预测

物流需求预测是物流系统规划的主要部分,对物流用地、物流企业、物流基础设施布局、数量和容量进行调查分析预测、需求与服务水平预测,为物流系统的规划和评价提供依据。

3. 规划阶段

现代物流系统规划的内容主要有发展规划、布局规划、工程规划三个方面,具体包括物流业或物流企业发展战略规划、物流用地布局与物流基础设施布局、物流链设计以及物流信息系统规划等,如图 3.6 所示。

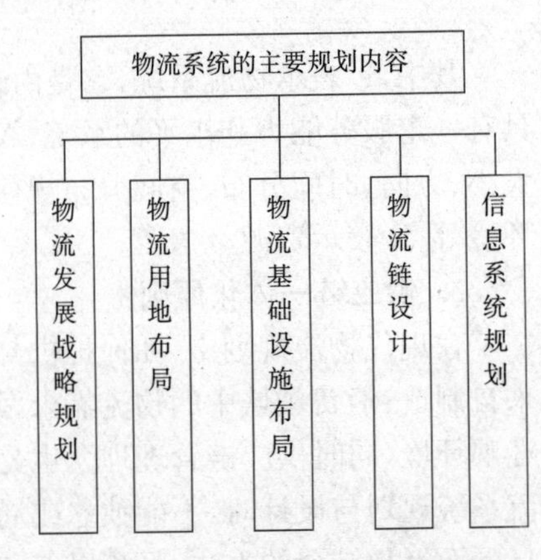

图 3.6 物流系统的主要规划内容

物流系统规划,首先要进行物流发展规划,即根据调查分析和物流需求的预测结果确定物流未来发展目标方向、发展速度和发展规模。其次,根据物流的整体发展规划确定物流建设的用地布局,包括分布模式和数量;同时,相应的布置物流基础设施,包括道路、仓库、物资中转站、配送中心和物流园区等。第三是物流链设计,应按照"时间、成本、服务"的目标要求,确定物流链的企业、决定物流链的各个环节、选择物流链各环节的主体企业、确定物流链主导企业与参与企业横向和纵向联合协议、计划和确认物流链的运作模式与管理模式。第四是物流信息系统规划。信息时代,物流信息的电子化是必然要求。物流信息系统规划是物流信息收集的数据库化和代码化,物流信息处理的电子化和计算机化,物流信息传递的标准化和实时化,物流信息存储的数字化。物流作业过程中的制造商、批发商、零售商等各个环节的"商流、物流、信息流"要精确地流动，不能过多也不能过少，这就需要规划物流信息系统使物流供应链和需求链必须保持同步、等量的流动。

4. 评价与实施阶段

物流系统规划的评价体系通常包括三个主要方面，即物流规划的技术性能评价、物流规划方案的经济评价和物流规划的社会环境影响评价。

通过评价物流系统的多个备选方案，有利于选择最优的物流系统方案，从而使实施阶段建设成本最小化和运营阶段经济效益最大化；同时，对物流系统的评价，能较精确地估计所建议的措施的费用与效益的来源，以及为决策者提供来自政策变动、社会发展和市场经济被动等方面的不确定因素等信息；另外，对物流系统规划、实施和运营各阶段的评价可以帮助规划人员与管理人员发现问题，并提供其解决问题和进一步改进物流系统的机会。

在规划制定完成并经过决策后，规划要进入实施中，为此要在规划制定时，提出方案的实施办法，包括阶段、政策、措施、工程等等。

小案例：雪灾带给中国物流系统的反思

2008年初，全国20多个省(区、市)遭遇了罕见的暴雪、冰凌袭击，一亿多人深陷雪灾。雪灾造成部分地区交通系统瘫痪、电力供应中断、食品价格暴涨、部分企业生产停工等局面。

这场雪灾让我们意识到物流业作为一个基础性服务行业的重要性。物流可谓是社会经济发展的动脉，是方方面面生产企业、流通企业正常运转的动脉，更是人民生活的重要保障。然而，一场雪灾，就使我们交通运输系统瘫痪，使我们的物价上涨……在感叹天灾可畏的同时，我们是否也该反思中国物流业发展中的软肋与弊病，而不只是怨天尤"雪"？

当"冰"临城下，一些地方的相关运输物流管理部门，也似乎冻僵了管理的职能，反应迟钝；当"冰"临城下，部分生产制造企业，还在传统自营物流的模式里挣扎，整个生产环节受损，因为生产供应链需要上下游协同作战；当"冰"临城下，部分商贸流通企业，曾以渠道为王，一贯在供应链上做强势的链主，也变得不堪一击；当"冰"临城下，部分第三方物流企业，其简单运输服务模式变得弱不禁雪，关门谢客，如受雪灾影响部分快递公司关门休假。

(资料来源：杨达卿《现代物流报》，2008年3月7日)

3.6 物流中心与物流园区规划

3.6.1 物流节点概念

物流系统节点，简称物流节点，是指物流网络中连接物流线路的结节处，又称物流接点。节点以一定的节点形态存在，在物流系统中发挥着不同的作用。节点和线路结合在一起，构成了物流的网络结构，节点和线路的相互关系和配置形成物流系统的比例关系，这种比例关系就是物流系统的结构。

3.6.2 物流节点的分类

1. 根据物流性质与规模分类

(1)物流园区(LP)。物流园区是物流企业和物流设施在空间上集中布局的场所，是具有一定规模和综合服务功能的物流集结点。

(2)物流中心(LC)。物流中心是针对物流园区大规模的、大范围的物流处理提出来的较小规模和范围的物流节点。物流中心主要依托单一的运输方式，如只依托公路运输方式进行物流。

(3)配送中心(DC)。配送中心是从事货物配备和组织对用户的送货，以高水平实现销售和供应服务的现代流通设施。它是在城市中为有物流需要，但服务量未达到一定规模的地点建立的物流设施，这种物流设施可以只承担单一的物流功能或单一物资品种的物流功能，也可以承担多品种、小批量的物流配送功能，主要为特定范围的用户服务，规模较小。

表 3.3　三类物流节点之间的对比

名称	主要特点	主要服务对象	主要服务区域
物流园区	①一般是至少两种以上运输方式的换乘处； ②巨大的物流吞吐量和辐射范围； ③可利用的用地空间很大	是城市对内外物流活动的接口，具有综合的物流服务功能	以市域范围为核心，向全国范围形成外向型辐射，常与保税区、国际工业区、边贸口岸、航空港等相临或结合
物流中心	①主要依托单一运输方式； ②有足够可利用的用地空间	针对特定运输方式货运的理想半径范围进行的中短途综合物流服务	主要覆盖至整个城市内部及周边地区，常常布置在城市的周边
配送中心	①有便利的交通条件； ②有一定的物流需求，但用地受限	针对特定市场、商贸和制造企业提供物流服务	主要向市内的物流服务需求形成辐射，常常与大型制造企业、大型专业市场等相邻

2. 根据运输方式分类

(1)铁路物流节点，是铁路运输方式与其他运输方式的换乘和中转节点，一般设在铁路线附近，便于发挥铁路的优势。

(2)航空物流节点，是连接空运和陆运的节点，一般设在机场附近，便于运用飞机快捷便利的优势。

(3)港口物流节点，是连接海运与陆运的节点，一般设在港口附近，便于船舶的装卸作业。

(4)集装箱物流节点，是指进行集装箱相关作业的物流节点。

(5)邮政物流节点，是指依托国家邮政网络进行物流服务的节点，服务对象一般以高附加值、小体积、小重量、多批次、高时效的物品为主。

3. 根据地域活动范围分类

物流节点按照其地域作业活动所覆盖的范围可分为国际型物流节点、全国型物流节点、区域型物流节点及城市型物流节点四种类型。

4. 根据物流主导功能分类

(1)转运型节点。以连接不同运输方式为主要职能的节点。节点一般设在运输线路上，以转运为主。货物在这种节点上的停滞时间比较短。

(2)储存型节点。以存放货物为主要职能的节点。节点主要负责货物保管，以解决生产和消费的不均衡。货物在这种节点上的停滞时间比较长。

(3)流通型节点。以组织物资在系统中流通为主要职能的节点，节点具有周转快、附加值高、时间性强的特点，减少在联结生产和消费的流通过程中商品因停滞而花费的费用。

(4)加工型节点。以流通加工和包装为主要职能的节点，节点为了弥补生产过程中加工程度的不足，适应高附加价值流通而进行一系列辅助加工活动，具有加工量大、工艺简单、流程短等特点。

(5)综合型节点。将若干功能有机结合于一体的节点，又称为集约型节点。这种节点适应物流大量化和复杂化，拥有完善的设施、协调的工艺等。

5. 根据温度层次分类

(1)常温物流节点。储存大部分货物是干货，如日用品、电子电器、书籍、服饰、鞋帽、汽车零配件、建材、家具等。

(2)低温物流节点。可以按照温度高低主要有15～25℃的冷气物流；2～10℃的冷藏物流；<0℃的冷冻物流(－45℃～－55℃的为超低温)。

3.6.3 物流中心与物流园区

1. 相关概念

(1)物流中心。从事物流活动的场所或组织，是综合性、地域性、大批量的货物物理位移转换集散的新型设施设备的集合。应基本符合以下要求，主要面向社会服务，物流功能健全，完善的信息网络，辐射范围大，少品种、大批量，存储、吞吐能力强，物流业务统一经营、管理。

(2)物流园区概念。目前，物流园区并没有明确的定义。一般认为，物流园区是指在几种运输方式衔接地形成的物流节点活动的空间集聚体，是在政府规划指导下多种现代物流设施设备和多家物流组织机构在空间上集中布局的大型场所，是具有一定规模和多种服务功能的新型物流业务载体。它按照专业化、规模化的原则组织物流活动，园区内各经营主体通过共享相关基础设施和配套服务设施，发挥整体优势和互补优势，进而实现物流集聚的集约化、规模化效应，促进载体城市的可持续发展。其内涵可归纳为以下三点。

第一，物流园区是由分布相对集中的多个物流组织设施和不同的专业化物流企业构成的具有产业组织、经济运行等物流组织功能的规模化、功能化的区域。这首先是一个空间概念，与工业园区、经济开发区、高新技术开发区等概念一样，具有产业一致性或相关性，拥有集中连片的物流用地空间。

第二，物流园区是对物流组织管理节点进行相对集中建设与发展的具有经济开发性质的城市物流功能区域。作为城市物流功能区，物流园区包括物流中心、配送中心、运输枢纽设施、运输组织及管理中心和物流信息管理中心等适应城市物流管理与运作需要的物流基础设施。

第三，物流园区也是依托相关物流服务设施，进行与降低物流成本、提高物流运作效率和改善企业服务有关的，流通加工、原材料采购和便于与消费地直接联系的生产等活动的具有产业发展性质的经济功能区。作为经济功能区，其主要任务是开展满足城市居民消费、就近生产、区域生产组织所需要的企业生产、经营活动。

小资料：日本的物流园区
日本是最早提出和发展物流园区(又称物流团地)的国家，日本物流园区产生的最重要的关联因素是城市的建设和发展。也许是日本国土面积过于狭小和城市化问题日益严重，日本最先颁布了与物流园区有关的法规。日本政府从1965年起，便着手在东京的东南西北部分别建设了葛西、和平岛、板桥和足立四个物流园区。时至今日，日本在22个城市，已建立20多个大规模的物流园区。日本是世界上物流最发达的国家之一，根据2000年国际物流博览会提供的有关资料，1999年日本全社会物流成本占GDP的比例为9.6%，已低于同期美国10.7%的水平。

2. 物流中心与物流园区规划影响因素

作为物流系统中重要的物流节点类型，物流中心与物流园区规划目的是定位物流服务市场，配置各种物流要素(如部署设施、选择设备)，形成一定的物流生产能力，使之能以最低的总成本完成既定的目标。只有通过考察，分析影响物流系统绩效的内在和外在因素，才能做出合理的规划方案，其中影响因素如下。

(1)物流服务需求。物流服务项目是在物流中心或物流园区的基础上进行的。由于竞争对手、物流服务市场在不断地发生变化，为了适应变化的环境，必须不断地改进物流服务条件，以寻求最有利的物流系统，支持市场发展前景良好的物流服务需求项目。

物流服务需求包括服务水平、服务地点、服务时间、产品特征等多项因素，这些因素是规划设计的基础依据。

短的交货周期意味着需要采用快捷的运输方式或配置更多的仓库,服务地点和服务时间直接决定物流系统的物流网络配置以及运输方案设计,产品特征影响仓储设备、搬运设备、运输设备等的选择。

(2)行业竞争力。为了成为有效的市场参与者,应对竞争对手的物流竞争力作详细分析,从而掌握行业基本服务水平,寻求自己的物流市场定位,以发展自身的核心竞争力,构筑合理的物流系统。

(3)交通运输联络条件。第一,物流节点所在区域的货物运输量。可以从一个侧面表明运输物流市场的供给情况,反映运输业的发展水平。一般包括铁路、公路货运量和港口吞吐量。此指标可用地区货物运输总量加以衡量。第二,交通通达度。用路网密度能很好地表明物流节点所服务地区的交通通达质量,该因素可以用铁路网及公路网密度加以衡量。第三,物流节点货物平均运距。表明一般情况下物流节点可能的覆盖范围。可采用地区货物周转量与地区总货运量之比进行衡量。第四,交通运输设施的发展水平。交通运输设施的发展水平较高的地区,较有利于未来物流节点的集疏运。可用交通运输设施建设投资的增长率加以衡量。

(4)用地条件。第一,土地价格。物流节点的建设需要占用大面积的土地,所以土地价格的高低将直接影响物流节点的规模大小。有的区域鼓励物流企业的发展,对在当地建设物流节点予以鼓励支持,土地的获得就相对容易,地价及地价以外的其他土地交易费用也可能比较低。该指标用单位土地的开发成本进行衡量。第二,大面积土地的可得性。用预留用地规模指标进行衡量。

(5)环境保护要求。物流节点的设置需要考虑保护自然环境与人文环境等因素,尽可能降低对城市生活的干扰,对于大型的物流节点应尽量设置在远离市区的地方。

(6)物流技术发展。在技术领域中对物流系统最具影响力的是信息、运输、包装、装卸搬运、管理技术等,计算机信息和网络技术等对物流的发展具有革命性的影响,及时、快速、准确的信息交换可以随时掌握物流动态,因而不但可以用来改进物流系统的实时管理控制与决策,还可以为实现物流作业一体化、提高物流效率奠定基础。

3.6.4 物流中心与物流园区规划

1. 物流中心规划

(1)物流中心规划原则。物流中心的建设是一项规模大、投资额高、涉及面广的系统工程,而且一旦建成就很难再改变,所以,在规划设计时,必须遵循以下一些原则。①系统工程的原则。物流中心的层次、数量、布局是与生产力布局、与消费布局等密切相关的,互相交织且互相促进的。设定一个非常合理的物流中心布局,必须统筹兼顾,全面安排,既要做微观的考虑,又要做宏观的考虑。②价值工程的原则。在激烈的市场竞争中,物流服务的准点及时和缺货率低等方面的要求越来越高;在满足服务高质量的同时,又必须考虑物流成本。特别是建造物流中心耗资巨大,必须对建设项目进行可行性研究,并作多个方案的技术、经济比较,以求最大的企业效益和社会效益。③竞争的原则。物流活动是服务性、竞争性非常强的活动,如果不考虑市场机制,而单纯从路线最短、成本最低、速度最快等角度考虑问题,一旦布局完成,便会导致垄断的形成和服务质量的下降,甚至由于服务性不够而在竞争中失败。因此,物流中心的布局应体现多家竞争。④低运费的原则。物流中心必须组织运输与配送活动,因而运费原则具有特殊性。由于运费和运距、运量有关,所以低运费原则常简化成最短距离和运量的问题以作为物流中心布局的参考，通过数学方法求解。⑤发展的原则。在物流中心规划时，应在详细分析现状及对未来变化做出预期的基础上进行，而且要有相当的柔性，有较强的应变能力，以在一定范围内能适应数量、用户、成本等多方面的变化。

(2)物流中心规划内容。物流中心系统规划设计包括基础规划资料分析及规划条件设定、作业需求功能规划、设施需求规划与选择、信息系统规划等内容，如图 3.7 所示。

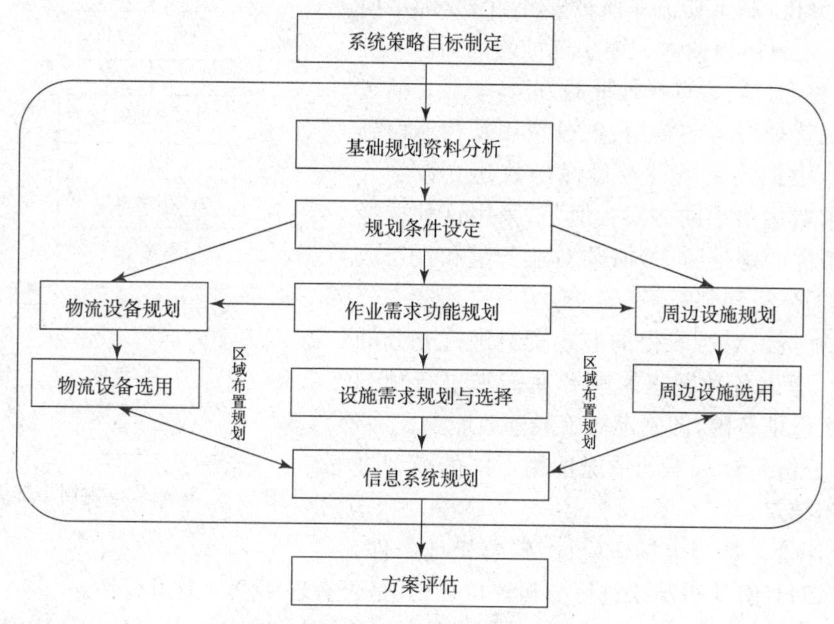

图 3.7 物流中心系统规划设计阶段模块

①基础规划资料分析。基础资料包括品项与数量分析、物品物性分析、需求变动预测分析、储运单位与数量分析、人力需求分析、作业流程分析等。

②规划条件设定。在分析所得信息的基础上，规划确定基本储运单位、基本运转能力和自动化程度。

③作业需求功能规划。包括作业流程，设备与工作空间的组合、规划与配置。作业流程规划后即可针对物流中心的营运特性规划所需作业区域，各区域包括物流作业区及外围辅助活动区，物流作业区如装卸货、入库、订单拣取、出库、出货等；而外围辅助活动区如办公室、计算机室、维修间等。

④设施需求规划与选择。物流中心所包含的设施需求相当广泛，其需求主要分为三类，物流作业区域设施，包括容器设施、储存设备、订单拣取设备、物流搬运设备、流通加工设备、物流外围配合设备；辅助作业区域设施，包括办公设施、计算机与计算机外设设施、劳务设施；厂房建筑外围设施，包括厂房建筑结构的主要形式、所需相关水电土木等外围设施。

⑤信息系统规划。一般物流中心信息系统主要完成的功能包括订单处理、仓储保管、拣货配送、绩效管理等。

2. 物流园区规划

(1)影响物流园区选址的重要因素。影响物流园区选址的重要因素有：自然环境因素，包括气象条件、地质条件、水文条件、地形条件等；经营环境因素，包括经营环境、商品特性、物流费用、服务水平等；基础设施状况，包括交通条件、公共设施状况；其他因素，如国土资源利用、环境保护要求、周边状况等。

(2)物流园区选址程序与步骤。在进行物流园区选址时,可以按照图 3.8 所示的程序进行。

①选址约束条件分析。选址时,首先要明确建立物流园区的必要性、目的和意义。然后根据物流系统的现状进行分析,制定物流系统的基本计划,确定所需了解的基本条件,以便大大缩小选址的范围。

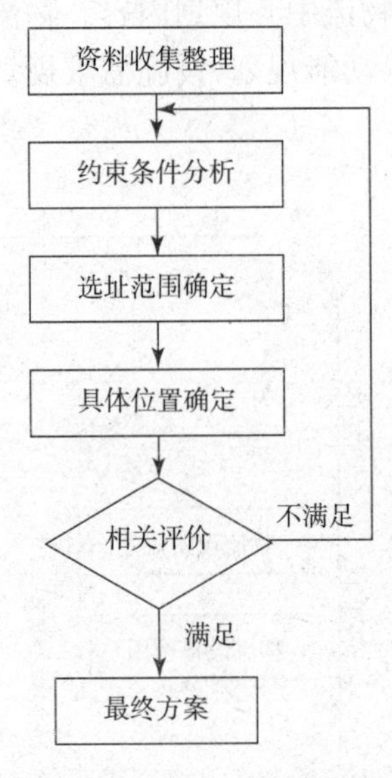

图 3.8　物流节点规划步骤流程图

②收集整理材料。选择地址的方法,一般是通过成本计算,也就是将运输费用、配送费用及物流设施费用模型化,根据约束条件及目标函数建立数学公式,从中寻求费用最小的方案。但是,采用这种选择方法,寻求最优的地址解时,必须对业务量和生产成本进行正确的分析和判断。

③地址筛选。对所取得的上述资料进行充分的整理和分析,考虑各种因素影响并对需求进行预测后,初步确定选址范围,即确定初始候选地址。

④定量分析。针对不同情况选用不同的模型进行计算,得出结果。

⑤结果评价。结合市场适应性、购置土地条件、服务质量等,对计算所得结果进行分析评价,看其是否有现实意义及可行性。

⑥检验。分析其他影响因素对计算结果的相对影响程度,分别赋予他们一定的权重,采用加权法对计算结果进行复查。如果复查通过,则原计算结果即为最终结果;如果复查发现原计算结果不适用,则返回第三步继续计算,直到得到最终的计算结果,但是所得解不一定就是最优解,可能只是符合条件的满意解。

选择物流园区地址时,需要从整体上进行平衡和分析,既要考虑宏观又要兼顾微观,最终加以确定。对于一定区域来说,服务于该区域的现代化物流园区应该与其他物流节点协调配合形成有机整体。所以,在综合考虑以上因素后可以定性地确定物流园区的地址。之后则要忽略一些其他因素,以运输距离最短或成本最低等因素为基本原则,采用定量分析的方法选取地址。

3.6.5　物流中心与物流园区选址模型

选址分析问题非常复杂并需要大量的数据。其复杂性在于方案必定是可选方案与若干选址因素共同作用的结果。由于分析需要详细的需求和运输的信息,产生了很强的数据密度,因此必须使用复杂的模型和分析技术以有效地应付这种复杂性和高密度的数据,从而确认最好的方案。基于功能、费用的物流节点的选址数学模型研究已有 60 年的时间。目前已研究形成了多种方法,大致可分为:连续模型与离散模型两类。

连续模型认为物流节点的地点可在平面上取任意点,代表性的方法是重心法。离散模型则认为物流节点的地点是有限的几个可行点中的最优点,代表性模型有:Kuehn－Hamburger 模型、Baumol－wolfe 模型、Blson 模型。各模型的共同点是以各费用之和为目标函数,求使费用达到最小的解。求解上述模型常用的方法有整数规划问题的分枝定界法、CELP 法、SAD 法、DPSS 模拟法等。

除了数学模型以外，现在又发展出计算机辅助决策方法和模糊评价等方法。其中，计算机辅助决策方法主要有两种：计算机仿真法、控视法。模糊评价是一种应用很广泛的模糊数学方法。在许多工程及项目、方案评选中都有成功的应用。经实践检验，在物流节点的选址中，模糊评价十分有效。

1. 数学规划方法

在选址问题中，有一类包含线性规划法、运输问题、混合整数规划等方法在内的数学方法，通称为数学规划法。

线性规划方法是一种最广泛使用的选址研究工具。线性规划在考虑特定的约束条件下，从许多可用的选择中挑选出最佳行动方案，不仅常被用作战略计划，而且也被应用来解决诸如生产分派及库存分配等问题。在最优化中，物流分析常使用有两个不同的解的方法。对于物流问题最为广泛使用的线性规划形式是网络最优化，网络最优化将配送渠道视为由节点（物流节点）和弧（运输联系）组成的，成本发生在点上装卸物品及在点之间移动物品。网络模型目标是在给定的供给、需求和能力的约束条件下，使生产、输入、输出运输的可变成本最小。尽管最优化有很高的价值，但线性规划在对付复杂的物流系统设计时仍面临着一些较大的问题。例如，要求分析从生产点到物流节点，然后到市场的物流问题的三个层次，这对于最优化工作者来说都可以容易解决，然而，规模的限制使之难以完成完整的渠道分析。

另外一种方法是运输方法，这种方法的目标是运输成本最小化。该方法求解简单且快速。运输方法的通用方程式是建立一个有关需求及供给点的位置的矩阵。运输方法的一般步骤是从可能选择的目录中确认最优物流节点的结合。例如，如果目标是确定能导致最低总系统成本的仓库坐落位置的组合，分析步骤将包括一系列考虑现行系统和其他设施组合差异的评估。最后的解决方案将会是结合现行仓库及附加设施而达到所需要的服务水平及经过的所有试验、比较各种不同的选择下的总成本评价。由于解决方法取决于事先选择好的一系列坐落位置，所以最优化仅限于被评价的特殊选择。

混合整数规划也是一个成功地应用到了物流节点选址问题上的优化求解方法。这种规划提供了很大的灵活性，它能够体现出在物流应用中发现的许多复杂的特性。

2. 仿真技术

仿真是设计一种真实系统的模型的程序，并在一系列系统运行准则的约束中，对以了解系统行为或评价各种战略为目的的模型进行实验。当被用来帮助确认最佳的物流网络时，在仿真中典型的程序必然包括了所有可能的物流节点的坐落位置。客户目的地根据最低总物流成本被分配到最佳的节点上。

本章小结

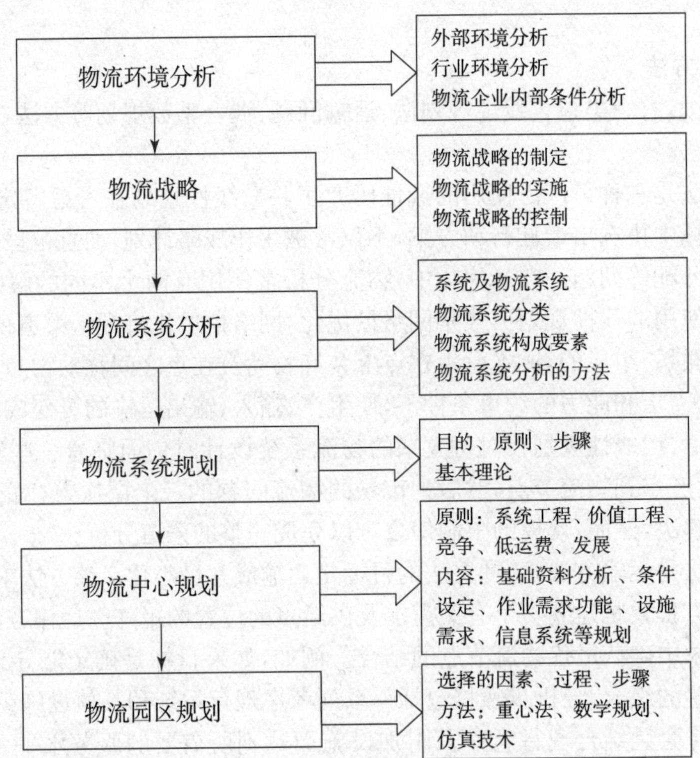

关键概念

物流战略控制　物流环境　物流系统　物流供需平衡原理　物流供应链一体化原则　物流节点　物流中心　物流园区

课堂讨论

1. 物流系统中物流线路等要素的规划与物流节点规划的关系。
2. 结合所在城市的某物流组织，分析其物流系统及规划中存在的问题。

复习思考题

1. 选择题

(1)物流环境包括(　　)。

A. 宏观环境　　B. 行业环境　　C. 内部条件　　D. 物流战略

(2)物流战略的层次包括(　　)。

A. 全局层　　B. 结构层　　C. 功能层　　D. 基础层

(3)战略层面的物流规划实施过程中要考虑的首要问题是(　　)。

A. 物流设施分布　　B. 库存

C. 运输　　D. 物流系统顾客服务水平

(4)物流战略的控制过程包括(　　)几个部分。

A. 输入信息、流程和输出信息　　B. 标准和目标

C. 监控　　D. 管理与实施

(5)物流系统的一般要素包括(　　)。

A. 劳动者要素　　B. 资金要素　　C. 物的要素　　D. 功能要素

(6)物流系统规划的原则包括(　　)。

A. 系统性原则　　B. 可行性原则　　C. 经济性原则　　D. 社会效益原则

(7)(　　)物流系统规划原理要求物流的服务全程化,需求在采购、生产、销售、服务的每个领域均发生,是解释在现代物流规划中如何提供与现代制造模式和市场模式相协调的物流保障体系。

A. 物流系统分析原理　　B. 物流供需平衡原理

C. 供应链一体化原则　　D. 物流成本与效益分析原理

(8)物流服务需求包括(　　)等多项因素,这些因素是规划设计的基础依据。

A. 服务水平　　B. 服务地点　　C. 服务时间　　D. 产品特征

(9)交通条件是影响物流园区选址的(　　)因素。

A. 自然环境　　B. 经营环境　　C. 基础设施状况　　D. 其他因素

(10)(　　)主要服务对象是针对特定运输方式货运的理想半径范围进行的中短途配送的综合物流服务。

A. 物流园区　　B. 物流中心　　C. 配送中心　　D. 城市型物流节点

2. 问答题

(1)简述物流战略环境分析的内容。

(2)简述物流战略的特征及其层次结构。

(3)论述如何对物流战略的实施过程进行控制。

(4)简述物流系统的特征、物流系统的构成要素。

(5)简述物流系统的分析方法。

(6)简述物流系统的规划原则。

(7)简述物流供需平衡原理的内涵。

(8)论述物流系统规划步骤。

(9)分析物流中心、配送中心、物流园区的关系。

(10)论述物流中心与物流园区规划过程。

案例分析

家乐福物流选址模式

根据家乐福自己的统计,从中国本地购买的商品占了商场里所有商品的95%以上,仅2000年采购金额就达15亿美元。除了已有的上海、广东、浙江、福建、及胶东半岛等各地的采购网络,家乐福还分别在中国的北京、天津、大连、青岛、武汉、宁波、厦门、广州及深圳开设区域化采购网络。

十字路口的商圈这个“空降兵”的落点注定是十字路口,因为Carrefour的法文意思就是十字路口,而家乐福的选址也不折不扣地体现这一个标准:所有的路都开在了路口,巨大的招牌500米开外都可以看得一清二楚。

根据经典的零售学理论,一个大卖场的选址需要经过几个方面的详细测算。

第一就是商圈内的人口消费能力。目前并没有现有的资料(GIS人口地理系统)可利用,所以店家不得不借助市场调研公司的力量来收集这方面的数据。一种做法是以某个原点出发,测算5分钟的步行距离会到什么地方,然后是10分钟步行会到什么地方,最后是15分钟会到什么地方。根据本地特色,还需要测算以自行车出发的小片、中片和大片半径,最后是以车行速度来测算小片、中片和大片各覆盖了什么区域。如果有自然的分隔线,如一条铁路线,或是另一个街区有一个竞争对手,商圈的覆盖就需要依据这种边界进行调整。然后,需要对这些区域进行进一步细化,计算这片区域内各个居住小区的详尽的人口规模和特征的调查,计算不同区域内人口的数量和密度、年龄分布、文化水平、职业分布、人均可支配收入等等许多指标。家乐福的做法还会更细致一些,根据这些小区的远近程度和居民可支配收入,再划定重要销售区域和普通销售区域。

第二,就是需要研究这片区域内的城市交通和周边商圈的竞争情况。如果未来的店址周围有许多的公交车,或是道路宽敞,交通方便。那么销售辐射的半径就可以放大。例如家乐福古北店周围的公交线路不多,家乐福就干脆自己租用公交车定点在一些固定的小区间穿行,方便这些离得较远的小区居民上门一次性购齐一周的生活用品。

未来潜在销售区域会受到很多竞争对手的挤压,所以家乐福也会将未来所有的竞争对手计算进去。传统的商圈分析中,需要计算所有竞争对手的销售情况,产品线组成和单位面积销售额等情况,然后将这些估计的数字从总的区域潜力中减去,未来的销售潜力就产生了。但是这样做并没有考虑到不同对手的竞争实力,所以有些商店在开业前索性把其他商店的短板摸个透彻,以打分的方法发现他们的不足之处,比如环境是否清洁,哪类产品的价格比较高,生鲜产品的新鲜程度如何等,然后依据这种精确制导的调研结果进行具有杀伤力的打击。

一个商圈的调查并不会随着一个门店的开张大吉而结束。家乐福的资料指出,顾客中有60%的顾客在34岁以下,70%是女性,然后有28%的人走路,45%通过公共汽车而来。所以很明显,大卖场可以依据这些目标顾客的信息来微调自己的商品线。能体现家乐福用心的是,家乐福在上海的每家店都有小小的不同。在虹桥门店,因为周围的高收入群体和外国侨民比较多,其中外国侨民占到了家乐福消费群体的 40%,所以虹桥店里的外国商品特别多,如各类葡萄酒、各类泥肠、奶酪和橄榄油等,而这都是家乐福为了这些特殊的消费群体特意从国外进口的。青岛的家乐福做得更到位,因为有 15%的顾客是韩国人,干脆就做了许多韩文招牌。

超市零售业的一个误区是,总以为大批量采购压低成本是大卖场修理其他小超市的法宝,但是这其实只是"果"而非"因"。商品的高流通性才是大卖场真正的法宝。相对而言,大卖场的净利率非常低,一般来说只有 2～4%,但是大卖场获利不是靠毛利高而是靠周转快。而大批量采购只是所有商场商品高速流转的集中体现而已。而体现高流转率的具体支撑手段,就是实行品类管理(Category Management),优化商品结构。

家乐福选择商品的第一项要求就是要有高流转性。比如,如果一个商品上了货架走得不好,家乐福就会把它 30 厘米的货架展示缩小到 20 厘米。如果销售数字还是上不去,陈列空间再缩小 10 厘米。如果没有任何起色,那么宝贵的货架就会让出来给其他的商品。家乐福这些方面的管理工作全部由电脑来完成,由 POS 机实时收集上来的数据进行统一的汇总和分析,对每一个产品的实际销售情况,单位销售量和毛利率进行严密的监控。这样做,使得家乐福的商品结构得到充分的优化,完全面向顾客的需求,减少了很多资金的搁置和占用。

涉及具体营运的管理,用"Reail is Detail"这句简洁无比的英语来解释。举生鲜食品为例,流运的每一个过程点都要加一个控制点,从农田里采摘上来,放在车上,放在冷库里,放到商场货架上,全都要加以整理剔除和品质控制。然后生鲜食品放在货架上被第一批顾客采购了以后,还要进一步的整理。所有的这一切,都需要对一些细节进行特别的关注。家乐福在这方面发展出一套非常复杂的程序和规则。例如说食品进油锅的时候油温是多少度,切开后肉类保鲜的温度是多少度,多少时间必须要进行一次清理货架,商品的贴标签和商品新鲜度的管理,全都有详详细细的规定,用制度以确保自已"新鲜和质量"的卖点不会走样变形。为了使制度能够被不折不扣的执行,员工的培训也完全是从顾客的角度出发,让他们把自已当成消费者来进行采购,终于对管理制度有了深刻的理解。

转眼间家乐福的旗帜插上中国各个消费中心城市的制高点。沃尔玛经典的"以速度抢占市场"哲学(SPEEDtoMARKET),被家乐福抢了先机。

(资料来源:刘伟．物流管理概论．北京:电子工业出版社,2004.)

案例思考:结合家乐福物流选址模型实例,分析影响家乐福物流选址的重要因素。

推荐阅读

[1] 吴清一．物流学．北京:中国物资出版社,2006.

[2] 张诚．现代物流管理．北京:电子工业出版社,2005.

[3] 亨利·明茨伯格,等．战略过程:概念、情境、案例．4 版．北京:中国人民大学出版社,2005.

[4] 何明珂．物流系统论．北京:高等教育出版社,2004.

[5] 价值中国网:http://www.chinavalue.net/Index.html

[6] 物流沙龙:http://www.logclub.com/

第4章 运 输

开篇案例·罗非鱼苗种长途运输案例

罗非鱼是一种热带鱼类，具有生长快、肉质好、没有肌间刺的特点，所以深受广大消费者的欢迎。罗非鱼的另一个特点是最低致死温度为8℃～10℃，即使在10℃～15℃的温度也很容易冻伤，冻伤后的罗非鱼很容易得水霉病死亡。5月份南疆池塘水温已升到20℃以上，适宜罗非鱼的投入，新疆生产建设兵团农一师水产技术推广站于2006年5月上旬从新疆石河子运输3万尾罗非鱼苗到阿克苏，运距1 200公里，横跨天山南北。本次运输有两个难点，一是罗非鱼是热带鱼，运输时温度不能低于15℃，但水温又不能太高，水温太高会导致罗非鱼活动加剧，新陈代谢加快，容易引起缺氧；另一个是运输路途长，气候多变，可能引起水温下降太多。经过精心准备，本次运输比较成功，成活率达到了99.8%，投入池塘后也很少看到鱼苗死亡。

一、运输方案的制订

(1)运输时间：下午6:00从石河子出发，第二天中午到达阿克苏市，运输时间20个小时左右。选择这个时间段运输，主要考虑到运达目的地是白天，便于卸鱼；另外则是可避开最高温段，避免水温上升太快。

(2)承运方：找有过长途运输鱼苗经验的司机，并且车况要良好，活鱼罐结构要合理。

(3)运输途中所需物品的准备：准备充足的氧气是关键，另外准备3袋～4袋增氧灵，以备急需。其他备用物品有温度计、手电筒等。

(4)关注两地及沿途的天气预报。由于新疆昼夜温差大，5月份天气变化较大，两地距离远等诸多影响天气的因素存在，因此要密切关注天气变化，选择最佳时间运输。

二、运输方案的实施

(1)鱼苗停食2天以上，鱼苗能排泄掉大部分有机物，保持运输途中的水质良好。

(2)据天气预报5月9日至10日两地沿途天气晴好，气温在15℃～27℃之间，适宜运输，因此选定在5月9日运输。

(3)运输车辆及所需物品齐备，符合运输要求。

(4)5月9日下午2:00装车，由于石河子前段时间气温较低，露天池水温度较低，只有11℃，所以运输用水取自温室大棚池内的水，水温23℃，但水质较差，颜色略为发暗。

(5)6:00从石河子出发,气温25℃,沿途每隔3小时~4小时,停车观察鱼的状况和测量水温。如果打开活鱼罐盖子,鱼苗游动活泼,说明鱼苗正常;如果浮在水面,行动迟缓,则说明鱼苗有缺氧现象,需加大氧气量。

(6)在运输途中约300公里的地方,气温急降到12℃,水温降到20℃;约500公里的途中,发现有轻微缺氧现象,采取增大氧气的措施后,鱼苗恢复正常。

(7)5月10日下午4:00到达阿克苏,水温17℃,池塘水温19℃,鱼苗死亡数量不到50尾,成活率99.8%。

本次运输遇到了路上气温的急剧变化和缺氧状况等不利因素,但运输效果较好,主要有以下建议:①准备工作要充分,"工欲善其事,必先利其器",充分考虑到各种风险,制定相应的应急预案;②运输途中勤于观察,及时发现问题,解决问题,如果出了问题,可以把损失降到最低;③氧气要多备,预防途中因塞车而耽搁时间。本次运输就因途中塞车耽搁了几个小时才到达目的地。

(资料来源:食品商务网 http://www.21food.cn)

4.1 概　　论

提到物流,人们首先想到的便是运输,运输不仅是物流的众多功能要素之一,而且也是物流最重要的功能因素。可以说,没有运输便没有物流,物流必定是以运输来支撑的。运输在物流中占有举足轻重的地位,运输成本在全部物流费用中所占的比例最高,是整个物流领域挖掘"第三利润源泉"的重要环节。因此,合理快速地发展运输业是加快物流业快速发展的重要途径和突破口。

4.1.1 运输的概念

运输系用设备和工具,将物品从一地点向另一地点运送的物流活动。具体的讲,运输就是通过各种运输手段使货物在物流节点之间流动,以改变"物"的空间位置为目的的活动,其中包括集货、分配、搬运、中转、装入、卸下、分散等一系列操作。

商品运输是指通过动力实现商品在地区之间转移的活动,是联结生产和消费、联结城市和乡村的枢纽,实现国家间和地区间互通有无的重要纽带,是商品流通过程中的一个重要环节。商品运输不能直接创造物质产品,但它却能创造产品的空间效用。生产领域生产出来的产品,只有通过运输才能进入流通领域,也只有再经过运输才能进入消费。因此,可以说,商品运输对于促进经济发展、加速商品流转、活跃城乡市场物质交流,提高国民生活水平都有重要作用。

运输作为流通系统的一项功能来讲,包括生产领域的运输和流通领域的运输。生产领域的运输一般是在生产企业内部进行的,因此称为厂内运输。在生产过程中,运输是生产的直接组成部分,没有运输,生产内部的各环节就无法连接。流通领域的运输活动,则是作为流通领域里的一个重要环节。其主要内容是对物质产品的运输,是以社会服务为目的,是完成物品从生产领域向消费领域在空间位置上的物理性的转移过程。运输是在流通中完成的,因此,物流学所述的运输更多侧重于流通中的运输。

4.1.2 运输的地位

(1)运输是物流的主要功能要素之一。物流是不但改变了物的时间状态,也改变了物的空间状态。运输承担了改变空间状态的主要任务,是改变空间状态的主要手段,运输再配以搬运、配送等活动,能圆满完成改变空间状态的全部任务。

(2)运输是社会物质生产的必要条件之一,运输是国民经济的基础和先行行业。马克思将运输称之为"第四个物质生产部门"是将运输看成是生产过程的继续。这个"继续"虽然以生产过程为前提,但如果没有这个"继续",生产过程则不能最后完成。在社会上,运输是生产过程的继续,这一活动联结生产与生产、生产与消费的环节,联结国民经济各部门、各企业,联结着不同的国家和地区。所以,虽然运输的这种生产活动和一般生产活动不同,它不创造新的物质产品,不增加社会产品数量,不赋予产品以新的使用价值,而只变动其所在的空间位置,但这一变动则使生产能继续下去,使社会再生产不断推进,所以将其看成是一个物质生产部门。

(3)运输可以创造"场所效用"。场所效用的含义是:同种"物"由于空间场所不同,其使用价值的实现程度则不同,其效益的实现也不同。由于改变场所能最大限度发挥使用价值,提高产出投入比,这就称之为"场所效用"。通过运输,将"物"运到场所效用最高的地方,就能发挥"物"的潜力,实现资源的优化配置。从这个意义来讲,也相当于通过运输提高了物的使用价值。

(4)运输是"第三利润源"的主要部分。运输可以完全从物流中分化出来,自成一个独立运行的,有本身目标的系统,因而能对其进行独立的总体判断。运输和其他独立的经营活动一样,在为促进经济发展作出贡献时,本身也是一个单独的盈利因素。

4.1.3 运输的功能与原理

1. 运输功能

(1)产品移动。运输首先实现了产品在空间上移动的职能。无论产品处于哪种形式,是材料、零部件、配件、在制品或成品,或是在流通中的商品,运输都是必不可少的。运输的主要职能是将产品从原产地转移到规定地点,主要目的是要以最少的时间、最低的费用和恰当的方式完成物品的运输任务。产品转移所采用的方式必须能满足顾客的要求,产品遗失和损坏必须减少到最低的水平。

通过位置移动效用,运输实现了它的增值过程。商品最终流入顾客手中,运输成本构成了其价格的一部分,运输成本的降低可以达到以较低的成本提供优质顾客服务的效果。

(2)产品储存。对产品进行临时储存也是运输的职能之一,即将运输工具作为暂时的储存设施。如果转移中的产品需要储存,而短时间内产品又重新转移的话,卸货和接货的成本也许会超过储存在运输工具中的费用,这时,将运输工具作为储存工具是可行的。当交付的货物处于转移之中,而原始的装运目的地被改变时,产品也需要临时的储存。另外,在仓库空间有限的情况下,利用运输工具储存也不失为一种可行的选择。尽管用运输工具储存产品可能是昂贵的,但如果需要考虑装卸成本、储存能力的限制等,那么从成本或完成任务的角度看,用运输工具储存往往是合理的,有时甚至是必要的。

2. 运输原理

运输管理就是对整个运输过程的各个环节——运输计划、发运、接运、中转等活动中的人力、物力、财力和运输设备,进行合理组织,统一使用,监督完成,以求用同样的劳动耗费(活劳动和物化劳动)运输较多的货物,提高劳动效率,取得最好的经济效益。另外,物流运输管理还要注意"及时、准确、安全、经济"四个方面。运输费占物流成本比重最大。合理有效的运输组织和运输管理是提高物流效益、增加利润的重要手段。指导运输管理和营运的两条基本原理是规模经济和距离经济。

(1)规模经济。规模经济的特点是随着装运规模的增长,每单位重量的运输成本下降。例如,整车装运(即车辆满载装运)的每公斤成本低于零担装运(即利用部分车辆能力进行装运)。铁路或水路之类运输能力较大的运输工具,每单位重量的费用要低于汽车或飞机之类运输能力较小的运输工具。运输规模经济之所以存在,是因为相关的固定费用按整批货物的重量分摊。有关的固定费用包括运输订单的行政管理费用、运输工具投资以及装卸费用、管理类以及设备费用等。规模经济使得货物的批量运输显得合理。

(2)距离经济。距离经济是每单位距离的运输成本随运输距离的增加而减少。距离经济的合理性类似于规模经济,尤其体现在运输装卸费用上的分摊。距离越长,固定费用分摊后的值越小,导致每单位支付的总费用很小。

现代物流对运输的要求:减少运输数量、缩短运输距离、避免交叉迂回运输,提高运输效率,降低运输成本,安全、准确、及时、保质、保量地为客户提供服务。

4.1.4 运输与物流的关系

运输是运用适当的工具使人和货物产生位置移动。物流是满足用户需要而进行的原材料、中间库存、最终产品及相关信息从起点到终点间的有效流动,以及实现这一流动而进行的计划、管理、控制过程。运输与物流的主要要素之间的关系如下。

(1)运输与包装的关系。货物的包装材料、包装规格、包装方法等都不同程度地影响着物流运输。因为货物包装的外廓尺寸应该充分与运输车辆的内廓尺寸相吻合。包装材料必须与货物的性质和运输条件相匹配,国外大的物流公司为此成立了专门的研究机构,以解决包装与运输的匹配问题。

(2)运输与装卸的关系。物流运输活动必然伴随着装卸活动。一般说来,物流运输发生一次,往往伴随着两次装卸活动,即物流运输前后的装卸作业。运输前的装载是完成物流运输的先决条件,装卸的状况将对物流运输产生巨大的影响。装卸的合理与快捷是发挥物流运输作用的关键因素。货物抵达时,能否按照客户的意愿提供卸载作业是物流作业的重要内容。装卸还是各种运输方式的衔接手段。

(3)运输与储存的关系。储存保管是货物暂时停滞的状态,是货物投入消费前的准备。货物的储存量虽然直接决定于需要量,但货物的运输也给储存带来重大影响。当仓库中储存一定数量的货物而消费领域又急需时,运输就成了关键。这时,运输活动组织不善或运输工具不得力,就会增大货物储存量,还会造成货物损耗增大。

(4)运输与配送的关系。在企业的物流活动中,将货物较大批量、较长距离地从生产工厂直接送达客户或配送中心称为运输;将货物再从配送中心就近发送到地区内各客户手中称为配送。

表4.1 运输与配送的关系比较

运 输	配 送
长距离大货物的移动	短距离少量货物的移动
点间移动	企业送交消费者
地区间货物的移动	地区内部的货物移动
一次向一地单独运送	一次向多地运送,每处只获得少量货物

运输一般分为输送和配送。一般认为,所有物品的移动都是运输,输送是指利用交通工具一次向单一目的地长距离地运送大量货物的移动;而配送是指利用交通工具一次向多个目的

地短距离地运送少量货物的移动。

4.1.5 物流运输的构成者

制定运输决策，有必要首先了解运输决策的参与者。运输服务的买方和卖方毋庸置疑是主要参与者。运输作为一个特殊的商品，形成了运输市场，必要的政府干预使得政府也成为一个重要的角色。除此之外，与大多数商品买卖不同，因为运输和环境密切相关，所以运输决策也常受到公众的影响。概括地说，运输交通易受5个方面的影响，他们是：托运人（起始地）、收货人（目的地）、承运人、政府和公众。

1. 托运人和收货人

托运人一般是被托运货物的卖方，收货人通常是买方。托运人和收货人的共同目的是要在规定时间内以最低的成本将货物从起始地转移到目的地。运输服务中应包括具体的提取货物和交付货物的时间、预计转移的时间、货物破损率以及精确和合时地交换转运信息和签发单证等。

2. 承运人

承运人作为中间人，期望以最低的成本完成所需的运输服务，同时获得最大的运输收入。也就是说，承运人既想要按照托运人（或收货人）所愿意支付的最高费率收取运费，又想使转移货物所耗费的劳动、燃料和运输工具成本最低。要实现这一目标，承运人期望在提取和交付时间上有灵活性，以便能够使个别的装运整合成经济运输批量。

3. 政府

政府总是期望一种稳定而有效的运输环境，以使经济能持续增长。运输能够使产品有效地转移到各市场中去，并促使产品按合理的成本获得，运输的有效性对经济环境有着明显的影响。因此，政府通常采用多种方式来干预和影响运输市场。

与其他商品企业相比，许多政府更多地干预了运输供应商的活动。这种干预往往采取规章、促进或拥有等形式。政府通过限制承运人所服务的市场或确定他们所能收取的价格来规范承运人的行为；政府通过支持研究开发或提供诸如公路或航空交通控制之类的通行权来促进承运人。这种控制权使政府对地区、行业或厂商的经济成功具有举足轻重的影响。

政府对运输的管制分为经济管制和非经济管制。经济管制就是通过法规处理好垄断和竞争的关系，而非经济管制则侧重公众利益和环境安全等问题。

4. 公众

作为直接参与者的公众关注运输的可达性、便利性、费用以及效果，而没有直接参与的公众也关心环境上和安全上的标准。尽管最大限度地降低成本对于消费者来说是重要的，但与环境和安全标准有关的交易代价也和消费者的切身利益相关，需要密切关注。

4.1.6 运输服务的提供者

运输服务是由各种承运人提供的，其目的是以最低的成本提供服务，获得最大的运输收入。运输服务提供者主要有单一方式承运人、多式联运承运人、专业承运人和运输代理人等。

1. 单一方式承运人

单一方式承运人是利用一种运输方式提供服务，也是一种最基本的承运人类型。

2. 多式联运承运人

多式联运承运人使用多种运输方式，以期望能在最低的成本条件下提供综合性服务。因此，通过各种努力，设法把不同的运输方式综合起来，使之能够协调工作，组成“一站式”运输。

3. 专业承运人

专业承运人主要是进行小件货物运送服务和包裹递送服务的运输商。在传统的小批量货物装运和交付运输业务中，提供专业化服务的承运人在小批量装运服务市场和包裹递送服务的市场中占据了重要的地位。

4. 运输代理人

运输代理人，又称作业中间商。运输代理人一般自身只拥有很少或没有运输工具，是联系于托运人和承运人之间的运输商，主要功能在于提供服务。典型的运输代理人从各种托运人手中汇集一定数量的装运业务需求与订单，然后购买运输，集中装运。一般而言，运输代理人包括货运代理人、经纪人和托运人协会等。

4.1.7 运输市场

运输市场是市场的重要组成部分，同样也受供给与需求规律的支配。运输市场有狭义和广义之分。狭义的运输市场是指运输承运人提供运输工具和运输服务来满足旅客或货主对运输需要的交易活动场所。广义的运输市场是指一定地区对运输需求和供给的协调与组织，包括一定的交易场所、较大范围的营业区域和各种直观或隐蔽的业务活动。运输市场表现为在相当广阔的空间里，在一定时间的推移中实现运力的需求和供给，从而完成客货位移。运输市场的类型如图 4.1 所示。

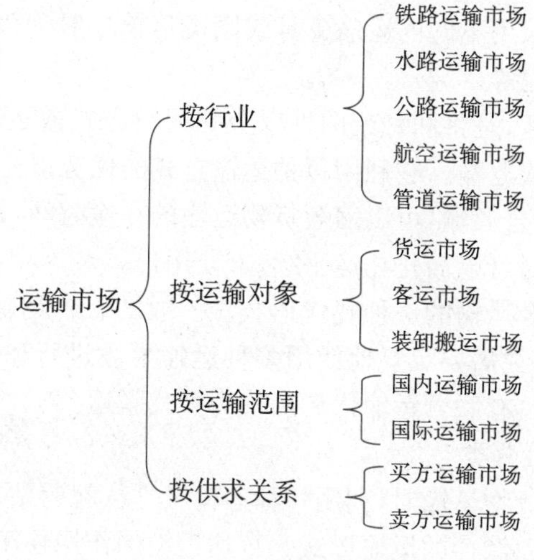

图 4.1 运输市场类型

4.2 各种运输方式的运营特点

运输虽然从行为上看，表现货物在空间上的单纯移动，但在实际运行中，作为物流基本功能的运输有着多种多样的特征。与此相对应，现代物流系统一般分为自营运输系统、营业运输系统、公共运输系统以及第三方物流运输系统。每种运输系统都有其固有的特征，在选择运输时，应综合权衡，进行合理利用。

4.2.1 运输的各种分类

1. 按运输的范围分类

按运输范围进行分类可分为干线运输、支线运输、二次运输和厂内运输等。

(1)干线运输。这是利用铁路、公路的干线,大型船舶的固定航线进行的长距离、大数量的运输,是进行远距离空间位置转移的重要运输形式。干线运输的一般速度较同种工具的其他运输要快,成本也比较低。干线运输是运输的主体。

(2)支线运输。这是与干线相接的分支线路上的运输。支线运输是干线运输与收、发货地点之间的补充性运输形式,路线较短,运输量相对较小。

(3)二次运输。这是一种补充性的运输形式,指的是干线、支线运输到站后,站与用户仓库或指定地点之间的运输。由于是单个单位的需要,所以运量也较小。

(4)厂内运输。指在工业企业范围内,直接为生产过程服务的运输。一般在车间与车间之间,车间和仓库之间进行。但小企业内的这种运输以及大企业车间内部、仓库内部则不称"运输",而称搬运。

2. 按照运输的作用分类

(1)集货运输。是将分散的货物汇集集中的运输形式,一般是短距离、小批量的运输,货物集中后才能利用干线运输形式进行远距离及大批量运输。因此,集货运输是干线运输的一种补充形式。

(2)配送运输。是将节点中已按用户要求配好的货物分送各个用户的运输。一般是短距离、小批量的运输,是对于干线运输的一种补充和完善。

3. 按照运输的协作程度分类

(1)一般运输。孤立地采用不同的运输工具或同类运输工具而没有形成有机协作关系的运输。如汽车运输、火车运输等。

(2)联合运输。简称联运,是将两种或两种以上的运输方式或运输工具连起来,实现多环节、多区段相互衔接的接力式运输。它利用每种运输方式的优势以充分发挥不同效率,是一种综合性的运输形式。采用联合运输,可以缩短货物运输的在途时间,加快运输速度,节省运费,提高运输工具的利用率,同时可以简化托运手续,方便用户。

(3)多式联运。它是联合运输的一种现代形式。一般的联合运输,规模较小,在国内大范围物流和国际物流领域。往往需要反复地使用多种运输手段进行运输。在这种情况下,进行复杂的运输方式衔接,并且具有联合运输优势的称为多式联运。

4. 按运输中途是否换载分类

(1)直达运输。在组织货物运输时,利用一种运输工具从起运站、港一直运送至到达站、港中途不经过换载,中途不入库储存的运输形式。直达运输的作用在于,避免中途换载所出现的运输速度减缓、货损增加、费用增加等一系列弊病,从而能缩短运输时间、加快车船周转、降低运输费用。

(2)中转运输。在组织货物运输时,在货物运往目的地的过程中,在途中的车站、港口、仓库进行转运换装,包括同种运输工具不同运输路线的转运换装,不同运输工具之间的转运换装,称中转运输。中转运输的优点在于:通过中转,往往可以将干线、支线运输有效的衔接,可以化整为零或集零为整,从而方便用户、提高运输效率;可以充分发挥不同运输工具在不同路段上的最优水平,从而获得节约或效益,也有助于加快运输速度。中转运输方式的缺点是在换载时会出现低速度、高货损、增加费用支出。中转运输及直达运输的优劣不能笼统言之,两者在一定条件下各有自己的优势,需要具体问题具体分析,并以总体效益最优作为最终判断标准。

5. 按货物的营运方式分类

(1)整车运输。以整车皮装运同种货物的运输方式,整车运输可发挥整装整卸的优势,可充分使用一辆车的运力，因而整车成本较低，有关经营单位取费也较低。

(2)零担运输。货主需要运送的货物不足一车，作为零星货物交运，承运部门将不同货主的货物按同一到站凑整一车后再发运的服务形式。零担运输需要等待凑整车，因而速度慢。为克服这一缺点，已发展出定路线、定时间的零担班车，也可利用汽车运输的灵活性，发展上门服务的零担送货运输。例如日本现在大量使用的"宅配便"、"宅急便"就属于这种形式。

4.2.2 各种运输方式的特征

1. 公路运输

公路运输是我国主要的货物运输方式，这是主要使用汽车，也使用其他车辆(如人、畜力车)在公路上进行货客运输的一种方式。公路运输主要承担近距离、小批量的货运和水运、铁路运输难以到达的地区的长途、大批量货运以及铁路、水运优势难以发挥的短途运输。由于公路运输具有很强灵活性，近年来，由于高速公路的发展，在有铁路、水运的地区，较长途的大批量运输也开始使用公路运输。公路运输具有灵活性强、公路建设期短、投资较低等优点，易于因地制宜，对收到站设施要求不高，可以采取"门到门"运输形式，即从发货者门口直到收货者门口，而不需转运或反复装卸搬运。公路运输业可作为其他运输方式的衔接手段。公路运输的经济半径，一般在 200 km 以内。

大多数的消费品是通过公路运输的。公路运输有速度较快、可靠性高和对产品损伤较小的特点。因为公路承运人具有灵活性，能够在各种类型的公路上进行运输，不像铁路那样受到铁轨和站点的限制，所以公路比其他运输方式的市场覆盖面都要高。汽车运输的特点使得它特别适合配送短距离高价值的产品。递送的灵活性使公路运输在中间产品和轻工产品的运输方面也有较大的竞争优势。总的说来，公路运输在物流作业中起着骨干作用。

在各种运输方式中，汽车运输的固定成本很低，这是因为，汽车承运人在固定基础设施的投资相对较少，并且多数公路的建设运营由政府进行。运输企业并不需要拥有公路。但是，因为公路的建设和维修费用经常是以税和收费站的形式向承运人征收的，变动成本相对较高。此外，汽车的能耗、维修费用相对也比较高。

公路运输方式的主要优点是：①原始投资少，资金周转快，投资回收期短；②市场覆盖面广，可以延伸到其他服务方式所不能到达的地区和范围；快捷可控，机动灵活，可以满足用户的多种要求；它既可以成为其他运输方式的接运方式，又可以自成体系，运输中伸缩性极大；③包装成本低，货物损失小；④由于公路运输的灵活性，决定了其运输生产点多、面广，而使得公路运输在零担货物运输方面具备强大优势；⑤货运方面的适应性不断增强。公路运输的特点使得公路运输尤其适于短距离、高价值产品的装运，在中间产品和轻工产品的运输方面有较大的优势。

公路运输的主要缺点是：运输能力小、劳动生产率低、长距离运输比铁路运输单位运价高、能耗高、公路拥挤与污染、环境成本高、易发生事故等等。

2. 铁路运输

铁路运输是指利用机车、车辆等技术沿铺设轨道运行的运输方式，是目前我国货物运输的主要方式之一。由于国外几乎所有的大都市、我国的绝大部分城市都通铁路，铁路在国际、国内运输中占有相当大的市场份额。铁路运输是我国国民经济的大动脉，铁路运输与水路干线运输、各种短途运输衔接形成了以铁路运输为主要方式的运输网络。

铁路运输方式的最大特点是：运量大、速度快、可靠性高、连续性强、远距离运输费用低、一般不受气候因素影响，准时性强，安全系数大，适合中长距离的大宗货物的集中运输，并且以集中整列为最佳，整车运输次之。

铁路运输方式的主要优点：①运输能力大；②运行速度较快，时速一般在 80～120 km；③适应性强，受天气限制条件少，安全可靠性高；④运输成本低；⑤环境污染小，环境成本低。

铁路运输系统也有其缺点：①营运缺乏弹性，铁路运输受线路、货站、运行时刻、配车、编列等因素影响，不够灵活，铁路一般是按照规定的时间表运营的，发货的频率要比公路低，近距离运输的费用较高；②货损较高，铁路运输可能因为列车行驶时的震动及货物装卸不当，容易造成所承载货物的损坏，对包装的要求较高，而且运输过程需要多次中转，也容易导致货物损坏、遗失；③虽然设备和站点等的限制使得铁路营运的固定成本很高，但是铁路营运的变动成本相对较低，这使得铁路运输的总成本通常比公路运输和航空运输要低。高固定成本和低变动成本使得铁路运输的规模经济十分明显。

根据铁路运输的上述特点，铁路运输主要适用于大宗低值货物的中、长距离运输，也较适合散装货物(如煤炭、金属、矿石、谷物等)、罐装货物(如化工产品、石油产品等)；适于大量货物一次高效率的运输。对于运费负担能力小、货物批量大、运输距离长的货物运输来说，运费比较便宜。

铁路适于在内陆地区作为长途、大批量运送低价值、高密度的一般货物和可靠性要求高的特种货物；铁路设施修建成本较高，占地多，从投资的情况来看，在运输量比较大的地区之间建设铁路较为合理。

3. 水路运输

(1)沿海运输。是使用船舶通过大陆附近沿海航道运送客货的一种方式，一般使用中、小船舶。

(2)近海运输。是使用船舶通过大陆邻近国家海上航道运送客货的一种运输方式，视航程可以使用中型船舶，也可使用小型船舶。

(3)远洋运输。是使用船舶跨大洋的长途运输方式，主要依靠运量大的大型船舶。

(4)内河运输。是使用船舶在陆地内的江、河、湖、川等水道进行运输的一种方式，主要使用中、小型船舶。

水运主要承担大数量、长距离的运输，是在干线运输中起主力作用的运输方式。在内河及沿海，水运也常作为小型运输工具使用，担任补充及衔接大批量干线的任务。

水运中水道的改良维护、码头的开发和维护一般由政府负责，港口的开发和维护各国不同，但一般也由政府统一进行，而运输公司只需支付一定的费用就可以使用港口和其他码头设施。因此，在固定成本方面，水路运输在铁路和公路运输之间。因此，与铁路和公路相比，其固定成本适中。变动成本则只包括运营中的成本，而水路运营成本相对较低。水路运输在世界外贸运输中始终保持主导地位，在经济合作和交流中起着纽带作用。受自然条件的制约，水路运输的运营范围和运输速度受到限制，但是却有其他运输方式不可比拟的优势和潜力。水路运输的变动成本较低，主要包括运营中的成本，其规模经济的效应更加明显。因此，水路是大宗货物长运输运输的理想选择。

水路运输方式的主要优点：①单位运输工具的装载量大，运输能力高，运输距离长；②水路运输成本低，基础设施投资节省，单位运价低廉；③能源消耗少。

水运也有显而易见的缺点，主要是运输速度慢，线路迂回，受港口、水位、季节、气候影响较大，呈现较大的波动性及不平衡性，难以实现均衡生产。货物破损较多，可靠性差。

在物流运输体系中根据水路运输的特点，它在运输中主要承担以下作业：大批量货物，特别是集装箱运输;原材料、半成品及散货运输,如建材、石油、煤炭、矿石、谷物等;国际贸易运输,即远距离、运量大、不要求快速抵达的国际客货运输。

4. 航空运输

使用飞机或其他航空器进行运输的方式。航空运输是在具有航空线路和航空港(飞机场)的条件下,利用飞机运载工具进行货物运输的一种方式。虽然空运在运输业中所占的比重较低,但其拥有很大的发展潜力,重要性越来越明显。目前,在世界范围内,航空运输都处于高速增长阶段。

航空运输的主要优点在于运输速度快,但货运的高成本使得空运并不适合用于大众化的产品,通常一般用来运输高价值产品或时间要求比成本更为重要的产品。传统上,大多数城市间的航空货运都利用定期的客运航班,这种做法虽然经济,但降低了航空货运能力和灵活性。

与铁路、水路和管道相比,航空货运的固定成本较低。空中航线和飞机场通常是由国家投资来开发和维护的,航空货运的固定成本与购买飞机有关,也与所需特殊的搬运系统和货物集装箱有关。另一方面,由于燃料消耗、维修保养以及飞行人员和地勤人员费用较高,航空货运的变动成本是极高的。

航空货运的主要优点在于运输速度快。随着航空运输技术的不断成熟,航空运输在远距离运输,特别是跨国运输中显示出无可比拟的优势。只有在运输高价值的和对时效性要求高于对成本要求的产品时,航空运输才有其合理性。

航空运输的主要优点是:①运行速度快;②受地形条件限制小,灵活、机动性大;③航空运输服务质量高、安全可靠;④节约包装、保险、利息等费用。

航空运输的主要缺点是:①运输成本高;②运输能力小;③有些货物禁用空运;④对航空港设施要求高;⑤受天气影响较大。

综合上述优缺点,航空运输适用于紧急需要的、时效性要求高的、单位价值高的货物运输,是实现多式联运的一种重要运输方式。

5. 管道运输

利用管道,通过一定的压力差而完成的商品运输的一种现代运输方式。所输送的货物主要有油品(原油或成品油)、天然气、煤浆以及其他矿浆。输送货物的物质形态为气体、液体和粉末状固体。

管道运输的固定费用很高,主要是在建设成本及运输控制上等。管道一旦建设完毕,其变动成本是相当低的。与其他所有的运输方式相比,管道运输具有独特的性质。它可以每天运营 24 小时,仅受到完全变换运输商品和管道维修保养的限制,可靠性非常高。管道运输最明显的缺点是不灵活,运输商品的范围受到限制:只能运送气体、液体和浆状产品,主要是石油、天然气、水和流体的化学物品等。

管道运输的优点是:运量大、连续性强、损耗小、运输安全、占地面积小、建设投资省,高度专业化,人工成本低,货物不需要包装,货损率很低,稳定性好,不受地面气候影响。

管道运输的缺点是:大多为单向封闭的运输系统,灵活性很差,一次性固定投资大,当运输量降低较多并超出其合理运行范围时,其优越性难以发挥。因此只适于定点、量大、单向的流体运输。

表 4.2　不同运输模式的成本结构比较

模式	固定成本	变动成本
铁路	高固定成本(设备、站场、轨道)	低变动成本
公路	低固定成本	中等变动成本(汽油、维修等)
水运	中等固定成本(船与设备)	低变动成本(巨大量运输能力)
管道	高固定成本(路权、建筑、控制站及推动引擎)	最低变动成本(人工成本很少)
空运	低固定成本(飞机、搬运及货物系统)	高变动成本(燃料、人工、维修等)

表 4.3　交通运输业基本情况

指标	单位	1990 年	1995 年	2000 年	2006 年	2007 年
铁路营业里程	万公里	5.8	6.2	6.9	7.7	7.8
公路里程	万公里	102.8	115.7	140.3	345.7	358.4
内河航道里程	万公里	10.9	11.1	11.9	12.3	12.3
民航航线里程	万公里	50.7	112.9	150.3	211.4	234.3
铁路机车数量	台	13 970	15 554	15 253	17 799	18 306
铁路货车数量	台	368 561	436 414	443 902	564 899	577 521
民用汽车拥有量	万辆	551.4	1 040.0	1 608.9	3 697.4	4 358.4
民用运输船舶拥有量	艘	425 934	364 968	210 700	194 360	191 771
沿海主要港口货物吞吐量	万吨	48 321	80 166	125 603	342 191	388 200

资料来源:中国统计年鉴,2008。

6. 其他运输方式

表 4.4　其他运输方式的特点、缺点和适用性

运输方式	特点	缺点	适用性
联合运输	货物运输在途时间缩短,提高运输工具的利用率、方便用户,有利于开展集装单元化运输	对联运车站、码头以及装卸搬运能力的要求较高	有联运条件的运输路线的货物运输
散装运输	减轻了装卸搬运的劳动强度,节约包装材料,降低物流成本,中途损耗少	对运输工具有特殊要求	水泥、原油、石油、煤、钢铁、沙石等
集装箱运输	运费较低,最大限度减少货损,高效率、高质量、标准化、专业化,节省包装费用,适用性强	需要采用统一的集装箱和配套的运输车辆,对搬运装卸机械的要求高	各种产品

4.3　运输系统决策

4.3.1　运输作业的关键因素

(1)运输成本。对于托运人来说,运输成本就是运输货物的在途运费加上管理货物的附加费用,如起点的拣货费、终点的卸货费、中途的货物保险或保管费用等。物流系统中的运输设计需要考虑的是如何使物流系统总成本降低到最低限度,这意味着低费用的运输不一定能获得最低的物流总成本。

(2)运输速度。运输速度是指为完成特定的运输作业所需花费的时间。运输速度和成本的关系,主要表现在以下两个方面:首先,运输商提供的服务越是快速,他实际需要收取的费用也越高;其次,运输服务越快,转移中的存货就越少,可利用的运输间隔时间越短。因此,在选择最合理的运输方式时,至关重要的问题是如何平衡其服务的速度和成本。

(3)运输一致性。一致性是指在若干次装运中履行某一特定运输任务所需的时间,与计划的时间或前几次运输所需的时间是否一致,也就是说运输时间的变化率很小,趋近于零。一致性是物流经理们衡量运输商能否提供高质量服务的重要指标。运输一致性是运输可靠性的反映。运输一致性将会影响买卖双方承担的存货义务和有关风险。

4.3.2 影响运输方式选择的因素

物流企业可以根据所需运输服务的要求,参考不同运输方式的不同营运特性进行选择,在服务成本和服务效率之间进行权衡选择。在进行选择时,物流企业需要考虑到不可变量因素和可变量因素。不可变量因素包括:①运输物品的种类;②运输量的大小;③运输距离。可变量因素包括运输时间、运输成本。

各种运输方式和运输工具都有各自的特点,不同种类的货物对运输的要求也不尽相同。选择运输方式时必须进行综合考虑,要权衡运输系统所要求运输服务和运输成本,可以使用单一运输方式,也可以将两种以上的运输手段组合起来使用。因此,合理选择运输方式是合理组织运输、保证运输质量、提高运输效益的一项重要内容。

1. 运输方式选择的前提条件

(1)货物品种。在考虑所运输货物的品种时,应以其性质、形状、单件重量和容积等为依据,来选择适合所运货物特性和形状的运输方式。这是影响企业选择运输工具的重要因素。一般来讲,粮食、煤炭等大宗货物适宜选择水路运输;水果、蔬菜、鲜花等鲜活商品,电子产品,宝石以及节令性商品等宜选择航空运输;石油、天然气、碎煤浆等适宜选择管道运输。

(2)运输期限。运输速度的快慢、运输路程的远近决定了货物运送时间的长短。而在途运输货物犹如企业的库存商品,会形成资金占用。一般来讲,批量大、价值低、运距长的商品适宜选择水路或铁路运输;而批量小、价值高、运距长的商品适宜选择航空运输;批量小、距离近的适宜选择公路运输。

(3)运输成本。运输只是物流的诸多功能要素之一,在考虑运输成本时,还必须注意运输费用与其他物流子系统之间存在着“效益背反”现象,故不能只考虑运输费用来决定运输方式,而要由全部的总成本来决定。

(4)运输距离。运输在距离上的选择原则是:300 km 以内,采用汽车运输;300～500 km 的区间,采用铁路运输;500 km 以上,采用船舶运输。

(5)运输批量。其选择原则是:15～20 t 以下的货物,采用汽车运输;15～20 t 以上的货物,采用铁路运输;数百吨以上的原材料之类的货物,应选择船舶运输。

(6)其他因素。主要是:运输服务成本;平均运达时间(速度);运达时间的变动性(可靠性)。

2. 单一运输方式的选择

在决定运输方式时,应以运输机具有的服务特性作为判断的依据。一般要考虑的因素如下:①运费高低;②运输时间,到货时间长短;③频度,可以运、配送的次数;④运输能力,运量大小;⑤货物的安全性,运输中的破损及污染等;⑥时间的准确性,到货时间的准确性;⑦适用性,是否适合大型货物运输;⑧伸缩性,是否适合多种运输需要;⑨网络性,和其他运输机具的衔接;⑩信息,货物所在位置的信息。

3. 多式联运的选择

多式联运是选择使用两种以上的运输方式联合起来提供运输服务。多式联运的主要特点是在不同运输方式间自由变换运输工具,以最合理、最有效的方式实现货物的运输过程。常见的多式联运方式有驼背式和鱼背式。“驮背式运输”系铁路和公路运输的组合。“鱼背式运输”系公路与水路运输的结合。

近几年,随着航空业的发展,公路——航空运输组合,发展非常迅速。集装箱的多式联运服务类型为陆桥服务,它是通过铁路运输连接水路运输完成的集装箱化运输。

陆桥系统常见于两个重要的国际集装箱运输线:①欧洲或中东与远东之间经西伯利亚大陆桥或新亚欧大陆桥;②欧洲与远东之间经大西洋到达美国或加拿大太平洋沿岸,使用北美陆桥。

在5种最基本运输方式的基础上,可以组成不同的综合运输,各种运输方式都有其特定的运输路线、运输工具、运输技术、经济特征及合理的使用范围。所以只有熟知各种运输方式的效能和特点,结合商品的特性、运输条件、市场需求才能合理地选择和使用各种运输方式,获取较好的运输绩效。

4.3.3 运输决策要素

在对物流中的运输问题进行决策时,由于托运人和承运人的立场不同,他们所考虑的影响因素也不一样。作为托运人考虑的是在质量、服务和速度等方面满足消费者需求的前提下,选择合适的运输方式,以降低运输的总成本(包括运输、库存、信息和设备所损耗的成本)。而作为承运人,通过对运输设备(如火车、飞机和汽车等)合理投资和运营,从而从这些资产中获得最大的回报。

托运人的决策主要考虑3个因素:运输工具的选择、运输网络的设计以及运输方式的选择。这三个因素主要涉及以下3种成本,分别为运输成本、库存成本和服务水平成本。承运人的决策要素有:了解经济活动的变化、分析物流需求的变化、考虑制约条件的增加、适应运输的小批量化、适应运输准确性的要求、注意运输工具的效率等。

4.3.4 运输优化的意义

在一定的运输条件下,如何使输送量最大,输送费用最省,输送距离最短,这就是运输的优化问题。运输优化的作用在于:①合理组织物品的运输,有利于加速社会再生产和进程,促进国民经济持续、稳定、协调地发展;②物品合理运输能节约运输费用,降低物流成本;③合理的运输,缩短了运输时间,加快了物流速度;④运输合理化,可以节约运力,缓解运力紧张的状况,还能节约能源。

4.3.5 运输优化方法

物流运输优化的原则是运输距离最短和运输费用最低,为此可以选择不同的方法对运输路线和运输费用进行优化。对分离的、单个始发点和终点的网络运输路线选择问题,最简单和直观的方法是最短路线法,运用迭代求解法,计算出最短的路线。对于多起讫点问题的网络运输选择问题,可以运用线性规划法进行求解。运输优化方法更为常见的方法是运用数学模型法、单纯形法、图表分析法、图上作业法、表上作业法等等。

4.4　运输合理化和不合理运输

4.4.1　运输合理化

运输合理化是从物流系统的总体目标出发，运用系统工程的原理和方法，使物品在运输过程中，充分利用各种运输方式，力求运输距离短、运输能力省、运输费用低、中间转运环节少、到达速度快、运输质量高和劳动消耗少，并充分有效地发挥各种运输工具的作用和运输能力，以实现物流系统效益最大化的目标。运输合理化的影响因素如下。

1. 运输距离

运输距离的长短是影响运输合理化的一个基本因素。运输时间、运费、货物损失、车辆或船舶周转等经济指标都与运输距离有着直接或间接的联系。

2. 运输环节

每增加一次运输，不但会增加各种运费，还会使得围绕运输的各个附属物流活动，如装卸、搬运、包装等大幅度增加，各项经济指标也会相应下降。

3. 运输工具

根据实际需要合理选择运输工具，按运输工具特点进行装卸，就可以最大限度地发挥运输工具的作用。

4. 运输时间

运输时间短，有利于充分发挥运力的作用；有利于货主资金的周转；有利于运输线路通过能力的提高。

5. 运输费用

运输费用在整个物流费用中占有很大的比重，是衡量运输经济效益的一项重要指标，运费的高低在很大程度上影响了物流系统的竞争能力。运费的高低无论对货主企业或运输商来说，都是运输合理化的重要目的之一。运费的判断是对各种运输合理化实施是否有效的最终判据之一。

上述这5个因素之间既互相联系，又互相影响，甚至有时是互相矛盾的。所以在考虑如何选择合理化的运输方式时，必须进行全盘考虑，寻求最佳的运输方案。

4.4.2　不合理运输

不合理运输是指由于物流管理体制、水平的制约，造成运力浪费、运输时间增加、运费增多等问题，未能达到现有条件下所能达到的最佳运输水平的运输现象。不合理运输主要存在以下几种形式。

1. 返程或起程空驶——不合理运输的最严重形式之一

因车辆调度不当，货源计划不周、运输形式使用不合理造成的空车行驶，是不合理运输的主要原因。但是在实际当中，有时必须调用空车，在管理上不应被看做是不合理运输。造成空驶的主要原因有以下几种：①能利用的社会化的运输体系不利用，却依靠自备车送货，这往往出现单程使车，单程空驶的不合理运输；②由于工作失误或计划不周，造成货源不实，车辆空去空回，形成双程空驶；③由于车辆过分专用，无法搭送回程货。

2. 相向运输——对流运输（交错运输）

相向运输指同类货物或可以相互替代的货物，在同一运输线上或平行的运输线上，做相反方向的运输。这是对运力的一种典型浪费。

在相向运输中,还有一些不很明显的隐蔽对流方式,例如不同时间的相向运输,从运输发生的时间上看,并没有发生对流,但实际上依旧会产生运力上的浪费,因此要注意判断这种隐蔽的相向运输。

3. 过远运输

过远运输是指在选择供货单位时舍近求远,近处有资源不调用从远处调。过远运输是一种明显的不合理运输形式。

4. 重复运输

重复运输是指货物不是直接运到目的地装卸,而是在未到目的地之前,在其他场所将货物卸下,再重新装运至目的地。另外一种形式是同一种货物在一个地点一面运进,同时又向外运出。

5. 迂回运输

迂回运输指不通过最短路径而绕道的运输方式,是舍近求远的运输。对于迂回运输是否合理,其判断比较复杂。由于计划不周、地理不熟、路线规划不是最优和组织不当发生的迂回才是不合理运输。而那些要执行在途存储功能的运输就不是不合理的运输形式。

6. 运输方式选择不当

对于各个传统运输方式的优缺点考虑不周,而未能正确地利用运输工具也是一种不合理运输。

7. 托运方式选择不当

对于托运人而言,能够选择最佳的托运方式而未选择,必将造成运力浪费及费用支出加大。比如可以选择运输代理人来降低运输费用,却使用了自行运输;可以整车运输,却选择了零担运输等。

在具体实践中,需要将其放到整个物流系统的优化角度去考虑,这样才能起到真正克服不合理运输现象,组织合理运输的目的。

4.4.3 运输合理化的有效措施

1. 提高运输工具实载率

实载率有两个含义,一是单车实际载重量与运输距离之乘积和标定载重量与行驶里程之乘积的比率;二是车船的统计指标,即在一定时期内车船实际完成的货物周转量(以吨公里计)占车船载重吨位与行驶公里乘积的百分比。

2. 使用合装整车运输——零担拼整车中转运输

由于在运输中存在着规模经济效应,运输批量越大费率越低,还可以得到折扣,因此将可能品种不同但发往同一目的地的小批量货物,由物流企业合并成大批量货物进行运输,是降低单位运输成本的有效方法,也是第三方物流企业常用的提高运输工具利用率的措施。

3. 尽量发展直达直线运输

直达运输的核心就是减少中转环节,把货物从生产地直接运送到消费地,从而提高运输速度,降低装卸费用,减少货物损坏。直线运输,是在组织货物运输的过程中,按照物品的合理流向,选择最短的路线,避免迂回等不合理现象。直达运输与直线运输的合理性是一致的,通常合称为直达直线运输。直达直线运输的合理性是有一定条件的,不能认为直达一定优于中转,直线一定好于迂回。在特定的情况下,需要从物流系统整体优化和客户实际需求出发,来判断其合理性。

4. "四就"直拨运输

"四就"是指"就厂直拨,就车站、码头直拨,就库直拨,就车、船过载"。

"四就"直拨运输是不运进流通批发仓库,采取直拨的方法,把货物直接分拨给最基层的批发、零售商店或客户,从而尽可能地减少中间环节。

"四就"直拨运输和直达直线运输是既有联系又有区别的两种合理运输形式。直达直线运输一般是远距离、大批量的运输,而"四就"直拨运输是近距离、小批量的运输。

一般在两个城市之间使用直达直线运输方式,而大中城市批发站所在地办理的是直拨运输业务,因此将这两种形式有机结合起来,会收到更好的经济效果。

5. 周密进行运输系统设计,采用现代运输方法和科技手段

运输必须与其他分系统,如仓储、生产企业的原材料采购和产品销售等相关环节一并考虑。要根据企业的经营和物流战略、销售政策等情况合理使用现代运输方法和技术手段。

现代运输方法,包括多式联运、集装箱运输、门到门运输、智能化运输、全球卫星定位运输等。

对专用运输设备的使用,如专用散装及罐车、袋鼠式车皮、双层集装箱火车、翼形卡车、滚装船、集装箱船等都将促进运输的合理化。

本章小结

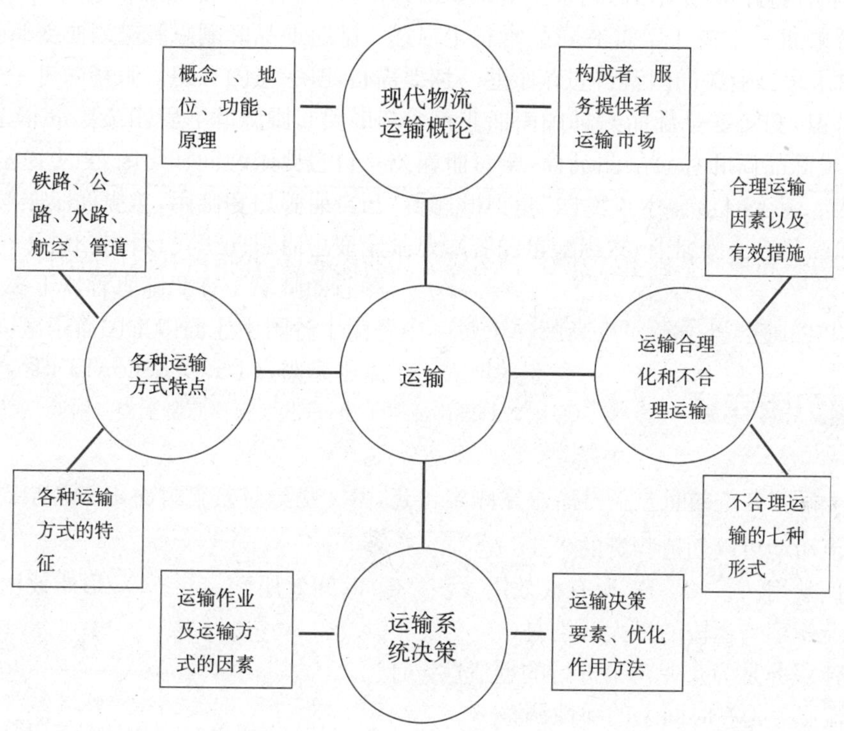

关键概念

运输功能　运输原理　运输市场　多式联运　运输优化　合理化运输　不合理运输

表一:中国统计年鉴货运量

单位:万吨

年 份	货运量总 计	铁 路	公 路	水 运	民 航	管 道
1978	248 946	110 119	85 182	43 292	6.4	10 347
1998	1 267 427	164 309	976 004	109 555	140.1	17 419
2007	2 275 822	314 237	1 639 432	281 199	401.8	40 552

表二:中国统计年鉴货运周转量

单位:亿吨公里

年 份	货物周转量总 计	铁 路	公 路	水 运	民 航	管 道
1978	9 829	5 345.2	274.1	3 779.2	0.97	430
1998	38 089	12 560.1	5 483.4	19 405.8	33.45	606
2007	101 419	23 797.0	11 354.7	64 284.8	116.39	1 866

资料来源:中国统计年鉴,2008。

在分析表一和表二基础上,说明各种运输方式的优缺点,并指出其适用范围。

复习思考题

1. 选择题

(1)商流活动可以创造物资的(　　)。

A. 空间效用　　B. 所有权效用　　C. 时间效用　　D. 形质效用

(2)物流管理与运输的最大区别是(　　)。

A. 物流服务是为企业营销进行的创造性设计

B. 物流服务是在时间上的弹性调整

C. 全过程是否用精确的时间进行控制和组织

D. 物流服务在范围上的延展性

(3)货运代理人的主要优势在于(　　)。

A. 大批量的装运可以获得较低的费率

B. 缩短专业承运人发出货物的时间

C. 使专业承运人的规模经济效益提高

D. 使托运人的发货时间缩短

(4)合理运输的要素包括(　　)。

A. 运输距离　　B. 运输环节　　C. 运输工具

D. 运输时间　　E. 运输费用

(5)按作用划分,可以将运输分为(　　)。

A. 厂内运输　　B. 干线运输　　C. 集货运输

D. 支线运输　　E. 配送运输

(6)水路运输有以下几种运输形式(　　)。

A. 沿海运输　　B. 干线运输　　C. 近海运输

D. 远洋运输　　E. 内河运输

(7)现代运输方式按运输线路分类有(　　)。

A. 干线运输　　B. 支线运输　　C. 直线运输

D. 二次运输　　E. 厂内运输

(8)铁路运输的优点有(　　)。

A. 机动灵活　　B. 运输能力大　　C. 运送时间准

D. 运输能耗低　　E. 通用性能好

(9)与运量有关的不合理运输是(　　)。

A. 过远运输　　B. 对流运输　　C. 重复运输　　D. 迂回运输

(10)提高技术装载量的具体做法有(　　)。

A. 轻重货物搭配装载　　B. 重、大货物解体装载

C. 采用堆码技术装载　　D. 零担货物整车装载

E. 利用运输工具的最大额定能力超轴满载

2. 问答题

(1)现代运输方式有哪些?

(2)有哪几种特殊的运输方式?它们各有什么特点?

(3)影响运输方式选择的因素有哪些?

(4)运输方式合理选择有哪几种方法?

(5)简述运输与物流其他功能要素之间的关系。

(6)运输服务的提供者有哪些?

(7)影响运输作业的关键因素是什么?

(8)运输合理化的影响因素有哪些?

(9)运输与配送的关系是什么?

(10)查阅资料,找出我国铁路、公路、航空、管道等的运营里程的最新数据。

案例分析

案例一　中国交通运输跑出“中国速度”

京津城际铁路是我国第一条时速 350 km、具有完全自主知识产权和世界一流水平的高速铁路。目前,我国铁路客运专线在建规模已达 1 万多公里。到 2012 年,我国将有 1.3 万公里

客运专线及城际铁路投入运营。目前,我国投入运营的动车组已达190多组。到2012年,全国投入运营的动车组将达到800组以上,覆盖整个快速客运网。

改革开放以来,我国铁路组织实施了一系列建设大会战,路网规模和质量显著提升。到2002年,全国铁路营业里程达到7.2万公里,比1978年增长39.1%。速度创造奇迹。我国铁路运营速度达到时速350 km,创造了世界高速铁路之最;建设改写历史。通车里程从建国初的1.1万公里,增加到2008年底的8万公里,“世界屋脊”青藏高原首通火车;提速拉近时空。在旅行距离1 000 km范围内实现“朝发夕归”,在旅行距离2 000 km范围内实现“夕发朝至”;服务提升品质。站车设计适应旅客需求,运输产品结构满足不同层次旅客需要,铁路提速更“提素”,旅客乘火车综合舒适度不断提高。

“要想富,先修路。”与高速铁路一样,建国60年来,我国的高速公路也从无到有,不仅实现了“零的突破”,而且通车里程已达6.03万公里,总里程居世界第二,创造了世界道路建设史上的奇迹。建国初期,我国公路通车里程仅为8.07万公里,公路等级都在二级以下,路面里程只有3万公里。到1978年,全国公路通车里程达到89万公里,是建国初期的11倍,但既无一级公路,更无高速公路,公路交通成为国民经济发展的“瓶颈”。2008年底,全国公路总里程已达373万公里,是建国初期的46倍。其中,高速公路里程60 302 km。高速公路的发展,成为我国交通运输发展的样本。

新中国成立60年来,中国民航事业同样取得了高速发展。建国初期的1950年,中国民航的运输总周转量、旅客运输量和货邮运输量分别是157万吨公里、1万人和767吨。而到了2008年,中国民航全行业运输总周转量、旅客运输量和货邮运输量分别达到376亿吨公里、1.92亿人和407万吨。特别是改革开放30年间,我国民航运输总周转量、旅客运输量和货邮运输量分别以17.3%、15.7%和14.9%的平均速度增长。定期航班运输总周转量在国际民航组织缔约国中的排名,也由1978年的第37位上升至2005年的第2位,2006、2007、2008年继续保持世界第2位。到2008年底,全国公路通车总里程达到373万公里,全国99.24%的乡镇和92.86%的建制村通了公路;铁路通车总里程达到8万公里,跃居世界第二;民航拥有1 254架飞机,经营着1 532条定期航班航线;港口货物吞吐量连续六年位居世界第一,亿吨大港达到16个。(资料来源:摘自工人日报,2009年8月18日)

案例思考:我国交通运输发生了什么样的变化?交通运输网络的发展将对物流业带来什么样的影响?

案例二　高度发达的德国物流业

德国物流业仅居贸易和汽车制造业之后,是德国第三大产业和国民经济的重要支柱。2006年,德国物流业产值高达1 700亿欧元,占全德GDP总额的7.5%。在德国物流业的产值中,运输业务所占份额为44%,排在首位,此后依次是物流管理和控制业务(30%)、仓储和货物搬运业务(约26%)。其中,合同物流业务额450亿欧元,占物流业产值的26.3%,且极具增长潜力。

德国邮政集团(DPWN)是全球最大的物流服务供应商之一,旗下拥有DHL、德国邮政和邮政银行3个知名品牌,从事与物流有关的快递、邮政及金融服务,在200多个国家和地区总计雇用了52万名员工,是全球员工人数最多的跨国企业之一。2006年该集团营业额605亿欧元,利润38.7亿欧元。

德国铁路股份公司自兼并美国顶级物流运营商BAX之后,现已成为国际物流市场的佼佼者，现有员工人数 22.9 万，2006 年其营业额达到 300.5 亿欧元，利润 16.8 亿欧元。

不来梅物流中心距港口约 20 多公里，靠近不来梅铁路编组站。中心内有公铁联运装卸站，周围高速公路网发达，紧临联邦高速公路，距不来梅市 5 公里，交通十分便利。流经不来梅市的 Weiser 河两岸有 242 家物流企业，不来梅新港至不来梅市沿途有 1 400 多家运输、仓储和物流企业。物流中心的功能主要为区域的工业、销售企业提供物流服务，成为当地的货物集散地，通过其良好的集散条件，积极吸引物资到该区域，形成某种物资的交易中心，促进当地的经济发展。

不来梅港是一个以集装箱运输为主，集物流、转运、仓储为一体的现代化港口，是欧洲最富有效率的港口。不来梅港口物流园区长约 8 km，宽超过 5 km。码头岸线长 5 km，年吞吐能力 600 万 TEU。场地是由当地政府和物流公司出资建设的，主要存放集装箱和轿车，可存放 400 万个集装箱、200 万台轿车。不来梅港口的吞吐能力居欧洲第四、德国第二位。目前港口营业收入每年以两位数增长，港口的主要船务公司包括瑞士 SMC 公司、德国 EUROGATE 公司、马士基公司。不来梅港的集装箱集散站是欧洲最大的集装箱联结转运装备，每年大约有 10 000艘船将不来梅港和世界各地大约 1 000 个港口联系起来。不来梅港转运的汽车年平均超过 100 万辆，是欧洲最大的汽车转运地。集装箱码头岸线长 5 km，可以停靠第五代集装箱船，集装箱转运量居欧洲前五名，港口汽车转运量欧洲第一。(资料来源:《综合运输》，2009 年第 4 期)

案例思考：选择我国一家物流园区或港口，与德国不来梅港的物流业的一些指标进行对比分析。

推荐阅读

[1] 殷小入，周高卫．我国运输体系现状与发展趋势[J]. 交通企业管理，2009，7.

[2] 张理，罗雪松．现代物流运输管理．北京：中国水利水电出版社，2005，5.

[3] 高育红．最经济的运输方式——管道运输．交通与运输，2009，4.

[4] 王雪波，胡建平，陈立东．铁路运输与公路运输的衔接．科技信息(学术研究)，2008，21.

[5] 赵霞．公路运输——西煤南运的最佳运输方式．中国物流与采购，2005，18.

[6] http://www.sdz.cn/student/showArticle.asp? ArticleID=85

第5章 仓 储

开篇案例·戴尔库存

近年来,在全球电脑市场不景气的大环境下,戴尔却始终保持着较高的收益,并且不断增加市场份额。我们习惯于给成功者贴上“标签式”的成功秘籍,正如谈及沃尔玛成就商业王国时,“天天低价”被我们挂在嘴边;论及戴尔的成功之道,几乎是众口一词地归结为“直销模式”。

戴尔成功的诀窍在哪儿?该公司分管物流配送的副总裁迪克·亨特一语道破天机:“我们只保存可供5天生产的存货,而我们的竞争对手则保存30天、45天,甚至90天的存货。这就是区别。”

由于材料成本每周就会有1%的贬值,因此库存天数对产品的成本影响很大,仅低库存一项就使戴尔的产品比许多竞争对手拥有了8%左右的价格优势。

亨特无疑是物流配送时代浪尖上的弄潮者。亨特在分析戴尔成功的时候说:“戴尔总支出的74%用在材料配件购买方面,2000年这方面的总开支高达210亿美元,如果我们能在物流配送方面降低0.1%,就等于我们的生产效率提高了10%。物流配送对企业的影响之大由此可见一斑。”

而高效率的物流配送使戴尔的过期零部件比例保持在材料开支总额的0.05%~0.1%之间,2000年戴尔全年在这方面的损失为2 100万美元。而这一比例在戴尔的对手企业都高达2%~3%,在其他工业部门更是高达4%~5%。

(资料来源:新浪财经网 http://finance.sina.com.cn)

5.1 仓储概述

在物流的7个功能要素中,运输与储存是支柱性功能。储存是完成物品暂时性停留过程中最重要的活动,这种活动是在各类仓库中进行的,如何对物品进行在库保管等一系列的活动是仓储管理的内容。

5.1.1 仓储的含义

物流中所说的仓储由“仓”和“储”构成。其中,“仓”也称仓库,是存放物品的建筑物或场所,它可以是房屋建筑物、物料棚或其他特定的场所,具有存放和保护物品的功能;“储”表示收存以备使用,具有积蓄、保管和交付使用的意思。“仓储”指的是通过仓库对物品进行储存和保管。

仓储是伴随着社会生产中剩余产品的出现和产品流通的需要而产生的。在原始社会末期,随着剩余产品的出现,已经出现了存放多余猎物和食品的场所——“窖穴”;进入资本主义社会后,随着商品生产和物流业的快速发展,产生了具有现在意义上的仓库;在经济领域专门从事于仓储的行业——仓储业也伴随着商品生产的发展而产生。而现在,作为物流系统重要支柱的仓储业也发生了巨大的变革,成为追求第三利润源的重要来源。

5.1.2 仓储在物流中的作用

在现代物流系统中,仓储总是出现在物流各环节的结合部,例如采购与生产之间,生产的初加工与精加工之间,生产与销售之间,批发与零售之间,不同运输方式转换之间等等。仓储是物流各环节之间存在不均衡性的体现,也是解决这种不均衡性的手段。具体而言,仓储在现代物流中的作用主要体现在以下 3 个方面。

1. 仓储是保证商品顺利流通的必要物流手段

首先,在商品的生产和消费之间,存在一定的时间间隔。在绝大多数情况下,今天生产的商品不可能立刻就全部卖掉,这就需要仓储活动来调节。在林林总总的商品中,有的是季节性生产、全年消费(如粮食);有的是全年生产、季节性消费(如季节性服装、农药等);有的是全年生产、全年消费(如日用品)。无论是哪一种情况,在产品从生产过程进入到消费过程之前,都需要有一定时间的暂时停留,这种商品在流通领域中暂时的停滞过程,形成了商品的仓储。在物流的功能要素中,储存的目的是消除物品生产与消费在时间上的差异。有了这种调节,才能保证商品流通的顺利进行。

其次,对许多商品而言,在最终销售之前,都要进行挑选、整理、分装、组配等工作,这样,必然有一定量的商品停留在这段时间内,也形成商品储存。

此外,在商品运输过程中,在车、船等运输工具的衔接上,由于在时间上不可能完全一致,也会产生在途商品对车站、码头流转性仓库的需要。

基于上述原因,要保证商品顺利流通离不开仓储。仓储能够发挥物流系统中的“蓄水池”作用。无论生产领域、流通领域,都离不开储存,有亿万吨的商品、物质财富,平时总是处在储存状态,保管在生产或流通各个环节的仓库里,成为大大小小的“蓄水池”,以保证生产和流通的正常运行。

2. 仓储是降低物流成本的主要对象

现代物流中的仓库不仅是储存和保管物品的场所,还是促使物品更快、更有效地流动的场所。虽然货物在仓库中进行储存时,是处于静止的状态,会带来时间成本和财务成本的增加,但事实上从整体上而言,它不仅不会带来时间的损耗和财务成本的增加,相反它能够帮助加快流通,并且节约运营成本。以储存环节的拼装和分装为例可以看出物流成本的节约。

(1)拼装。拼装是指仓库接收来自不同工厂指定送往某一特定顾客的商品,把它们拼装成单一的一票装运。如图 5.1 所示。通过拼装,把几票小批量装运的物流流程结合起来联系到一个特定的市场地区仓库。通过这种拼装可以节约运输成本,每一个单独的托运人都能够享受到成本降低的好处。

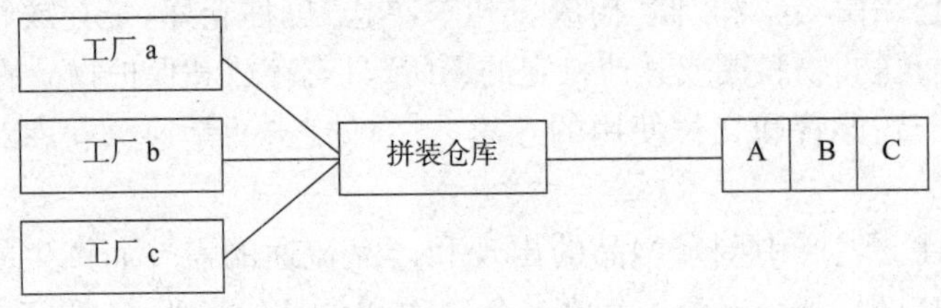

图 5.1　拼装作业

(2)分类。分类作业是接收来自一个制造商的货物，把它们装运到不同的顾客处去。如图 5.2 所示。分类仓库把组合订货分类或分割成个别的订货，并安排当地的运输部门负责递送。由于从工厂到仓库是长距离运大批量货物的装运，运输成本相对较低，物流成本会实现节约。

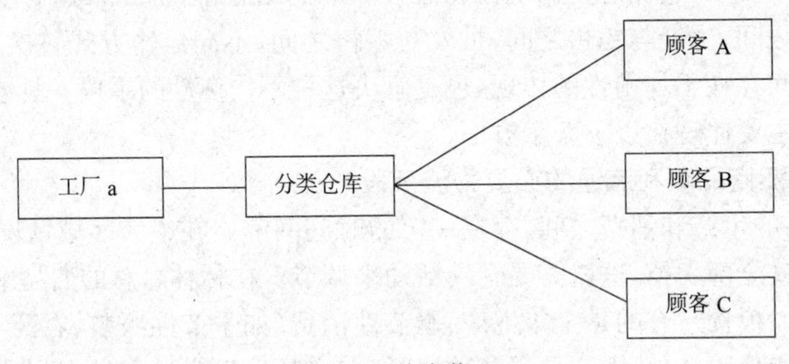

图 5.2　分类作业

3. 保存商品的使用价值和价值

仓储是物流功能要素中一个相对“静”的功能要素。库存商品看上去好像是静止不变的，但实际上受内因和外因两方面的影响和作用，它每一瞬间都在运动变化着。但这种变化是从隐蔽到明显、从量变到质变，只有经过一段时间，发展到一定程度才能被发现。商品保管就是在认识和掌握库存商品变化规律的基础上，进行科学管理，加强对物资的养护，采取相应的技术和组织措施，削弱和抑制外界因素的影响，最大限度地保存商品的使用价值和价值。

由于进行科学保管和养护，使商品或产品的使用价值和价值得到完好地保存，也才能实现及时供货的意义。

小案例：我国果蔬物流增值服务的现状与发展
我国是果蔬生产大国，一组众所周知的数字是：每年的蔬菜产量 3 亿吨，水果产量超过 6 000 万吨，位居世界前列。不为人所知的事实是：由于保鲜产业落后，储藏方式和消费方式原始，我国每年有 8 000 万吨的果蔬腐烂，总价值近 800 亿元人民币，高居世界榜首。保鲜储藏能显著提高果蔬产品的附加值。以冬枣为例，秋天采收季节每公斤不足 10 元钱，而经过气调保鲜库冷藏至元旦、春节时，可卖到每公斤 50 元。

5.1.3　仓储管理的含义及内容

1. 仓储管理的含义

仓储管理是指对仓库和仓库中储存的货物进行管理，是仓储机构为了充分利用所拥有的仓储资源来提供仓储服务所进行的计划、组织、控制和协调的过程。随着物流现代化和社会化程度的不断提高，仓储管理的内涵也在不断扩大和变化。仓储管理已经从单纯意义上的对货物存储的管理发展成为物流过程中的中心环节，它不仅仅是单纯的货物存储，还兼有包装、分拣、整理、简单组配等多种辅助性功能。

2. 仓储管理的内容

仓储管理的目标是快进、快出、多储存、保管好和费用省。仓储管理的对象是仓库及库存物资，主要包括3个方面的内容。

(1)仓储系统的布局设计。仓储系统布局是顶层设计，也是仓储管理的关键，就是要把一个复杂纷乱的物流系统通过布局规划设计改造成为“干线运输＋区域配送”的模式。枢纽就是以仓库为基地的配送中心，具体包括仓库系统的选址与建设、仓库内部布局规划、仓库机械作业的选择与配置等。这些问题尤其是仓库系统的选址与建设是仓储管理的战略性问题。

(2)仓储作业流程管理。仓储作业过程是指以保管活动为中心，从仓库接受商品入库开始，到按需要把商品全部完好地发送出去的全部过程。仓库作业管理是仓储管理日常所面对的最基本的管理内容。例如，如何组织商品入库验收，如何安排库位，如何对在库商品进行合理保管、盘点和发放出库等。仓库的作业管理是仓库日常所面对的大量和复杂的管理工作，只有认真做好仓库作业中的每一个环节的工作，才能保证仓储整体作业的良好运行。

(3)库存管理。库存是物流系统中存在的“必要的恶魔”。它的存在需要占用资金，如何利用科学的方法来做到既能有效保证商品供应，又能最大限度地节约库存成本，是库存管理要解决的主要问题。

此外，仓库业务的考核问题、新方法与技术在仓库管理中的应用、仓库安全等问题也是库存管理所涉及的内容。

5.2 仓库管理

仓库是保管和储存物品的建筑物和场所的总称，是根据人们从事物资储存活动的功能需要，按照物资对储存环境的要求而建立的储存场所。仓库具有储存、调节供需、衔接运输、流通加工和配送等功能。仓库的基本功能是储存功能，就是保证物资在储存过程中完整无损，使仓库作业达到安全迅速和经济合理。

5.2.1 仓库的分类

1. 按基本功能分类

(1)储存型仓库。这类仓库侧重于储存功能，商品存储量大，出入库频率较低。主要用于存储未来所需要供应的商品。多设在生产企业比较集中的大、中城市或出口企业集中的地区，规模一般比较大。

(2)流通仓库。流通仓库的特征是商品的保管期较短，而商品的出入库频率较高。此外，这里还可能进行备货、定价以及再包装等流通加工作业。同时，还可以进行适当的库存管理和配送业务。作为与流通过程有关的主要据点和物流服务的基地，流通仓库发挥了主要的作用。

(3)配送中心。配送中心是指接受供应者所提供的多品种、小批量的货物，通过储存、保管、分拣、配货以及流通加工、信息处理等作业后，按需要者订货要求配齐的货物送交顾客的组织机构和物流设施。随着现代物流的发展，配送中心在减少交易次数和流通环节、实现规模经济和减少客户库存方面发挥了积极作用。

(4)保税仓库。保税仓库是为适应国际贸易的需要,在本国国土之上、海关关境之外设立的仓库,外国货物可以免税进出,无需办理入关申报手续,并且可以在库区对货物进行加工、储存、包装等业务,设立这种仓库的地区称为保税区。

(5)海关监管仓库。海关监管仓库是指在海关批准范围内,接受海关查验的进出口、过境、转运、通关货物,以及保税货物和其他尚未办结海关手续的进出境货物。其实也是保税储存的一种类型,与外国的保税区域的功能有类似之处,主要存放进境而所有人未来提取的货物以及行李物品,或者无证到货、单证不齐、手续不完备以及违反海关章程,海关不予放行,需要暂存海关监管仓库听候海关处理的货物。

这种仓库有的由海关自行管理,但随着进出口业务的增大,海关作为行政管理机关,自营诸多不便,现在基本上交由专营的仓储企业经营管理,海关行使行政监管职能。存放在海关监管仓库的货物有两个期限,如储存超过 14 天,海关要征收滞纳金;超过三个月仍不提取的,便视为放弃货物,按照《中华人民共和国海关法》的规定变卖,款项交归国库。

2. 按所储存的货物特性分类

(1)通用仓库。通用仓库用来储存没有特殊要求的商品,其设备及结构比较简单,应用范围广。仓储作业按通常的物品保管及操作方法作业,在各类仓库中,这类仓库所占比重较大。

(2)专用仓库。专用仓库用来保管具有相同特征或保管要求的物品,比如几种商品对温湿度有共同的要求,就可以放在一个仓库内共同保存。

(3)特种仓库。特种仓库用以保存具有特殊性能、要求特别保管条件的物品。如化学危险品、油品、粮食以及需要冷冻保存的物品。这类仓库必须配备有防火、防盗、防虫等设施,其构造、安全设施都比其他仓库要求要高。

3. 按仓库的构造分类

(1)单层仓库。单层仓库是使用最为广泛的一种仓库类型,其主要使用特点是:设计简单,投资少,维修方便;各种作业在一个层面上进行,货物处理方便;各种设备的安装及维护容易;适于较重的货物堆放;同时仓库的面积利用率低、存储成本高。

(2)多层仓库。多层仓库建在人较稠密、土地价格较高的地区,它采用垂直输送设备来对货物进行操作。它具有以下特点:可适用于不同的使用要求,如有办公区、休息区等;有助于仓库的安全和防火,遇到危险时容易控制;能够应用现代仓储技术;适于存放小型货物;同时建造和维护费用比较大,存储费用高。

(3)筒仓。筒仓是用于存储散装的小颗粒或粉末状货物的封闭式仓库,如存储水泥、粮食等。

(4)露天堆场。露天堆场是用于货物露天堆放的场所,一般堆放大宗原材料,货物不怕雨淋、日晒。

(5)自动化立体仓库。自动化立体仓库又称高层货架仓库,一般是指采用几层、十几层乃至几十层高的货架储存单元货物,用相应的物料搬运设备进行货物入库和出库作业的仓库。由于这类仓库能充分利用空间储存货物,故常形象地将其称为“立体仓库”。

例如,青岛海尔集团国际物流中心立体库。该立体库高 22 米,全部操作采用世界上最先进的激光导引无人运输车系统,实现了物流的自动化和智能化,使海尔集团库存资金占用从每年 15 亿元降至 6 亿元,杜绝了呆滞物资的产生。高度智能化使立体仓库仅需要 28 名工人就能全部控制。

4. 按管理体制分类

(1)自用仓库。自用仓库只为企业自己使用,不对社会开放,在物流行业中称为第一方物流仓库和第二方物流仓库,如大型企业的仓库和外贸公司的仓库。这些仓库由企业自己管理,但近几年随着市场经济和物流业的发展,这些仓库在满足自身需要的同时,也逐步对外开放。

(2)公共仓库。公共仓库专门经营仓储业务,面向社会开放,在物流行业中称为第三方物流仓库。主要是一些大型仓储中心、货物配送中心。公共仓库在国外比较发达,近年来,我国公共仓储企业发展也比较迅速,在物流系统中扮演着越来越重要的角色。

除此之外,按仓库的建筑形式分,可分为:地面仓库、半地下仓库、地下仓库;按仓库的机械化程度分,可分为:人力作业仓库、半机械化仓库、机械化仓库、自动化仓库;按仓库的建筑材料分,可分为:钢筋混凝土仓库、砖混仓库、木板仓库、钢质仓库等。随着仓库的发展,分类方法会越来越多,也会越来越专业。

5.2.2 仓库选址

仓库选址是指在一个具有若干供应点及若干需求点的经济区域内,选一个地址建立仓库的规划过程。合理的选址方案应该使商品通过仓库的汇集、中转、分发,达到需求点的全过程的效益最好。因为仓库的建筑物及设备投资太大,所以选址时要慎重,如果选址不当,损失是巨大而且无法弥补的。

1. 仓库选址的影响因素

(1)自然环境因素。包括气象条件、地质、水文、地形条件等。由于不同的物资要求的存储条件不同,必须考虑备选地区的年降水量、空气温湿度、风力、无霜期长短、冻土厚度等气象条件;由于仓库是大宗商品的集结地,货物会对地面形成较大的压力,仓库选址必须考虑土壤的承载能力,如果地下存在着淤泥层、流沙层、松土层等不良地质环境,则不适宜建设仓库;要认真搜集选址地区近年来的水文资料,需远离容易泛滥的大河流域和上溢的地下水区域,地下水位不能过高,故河道及干河滩也不可选;为方便物流,仓库最好选择建在地形平坦的地方,尽量避开山区及陡坡地区,最好选择长方地形。

(2)经营环境因素。物流活动是经济活动,必须考虑到经营问题。为此在进行仓库选址时,必须考虑如下方面的因素。第一,政策环境背景。选择建设仓库的地方是否有优惠的物流产业政策对物流产业进行扶持,这将对物流业的效益产生直接影响,还要考虑当地的劳动力素质的高低。第二,储存主要商品的特性。不同的商品要求的存储条件不同,对经营不同类型商品的仓库应该分别布局在不同地域。如果蔬食品仓库在选址时应选择入城干道处,以免运输距离过长,商品损耗过大;冷藏品仓库应选择在屠宰场、加工厂附近,由于设备噪声较大,所以应选择在城郊;建筑材料仓库因流通量大,占地多,防火要求严格,有些还有污染,所以应选择在城市周边,交通干线附近;燃料及易燃材料仓库应选择在城郊独立的地段,在气候干燥、风大的城镇,应选择大风季节的下风位,应远离居民区,最好在地势低洼处。第三,物流费用。处于节约物流成本的考虑,仓库应该尽量选择建在接近物流服务需求地,如大型工业、商业区,以便缩短运输距离,降低运费等物流费用。第四,物流服务水平。由于物流服务水平是影响物流产业效益的重要指标之一,所以在选择仓库地址时,要考虑是否能及时送达,要切实保证客户无论在任何时候向仓库提出需求,都能获得满意的服务。

(3)基础设施状况。为提高仓库的运营效率,必须考虑基础设施的配套情况,其中最主要的是交通条件。仓库的位置必须交通便利，最好靠近交通枢纽，如港口、车站、交通主干道（国、省道）、铁路编组站、机场等，应该有两种运输方式衔接。还必须要有良好的公共设施，要求城市的道路畅通，通信发达，有充足的水、电、气、热的供应能力，有污水和垃圾处理能力。

(4)其他因素。除了上述因素之外，进行仓库选址时，还应充分考虑到地价的影响，兼顾区域与城市的发展规划；要保护自然与人文环境，尽可能降低对城市生活的干扰，不影响城市交通，不破坏城市生态环境；还要考虑仓库周边不能有火源，不能靠近住宅区。

2. 仓库选址步骤及方法

进行仓库选址首先要进行选址分析，将上面提到的影响选址的各种因素进行分析，并采用加权评分法、量本利分析法、重心法等进行定量计算，进而提出初步的选址方案。进行了综合分析之后，根据分析结果在本地区内初选几个仓库地址，然后在初选几个地址中进行评价确定一个可行的地址，编写选址报告，报送主管领导审批。

5.2.3 仓库的规划布局

仓库的规划布局是对整个仓储系统的总体设计和安排，包括仓库的宏观布局、仓库总体构成设计、仓库内部布局三个层次。

1. 仓库宏观布局

仓库宏观布局是决定众多仓库在区域范围内的分布，决定在一定地区范围内建设多少仓库，是自建还是租赁，以及仓库位置的选择，即上面提到的选址决策。仓库宏观布局决策非常重要，只有合理规划好，才能发挥仓储为生产和流通服务的作用，保证物资流通的及时性；同时保证仓库本身的经济效益。

在进行仓库宏观布局时，要运用系统的观点进行宏观布局设计，从仓储系统整体出发设计，既要考虑到其运营成本和提高客户服务水平，又要考虑整个仓储系统的协调一致。在详细确定了仓储系统的仓储数量及运营模式之后，再进行具体的选址决策。

2. 仓库总体构成设计

仓库总体构成设计是在进行了仓库宏观布局、决定了仓库的具体地址之后，根据现代仓库总体设计要求，科学地设计仓库总体构成，合理分配生产作业区、辅助作业区、行政生活区，在规定的范围内进行统筹规划、合理安排，最大限度地提高仓库的储存和作业能力，并降低各项费用。

(1)仓库总体构成。对大型仓库而言，仓库总体构成包括三个组成部分。

首先是仓库的生产作业区。生产作业区是仓储作业的主要场所，因而是库区的主体部分。主要包括库房、物料棚、露天货场、铁路专用线、道路、装卸站台等。库房、物料棚和露天货场在本质上都是仓库生产作业区域，但各有特点。库房建筑成本最高，对储存商品的保护性最强，一般用来存放需要隔热保温、保养条件要求较高的物资，如机电产品、化工材料等；露天货场建筑成本最低，但对商品保护性最差，一般用来存放大型或不需要在库房内存放的物资，如生铁、木料等。物料棚的性质介于二者之间，一般用来存放不适合露天存放，又不需要在库房内存放或保管条件要求不太高的物资。铁路专用线和库区道路是货物的运输通道，有些仓库设有铁路专用线，铁路专用线具有较强的运输能力、安全快速。但建设仓库专用线时应考虑铺设地点，要便于物资装卸和集散，有利于库内短距离搬运，并尽可能缩短库内搬运距离。库区道路要通畅、简捷，要有足够的宽度。装卸站台是火车或汽车装卸货物用的建筑平台，在港口码头即为装卸站台。站台高度与铁路货车车厢底面或汽车车厢底面高度相等，以便于叉车作业，站台的宽度和长度要根据作业方式和作业量大小而定。

第二个区域为辅助生产区。辅助生产区包括机修车间、车库、包装间、配电室等，虽然不直接参与仓储作业，但是完成仓储作业所必需的，所以辅助生产区的布置应尽量减少占地面积，保证仓库安全。

第三个区域为行政生活区。行政生活区包括办公区、食堂、值班宿舍等，行政生活区应与生产作业区和辅助生产区隔开。

在进行仓库总体构成设计时，要综合考虑多种因素。如建筑物间距在符合防火规定的基础上，力求紧凑合理；库区要设置消防水管、排水系统，在多雨和沿江沿海地区，要有防汛防涝设施；办公生活区及建筑物间要有绿化带、围墙的高度要满足防盗要求等。如图5.3所示。

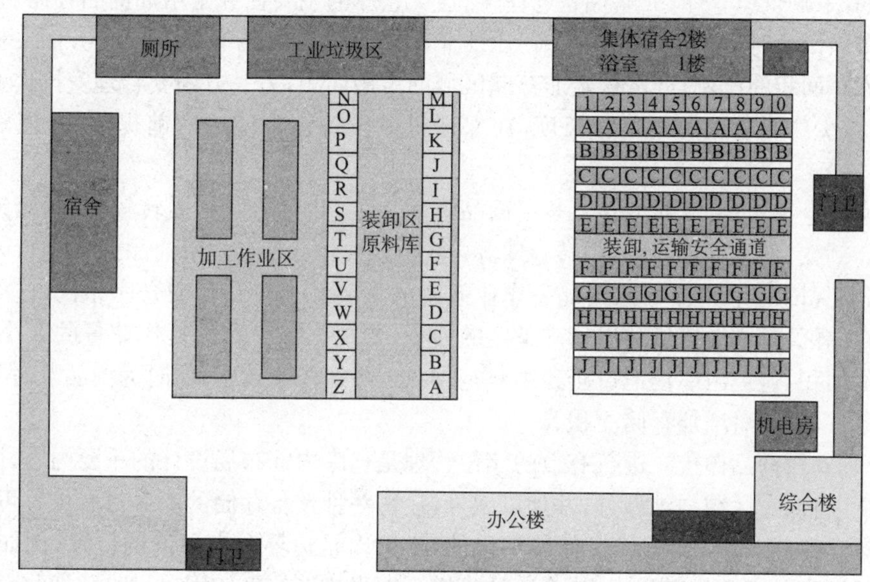

图5.3 某仓库总体构成示例

(2)仓库总体构成设计应遵循的原则。

①有效性原则。从有效性的角度看，储存保管是仓库的基本功能，库区布局要为货物的储存保管创造良好的环境，提供适宜的条件，合理确定库房的位置和朝向；为了提高效率，仓库布局应考虑仓库作业的优化，包括提高作业的连续性，实现一次性作业，减少装卸次数，缩短搬运距离，使一次作业的装卸搬运量最少。

②安全性原则。仓库总体构成设计要符合消防规定，要有防火、防盗、防水、防爆设施，同时要为发生险情时创造方便的援救条件。

③经济性原则。在保证能够实现仓库的全部功能的基础上，尽量节省资金，另外，辅助设施如专用线和道路、供电、供水、供暖、排水、通讯等，要合理布局。

④发展性原则。在节约用地的同时，要预留一定的备用地，以备日后扩张的需要。

⑤美观性原则。在满足上述原则的同时，仓库总体构成设计应适当考虑总体布局的整齐美观。

3. 仓库内部布置

在进行了仓库宏观规划和总体构成设计之后，还要进行更为具体的仓库内部布置。仓库内部规划的主要目标是提高仓库作业的灵活性和有效利用库房内部空间。在保证商品储存需要的前提下，充分考虑到仓库内作业的合理组织，协调储存和其他作业的不同需要，合理利用库内空间。

(1)仓库内部布置的原则。仓库内部规划的原则是在满足宏观规划和总体构成设计的基础上，最大限度地利用空间，充分利用仓库面积，减少作业距离，力求最短的作业线路，为商品的先进先出提供条件，有效地利用时间。此外，仓库内部布局还要考虑到通风和日照的要求，同时还要注意工人作业安全。

(2)仓库内部布局的特点。仓库按基本功能分类，最基本的两类是储存型仓库和流通型仓库，这两种不同类型的仓库在布局上各有其特点。

对储存型仓库而言，储存型仓库以商品保管为主，保管的商品一般周转较慢，以整进整出为主。例如：采购供应仓库、战略储备仓库等，这类仓库的主要任务是增加商品存储量，所以在进行内部布局设计时，重点考虑的是如何压缩非存储面积，增加存储面积。一方面要提高储存面积占仓库总面积的比例，严格核定非存储区域的占用面积，另一方面要合理安排作业通道的线路，适当减少作业通道的数量和长度，在保证机械设备正常使用的前提下，合理确定通道宽度。

对流通型仓库而言，流通型仓库是以商品收发为主，储存的商品周转较快，频繁地进行出入库作业。例如：批发零售仓库、中转仓库等，这类仓库为了适应大量商品经常进行入出库作业的需要，布局时必须充分考虑到提高作业效率的重要性。与储存型仓库相比，这类仓库应相对缩小存储区域，增加拣货和出货准备区的面积，要根据拣货和出货作业量的大小，合理确定该区域的面积，避免出库场地过于狭小，作业拥挤，降低作业效率，同时为商品及时补充到出货区创造条件，以相对增加存储面积。

(3)合理安排商品储位。进行有效的储位管理是仓库内部布局设计的重要内容，即在仓库储存面积内，将储存区域详细划分，并加以编号，让每一种预备存储的商品都有位置可以存放。此位置必须是很明确的，而且经过储位编码的，不可以是边界含糊不清的位置，例如走道、楼上、角落、或某商品旁等。需要指出，仓库的过道不能当成储位来使用，虽然短时间会得到一些方便，但会影响商品的进出，违背了储位管理的基本原则。依据商品保管方式的不同，应该为每种商品确定合适的储存单位、储存策略、分配规则，以及其他储存商品要考虑的因素，把货品有效地配置在先前所规划的储位上。例如需要冷藏的商品放在冷藏库，流通速度快的商品放置在靠近出口处，香皂不应该和食品放在一起等等。

5.3 仓储作业流程

仓储作业是指从商品入库到商品发送出库的整个仓储作业全过程。流程形式有许多种类，仓储作业流程主要取决于仓库本身的业务模式、规模大小、设施条件、客户方向和服务功能等诸多因素。仓储的基本作业流程如图 5.4 所示。

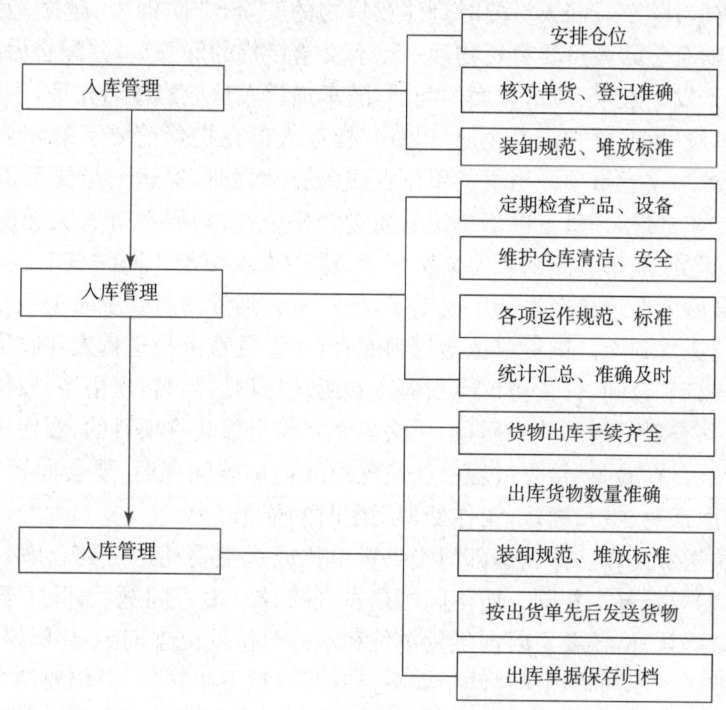

图 5.4　仓储作业的基本流程

5.3.1　商品入库管理

商品入库包括验单、接货、卸载、分类、商品点验、签发入库凭证、商品入库堆码、登记入账等一系列作业环节。对这些作业活动要进行合理安排和组织。商品入库管理程序如下。

1. 编制入库作业计划

商品入库作业计划是根据仓储保管合同和商品供货合同来编制的商品入库数量和入库时间进度的计划。主要内容包括入库商品的品名、种类、规格、数量、入库时间、所需仓库容量、仓储保管条件等。仓库计划人员对各入库作业计划进行分析,再编制出具体的入库工作进度计划。

2. 商品接运

在商品入库环节,商品接运人员要熟悉各交通运输部门及有关供货单位的制度和要求,根据不同的接运方式,处理接运中的各种问题。

(1)铁路专用线接运。即仓库直接与铁路部门在库内发生货物交接,务必做好接车卸货准备工作。接到预报后,立即确定卸车的位置,力求缩短装卸搬运距离,组织好卸车机械和人力,确保能够按时完成卸车作业。接到确报后,整车运输员要在现场接车引位,根据运单和有关业务凭证进行到货检查。认真检查商品状况,把好商品入库第一关。在进行商品收卸作业时,要遵循“安全、快速、准确、方便”的原则,做到:车号、商品品名、规格型号不混不乱;不碰坏、不压伤商品;保证包装及捆扎完整;做好临时下垫上盖;在限定时间内卸完到货,不压车压线。同时,填写到货台账,办理内部交接。要准确记明到货品名、规格型号、数量、到货日期、商品发站、发货单位、送货车皮号、商品有无异状、有无记录等。货物卸完后,整车运输员要及时向车站报空,等待“排空”,并将报空时间和铁路接报时间记录下来备查。整车运输员要及时准确地做好收卸货物标记,在实物上写明车皮号、件数和卸货日期,以便验收时识别。

(2)到承运单位(车站、码头、民航、邮局)提货。应了解和掌握所提货物的特性、单件重量、外形尺寸及搬运注意事项,安排好相应的吊装运输设备、人力和储存货物的货位;对所提货物认真进行核对、查验;随车装卸人员要时刻注意货物的安全,严防混号、碰损、丢失等情况的发生;货物到库后,随车装卸人员要将货物逐一点清交给接货的保管员,并配合做好卸货工作,确保货物不受损。如发生数量、质量方面的问题,随车提货人员应当签名作证,不得拒签。

(3)到供货单位(生产厂和流通企业)提货。提运人员在提货前要了解和掌握所提货物入库验收的有关要求和注意事项。当供货单位点交所提货物时,提运人员要负责查看货物的外观质量,点验件数和重量,并验看供货单位的质量合格证、材料码单等有关凭证。货物提运到库后,保管员、提运员、随车装卸工人要紧密配合,逐件清点交割。同时核对各项凭证、资料是否相符和齐全,最后由保管员在送货单上签字,保管员收到货物后要及时组织复检。

(4)供货单位送货到库。供货单位送货到库时,保管员直接与送货人在收货现场办理接货手续,凭送货单或订货合同、订货协议等当面点验所送货物的品名、规格型号、件数和数量以及有关单证、资料,并查看货物的外观质量,无法当面完成全部验收项目的,要在送货单回执联内注明具体内容待验。在验收、检查过程中如发现短缺损坏等问题时,要会同送货人员查实,由送货人员出具书面证明、签章确认,留作处理问题时的依据。

(5)承运单位送货到库。即承运部门受供货单位或货主委托送货到仓库。接货要求与供货单位送货到库的要求基本相同。所不同的是发现错、缺、损等问题后,除了要送货人当场出具书面证明、签章确认外,还要及时向供货单位和承运单位发出查询函电并做好有关记录。

(6)过户。即已入库的货物通过购销业务使其所有权发生转移,但仍要储存于原处的一种入库业务。此类过户入库手续,只要收下双方下达的调拨单和入库单,更换户名就可以了。

(7)转库。即因故需要出库,但未发生购销业务的一种入库形式,仓库凭转库单办理出入库手续。

此外,对于各种形式的零担到货,应注意由零担运输员负责填写零担到货台账并填发到货通知单。

3. 核对单证

商品到库后,仓库收货人员首先要检查入库单据,然后根据入库单据开列的货品单位和名称等内容进行核对。

4. 初验

初验主要是对到货情况进行粗略的检查,其工作内容主要包括数量检查和包装外观检查。查看包装有无破损、水湿、渗漏、污染等异常情况。出现异常情况时,可打开包装进行详细检查,查看内部商品有无短缺、破损或变质等情况。

5. 办理交接手续

入库商品经过初验后,就可以与送货人员办理交接手续。如果有异常情况出现,收货人员在送货单上盖章签字表示商品收讫。如发现有异常情况,必须在送货单上详细注明并由送货人员签字,或由送货人员出具差错、异常情况记录等书面材料,作为事后处理的依据。

6. 商品验收

商品验收是根据事先商定的检验内容对商品质量的检验。包括对商品的内包装、理化指标、物理特性等检验。检验如发现问题,要填写质量报告单。商品验收的基本内容包括数量验收、质量验收和包装验收。

7. 信息处理

经验收确认后的商品,应及时填写验收记录表,并将有关入库信息及时准确地输入管理信息系统,更新库存商品的有关数据。

小案例:苏宁电器的商品入库规范(共性要求)
1. 所有采购入库的商品必须要有采购订单和工厂出库单及我公司的订单或订单号,在ERP系统上查询订单,确认单据相符后进行收货,不允许无订单收货。 2. 制入库单时,根据工厂出库单上的供货商名称、品牌型号、数量制单,要求一张入库单对应一张工厂的送货单,且工厂的一张送货单不可对应我公司一张以上的订单。 3. 所有商品在进入苏宁物流体系各级仓库时应接受苏宁检验人员的质量验收,其验收方式和验收标准按苏宁质量检验条例执行。 4. 商品入库验收由苏宁仓库管理人员和质量检验人员执行,如发现来货存在质量问题必须按规定及时向上级反映,并会同有关部门处理。 5. 所有供应商提供的商品,必须符合国家对商品质量及环保的各项标准和要求,电器商品必须通过3C认证,并在外包装上印有明显的3C认证标志。 6. 外包装质量必须符合运输、储存的基本要求,不得有破损、发霉、受潮、脏污脚印、图画记号等,且包装箱必须保证封口严密。 7. 外包装箱印刷清晰,产品商标、型号、出厂日期及编号等各项标记符合要求,不得有印刷不清及磨损现象。 8. 包装内必须附件齐全,且泡沫、塑料袋完好无损。 9. 随机礼品入库时,20元以上的必须有订单办理入库,采购礼品入ERP的礼品库区。20元以下的赠品或礼品不入ERP账,但必须入手工账,且必须在相应单据上备注所入数量及名称,同时将相应单号记在手工账本上。 10. 仓库验机时发现货物外包装不好以及机器损伤的,作为残次机拒绝入库。

5.3.2 商品库内管理

商品库内管理是对入库商品进行合理的保存和经济的管理。合理的保存是指将商品存放在适宜的场所和位置;经济的管理是指对商品实体和商品仓储信息进行科学管理,包括对商品进行科学的保养和维护,为货物提供良好的保管环境和条件,以及对库存商品有关的各种技术证件、单据、凭证、账卡等进行信息化管理。

总的来说,商品库内管理的内容主要包括:商品分区、分类和货位编号,合理堆码和苫垫,货账保管、盘点和商品保管养护等工作。

1. 商品的分类分区

商品分类分区是根据商品的类别、性能和特点,结合仓库的建筑结构情况、容量、装卸设备等条件,确定各储存区域存放商品的种类、数量,然后分类分区编成目录并绘制平面图。

(1)商品分区分类的含义。商品分类分区就是对储存商品在“四一致”(商品性能一致、养护措施一致、作业手段一致、消防方法一致)的前提下,把商品储存区划分为若干保管区域,根据商品大类和性能等划分为若干类别,以便分类集中保管,如钢材区、建材区、化工区等。

把商品储存区划分为若干个保管区域,同一种类的商品集中存放于相对固定的货区保管,可以缩短商品收、发作业时间,更合理地使用仓容,有利于收发货与保管业务的进行。

(2)商品分区分类的原则。第一,存放在同一货区的商品必须具有互容性。性质互有影响和相互抵触的不能同库保存。

第二,保管条件不同的商品不应混存。当商品保管要求的温湿度等条件不同时,不宜把它们存放在一起,因为在一个保管空间同时满足多个保管条件是不经济的,更是不可能的。

第三,作业手段不同的商品不能混存。这是指当存放在同一场所中的商品体积和重量悬殊时,将严重影响该货区所配置设备的利用率,同时还增加了作业组合的复杂性和作业难度,使作业风险增加。

第四,灭火措施不同的商品决不能混存。灭火方法不同的商品存放在一起,不仅使安全隐患大大增加,也增加了火灾控制和补救的难度和危险性。

(3)商品分区分类的方法。商品分区分类的方法和依据很多,最多的是按货物的种类和性质分区分类，即按货物的自然属性归类，并集中存放在适当场所，这是大多数仓库采用的方法。当仓库为几个大的货主服务时，为便于与货主工作的衔接，防止货物混淆，便于货物存取，往往采取按不同的货主方式分类；对于短期中转存储的商品，如在各种交通场站码头一般可采用按货物流向分类的方法；对化学品、危险品的存放，还可以按货物危险性质分区分类。

2. 货位的选择及编号

(1)货位的选择。货位是指仓库中实际可用于堆放商品的面积。货位的选择是在商品分区分类的基础上进行的，所以货位的选择应遵循确保商品安全、方便吞吐发运、力求节约仓容的原则。

(2)货位编号。货物选择之后，为方便仓库作业和商品存取，应进一步进行货位编号。

对于仓库内储存场所的编号，一般采取连续编号法。整个仓库内的储存场所若有库房、货棚、货场，则可以按一定的顺序(自左向右或自右向左)连续编号。库房的编号一般写在库房的外墙上或库门上，字体要统一、端正，色彩鲜艳、清晰醒目、易于辨认。货场的编号一般写在场地上，书写的材料要耐摩擦、耐雨淋、耐日晒。货棚编号书写的地方，则可根据具体而定，总之应让人一目了然。

对于库房编号。对于多层库房的编号，常采用"三位数编号"、"四位数编号"或"五位数编号"。"三位数编号"是用三个数字或字母依次表示库房、层次和仓间，如，131 编号，表示 1 号库房、3 层楼、1 号仓间。"四位数编号"是用四个数字或字母依次表示库房、层次、仓间和货架，如，1331 编号，表示 1 号库房、3 层楼、3 号仓间、1 号货架。"五位数编号"是用五个数字或字母依次表示库房、层次、仓间、货架、货格，如，13311，表示 1 号库房，3 层楼、3 号仓间、1 号货架、1 号货格。

进行货位编号管理时，当商品入库后，应将商品所在货位的编号及时登记在账册上或输入电脑。货位输入的准确与否，直接决定了出货的准确性，应认真仔细操作，避免差错。当商品所在的货位变动时，该商品账册上的货位编号也应作相应的调整。

3. 保管账卡登记

商品入库登账，除仓库财务部门有商品账凭以结算外，保管业务部门则要建立详细反映库存商品进、出和结存的保管明细账(见表 5.1)，对库存商品进行登账、立卡、建立商品档案，用以记录库存商品动态，并为对账提供主要依据。

表 5.1　商品明细账

<table>
<tr><td colspan="7">商品入库明细卡</td><td colspan="3">卡号
货主名称
货位</td></tr>
<tr><td>品　名</td><td></td><td>规格型号</td><td colspan="6"></td><td rowspan="7">商品验收情况</td></tr>
<tr><td>计量单位</td><td></td><td>供货商名称</td><td colspan="6"></td></tr>
<tr><td>应收数量</td><td></td><td>送货单位名称</td><td colspan="6"></td></tr>
<tr><td>实收数量</td><td></td><td>包装情况</td><td colspan="6"></td></tr>
<tr><td>年</td><td colspan="2"></td><td colspan="2">入库数量</td><td colspan="2">出库数量</td><td colspan="2">结存数量</td></tr>
<tr><td>月　日</td><td>收发凭证号</td><td>摘　要</td><td>件数</td><td></td><td>件数</td><td></td><td>件数</td><td></td></tr>
<tr><td></td><td></td><td></td><td></td><td></td><td></td><td></td><td></td><td></td></tr>
</table>

4. 商品的堆码与苫垫

(1)商品堆码。商品堆码是根据商品的特性、形状、规格、重量及包装质量等情况,同时综合考虑地面的负荷、储存的要求,将商品分别叠堆成各种码垛。科学的商品堆码技术,合理的码垛,对提高入库商品的储存保管质量、提高仓容利用率、提高收发作业及养护工作的效率,都有着不可低估的重要作用。

堆码操作要求安全、合理、方便、整齐、节约。堆码的操作工人必须严格遵守安全操作规程;使用各种装卸搬运设备,严禁超载,同时还须防止建筑物超过安全负荷量。码垛必须不偏不斜,不歪不倒,牢固坚实,以免倒塌伤人、摔坏商品;不同商品的性质、规格、尺寸不相同,应采用各种不同的垛形;不同品种、产地、等级、单价的商品,须分别堆码,以便收发、保管;货垛的高度要适度,不压坏底层的商品和地坪,与屋顶、照明灯保持一定距离;货垛的间距,走道的宽度、货垛与墙面、梁柱的距离等,都要合理、适度;货垛行数、层数,力求成整数,便于清点、收发作业;货垛应按一定的规格、尺寸叠放,排列整齐、规范;堆垛时应注意节省空间位置,适当、合理安排货位的使用,提高仓容利用率。

(2)商品苫垫。商品在堆码时一般都需要苫垫,即把货垛垫高,露天货物进行苫盖,只有这样才能使商品避免受潮、淋雨、暴晒等,保证储存养护商品的质量。

为了防止商品直接受到风吹、雨打、日晒、冰冻的侵蚀,存放在露天货场的商品一般都需苫盖。商品在堆垛时必须堆成易苫盖的垛形,如屋脊形、方形等,并选择适当的苫盖物。对于某些不怕风吹、雨淋、日晒的商品,如果货场排水性能又好,可以不进行苫盖,如生铁、石块等。通常使用的苫盖材料有:塑料布、席子、油毡纸、苫布等,也可以利用一些商品的旧包装材料改制成苫盖材料。若货垛需苫盖较长时间,一般可用二层席子,中间夹一层油毡纸作为苫盖材料,这样既通风透气,又可防雨雪、日晒;若货垛只需临时苫盖,可用苫布。为了节省苫盖成本,还可以制成适当规格通用型的苫瓦,方便实用,可以反复利用。

商品垫垛就是在商品堆垛前,根据货垛的形状、底面积大小、商品保管养护的需要、负载重量等要求,预先铺好货垛物的作业。垫垛是为了使堆垛的商品免受地坪潮气的侵蚀,使垛底通风透气,提高储存商品的保管养护质量,是仓储保管作业中不可缺少的一个环节。垫垛材料通常采用枕木、石墩、水泥墩、木板、防潮纸等,根据不同的储存条件,商品的不同要求,采用不同的垫垛材料。采用货架存货,或采用自动化立体仓库的高层货架存货,则货垛下面可以不用垫垛。

5.3.3　仓储出库作业管理

商品出库业务是商品储存业务的最后一个环节,是仓库根据使用单位或业务部门开出的商品出库凭证(提货单、领料单、调拨单),按其所列的商品名称、规格、数量和时间、地点等项目,组织商品出库,登账、配货、复核、点交清理、送货等一系列工作的总称。

1. 出库的基本要求

商品出库必须依据货主开出的商品出库凭证进行。不论在任何情况下,仓库都不得擅自动用、变相动用或者外借货主的库存商品。

(1)贯彻先进先出原则。所谓先进先出就是根据商品入库的时间先后,先入库的商品先出库,以保持库存商品质量完好状态。尤其对于易变质、易破损、易腐败的商品、机能易退化、老化的商品,应加快周转,对变质失效的商品不准出库。

(2)出库凭证和手续必须符合要求。出库凭证的格式不尽相同,但不论采用何种形式必须真实、有效。出库凭证不符合要求,仓库都不得擅自发货。特殊情况发货必须符合仓库有关规定。

(3)严格遵守仓库有关出库的各项规章制度。商品出库必须遵守各项制度，按章办事。发出的商品必须与提货单、领料单或调拨单上所列的名称、规格、型号、单价、数量相符合；未验收的商品以及有问题的商品不得发放出库；商品入库检验与出库检验的方法应保持一致，以免造成人为的库存盈亏；超过提货单有效期尚未办理提货手续的，不得发货。

(4)提高服务质量，满足用户需要。商品出库要求做到及时、准确、保质、保量地将商品发放给收货单位，防止差错事故发生；工作尽量一次完成，提高作业效率；为用户提货创造各种方便条件，协助用户解决实际问题。

小案例：某计算机学校食品保管制度
1. 根据库房设置，各种食品应严格分类，按入库先后批次、生产日期存放，有霉烂、变质食品不能入库，质检员应定期对库存食品进行质量检查。 2. 有毒、有害、易与食品串味的化学物品严禁与食品同库存放。 3. 食品与非食品，原料与半成品，卫生质量差与正常食品，短期存放与长期存放食品，有特殊气味与易吸收气味食品不能混杂堆放。 4. 各种食品之间应有足够间隙，与地板、墙壁有一定距离、熟食品绝不得靠墙着地。 5. 食品储存过程中应注意防霉、防虫、防尘、防鼠及保持适当温湿度。 6. 易腐食品应置入冷藏设备保存，冷藏食品也应分类，按入库先后依次存放，注意搞好防霉、除臭和消毒工作。 7. 应定期进行仓库的清扫与消毒，并注意防止消毒剂对食品的污染。

为实现上述基本要求，商品出库时要做到“三不”、“三核”、“五检查”。“三不”就是未接单据不翻账，未经审查不备货，未经复核不出库；“三核”，即在发货时，要核实凭证、核对账卡、核对实物；“五检查”，即对单据和实物要进行品名检查、规格检查、包装检查、件数检查、质量检查。

2. 商品出库的方式

(1)客户自提。客户自提是指客户自派车辆和人员，持提货单(领料单)到仓库直接提货的一种出库方式。它具有“提单到库，随到随发，自提自运”的特点。为划清交接责任，仓库发货人与提货人在仓库现场，对出库商品当面交接清楚并办理签收手续。这种方式适用于运输距离近，提货数量少的客户。

(2)送货上门。送货上门就是仓储单位派自己的车辆和人员，根据用户的要求，把出库凭证所开列的商品，直接运送到客户指定地点的一种出库方式。

仓库实行送货，要划清交接责任。仓储部门与运输部门的交接手续，是在仓库现场办理完毕的。运输部门与收货单位的交接手续，是根据货主单位与收货单位签订的协议，一般在收货单位指定的到货目的地办理。

(3)代办托运。代办托运是指仓库接受客户的委托，为客户办理商品托运时，依据货主开具的出库凭证上所列商品的品种、规格、质量、数量、价格等，办理出库手续，通过运输部门如公路、铁路、水路、航空等，把商品发运到用户指定地点的一种出库方式。这种方式较为常见，也是仓库推行优质服务的措施之一。适用于大宗、长距离的商品运输。

(4)过户。过户是一种就地划拨的形式。商品虽未出库，但是所有权已从原有的货主转移到新的货主。仓库必须根据原有货主开出的正式过户凭证，才予办理过户手续。

(5)转仓。货主单位为了业务方便或改变商品储存条件，需要将某批库存商品从甲库转移到乙库，这就是转仓的出库方式。仓库也必须根据货主单位开出的正式转仓票，才予办理转仓手续。

(6)取样。取样是货主由于商品质量检验、样品陈列等需要，到仓库取货样，仓库必须根据正式取样凭证才予发给样品，并做好记录。

3. 商品出库的程序

(1)出库凭证审核。仓储业务部门接到商品出库凭证时，首先要对出库凭证进行仔细地审核工作。包括审核出库凭证的合法性和真实性；核对商品的品名、型号、规格、单价、数量等有无错误；核对收货单位、到站、银行账号等是否齐全和准确等。如发现出库凭证有问题，需经原开证单位进行更正并加盖公章后，才能安排发货业务。但在特殊情况(如救灾、抢险等)下，可经领导批准先发货，事后及时补办手续。

(2)出库信息处理。出库凭证审核无误后，将出库凭证信息进行处理，采用人工处理方式时，记账员将出库凭证上的信息按照规定的手续登记入账，同时在出库凭证上批注出库商品的货位编号，并及时核对发货后的结存数量。当采用计算机进行库存管理时，将出库凭证的信息录入微机后，由出库业务系统自动进行信息处理，并打印生成相应的拣货信息(拣货单等凭证)，作为拣货作业的依据。

(3)拣货。拣货作业是依据客户的订货要求或仓储配送中心的送货计划，尽可能迅速、准确地将商品从其储位或其他区域拣取出来的作业过程。按照拣货过程自动化程度的不同，拣货分为人工拣货、机械拣货、半自动拣货和自动拣货四种方式。

(4)分货。分货也称为配货，拣货作业完成后，根据订单或配送路线等不同的组合方式对货品进行分类。需要流通加工的商品，先按流通加工方式分类，再按送货要求分类。分货作业可分为人工分货和自动分货两种方式。

(5)出货检查。为保证出库商品不出差错，配货后应立即进行出库检查。出库检查是防止发货出现差错的关键。采用人工拣货和分货作业方式时，每经一个作业环节，必须仔细检查，既要复核单货是否相符，又要复核货位结存数量来验证出库量是否正确。发货前由专职或兼职复核员按出库凭证对出库商品的品名、规格、单位、数量等仔细地进行复验，检查无误后，由复核员在出库凭证上签字，方可包装或交付装运。在包装、装运过程中要再次进行复核。

(6)包装。出库商品有的可以直接装运出库，有的还需要经过包装待运环节。特别是发往外地的商品，为了适应安全运输的要求，往往需要进行重新组装，或加固包装等作业。凡是由仓库分装、改装或拼装的商品，装箱人员要填制装箱单，标明箱内所装商品的名称、型号、规格、数量以及装箱日期等，并由装箱人员签字或盖章后放入箱内供收货单位查对。

(7)货物交接。出库商品无论是要货单位自提，还是交付运输部门发运，发货人员必须向收货人或运输人员按单逐件交接清楚，划清责任。在得到接货人员的认可后，在出库凭证上加盖“商品付讫”印戳，同时给接货人员填发出门证，门卫按照出门证核验无误后方可放行。

(8)清理档案。商品交接以后应及时进行发货后的处理工作。人工处理过程由发货业务员在出库凭证上填写“实发数”、“发货日期”等项内容，并签名，然后将出库凭证其中的一联及有关证件资料，及时送交货主单位，以便货主办理货款结算事宜。根据留存的一联出库凭证登记实物储存明细账。做到随发随记，日清月结，账面余额与实际库存和卡片相符。出库凭证应该当日清理，定期装订成册，妥善保存，已备查用。采用微机管理系统，应及时将出库信息输入管理系统，系统自动更新数据。

4. 商品出库中发现问题的处理

(1)出库凭证(提货单)上的问题。如果出库凭证超过提货期限，用户前来提货，必须先办理手续，按规定缴足逾期仓储保管费，然后方可发货。任何白条子，都不能作为发货凭证。提货时，用户发现规格开错，保管员不得自行调换规格发货，必须通过制票员重新开票方可发货。

如果发现出库凭证有疑点，或者情况不清楚，以及出库凭证发现有假冒、复制、涂改等情况时，应及时与仓库保卫部门以及出具出库单的单位或部门联系，妥善处理。

如果商品进库未验收，或者期货未进库的出库凭证，一般暂缓发货，并通知货主，待货到并验收后再发货，提货期顺延。

如客户因各种原因将出库凭证遗失，客户应及时与仓库发货员和账务人员联系挂失；如果挂失时货已被提走，保管人员不承担责任，但要协助货主单位找回商品；如果货还没有提走，经保管人员和账务人员查实后，做好挂失登记，将原凭证作废，缓期发货。

(2)提货数与实存数不符。若出现提货数与商品实存数不符的情况，无论是何种原因造成的，都需要和仓库主管部门以及货主单位及时取得联系后再作处理。

(3)串发货和错发货。所谓串发货和错发货主要是指发货人对商品种类规格不很熟悉的情况下，或者由于工作中的疏漏，把错误规格、数量的商品发出库的情况。在这种情况下，如果商品尚未离库，应立即组织人力重新发货。如果商品已经提出仓库，保管人员要根据实际库存情况，如实行本库主管部门和货主单位讲明串发和错发货的品名、规格、数量、提货单位等情况，会同货主单位和运输单位共同协商解决。一般在无直接经济损失的情况下，由货主单位重新按实际发货数冲单(票)解决。如果形成直接经济损失，应按赔偿损失单据冲转调整保管账。

(4)包装破漏。包装破漏是指在发货过程中，因商品外包装破散、砂眼等现象引起的商品渗漏、裸露等问题。这种问题主要是在储存过程中因堆垛挤压，发货装卸操作不慎等情况引起的，发货时都应经过整理或更换包装，方可出库，否则造成的损失应由仓储部门承担。

(5)漏记和错记账。漏记账是指在商品出库作业中，由于没有及时核销商品明细账而造成账面数量大于或小于实存数的现象。错记账是指在商品出库后核销明细账时没有按实际发货出库的商品名称、数量登记，从而造成账实不符的情况。无论是漏记账还是错记账，一经发现，除及时向有关领导如实汇报情况外，同时还应根据原出库凭证查明原因调整保管账，使之与实际库存保持一致。如果漏记和错记账给货主单位、运输单位和仓储单位造成经济损失，应予赔偿，同时追究相关人员的责任。

小案例：苏宁电器的商品出库规范(共性要求)

1. 仓管员在零售或批发发货前必须审核单据的有效性，确认其盖有“现金收讫章”或“支票收讫章”，或加盖配送部的“配送专用章”。
2. 配送商品的发货遵守“编号发货”原则，严格执行“双签”制度，以降低发错、送错货的几率。
3. 仓库发货时必须根据提货单区别特价机、包销机，不得串发、混发。
4. 顾客自提货时必须核对顾客的发票，要求顾客验机并在发货联上签收。
5. 工厂到仓库来拉退厂的机器时，必须出具工厂授权书。

5.4 库存控制

库存控制系统是物流大系统中重要的子系统，是物流研究中的一个重要领域。把库存量控制到最佳数量，尽量少用人力、物力、财力把库存管理好，获取最大的供给保障，是很多企业、很多经济学家追求的目标，是企业之间竞争的重要一环。

5.4.1 库存管理的含义及目的

1. 库存的含义

一般来说，库存(Inventory)指的是处于储存状态的物资。具有整合需求和供给，维持各项活动顺畅进行的功能。库存既包括仓库中的物资，也包括不处于仓库中的物资。长期和短期储存都是库存。例如在途物资，零售商店里货架上的存货，或者临时性堆放在生产车间里的在制品或原材料，都可以称作库存。

2. 库存管理的含义及目的

库存管理也称库存控制，是指对制造业或服务业生产、经营全过程的各种物品、产成品以及其他资源进行管理和控制，使其储备保持在经济合理的水平上，是企业根据外界对库存的要求与订购的特点，预测、计划和执行的一种库存的行为，并对这种行为进行控制。它的重点在于确定如何订货、订购多少、何时订货等问题。

传统的观念视库存为企业财富，认为仓库里的库存商品多，表明企业兴隆；现在则认为零库存是最好的库存管理。库存多，占用资金多，利息负担加重。但是如果过分降低库存，则会加大短缺成本，造成货源短缺。当库存管理控制不当时会导致库存的不足或过剩，前者将会错过销货机会，失去销售额，甚至失去客户，商誉下降，后者会加大库存的持有成本。因此，库存管理的目的是在满足顾客服务要求的前提下通过对企业的库存水平进行控制，尽可能降低库存水平、提高物流系统的效率，不断提高企业的竞争力。

5.4.2 库存控制方法

1. ABC 分类管理法

一般来说，企业的库存物资种类繁多，而各个品种的价格又有所不同，且库存数量也不等。有的物资品种不多但价值很大，很多物资品种数量多但价值却不高。由于企业的资源有限，因此，对所有库存品种均给予相同程度的重视和管理不太可能，也有些脱离实际。为了使有限的时间、资金、人力、物力等企业资源得到更有效的利用，要对库存物资进行分类，根据关键的少数和次要的多数的原理，按物资重要程度的不同，分别进行不同的管理，这就是 ABC 库存管理法的基本思想。

ABC 分类管理的基本原理是，将库存物品按品种和占用资金的多少分为特别重要的库存 A 类、一般重要的库存 B 类和不重要的库存 C 类，其核心是“抓住重点，分清主次”。一般来说，A 类物资种类占全部库存物资种类总数的 10%左右，而其需求量却占全部物资总需求量的 70%左右；B 类物资种类占 20%左右，其需求量为总需求量的 20%左右；C 类物资种类占 70%左右，而需求量只占总需求量的 10%左右。

针对不同种类物资分别进行控制。对 A 类物资要重点、严格控制。对 A 类物资的采购订货，必须尽量缩短供应间隔时间，选择最优的订购批量，在库存控制中，采取重点措施加强控制。对 B 类物资也应引起重视，适当控制。在采购中，其订货数量可适当照顾，与供应企业确定合理的生产批量以及选择合理的运输方式。对 C 类物资放宽控制或一般控制。由于品种繁多，资金占用又小，如果订货次数过于频繁，不仅工作量大，而且从经济效果上也没有必要。一般说来，根据供应条件，规定该物资的最大储备量和最小储备量，当储备量降低到最小时，一次订货到最大储备量，以后订购照此办理，不必重新计算。这样就有利于采购部门和仓库部门集中精力抓好 A 类和 B 类物资的采购和控制。但是需要指出，上述分类管理的做法并不是绝对的，若对 C 类物资放任不管，有时也会造成严重损失。

表 5.2　ABC 分类管理法的库存分类控制

项目/级别	A 类库存	B 类库存	C 类库存
控制程度	严格控制	一般控制	简单控制
库存量计算	依库存模型详细计算	一般计算	简单计算或不计算
进出记录	详细记录	一般记录	简单记录
存货检查频度	密集	一般	很低
安全库存量	低	较大	大量

实行 ABC 重点控制模式的好处是可以对物资控制做到重点与一般相结合，有利于建立正常的物资秩序，降低库存，节约仓库管理费用，加速资金周转，提高经济效益。同时，这种方法运用简便，易于推广，有利于简化控制工作。在实践中，这种库存管理方法往往并不是单独使用，而是作为进行库存管理时首先要做的一件事，将物品分类后，再针对不同的类别选取不同的库存控制模式。

2. 定量订货控制法

定量订货控制法就是订货点和订货量都为固定量的库存控制系统，又称为 Q 模型（Q Models）。与定量订货控制法相关的主要概念如下。

①订货点（Reorder Point，RP）：发出订货时该商品保有的实际库存量。

②提前期（Lead Time，LT）：从发出订货到货物到达之间的时间间隔。

③订货批量（Order Quantity）：指一次订货的数量。

定量订货法的基本思想是，预先确定一个订货点，一个订货批量，随时检查库存，当系统的现有库存量降到订货点（Reorder Point，RP）及以下时库存控制系统就向供应厂家发出订货，每次订货量均为一个固定的量 Q。在整个运作过程中，订货点和订货批量都是固定的。

订货发生后必须经过一段时间货品才能够到达（这其中包括货物的生产时间、运输时间等等。一般包括订货准备时间、发出订单、供方接受订货、供方生产、产品发运、产品到达、提货、验收、入库等过程）。在货物到后，库存量将增加 Q（假设在运输途中货物没有任何毁损）。显然，提前期一般为随机变量。以上的订货过程可以用图 5.5 来进行描述。

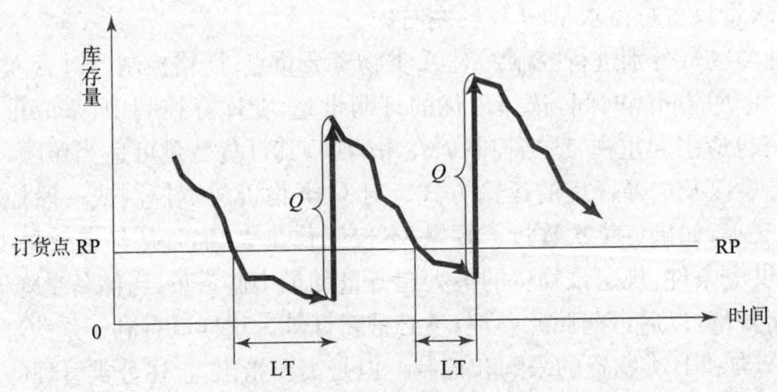

图 5.5　定量订货系统

对于定量订货控制法而言，订货点的确定非常重要，确定了订货点之后，如果库存数量到达该点企业就开始发出订货指令。因此，企业对库存数量的随时监控就显得尤为必要，要发现现有库存量是否达到订货点 RP，必须随时检查库存量，并随时发出订货，这无形中就增加了库管人员的工作量，然而从另外一个侧面也增加了库存控制。此时对库存的检查采取的是永续盘存制度。

(1)订货点的确定。在定量订货控制法中，订货点是一个决策变量，它是直接控制库存水平的关键。订货点要适中，如果订货点太高，则订货物资订回来了，原有的库存物资还没有卖完，这样新旧物资合在一起，库存量就太高了，造成经营成本增加；如果订货点太低，则订货物资还没有到，库存物资就没有了，造成缺货。订货点的高低取决于需求速率和订货提前期。需求速率指的是单位时间内的平均需求量。需求速率越高，则订货点越高；订货提前期越长，订货点越高。用公式表示如下：

$$RP=(D/365)\cdot LT+\text{安全库存量}$$

(2)订货批量的确定。订货批量是一次订货的数量。订货批量直接影响库存量的高低，同时也直接影响物资供应的满足程度。订货批量过大，虽然可以较为充分地满足用户的需要，但库存成本较高；订货批量过小，减少了库存量及其相关成本，但不一定能保证满足用户需要。确定订货批量要考虑需求速率和经营费用。一般情况下，需求速率越高，说明用户的需要量大，订货批量就越大；在确定订货批量时，需要综合考虑经营过程中的各种费用，根据总费用最省的原则确定经济订货批量(EOQ)。

在以上假设条件下，库存量的变化如图 5.6 所示(由于需求率是固定的且为常量，因此库存消耗趋势是一条斜率为 D 的直线)。从图 5.6 可以看出，系统的最大库存量为 Q，最小库存量为 0，不存在缺货。库存按数值为 D 的固定需求率减少。当库存量降到订货点 RP(Reorder Point)时，就按固定订货量 Q 发出订货。经过固定的订货提前期 LT，新的一批订货 Q 到达(订货刚好在库存变为 0 时到达)，库存量立即达到 Q。显然平均库存量为 $Q/2$。

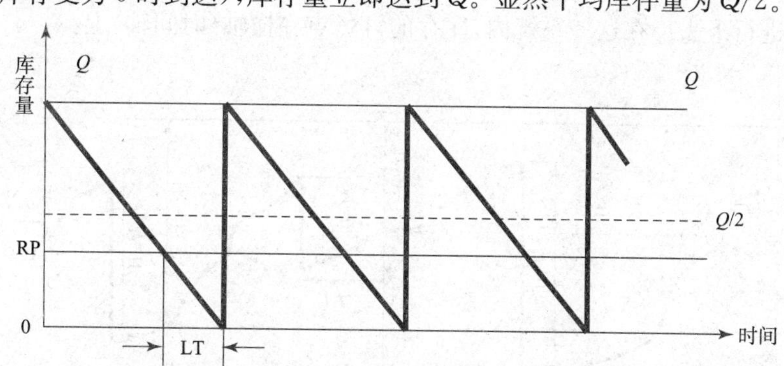

图 5.6 经济订货批量假设条件下的库存量变化

$$TC=H(Q/2)+S(D/Q)+P\cdot D \tag{5.1}$$

式中，S 为一次订货费或调整准备费；H 为单位维持库存费，P 为单价；D 为年需求量。年维持库存费 HC 随订货量 Q 增加而增加，是 Q 的线性函数；年订货费 RC 与 Q 的变化呈反比，随 Q 增加而下降。总费用 TC 曲线为 HC 与 RC 曲线的叠加。为了求出经济订货批量，按照求极值的要求，对式(5.1)对 Q 求导，并令一阶导数为零，可得：

$$Q^{*}=EOQ=\sqrt{\frac{2DS}{H}}$$

式中，Q^{*} 为最佳订货批量或称经济订货批量。TC 曲线最低点对应的订货批量就是最佳订货批量，如图 5.7 所示。

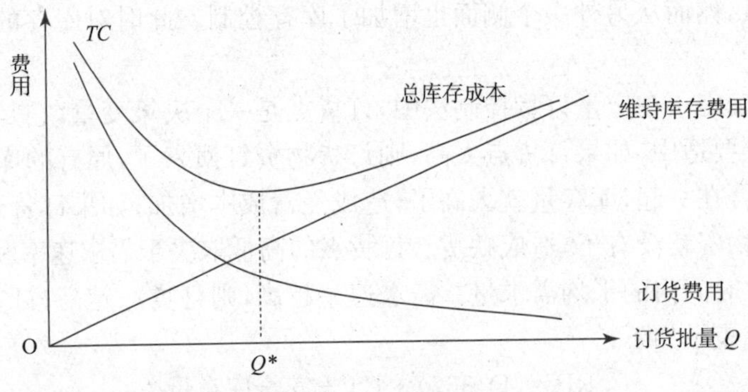

图 5.7　年费用曲线

可以看出，经济订货批量随单位订货费 S 增加而增加，随单位维持库存费 H 增加而减少。因此，价格昂贵的物品订货批量小，难采购的物品一次订货批量要大一些。

3. 定期订货方法

定期订货方法又称为订货间隔期法。它是一种以固定检查和订货周期为基础的库存控制法。它是基于时间的订货控制方法，其基本原理是：预先确定一个订货周期和最高库存量，周期性地检查库存，根据最高库存量、实际库存和在途订货量，计算出每次订货批量，发出订货指令，组织订货。根据定期订货方法的基本思想，M 为最高库存量，在图 5.8 中，当经过固定间隔时间 t 之后，发出订货，这时库存量降到 IP_1（Inventory Position 1：库存位置 1），需要的订货量为 $M-IP_1$；经过一段时间（LT）到货，库存量增加 $M-IP_1$；再经过固定间隔期 t 之后，又发出订货，这时库存量降到 IP_2，订货量为 $M-IP_2$，经过一段时间（LT）到货，库存量增加 $M-IP_2$，如此反复进行下去。在这一系统内，库存的订货点在横轴（时间轴）上。

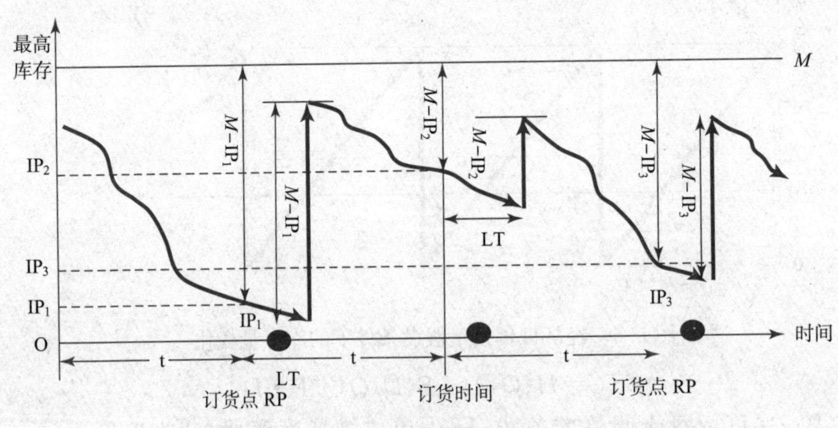

图 5.8　定期订货系统

要实施定期订货法要解决 3 个问题。

(1)确定订货周期。订货周期就是订货间隔期。定期订货方法的订货间隔期都是相等的。订货间隔期的长短直接决定了最高库存量、库存水平的高低，因而也就决定了库存费用。订货周期偏长使得库存水平过高，订货周期过短会使订货批次增多，从而增加了订货费用。在一般情况下，可以用经济订货周期作为定期订货法的订货周期，经济订货周期可根据经济订货批量推导得出，也可以根据具体情况进行调整，如根据自然日历习惯以月、季、年等为订货周期，也可根据企业的生产周期或供应周期等确定。

(2)确定最高库存量。定期订货法的最高库存量应该以满足 $t+LT$ 期间的需求量为依据，取这一期间的总需求量为最高库存量。

(3)确定订货量。定期订货法的订货量不是固定的，每个周期的订货量为最高库存量与当时实际库存量的差额。

定期订货法可以省去许多库存检查工作，在规定订货的时候检查库存，简化了工作。但如果某时期需求量突然增大，有时会发生缺货。所以，这种方式主要用于重要性较低的物资。

4. MRP库存控制方法

定量订货模式和定期订货模式等都是适用于具有独立性质的物资；而当物资的需求具有相关性时，最适用的方式就是MRP库存控制方法。MRP是Material Requirement Planning的缩写，中文译为“物料需求计划”(见第11章)，是在订货点法的基础上发展形成的一种新的库存计划与控制方法，是建立在计算机应用上的生产计划与库存控制系统。MRP系统的运行需要借助计算机，运行步骤大致如下。

(1)根据市场预测和客户订单，正确编制可靠的生产计划和作业计划，在计划中规定产品的品种、规格、数量和交货日期。生产计划必须同现有生产能力相适应。

(2)正确编制产品结构图和各种物料的用料明细表。

(3)正确掌握各种物料的实际库存量，以及最高储备量和安全储备量等有关资料。

(4)正确规定各种物料和零件的采购交货日期，以及订货周期和订购批量。

(5)根据上述资料，通过MRP的逻辑运算确定各种物料和零件的总需要量以及实际需要量。以此为基础，结合规定的订购批量和订货周期，向采购部门发出采购通知单或向本企业生产车间发出生产指令。

5. 零库存

零库存技术是指在生产与流通领域按照准时制组织物品供应，使整个过程库存最小化的技术总称。它并不是指企业所有的原材料、半成品、成品的库存为零，而是指在确保企业生产经营活动顺利进行的条件下，采用各种科学的管理方法，对库存进行合理的计算和有效的控制，尽可能降低库存量的一种方法。零库存的主要形式包括如下几个方面。

(1)委托营业仓库存储和保管货物。营业仓库是一种专业化、社会化程度比较高的仓库。委托这样的仓库或物流组织储存货物。从现象上看，就是把所有权属于用户的货物存放在专业化程度比较高的仓库中，由后者代理用户保管和发送货物，用户则按照一定的标准向受托方支付服务费。采用这种方式存放和储备货物。在一般情况下，用户自己不必再过多地储备物资，甚至不必再单独设立仓库从事货物的维护、保管等活动，在一定范围内便可以实现零库存和进行无库存式生产。

(2)协作分包方式。即美国的“SUB－CON”方式和日本的“下请”方式。主要是制造企业的一种产业结构形式，这种结构形式可以以若干企业的柔性生产准时供应，使主企业的供应库存为零；同时主企业的集中销售库存使若干分包劳务及销售企业的销售库存为零。

在许多发达国家，制造企业都是以一家规模很大的主企业和数以千百计的小型分包企业组成一个金字塔形结构。主企业主要负责装配和产品开拓市场的指导，分包企业各自分包劳务、分包零部件制造、分包供应和分包销售。例如分包零部件制造的企业，可采取各种生产形式和库存调节形式，以保证按主企业的生产速率，按指定时间送货到主企业，从而是使主企业不再设一级库存。主企业的产品(如家用电器、汽车等)也可分包到推销人或商店销售，可通过配额、随供等形式，以主企业集中的产品库存满足各分包者的销售，使分包者实现零库存。

(3)轮动方式。轮动方式也称同步方式，是在对系统进行周密设计前提下，使各环节速率完全协调，从而根本取消甚至是工位之间暂时停滞的一种零库存、零储备形式。这种方式是在传送带式生产基础上，进行更大规模延伸形成的一种使生产与材料供应同步进行，通过传送系统供应从而实现零库存的形式。

(4)准时供应系统(JIT 方式)。即"在需要的时候，按需要的量生产所需的产品"。它是一种旨在消除一切无效劳动，实现企业资源优化配置，全面提高企业经济效益的管理模式。看板方式是适时适量生产方式中的一种简单有效的方式，也称传票卡制度或卡片制度。采用看板方式，要求企业各工序之间或企业之间或生产企业与供应者之间采用固定格式的卡片为凭证，由下一环节根据自己的节奏，逆生产流程方向，向上一环节指定供应，其主要目的是在同步化供应链计划的协调下，使制造计划、采购计划、供应计划能够同步进行。在具体操作过程中，可以通过增减看板数量的方式来控制库存量。

(5)水龙头方式。水龙头方式，是一种像拧开自来水管的水龙头就可以取水而无需自己保有库存的零库存形式。这是日本索尼公司首先采用的。这种方式经过一定时间的演进，已发展成即时供应制度，用户可以随时提出购入要求，采取需要多少就购入多少的方式，供货者以自己的库存和有效供应系统承担即时供应的责任，从而使用户实现零库存。适于这种供应形式实现零库存的物资，主要是工具及标准件。

(6)无库存储备。国家战略储备的物资，往往是重要物资，战略储备在关键时刻可以发挥巨大作用，所以几乎所在国家都要有各种名义的战略储备。由于战略储备的重要，一般这种储备都保存在条件良好的仓库中，以防止其损失，延长其保存年限。因而，实现零库存几乎是不可想象的事。无库存的储备，是仍然保持储备，但不采取库存形式，以此达到零库存。有些国家将不易损失的铝这种战备物资作为隔音墙、路障等储备起来，以备万一，在仓库中不再保有库存就是一例。

(7)配送方式。通过建立完善的物流体系，实行合理的配送方式，企业及时地将按照订单生产出来的物品配送到用户手中，在此过程中通过物品的在途运输和流通加工，减少库存。企业可以通过采用标准的零库存供应运作模式和合理的配送制度，使物品在运输中实现储存，从而实现零库存。

相对于其他库存管理方式而言，零库存管理可以大幅度地减少原材料等物资的库存，提高采购物品的质量和降低原材料等物资的采购价格。

小案例：海信的"零库存"

一、严格控制采购。在海信的仓库管理中，有许多强制性规定：进口材料在生产前一个月才能购进来，国产材料只能提前 5 天进来，避免形成库存，占压资金。海信的"零库存管理"是，一天能卖 10 台机器的话，仓库里就不能超过 600 台。

二、严格控制生产。生产车间有严格的领退料制度，当天用不完的必须退回，以便及时掌握资金占用情况。这样就减少了生产线上的库存边角，使库存更加清晰。

三、控制市场销售，实现市场的稳定外部环境。"零库存管理"的前提是必须有一个稳定的市场。如果光靠品牌打市场，渠道不抓在自己手里，那么今天市场是你的，明天可能就不是你的了。要把市场做稳，先要有自己的有效网络，每一个点都是可以由海信控制的，还要保证在一定时间内销售达到一定数量的点。

四、信息系统的支持。海信电视各销售公司为实现联网，投入了大笔资金。联网以后，海信电视每天全国的销售量，总部当天就能统计出来。

五、销售网络的控制。控制好外设机构，提高实际库存的清晰度。如像郑州市场这样的外设机构，由自己控制的一个月能卖 100 台以上的点必须有 100 个以上。

本章小结

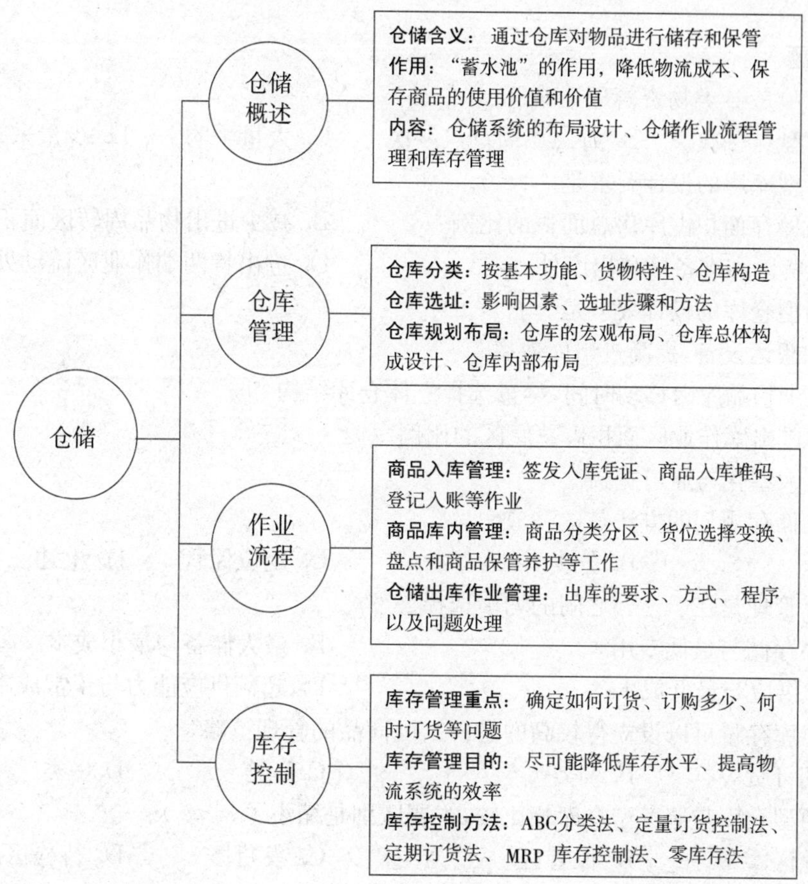

关键概念

仓储　仓储管理　仓库　ABC 分类管理法　定量订货方法　定期订货方法　经济订货批量　MRP　零库存

课堂讨论

1. 如何理解仓储在物流系统中的作用？
2. 你认为零库存能够实现吗？为什么？

复习思考题

1. 选择题

(1)(　　)是 B 类物资管理策略。

A. 每月盘点一次　B. 每二三周盘点一次　C. 大量采购　D. 少量采购

(2)储存型库房的设计要求是(　　)。

A. 提高储存面积占库房总面积的比例　B. 减少进出物品周转区面积

C. 将验货区和准备区移出库外　D. 进出货两端作业区流动处理

(3)流通型仓库的设计要求是(　　)。

A. 增加搬运设备,提高进出库效率

B. 为减少物品库内移动时间,尽量选择立体仓库结构

C. 增加进出库作业区面积占总库区的比例

D. 货位大型化与通道宽阔

(4)物品储存规划的方法是(　　)。

A. 分区　B. 分类　C. 定位保管　D. 上述三种都是

(5)库存管理是在(　　)之间的均衡选择。

A. 最小存储与最低专用　B. 最大储备与最小成本

C. 正常供应与最低成本　D. 超额供应能力与正常成本

(6)安全库存量可以设立得较高的是(　　)商品的管理策略。

A. 定期订货　B. A 类　C. B 类　D. C 类

(7)流通型仓库与储备型仓库相比较,主要区别是缩小了(　　)。

A. 储存区　B. 保管区　C. 发货区　D. 待检区

(8)在采用经济订购批量公式确定订购批量时,其费用构成情况是(　　)最低。

A. 年保管费用　B. 年储存费用

C. 年采购费用　D. 年订购费用与保管费

(9)物料管理 ABC 分析法的基本原理是(　　)管理。

A. 对客户区别　B. 对物料的差异化

C. 对关键少数的重点　D. 物品重要性

(10)库存控制管理的定量订货法中,关键的决策变量是(　　)。

A. 需求速率　B. 订货提前期　C. 订货周期　D. 订货点和订货量

2. 问答题

(1)仓储管理的内容包括哪些?

(2)什么是自动化仓库?

(3)流通型仓库与储存型仓库有哪些方面的不同?

(4)简述仓库入库作业流程。

(5)商品在库保管包括哪些方面的内容?

(6)ABC 分类管理法的基本思想是什么?

(7)简述定量订货方式的基本原理,并分析如何确定订货点和订货批量。

(8)简述定期订货方式的基本原理。

(9)仓库规划包括哪些方面的内容?

(10)什么是零库存?零库存有哪些方式?

戴尔——用信息代替库存

无论从哪个角度来看,戴尔都与整个IT发展的大潮流相去甚远。一方面,它只进入已经标准化的通用市场,比如PC、服务器以及打印机,而且它从不将制造环节外包到远东市场——戴尔最新投产的工厂位于美国本土。另一方面,财务数据显示它是近10年来投资回报最好的IT公司,超过IBM、微软、思科等明星公司。

戴尔每年的研发投入不到5亿美元,这只是业界领先水平的1/10,但是戴尔却拥有500多项管理和流程方面的专利。对于生产和流程的精益追求,是戴尔决胜千里的唯一秘诀,而非秘密,因为这个秘诀早已经外化到整个供应链的各个环节。

通常情况下,客户通过800电话,也可以通过戴尔的网站下单,销售人员依据客户的个性需求提供配置。戴尔在厦门的客户中心永远是一片繁忙的景象,除了1 000多台24小时运转的服务器外,看起来和其他工厂并无太大的区别。每隔1.5个小时生产区的进货门会打开一次,物料进入后被分配到生产笔记本、PC和服务器的生产线上,流水线前端的工人通过系统自动生成的配置清单选料,放进一个长方形的塑料盒子里,每一件物料再经过条形码的扫描确认后,传送到装配工人那里。戴尔并不是流水线生产,而是单元制生产。

在生产区的楼上,就是销售中心,销售人员通过800电话不停地接电话,并不断地输入新的信息,数据中心每隔1.5个小时会运行一次,统计这段时间内的清单,并列出所需零部件的清单,采购部门会根据这张清单进行采购,同时,这张清单会直接转到一个由独立第三方物流公司管理的公共仓库,第三方物流公司会在一个小时之内把货配好,20分钟后,所需的全部零配件将运抵戴尔的工厂。从理论上来说,在客户没有下单之前,戴尔工厂的车间里是没有工料的,而每个能被拉进来的零部件早就已经确定了买主,一旦整机组装完成后,马上可以发货运走。这就解释了戴尔为什么能做到成品零库存之外,零部件几乎也达到了零库存的水平。对于戴尔来说,如果非要找出库存的话,那只能是在公路上高速行驶的大型货车。

从供应零部件的角度来看,供应商的工厂就相当于戴尔的车间,戴尔和供应商拥有一个最大限度共享信息的沟通平台,好像一个大的ERP系统,不局限在戴尔内部,而且一直管到供应商。订单一进入系统就会被自动分解,也就是说任何一台机器的生产其所需的零部件信息都是公开的,完全可以跟踪到一台机器的一个零部件是由哪个供应商提供的,甚至是由哪个工人生产出来的,这些信息同时会进入售后服务系统。

当戴尔每隔1.5个小时把零配件清单发送给公共仓库的时候,也会发送给供应商的总部,供应商的总部会对公共仓库及时补货,同时也会做出相应的生产调整。而对于大多数的供应商来说,他们定期(每个星期)都会受到更新的下三个月的生产预测,但是对于那些需求变化比较大的零部件,戴尔一天就要更新一次数据。这保证了戴尔在无限接近零库存的同时,也能拥有足够的产能应付突发事件。

（资料来源：赵平，戴尔．用信息代替库存．商学院，2006，8.）

案例思考：(1)结合案例分析戴尔采取的是什么样的库存管理方式？

(2)分析这种方式与传统库存方式相比的优势在哪？

推荐阅读

[1] 中国仓储与物流网 http://www.caws.org.cn/

[2] 苏宁电器物流手册 http://www.chinazhou.com/bbs/archiver/tid-17062.html

[3] 中国物流与采购网 http://www.chinawuliu.com.cn/

[4] 零库存——百度百科

第6章 配 送

开篇案例·7-11连锁便利店物流配送体系

作为全球最大的连锁便利店，7-11具有门店分布广、营业面积小、摆放品种多的特点。这就要求物流配送过程必须遵循小批量、多批次、高频度、高效率的物流配送原则。日本7-11有效地实现了这一目标，并创建了连锁企业物流配送的成功模式。7-11连锁便利店的物流配送体系具有以下特点。

1. 高密度开店模式为7-11集中化物流配送提供了条件

7-11这种地毯式轰炸和规范化的开店要求就为其集中化的物流配送体系提供了很好的平台。为了实现在一个100平方米的店铺销售3 000多种商品的同时提供购物的便捷性的目的，7-11设计了一个共同配送计划。这个计划按照不同的地区和商品群划分，组成共同配送中心。由该中心统一进货，再向各店铺配送。地域划分一般是在中心城市商圈附近35公里，其他地方市场为方圆60公里。各地区设立一个共同配送中心，以实现高频度、多品种、小单位配送。

2. 高端信息化设施为快捷的物流配送体系提供了平台

在1991年，7-11便利店开始使用一个整合服务数据网络(ISDN)用来联编它的零售商店中央总部。双行道的沟通给总经销商将通路集中于主机和中央的数据库包含POS(销售点)数据而且进行分析。在日本各地的7-11在每天早上10点通过系统进行订货，7分钟内信息便传送到公司专属的230个配货中心。当天下午4点，各中心便会将货品送到店面。此外每名送货司机都佩戴磁卡，当送货完成时，通过商店内的计算机刷卡，公司就可以根据系统收集的数据对司机迟到情况进行改进。例如：更改开车路线，或者加派货车以减少卸货时间等。这样，就可以根据系统收集的详细数据研究改进方法，使得所有的7-11配送车辆准时抵达店面。

3. 多媒体配送多元化物流配送形式

多媒体配送也是7-11的一大特色。它是指通过卫星通讯系统将多媒体广告、天气预测以及云层图，甚至是电子产品配送到各店铺，做到信息的多媒体化，产品销售以及配送的多媒体化。这些都大大提高了7-11的配送效率。

4. 快速的顾客需求反应系统提高了物流配送的效率

在7-11当顾客到达柜台的时候，在一个分开的按键区上店员首先估计客户的性别和年龄，然后再扫描购买的项目条形码。这些售卖数据经由ISDN被传递到总部。同时数据被一个全部控制的在商店的计算机系统处理，计算机使商店经理和7-11便利店总部都能得到同时的更新，并且立即对这一POS进行分析。通过即时的位置数据分析，商店经理能分析每小时的客户团体售卖的所有存货单元(SKUs)的趋势和库存率。总部聚集这些区域、产品和时间的数据，理解顾客需求的速度大大提高，可以帮助公司预测每天的销售趋势，即时调整售价、理货及配送等活动，而且在第二天早上使所有的商店和供应者都能连接上述数据，增加配送效率。

（资料来源：许利华．7-11连锁便利店物流配送体系研究．商场现代化[J]，2005，(2)[经摘选]）

6.1 配送概述

6.1.1 配送的概念与特点

1. 配送的概念

配送(Distribution)是有千年历史的送货形式在现代经济社会中的发展、延伸和创新，但需要指出的是，不能用传统的送货来理解现代的配送。虽然两者之间有历史渊源的关系，但是两者之间不能等同。如果一定要将两者挂钩，那么，可以将配送理解为现代送货形式。

按照国家质量技术监督局发布的中华人民共和国国家标准"物流术语"，其中关于配送的解释是：在经济合理区域内，根据用户的要求，对物品进行拣选、加工、包装、分割、组配等作业，并按时送达指定地点的物流活动。一般来说，配送是根据用户的要求，在物流据点内进行分拣、配货等工作。它将商流和物流紧密结合起来，既包含了商流活动，也包含了物流活动中若干功能要素。关于配送，应当掌握以下几个要点。

(1)配送的资源配置作用。配送是"最终配置"，因而是接近顾客的配置。美国兰德公司对《财富》杂志所列的五百家大公司进行一项调查表明"经营战略和接近顾客至关重要"，所以，接近顾客的配送，在现代经济中的逐渐凸显出其重要性。

(2)配送的实质是送货。配送的主要经济活动，尤其是接近顾客的经济活动是送货。

(3)配送是现代送货。现代两个字表明了和传统送货的区别。①一般送货可以是一种偶然的行为，而配送却是一种体制行为，是市场经济的一种体制形式；②一般送货是完全被动的服务行为，而配送则是有一定组织形式的计划行为；③配送依靠现代生产力，依靠科技进步支撑。

(4)配送是"配"和"送"有机结合的形式。配送利用有效的分拣、配货等理货工作，使送货达到一定的规模，以利用规模优势取得较低的送货成本。如果不进行分拣、配货，有一件运一件，会大大增加活劳动和物化劳动的消耗。所以，追求整个配送的优势，分拣、配货等项工作是必不可少的。

(5)配送是市场经济形式。配送是在市场经济条件下，在"供大于求"的买方市场环境中所派生的一种形式。在买方市场环境下，用户具有选择权，而卖方需要通过有效的服务来销出自己的产品，争夺一块份额，这就形成了有提供者、有需求者的理想市场环境，使配送得以发展。

(6)配送以用户要求为出发点。在定义中强调"根据用户要求"明确了用户的主导地位。配送是从用户利益出发、按用户要求进行的一种活动，因此，在观念上必须明确"用户第一"、"质量第一"，配送企业的地位是服务而不是主导。

(7)配送是按时送达指定地点的物流活动。过分强调"按用户要求"是不妥的，受用户本身的局限，要求有时候存在不合理性，在这种情况下会损失自我或双方的利益。对于配送而言，在满足用户要求，按时送达指定地点的同时，应当在时间、速度、服务水平、成本、数量等多方面寻求最优，实现双方共同受益即“双赢”的原则。

2. 配送的特点

(1)配送不仅仅是送货。配送业务中，除了送货，在活动内容中还有“拣选”、“分货”、“包装”、“分割”、“组配”、“配货”等工作，这些工作必须具有发达的商品经济条件和现代化经营水平才能做好。在商品经济不发达的国家及历史阶段，很难按用户要求实现配货，要实现广泛的、高效率的配货就更加困难。

(2)配送是送货、分货、配货等活动的有机结合体。配送是许多业务活动有机结合的整体，同时还与订货系统紧密联系。要实现这一点，就必须依靠现代情报信息，建立和完善整个大系统，使其成为现代化的作业系统。这也是以往的送货形式无法比拟的。

(3)现代化技术和装备保证配送的全过程。由于现代化技术和装备的采用，使配送在规模、水平、效率、速度、质量等方面远远超过以往的送货形式。在活动中，由于大量采用各种传输设备及识码、拣选等机电装备，使得整个配送作业像工业生产中广泛应用的流水线，实现了流通工作的一部分工厂化。因此，可以说，配送也是科学技术进步的产物。

(4)配送是一种专业化的分工方式。以往的送货形式只是作为推销的一种手段，目的仅在于多销售一些商品，而配送则是一种专业化的分工方式，是大生产、专业化分工在流通领域的体现。因此，一般的送货是一种服务方式，配送则是一种体制形式。

6.1.2 配送的分类

1. 按配送组织者不同来分类

(1)商店配送。这种配送形式的组织者是商业或物资的门市网点，这些网点主要承担商品的零售，一般来说规模不大，但经营品种却比较齐全。除日常经营的零售业务外，这种配送方式还可根据用户的要求，将商店经营的品种配齐，或代用户外订外购一部分本商店平时不经营的商品，与商店经营的品种一起配齐运送给用户。

(2)配送中心配送。这种配送的组织者是专职配送中心，规模比较大。其中有的配送中心由于需要储存各种商品，储存量也比较大。也有的配送中心专职组织配送，因此储存量较小，主要靠附近的仓库来补充货源。

由于配送中心专业性比较强，与用户之间存在固定的配送关系，因此，一般情况下都实行计划配送，需要配送的商品有一定的库存量，但是一般情况很少超越自己的经营范围。

(3)仓库配送。这种配送形式是以一般仓库为据点来进行配送。它可以是把仓库完全改造成配送中心，也可以是在保持仓库原功能前提下，以仓库原功能为主，再增加一部分配送职能。由于不是专门按配送中心要求设计和建立，所以，仓库配送规模较小，配送的专业化较差，但可以利用原仓库的储备设施及能力、收发货场地、交通运输线路等，是开展中等规模的配送可选择的配送形式，也是较为容易利用现有条件而不需要大量投资、上马较快的形式。

(4)生产企业配送。这种配送的组织者是生产企业，尤其是进行多品种生产的企业，可以直接由本企业开始进行配送而无需再将产品发运到配送中心进行中心配送，生产企业配送由于避免了一次物流中转，所以有其一定优势。但是现代生产企业，往往是进行大批量低成本生产，品种较单一，因而不能像配送中心那样依靠产品凑整运输取得优势，实际上生产企业配送不是配送的主体。

2. 按配送商品种类及数量不同来分类

(1)单(少)品种大批量。一般来说，对于工业企业需要量较大的商品，单独一个品种或几个品种就可以达到较大输送量，可以实行整车运输，往往不需要再与其他商品进行搭配。在这种情况下，由于配送中心的内部设置、组织、计划等工作也较为简单，因此配送成本较低。但是，如果可以从生产企业将这些商品直接运抵用户，同时又不至于使用户物流效益下降时，采用直送方式则往往效果更好一些。

(2)多品种、少批量配送。多品种、少批量配送是根据用户的要求，将所需的各种物品(每种物品的需要量不大)配备齐全，凑整装车后由配送据点送达用户。这种配送作业水平要求高，配送中心设备要求复杂，配货送货计划难度大，因此需要有高水平的组织工作保证和配合。而且在实际中，多品种、少批量配送往往伴随多用户、多批次的特点，配送频度往往较高。

配送的特殊作用主要反映在多品种、少批量的配送中。因此，这种配送方式在所有配送方式中是一种高水平、高技术的方式。这种方式也与现代社会中的"消费多样化"、"需求多样化"等新观念相符，是许多发达国家推崇的方式。

(3)成套配送。这种配送方式是指根据企业的生产需要，尤其是装备型企业的生产需要，把生产每一台件所需要的全部零部件配齐，按照生产节奏定时送达生产企业，生产企业随即可将此成套零部件送入生产线以装配产品。

这种配送方式中，配送企业承担了生产企业大部分的供应工作，使生产企业可以专注于生产，与多品种、少批量的配送效果相同。

3. 按配送时间及数量不同来分类

(1)定时配送。定时配送是指按规定时间间隔进行配送，比如数天或数小时等；而且每次配送的品种及数量可以根据计划执行，也可以在配送之前以商定的联络方式(比如电话、计算机终端输入等)通知配送的品种及数量。

(2)定量配送。定量配送是指按照规定的批量，在一个指定的时间范围内进行配送。这种配送方式数量固定，备货工作较为简单，可以根据托盘、集装箱及车辆的装载能力规定配送的定量，能够有效利用托盘、集装箱等集装方式，也可做到整车配送，配送效率较高。

(3)定时定量配送。定时定量配送是指按照所规定的配送时间和配送数量进行配送。这种方式兼有定时、定量两种方式的优点，但是其特殊性强，计划难度大，因此适合采用的对象不多，不是一种普遍的方式。

(4)定时、定线路配送。定时、定线路配送是指在规定的运行路线上，制定到达时间表，按运行时间表进行配送，用户则可以按规定的路线及规定的时间接货以及提出配送要求。

(5)即时配送。即时配送是指完全按照用户突然提出的时间、数量方面的配送要求，随即进行配送的方式。这是有很高灵活性的一种应急的方式，采用这种方式的品种可以实现保险储备的零库存，即用即时配送代替保险储备。

4. 按加工程度不同来分类

(1)加工配送。加工配送是指与流通加工相结合的配送。即在配送据点中设置流通环节，或是流通加工中心与配送中心建立在一起。如果社会上现成的产品不能满足用户需要，或者是用户根据本身的工艺要求，需要使用经过某种初加工的产品时，可以在经过加工后进行分拣、配货再送货到户。

(2)集疏配送。集疏配送是指只改变产品数量组成形态而不改变产品本身的物理、化学形态的，与干线运输相配合的一种配送方式。比如大批量进货后小批量、多批次发货，零星集货后以一定批量送货等。

5. 按经营形式不同来分类

(1)销售配送。销售配送是指配送企业是销售性企业,或者是指销售企业将其作为销售战略一环所进行的促销型配送。一般来讲,这种配送的配送对象是不固定的,用户也往往是不固定的,配送对象和用户往往是根据对市场的占有情况而定,其配送的经营状况也取决于市场状况,因此,这种形式的配送随机性较强,而计划性较差。各种类型的商店配送一般多属于销售配送。

(2)供应配送。供应配送是指用户为了自己的供应需要所采取的配送形式。在这种配送形式下,一般来讲是由用户或用户集团组建配送据点,集中组织大批量进货(以便取得批量折扣),然后向本企业配送或向本企业集团若干企业配送。在大型企业或企业集团或联合公司中,常常采用这种配送形式组织对本企业的供应,例如商业中广泛采用的连锁商店,就常常采用这种方式。

(3)销售—供应一体化配送。销售—供应一体化配送是指对于基本固定的用户和基本确定的配送产品,销售企业可以在自己销售的同时,承担用户有计划供应者的职能,既是销售者,同时又成为用户的供应代理人,起到用户供应代理人的作用。

销售—供应一体化的配送是配送经营中的重要形式,这种形式有利于形成稳定的供需关系,有利于采取先进的计划手段和技术手段,有利于保持流通渠道的畅通稳定。

(4)代存代供配送。代存代供配送是指用户将属于自己的货物委托给配送企业代存、代供,有时还委托代订,然后组织对本身的配送。这种配送在实施时不发生商品所有权的转移,配送企业只是用户的委托代理人。商品所有权在配送前后都属于用户所有,所发生的仅是商品物理位置的转移。配送企业仅从代存、代送中获取收益,但不能获得商品销售的经营性收益。在这种配送方式下,商、物是分流的。

6.1.3 配送的基本环节

从总体上看,配送是由备货、理货和送货等三个基本环节组成,其中每个环节又包含着若干项具体的、枝节性的活动。

1. 备货

备货即指准备货物的系列活动。它是配送的准备工作或基础环节,又是决定配送成败与否、规模大小的最基础环节。同时,它也是决定配送效益高低的关键环节。如果备货不及时或不合理,成本较高,会大大降低配送的整体效益。备货工作应当包括两项具体活动:筹集货物和储存货物。

2. 理货

理货是配送的一项重要内容,也是配送区别于一般送货的重要标志。理货包括货物分拣、配货和包装等项活动。分拣货物一般采取两种方式来操作:一是摘取式,二是播种式。

摘取式分拣就像在果园中摘果子那样去拣选货物。具体做法是:作业人员拉着集货箱(或称分拣箱)在排列整齐的仓库货架间巡回走动,按照配送单上所列的品种、规格、数量等将客户所需要的货物拣出及装入集装箱内。摘取式分拣的工艺过程,储物货位相对固定,而拣选人员或工具相对运动,所以又称作人到货前式工艺。形象地说,类似于人们进入果园,在一棵树上摘下熟了的果子后,再转到另一棵树前去摘果。

播种式分拣货物类似于田野中的播种操作。具体做法是:将数量较多的同种货物集中运到发货场,然后,根据每个货位货物的发送量分别取出货物,并分别投放到每个代表用户的货位上,直到配货完毕。播种式分拣的工艺过程,用户的分货位固定,而分货人员或工具携货物相对运动,所以又称作货到人前式工艺。形象地说,又类似于一个播种者,一次取出几亩地所需要的种子,在地中巡回播种,所以又称之为播种方式。

3. 送货(发送)

送货是配送活动的核心,也是备货和理货工序的延伸。在物流运动中,送货的现象形态实际上就是货物的运输(或运送),因此,常常以运输代表送货。但是,组成配送活动的运输(有人称之为"配送运输")与通常所讲的"干线运输"是有很大区别的:前者多表现为对用户的"末端运输"和短距离运输,并且运输的次数比较多;后者多为长距离运输("一次运输")。由于配送中的送货(或运输)需面对众多的客户,并且要多方向运动,因此,在送货过程中,常常要进行运输方式、运输路线和运输工具的三种选择。按照配送合理化的要求,必须在全面计划的基础上,制定科学的、距离较短的货运路线,选择经济、迅速、安全的运输方式和适宜的运输工具。

6.2 配送模式及其选择

配送是物流过程的终端环节,从物流本身的运行规律来看,尽管各类配送服务作业的内容是一致的,但是由于物流运作组织的主体和服务对象不同,就产生了不同的配送模式。根据目前配送运行的情况,可将配送活动的组织与运行分为企业自营、厂商共同配送、第三方配送三种模式。

6.2.1 自营配送模式

企业自营配送是工商企业为了保证生产或销售的需要,独自出资建立自己的物流配送系统,对本企业所生产或销售的产品进行配送活动。根据配送在企业经营管理中的作用一般分为两个方面:企业的分销配送和企业的内部供应配送。

1. 企业的分销配送组织与运行

企业的分销配送根据其服务的对象又可分为企业对企业的分销配送和企业对消费者的分销配送两种形式。

(1)企业对企业的分销配送。又称为 B2B 配送。这种销售配送的用户是以生产产品为主体的企业,或是以零售为主的商业企业。这些用户的特点是需求品种规格较多、数量较大、需求较稳定而且用户的数量确定,用户的随机性较小。所以,这种类型的销售配送,特别是随着电子商务的发展,比较容易建立精细的计划管理,是国家大力推广的配送模式。

企业对企业的分销配送模式,尤其是进行多品种生产的企业,直接由本企业开始进行配送,因而避免了产品在各个商业部门的多次物流中转,有其一定优势。但是生产企业,尤其是现代生产企业,往往是进行大批量低成本的生产,品种比较单一,因而不能像社会专业配送中那样依靠产品凑整运输取得规模效益,所以生产企业配送存在一定的局限性。

生产企业配送在地方性较强的产品生产企业中应用较多,如当地生产当地消费的食品、饮料、百货等,在生产资料方面,某些不适合中转的化工商品及地方建材也采用这种形式。

(2)企业对消费者的分销配送。又称为 B2C 销售配送。这种销售配送的用户是以生活资料为主体的最终消费者。这就决定在管理上要面临数量庞大的用户、需求不稳定的用户、个性化及突发性需求的用户、每次需求品种及数量都较小的用户。当然,在这种情况下,很难实行计划配送，有非常大的管理难度。企业针对这种状况，可以采用会员制、贵宾制等方式锁定一部分消费者，使配送商品相对有一定的稳定量，但消费者是一个经常变化的群体，需求变化很快、随机性较强，企业一般很难做到。

2. 企业的内部供应配送组织与运行

这种配送组织管理方式多发生在巨型企业和集团企业。这种类型的企业可以实行统一订货、集中库存、准时配送的方式，以保证车间、分厂或分公司的供应配送服务，甚至可以达到"零库存"的配送供应服务。由于是在同一企业之内，可以建立比较完善的信息系统，有统一的计划、指挥系统，可以做到企业内需求和供应的同步，有较强的科学性。

企业内部配送一般有两种情况：大型连锁商业企业内部供应配送和巨型生产企业内部供应配送。如图 6.1 所示。

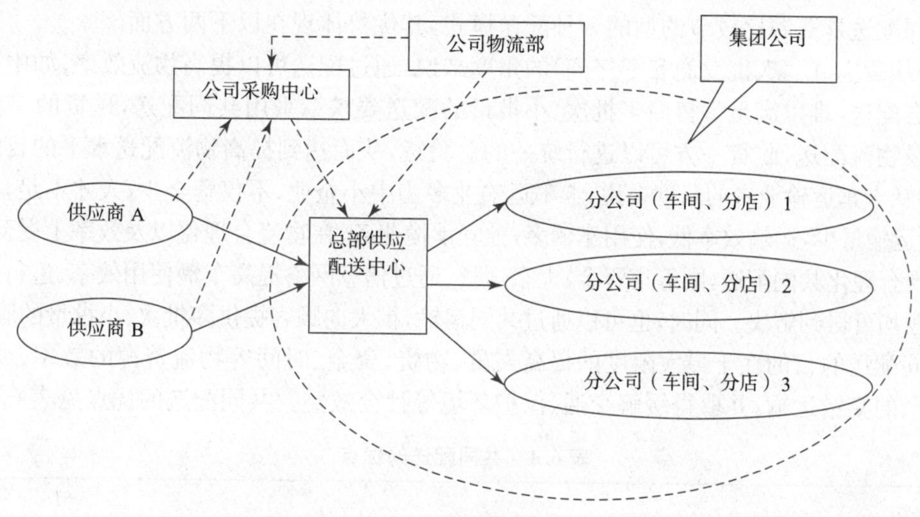

图 6.1　企业集团系统内部的供应配送

(1)大型连锁商业企业内部供应配送。各连锁超市经营的商品、经营方式、服务水平、价格水平相同，配送的作用是支持连锁经营的平台。连锁商业企业通过统一采购、统一配货、统一营销策略、统一定价、统一核算达到分散经营的集约规模效益。连锁配送的主要优势是：在一个封闭的营运系统中运行，随机因素的影响比较小，计划性比较强。因此，容易实现低成本、精细高效的配送。

(2)巨型生产企业内部供应配送。由专职的物流管理部门统一物资采购，实行集中库存，根据车间或分厂的生产计划组织配送，从而实现企业下属公司或车间分厂的原材料、零部件的零库存，降低物流成本。

6.2.2　共同配送

1. 共同配送的概述

按照我国《物流术语》的解释，共同配送是"由多个企业联合组织实施的配送活动。"共同配送是经过长期的发展和探索，优化出的一种配送形式，也是现代社会上影响面较大，资源配置较为合理的一种配送模式。如图 6.2 所示。

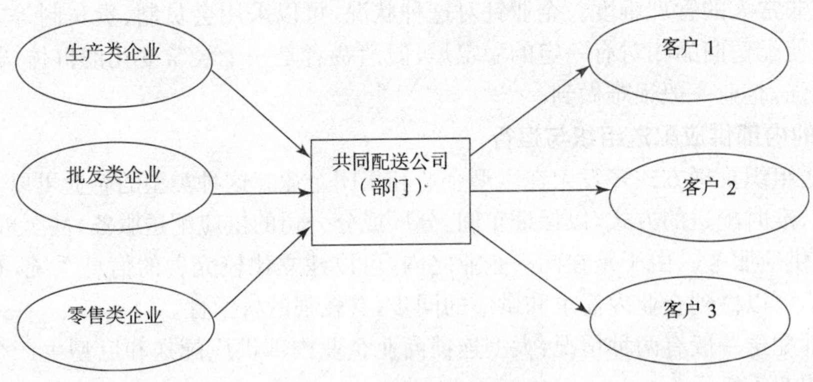

图 6.2 共同配送的基本模型

共同配送是资源比较节约型的一种配送模式，其优势体现在以下两方面。

(1)从货主（厂家、批发商和零售商）的角度来说，通过配送可以提高物流效率，如中小批发业者各自配送，难以满足零售商多批次、小批量的配送要求。采用共同配送，送货的一方可以实现少量物流配送，收货一方可以进行统一的总验货，从而达到提高物流配送水平的目的。

(2)从卡车运输业者的角度来说，卡车运输业多为中小企业，不仅资金少，人才不足，组织脆弱，而且运输量少，运输效率低，使用车辆多，独立承揽业务，在物流合理化以及效率上受到限制。如果实现合理化共同配送，则筹集资金、大宗运货、通过信息网络提高车辆使用效率、进行往返运货等问题均可得到解决。同时，也可以通过共同运输，扩大向顾客提供多批次、小批量的服务。

共同配送的目的在于最大限度的提高人员、物资、资金、时间等物流资源的效率。还可以去除多余的交错运输，并取得缓解交通、保护环境等社会效益。共同配送的优点见表 6.1。

表 6.1 共同配送的优点

货　　主	配送业主
1. 运费负担减轻	1. 可以提高输送效率
2. 可以裁减人员	2. 可以减低物流成本
3. 可以小批量进货配送	3. 可以减少物流人员
4. 收货人员可以对不同品种货物统一验收	4. 可以减少不适当的竞争
5. 物流空间可以相互融通	5. 可以减少重复的服务
6. 可以缓解交通拥挤	6. 可以缓解交通拥挤
7. 防止环境污染	7. 防止环境污染

2. 共同配送的类型

共同配送可以根据配送货物是否是相同产业，分为同产业间的共同配送和不同产业间的共同配送。

(1)同产业间的共同配送。同产业间的共同配送是指处于相同产业的生产或经营企业，为提高物流效率，通过配送中心集中送货的方式。具体做法有以下两种。

①同产业间相互协作的共同配送模式。在这种模式下，各企业对运输工具和物流设施的所有权不变，但是可以根据各自物流运输的特点及客户分布情况，各企业建立协调机制保证共同配送的正常进行。

②同产业间通过建立配送中心等基础物流设施来发展共同配送。这种模式和前一种配送模式相比较，配送的规模很大，有利于发挥经济规模优势；同时对参与的所有企业而言，既节省大量物流设施、设备、人员的投资，又能够集中精力发展自己的核心业务；并且这种配送模式有利于实现专业化，配送水平相对较高。对于同产业间的共同配送模式，共同配送的整体组织难度相对较低，发展起来相对容易。

(2)异产业间的共同配送。异产业间共同配送是指将从事不同行业的企业生产的商品集中起来，通过配送中心向客户输送的一种形式。基本配送模式如下。

①异产业间协作配送模式。不同产业间通过搭配不同的大小商品来共同配送，这种配送特别要注意商品的特性及其客户分布特点。异产业间通过建立配送中心等基础物流设施来发展共同配送。这种配送模式既可以保证优势互补、又可以防止企业信息外泄，充分发挥协同效应。

②共同集配模式。共同集配是以大型物流企业为主导的合作型共同配送，即由第三方物流企业统一集中货物，合作参与的企业或商家将商品转包给指定运输者，由运输者向各地客户配送。这是一种第三方物流公司主导的配送模式，由于第三方物流公司具有专业化运作水平和管理经验，同时由于为多家企业服务，所以可以应付业务量波动的不利影响。

③产批结合一体化配送。这种模式是从供应链一体化角度出发，将上层和下层流通成员整合在一起。这种模式的集约化程度很高。

对于异产业共同配送而言，集约化程度越高，要求专业化的水平越高，因而对于异产业的共同配送，应主要由第三方物流公司来主导，借助其专业化水平和很强的协调组织能力，往往能取得很好的效果。

3. 共同配送的步骤

共同配送应遵循公平合理、相互促进、资源共享、共赢原则，来开展共同配送业务。具体说，在供应链理论指导下，对具有相似性、相同性的不同企业的物流资源、能力、技术进行整合管理，提供一整套供应链解决方案，形成一体化的物流服务，增强整体物流水平，以提高各个企业的竞争力。要提高共同配送的效率，应该构建共同配送体系的结构。共同配送具体步骤如下。

(1)共同配送体的形成。寻找合适合作者及适宜的配送对象。首先了解参加成员企业的物流实际情况，并设定一定的进入条件，适当考虑区域和功能互补。主要考虑条件有配送范围、配送地点与分布、配送要求、服务水准、运送车辆的特性、配送商品的特性、物流设施状况、物流系统的独立性与兼容性等。其次明确开展合作的业务范围，划定需要纳入共同体系的配送商品与服务内容，分别统计其种类、批次、包装、订单截止时间、集货交货时间、验收方法和规划等。

(2)统一决策机构的建立。达成共识，并经多方协商在决策上达成统一，是架构共同配送体的关键一步。该决策机构负责行使约束与监督权力，督促成员企业达成协议之外，还要负责业务衔接、关系协调和利益调整等。

(3)推进共同配送主体的确立。结合参与各方的具体情况和意愿，选择合适群体的配送模式与组织形式，同时明确各参加单位对应的负责部门和运营机构，共同组建结构完善、权责明晰的配送推进主体。

(4)配送系统设计。重新整合共同体的各项配送业务与物流资源，明确整体服务水平和个别要求，选择合适的保管、装卸、理货、备货、拣选、集配等各环节的作业方式，并配置好开展这些作业所需要的设施、设备、车辆、人员等资源，统一退货处理、订发货记录、单据传递、信息传输等流程与标准。在设计的过程中，注意采用先进的技术手段，如采用 Flexsim 进行仿真设计，以降低实际的操作成本。

(5)系统收支分配。主要是做好两方面工作:一是确定共同配送系统内各类费用的计算、分摊办法并能进行相应的控制;二是建立合适的利益分配协调机制。

(6)配送系统论证。论证过程应包括两个方面:一是技术测试方式,用 Flashing 等仿真软件进行效果仿真,并与设计目标进行对照分析;二是邀请相关专家对系统进行评价,以便改进,并且要取得参与企业的一致意见。

(7)系统建立和运行。按系统规划设计的方案投入运营,并同具体的配送业务相结合。

(8)系统评价。建立科学、合理的评价体系,为共同配送的持续改进打下坚实的基础,确保共同配送顺利、高效地开展。

6.2.3 第三方配送模式

第三方物流的概念详见第 10 章,其配送运作模式有 3 种。

1. 企业销售配送第三方运作模式

企业销售第三方物流配送模式是工商企业将其销售物流业务外包给独立核算的第三方物流公司或配送中心运作。企业采购供应物流配送业务仍由企业供应物流管理部门承担。如图 6.3 所示。

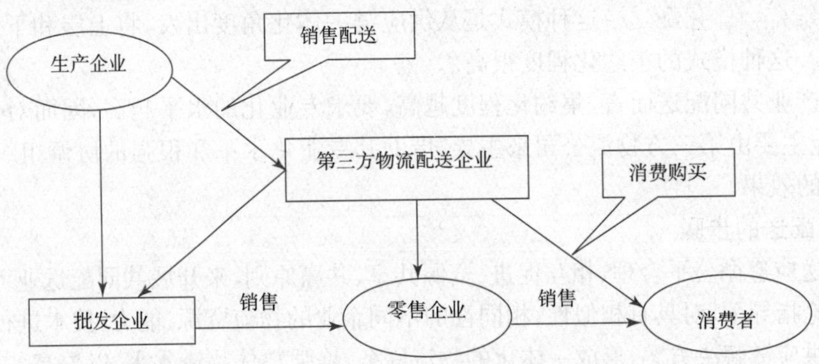

图 6.3 企业销售物流配送第三方运作模式

2. 企业供应配送第三方运作模式

这种配送组织管理模式是由社会物流服务商对某一企业或者若干企业的供应需求实行统一定货、集中库存、准时配送或采用代存代供等其他配送服务的方式,如图 6.4 所示。

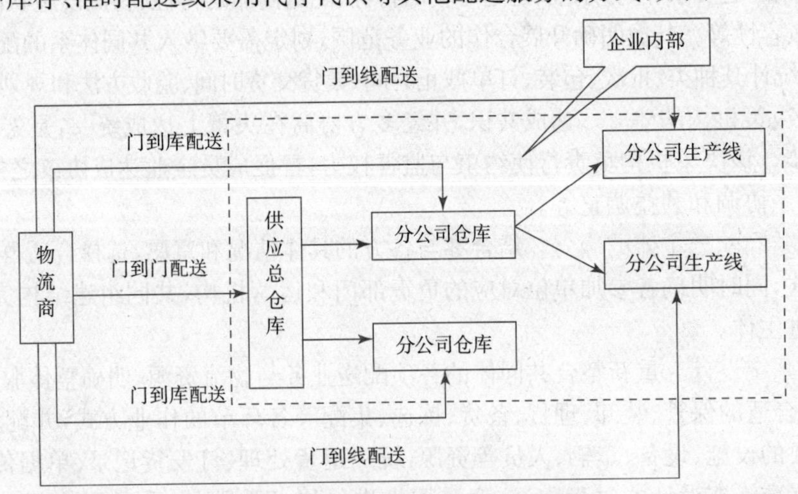

图 6.4 企业供应配送第三方运作模式

这种供应配送企业按用户送达要求的不同可以分为以下3种形式。

(1)“门到门”供应配送。即由配送企业将用户供应需求配送到用户“门口”,以后的事情由用户自己去做。有可能将用户内部需求进一步延伸成企业内的配送。

(2)“门到库”配送供应。由配送企业将客户供应需求直接配送到企业内部各个环节的仓库。

(3)“门到线”配送供应。由配送企业将用户的供应需求直接配送到生产线。显然,这种配送可以实现企业的“零库存”,对配送的准时性和可靠性要求较高。

3. 销售—供应一体化第三方配送模式

由生产企业或者是销售企业以自己生产和经营的产品供应给用户的配送形式。第三方物流只是受用户委托,以自己的专业特长和配送渠道代理用户进行供应,而不是货物的所有者。货物所有者在实现销售的同时对用户完成了供应,这是在有连锁产品关系的企业之间、子企业和母企业之间经常采用的方式。

6.3 配送中心

配送中心是以组织配送性销售或供应,执行实物配送为主要职能的流通型结点。在配送中心内,为了能做好送货的编组准备,必然需要采取零星集货、批量进货等种种资源搜集工作和对货物的分整、配备等工作,因此它也具有集货中心、分货中心的职能。为了更有效、更高水平地配送,配送中心往往还有比较强的流通加工能力。此外,配送中心还必须执行货物配备后送达到户的使命,这是和分货中心只管分货不管运达的重要不同之处。由此可见,如果说集货中心、分货中心、加工中心的职能还是较为单一的话,那么,配送中心功能则较全面、完整,也可以说,配送中心实际上是集货中心、分货中心、加工中心功能之综合,并有了配与送的更高水平。可见,配送中心的建设是基于物流合理化和发展市场两个需要。

6.3.1 配送中心概念

1. 配送中心定义

《中华人民共和国国家标准物流术语》(GB/T 18354—2001)中关于配送中心的定义如下。配送中心是从事配送业务的物流场所或组织,应基本符合下列要求:①主要为特定的用户服务;②配送功能健全;③完善的信息网络;④辐射范围小;⑤多品种、小批量;⑥以配送为主,储存为辅。

2. 配送中心的基本功能

配送中心是专门从事货物配送活动的经济组织。换个角度来说,它又是集加工、理货、送货等多种职能于一体的物流据点。具体说,配送中心有如下7种功能。

(1)采购功能。配送中心必须首先采购所要供应配送的商品,才能及时准确无误地为其用户即生产企业或商业企业供应物资。配送中心应根据市场的供求变化情况,制定并及时调整统一的、周全的采购计划,并由专门的人员与部门组织实施。

(2)存储功能。配送中心的服务对象是为数众多的生产企业和商业网点(比如连锁店和超级市场),配送中心需要按照用户的要求及时将各种配装好的货物送交到用户手中,满足生产和消费需要。为了顺利有序地完成向用户配送商品(货物)的任务,更好地发挥保障生产和消费需要的作用,配送中心通常要兴建现代化的仓库并配备一定数量的仓储设备,存储一定数量的商品。某些区域性的大型配送中心和开展“代理交货”配送业务的配送中心,不但要在配送货物的过程中存储货物，而且它所存储的货物数量更大，品种更多。

(3)配组功能。由于每个用户企业对商品的品种、规格、型号、数量、质量、送达时间和地点等的要求不同，配送中心就必须按用户的要求对商品进行分拣和配组。配送中心的这一功能是其与传统仓储企业的明显区别之一，这也是配送中心的最重要的特征之一。可以说，没有配组功能，就无所谓配送中心。

(4)分拣功能。作为物流节点的配送中心，其服务对象(即客户)是为数众多的企业(在国外，配送中心的服务对象少则几十家，多则有数百家)。在这些为数众多的客户中，彼此之间差别很大：不仅各自的性质不同，而且其经营规模也大相径庭。因此，在订货或进货时，不同的用户对于货物的种类、规格、数量会提出不同的要求。针对这种情况，为了有效地进行配送，即为了同时向不同的用户配送多种货物，配送中心必须采取适当的方式对组织进来的货物进行拣选，并且在此基础上，按照配送计划分装和配装货物。

(5)分装功能。从配送中心的角度来看，它往往希望采用大批量的进货来降低进货价格和进货费用。但是用户企业为了降低库存、加快资金周转、减少资金占用，则往往要采用小批量进货的方法。为了满足用户的要求，即用户的小批量、多批次进货，配送中心就必须进行分装。

(6)集散功能。在物流实践中，配送中心凭借其特殊的地位以及其拥有的各种先进的设施和设备，能够将分散在各个生产企业的产品(货物)集中到一起，然后经过分拣、配装向多家用户发运。与此同时，配送中心也可以做到把各个用户所需要的多种货物有效地组合(或配装)在一起，形成经济、合理的货载批量。配送中心在流通实践中所表现出来的这种功能即(货物)集散功能，也有人把它称为“配货、分散”功能。实践证明，利用配送中心来集散货物，可以提高卡车的满载率，由此可以降低物流成本。

(7)加工功能。为了扩大经营范围和提高配送水平，目前，国内许多配送中心都配备了各种加工设备，由此形成了一定的加工(系初加工)能力。这些配送中心能够按照用户提出的要求和根据合理配送商品的原则，将组织进来的货物加工成一定的规格、尺寸和形状。这些加工功能是现代配送中心服务职能的具体体现。

6.3.2 配送中心的类别

为了深化及细化认识配送中心，就要对配送中心作出适当的划分。从理论上和配送中心的作用上来划分，可以把配送中心分成许多种类。仅就已在实际中运转的配送中心类别介绍如下。

1. 按配送中心承担的流通职能分类

(1)供应配送中心。供应配送中心是专门为某个或某些用户(例如联营商店、联合公司)组织供应的配送中心。例如，为大型连锁超级市场组织供应的配送中心；代替零件加工厂送货的零件配送中心，使零件加工厂对装配厂的供应合理化；我国上海地区6家造船厂的配送钢板中心，也属于供应型配送中心。

(2)销售配送中心。销售配送中心是以销售经营为目的，以配送为手段的配送中心。建立销售配送中心大体有三种类型：一种是生产企业为本身产品直接销售给消费者的配送中心，在国外，这种类型的配送中心很多；另一种是流通企业作为本身经营的一种方式，建立配送中心以扩大销售，我国目前拟建的配送中心大多属于这种类型，国外的例证也很多；第三种，是流通企业和生产企业联合的协作性配送中心。比较起来看，国外和我国都向以销售配送中心为主的方向发展。

2. 按配送领域的广泛程度分类

(1)城市配送中心。城市配送中心是以城市范围为配送范围的配送中心。由于城市范围一般处于汽车运输的经济里程内，这种配送中心可直接配送到最终用户，且采用汽车进行配送，所以，这种配送中心往往和零售经营相结合。由于运距短，反应能力强，因而从事多品种、少批量、多用户的配送较有优势。“北京食品配送中心”就属于这种类型。

(2)区域配送中心。区域配送中心是以较强的辐射能力和库存准备，向省(州)际、全国乃至国际范围的用户配送的配送中心。这种配送中心配送规模较大，一般而言，用户规模也较大，配送批量也较大，而且，往往是既配送给下一级的城市配送中心，也配送给营业所、商店、批发商和企业用户，虽然也从事零星的配送，但不是主体形式。这种类型的配送中心在国外十分普遍，美国马特公司的配送中心、蒙克斯帕配送中心等就属于这种类型。

3. 按配送中心的内部特性分类

(1)储存型配送中心。储存型配送中心是有很强储存功能的配送中心。一般来讲，在买方市场，企业成品销售需要有较大库存支持，其配送中心可能有较强储存功能；在卖方市场，企业原材料、零部件供应需要有较大库存支持，这种供应配送中心也有较强的储存功能。大范围配送的配送中心，需要有较大库存，也可能是储存型配送中心。我国目前已建的配送中心，都采用集中库存形式，库存量较大，多为储存型。瑞士 GIBA-GEIGY 公司的配送中心拥有世界上规模居于前列的储存库，可储存 4 万个托盘；美国赫马克配送中心拥有一个有 163 000 个货位的储存区，可见存储能力之大。

(2)流通型配送中心。流通型配送中心是基本上没有长期储存功能，仅以暂存或随进随出方式进行配货、送货的配送中心。这种配送中心的典型方式是，大量货物整进，并按一定批量零出，采用大型分货机，进货时直接进入分货机传送带，分送到各用户货位或直接分送到配送汽车上，货物在配送中心仅做少许停滞。例如阪神配送中心，中心内只有暂存货物，大量储存则依靠一个大型补给仓库。

(3)加工型配送中心。加工型配送中心以加工产品为主，因此在其配送作业流程中，储存作业和加工作业居主导地位。由于流通加工多为单品种、大批量产品的加工作业，并且是按照用户的要求安排的，因此，对于加工型的配送中心，虽然进货量比较大，但是分类、分拣工作量并不太大。此外，因为加工的产品品种较少(指在某一个加工中心内加工的产品品种)，一般都不单独设立拣选、配货等环节。通常，加工好的产品(特别是生产资料产品)可直接运到按用户户头划定的货位区内，并且要进行包装、配货。

4. 按照配送中心的专业化情况分类

(1)专业配送中心。专业配送中心大体上有两个含义：一是配送对象、配送技术属于某一专业范畴，在某一专业范畴有一定的综合性，综合这一专业的多种物资进行配送，例如多数制造业的销售配送中心，目前在石家庄、上海等地建的配送中心大多采用这一形式；二是以配送为专业化职能，基本不从事经营的服务型配送中心，如“蒙克斯帕配送中心”。

(2)柔性配送中心。在某种程度上讲，柔性配送中心是与专业配送中心相辅相成的配送中心。这种配送中心不向固定化、专业化方向发展，而向能随时变化、对用户要求有很强的适应性、不固定供需关系、不断发展配送用户并改变配送用户的方向发展。

(3)特殊的配送中心。所谓特殊的配送中心是指某类配送中心进行配送作业时所经过的程序是特殊的，包括不设储存库(或储存工序)的配送工艺流程和分货型配送中心。

6.3.3 配送中心的业务流程

1. 配送中心的作业流程

不同类型的配送中心，其作业流程的长短不一，内容各异；但作为一个整体，其作业流程又是统一和一致的。

(1)配送中心的一般作业流程。一般作业流程也就是配送中心的总体运动所显示的工艺流程。配送中心的一般作业流程是以中、小件杂货配送为代表的配送中心流程,由于货种多,为保证配送,需要有一定储存量,属于有储存功能的配送中心。分类、配货、配装的功能要求较强,但一般来讲,很少有流通加工的功能。如图 6.5 所示。

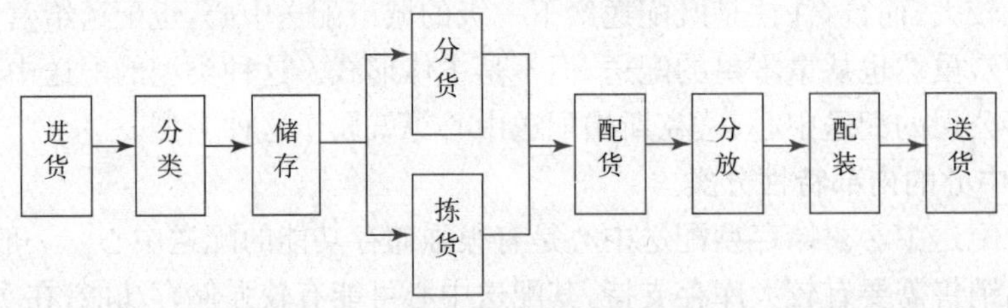

图 6.5 配送中心的一般作业流程

固体化工产品、小型机电产品、水暖卫生材料、百货及没有保质期要求的食品配送中心等采取这种流程。这种流程是配送中心的典型流程,其主要特点是有较大的储存场所,分货、拣选、配货场所及装备也较大。

(2)配送中心的特殊作业流程。所谓的特殊作业流程是指某一类配送中心(即个别配送中心)进行配送作业时所经过的程序(或过程)。其中包括不设储存库(或储存工序)的配送工艺流程、带有加工工序的配送工艺流程和分货型配送工艺流程。

①不设储存库的配送中心作业流程。有的配送中心专以配送为职能,而将储存场所尤其是大量储存场所转移到配送中心之外的其他地点,专门设置补货型的储存中心,配送中心则只有为一时配送备货的暂存,而无大量储存。暂存设在配货场地中,在配送中心不单独设储存库。如图 6.6 所示。

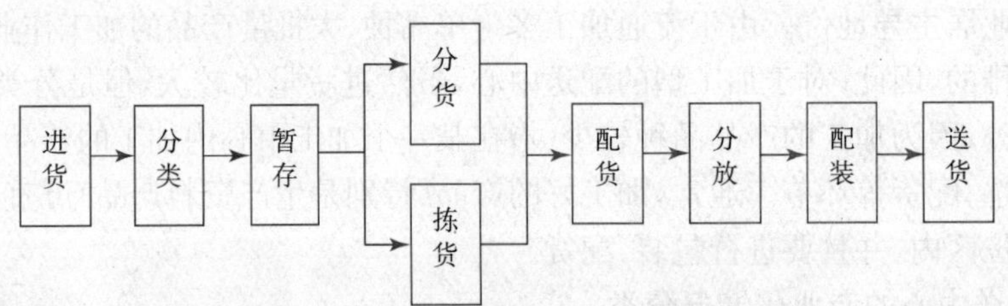

图 6.6 不设储存库的配送中心作业流程

这种配送中心和第一种类型配送中心的流程大致相同,主要工序及主要场所都用于理货、配货,区别只在于大量的储存在配送中心外部而不在其中。由于没有集中储存的仓库,占地面积比较小,也可以省却仓库、现代货架的巨额投资。至于补货仓库,可以采取外包的形式,采取协作的方法解决,也可以自建补货中心,实际上在若干配送中心基础上,又共同建设一个更大规模集中储存型补货中心。此外,还可以采用虚拟库存的办法来解决。

②加工型配送中心的作业流程。加工方式的不同,配送中心的作业流程也有区别。其特点是:进货是大批量、单(少)品种的产品,因而分类的工作不重或基本上无需分类存放。储存后进行加工,和生产企业按标准、系列加工不同,加工一般是按用户要求。因此,加工后产品便直接按用户分放、配货。所以,这种类型配送中心有时不单设分货、配货或拣选环节。配送中心中加工部分及加工后分放部分占较多位置。如图 6.7 所示。

进货 → 暂存 → 加工 → 分放 → 配货 → 配装 → 送货

图 6.7 加工型配送中心作业流程

③分货型配送中心的作业流程。是将批量大、品种较单一产品进货，转换成小批量发货式的配送中心，不经配煤、成型煤加工的煤炭配送和不经加工的水泥、油料配送的配送中心大多属于这种类型。如图 6.8 所示。

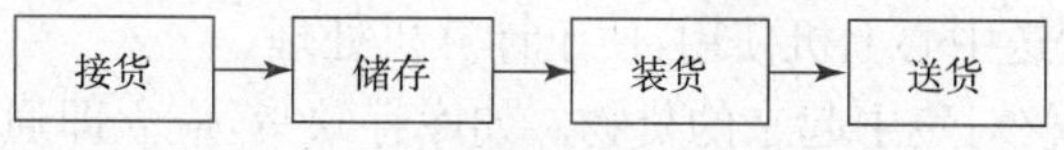

图 6.8 分货型配送中心的作业流程

这种配送中心流程十分简单，基本不存在分类、拣选、分货、配货、配装等工序，但是由于是大量进货，储存能力较强，储存工序及装货工序是主要工序。

2. 配送中心的结构

配送中心虽然是在一般中转仓库基础上演化和发展起来的，但配送中心内部结构和布局和一般仓库有较大的不同。一般配送中心的内部工作区域结构配置如下。

(1)接货区。在这个区域里完成接货及入库前的工作，如接货、卸货、清点、检验、分类入库准备等。接货区的主要设施是:进货铁路和公路、靠卸货站台、暂存验收检查区域。

(2)储存区。在这个区域里储存或分类储存所进的物资。由于这是个静态区域，进货要在这个区域中有一定时间的放置，所以和不断进出的接货区比较，这个区域所占的面积较大。在许多配送中心中，这个区域往往占总面积一半左右。对某些特殊配送中心(如水泥、煤炭配送中心)，这一部分在中心总面积中占一半以上。

(3)理货、备货区。在这个区域里进行分货、拣货、配货作业，以为送货做准备。这个区域面积随不同的配货中心而有较大的变化。例如，对多用户的多品种、少批量、多批次配送(如中、小件杂货)的配送中心，需要进行复杂的分货、拣货、配货等工作，所以，这部分占配送中心很大一部分面积，也有一些配送中心这部分面积不大。

(4)分放、配装区。在这个区域里，按用户需要，将配好的货暂放暂存等待外运，或根据每个用户货堆状况决定配车方式、配装方式，然后直接装车或运到发货站台装车。这一个区域对货物进行暂存，暂存时间短、周转快，所以所占面积相对较小。

(5)外运发货区。在这个区域将准备好的货装入外运车辆发出。外运发货区结构和接货区类似，有站台、外运线路等设施。有时候，外运发货区和分放配装区还是一体，所分好之货直接通过传送装置进入装货场地。

(6)加工区。有许多类型的配送中心还设置配送加工区域，在这个区域进行分装、包装、切裁、下料、混配等各种类型的流通加工。加工区在配送中心所占面积较大，但设施装置随加工种类不同有所区别。

(7)管理指挥区(办公区)。这个区域可以集中设置于配送中心某一位置，有时也可分散设置于其他区域中。主要的内涵是营业事务处理场所、内部指挥管理场所、信息场所等。

3. 配送中心订单处理流程

配送中心收到客户订单后，进行订单处理的主要工作流程如图 6.9 所示。具体如下。

(1)检查订单是否全部有效，即信息是否完全准确。

(2)信用部门审查顾客的信誉。

(3)市场销售部门把销售额记入有关销售人员的账下。

(4)会计部门记录有关的账务。

(5)库存管理部门选择和通知距离顾客最近的仓库分拣顾客订货、包装备运并及时登记公司的库存控制总账,扣减库存,同时将货物及托运单送交运输商。

(6)运输部门安排货物运输,将货物从仓库发运至收货地点,同时完成收货确认即签收。

配送中心在订单处理完毕后,将发货单寄给顾客。这一过程也可由计算机网络完成。有了电子订货系统和订单处理系统,便于客户与配送中心之间的联系。物流企业可自行设计订单的格式,便于客户和配送中心上机使用,便于计算机处理。

货物拣选完毕后,要核对集中起来的货物。如库存缺货,应立即通知营业部门修正原始文件。通常要填制包装清单放入每件货物中,以说明其中货物品类、数量,收货人也据此核收货物。

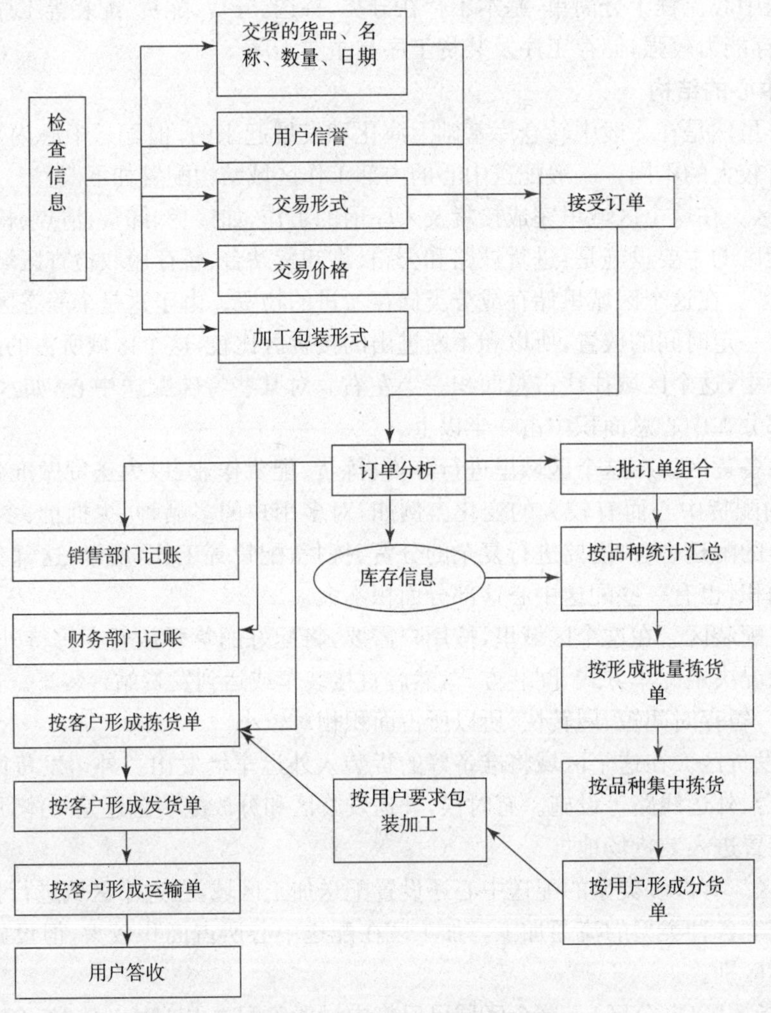

图 6.9　配送中心订单处理的一般流程

4. 配送中心的主要工作

(1)配货。集中在配送中心内实现的配送的主要功能要素,就是为高水平送货所必需的分货、配货等理货工作,这也成了配送中心的核心工序。尤其对当前各国开展配送的主要对象——产品及中、小件杂货来讲,这个工序尤为重要。

(2)送货。送货的实施虽然在配送中心之外的线路上进行,但是,送货的决策、计划、组织、管理、指挥是在配送中心中完成的。

(3)库存控制。配送中心是配送系统集中库存所在地,在保证配送服务的前提下,控制库存数量和保证库存物质量是库存控制的两项主要工作。

(4)客户管理。配送中心执行对用户的配送计划,为保证服务水平,需要有诸如用户信息、用户反馈、用户联络等用户管理工作。

6.4 配送管理

在不同的市场环境下,为了满足不同产品、不同企业、不同的流通环境的要求,在配送组织活动过程中,可以采取不同的配送形式来满足不同用户的需要。在配送过程中,不可避免具有配送线路和配送车辆选择、最优化管理的问题。本节主要对配送线路和配送车辆等问题进行优化管理分析。

6.4.1 配送线路的确定

配送线路是否合理,直接影响到配送效率和配送效益。合理确定配送线路所涉及的因素较多,是较为复杂的问题,包括用户的要求、配送资源状况、道路拥挤情况等。在配送线路选择的各种方法中,都要考虑配送要达到的目标,以及为实现配送目标的各种限制条件等,即在一定约束条件下,选择最佳的方案。

1. 确定配送路线的原则

(1)确定送货路线的目标。目标的选择是根据配送的具体要求、配送中心的实力及客观条件来定的,可以有多种选择方法:①以效率最高为目标,指计算时以利润的数值最大为目标;②以成本最低为目标,实际上也是选择了以效益为目标;③以路程最短为目标,指如果成本与路程相关性较强,而和其他因素是微相关时,可以选它;④以吨公里最小为目标,在“节约里程法”的计算中,是采用这个目标的;⑤以准确性最高为目标,它是配送中心中重要的服务指标。

(2)确定送货路线的约束条件。一般配送的约束条件有以下5个:①满足所有收货人对货物品种、规格、数量的要求;②满足收货人对货物送达时间范围的要求;③在允许通行的时间内进行配送;④各配送线路的货物量不得超过车辆容积和载重的限制;⑤在配送中心现有运力允许的范围内。

2. 确定配送路线的方法

(1)经验判断法。经验判断法是指利用行车人员的经验来选择配送路线的一种主观方法。一般是以司机习惯行驶路线和道路行驶规定等为基本标准,拟定出几个不同方案,通过倾听有经验的司机和送货人员的意见,或者直接由配送管理人员凭借经验作出判断。这种方法的质量取决于决策者对运输车辆、客户的地理位置与交通路线情况的掌握程度和决策者的分析判断能力与经验。尽管缺乏科学性,易于受掌握信息的详尽程度限制,但运作方式简单、快速、方便。通常在配送路线的影响因素较多,难以用某种确定的数学关系表达时,或难以以某种单项依据评定时采用。

(2)综合评分法。能够拟订出多种配送线路方案,并且评价指标明确,只是部分指标难以量化,或对某一项指标有突出的强调与要求,而采用加权评分的方式来确定配送路线。综合评分法的步骤是:①拟定配送路线方案;②确定评价指标;③对方案进行综合评分。

(3)数学模型法。如果配送路线的影响因素可用某种确定的数学关系表达时,则采用数学模型对配送路线方案进行优化。解决这类问题方法很多,见表6.2。

表 6.2 配送路线规划问题及解法说明

问题类型	解 法
配送货物由一个配送点直接送某一个客户	破圈法、标号法、位势法、动态法等
配送货物由一个配送点配送多个客户	节约里程法、中国邮递问题解决法
由多个配送点向多个客户的送货	图上作业法、线性规划中的表上作业法等

6.4.2 车辆运营管理

在配送活动过程中，主要以短距离的卡车运输为主，因此运输车辆的行车作业管理，车辆的维护与保养，以及卡车运输业务的外包等车辆营运管理也是输送管理的重要的辅助业务管理内容。

1. 行车作业管理

配送作业尽管人们可以通过建立数学模型使运输路线优化，利用计算机管理软件对车辆进行合理的调度、对货物实行有效配装，配送计划可以做得非常周详，但影响货物输送效率与配送服务质量的因素很多，其中不乏许多不可预期的状况。特别在企业外部货物的输送过程中，往往会因临时的交通状况发生变化、天气变化、行车人员在外不按照指令行车或外部驾驶过程中突发安全事故等难以直接控制或不可控因素的影响而导致货物输送不能如期到达、货物受损等情况，从而使运输成本上升，最终影响配送服务质量与配送效益，使前期的配送效率以及产生的效益化为乌有。因此，在货物输送管理中必须加强行驶作业记录、跟踪管理与行车人员的有效管理与控制。

(1)行驶作业记录管理。行驶作业记录管理主要有驾驶日报表管理方式、行车作业记录卡管理方式和行车记录器的管理方式。

①驾驶日报表方式

通过行车驾驶人员填制《汽车驾驶日报表》的方式记录货物输送作业过程。汽车驾驶日报表见表 6.3。

表单对于配送车辆驾驶情况作记录，除了能随时对车辆与驾驶员的品质及负担作评估调整外，也能反映出事前配送规划的效果，为后续营运配送计划管理提供参考。

表 6.3 汽车驾驶日报表

日期： 年 月 日 星期 天气： 温度：

<table>
<tr><th rowspan="2">卡车号码</th><th rowspan="2">驾驶员</th><th rowspan="2">运送内容</th><th colspan="4">作业时间</th><th colspan="2">行走</th><th rowspan="2">燃料</th><th rowspan="2">输送单</th><th rowspan="2">同乘者</th><th rowspan="2">运费</th><th colspan="4">收款人运费计算</th><th rowspan="2">其他</th></tr>
<tr><th>开始</th><th>终了</th><th>移动时间</th><th>合计</th><th>实际</th><th>空车</th><th>收款人</th><th>运费</th><th>人工费用</th><th>合计</th></tr>
<tr><td></td><td></td><td></td><td></td><td></td><td></td><td></td><td></td><td></td><td></td><td></td><td></td><td></td><td></td><td></td><td></td><td></td><td></td></tr>
<tr><td></td><td></td><td></td><td></td><td></td><td></td><td></td><td></td><td></td><td></td><td></td><td></td><td></td><td></td><td></td><td></td><td></td><td></td></tr>
<tr><td></td><td></td><td></td><td></td><td></td><td></td><td></td><td></td><td></td><td></td><td></td><td></td><td></td><td></td><td></td><td></td><td></td><td></td></tr>
<tr><td></td><td></td><td></td><td></td><td></td><td></td><td></td><td></td><td></td><td></td><td></td><td></td><td></td><td></td><td></td><td></td><td></td><td></td></tr>
<tr><td></td><td></td><td></td><td></td><td></td><td></td><td></td><td></td><td></td><td></td><td></td><td></td><td></td><td></td><td></td><td></td><td></td><td></td></tr>
<tr><td></td><td></td><td></td><td></td><td></td><td></td><td></td><td></td><td></td><td></td><td></td><td></td><td></td><td></td><td></td><td></td><td></td><td></td></tr>
</table>

<table>
<tr><td rowspan="4">合计值</td><td colspan="2">作业时间</td><td colspan="2">行走时间</td><td colspan="2">输送吨数</td><td colspan="2">燃料</td><td colspan="2">人事费用</td><td colspan="2">支付费用</td></tr>
<tr><td>本日</td><td>积累</td><td>本日</td><td>积累</td><td>本日</td><td>积累</td><td>本日</td><td>积累</td><td>本日</td><td>积累</td><td>本日</td><td>积累</td></tr>
<tr><td>时间</td><td>时间</td><td>公里</td><td>公里</td><td>吨</td><td>吨</td><td>升</td><td>升</td><td>元</td><td>元</td><td>元</td><td>元</td></tr>
<tr><td></td><td></td><td></td><td></td><td></td><td></td><td></td><td></td><td></td><td></td><td></td><td></td></tr>
</table>

②行车作业记录卡管理方式

即对行车作业实行定时划卡制度。具体操作方法是配送中心建立 POS 信息系统，对于下属的每辆配送车辆设立定时划卡制度。每辆车到店时要划卡，离店时也要划卡，到店与离店时间为车辆卸货和验货时间。配送中心根据 POS 系统提供的时间，分析运送作业、货物抵达后的交、接货的作业效率。如果发现车辆早到或晚到的时间超过最高限制，按照合同给予罚款处罚。这种制度有利于配送中心掌握车辆在途时间，从而规划较为合理的配送路线，以确保物流的通畅，使各连锁分店能够顺利地运营。

目前我国城市公交系统为保证车辆准时到站点，对于营运车辆均采用中途和到站划卡制度，车辆营运实行划卡制度对于城市区域内定点路线的配送服务方式很有借鉴意义。

③行车记录器的方式

行车记录器的用途很广，只要是牵涉货品配送而且想要好好管理的配送作业者，都可以将它运用在车辆行车配送上。目前国内外已经开始采用随车温度记录器以及行车记录器的方式，来对车辆配送情况作即时详细的掌握。

a. 利用温度记录器随时监控车内温度状况。温度记录器多设置在货品温度控制的配送上，例如冷冻、冷藏食品的配送，温度记录器可以提供随时监控管理的功能，一旦货柜温度过高或过低，温度记录器会马上发出警讯提醒配送人员注意，以采取必要措施。且这些资料的记录数据可供事后管理人员检查之用。

b. 利用行车记录器掌握车辆配送过程中的行驶数据。行车记录器最主要的功能就是能掌握车辆过程中的行驶数据，包括行驶和交货时间、行驶里程数、行驶速度、耗油量等。通过记录器的数据，配送管理者可以实现 5 项主要管理目标：统计分析车辆使用状况，随时进行调整与改善；取代原来人工记录的方式，提高驾驶员的工作效率；简化报表作业程序，提升管理效率；掌握输送活动每一时点情况，提高对客户的服务质量；节省油量消耗及车辆保养费用，切实降低配送成本。

(2)利用自动跟踪信息技术对输送货物进行跟踪管理。目前国内外许多物流或货运公司已经利用条形码、在线货运信息和卫星定位系统等信息技术进行货物跟踪管理服务。

使用物流条形码提供快速和无差错的信息传输，有助于在中途站点用卡车进行装运；在线货运信息系统可以使配送企业直接与运输商的计算机连接，以确定货物运输的情况。利用 GIS、GPS，可以实现大范围内的货物跟踪监控，其显示范围可以从洲际地图到非常详细的街区地图，显示对象包括人口、销售情况、运输线路以及其他内容。如世界最大的零售企业美国沃尔玛公司就请美国休斯公司专门发射了一颗通讯卫星用于物流配送信息跟踪管理。2001 年，我国北京金千线科技运输有限公司研制开发了物流在线监控调度系统，通过这套系统能够随时掌握到每辆卡车的运行情况。

(3)行车作业人员考核与管理。对行车人员作业管理，尽可能通过调查各客户、加强行驶作业记录、跟踪管理了解到到货时点情况、装车卸货情况、运输线路是否合理等。但是只能反映行车作业活动的营运情况，还不能说对行车作业的有效控制与管理。为确保行车作业能按输送计划进行有效运行，还需要对行车作业人员进行培训、考核和评价。

2. 车辆选择与日常养护管理

车辆、人、站场三者是配送活动中最主要的构成要素，因此选择合适型号的运输车辆，并使车辆维持良好的使用状态，对整个配送工作的顺利进行起着决定性的作用。

(1)车辆种类的选定。货车车辆种类繁多，要根据用途及所载的货物种类来进行选择。一般常见的分类有:根据载重进行分类的,如小货车 3.5 吨以上,市区为了维护道路的使用寿命,以小货车配送为主;根据车厢的形式分类的柜式车和箱型车;根据燃油分类的汽油车、柴油车等。从消费物流的角度来看,由于其载运的物品大都是生活用品,所以在选用车辆时,可根据距离、运送物品的多少进行选择。

近几年来,由于人力短缺,形成大宗货物栈板化运输趋势,致使长途行驶的车辆逐渐采用联结车或拖车等,以节省成本。柜式货车的装载容量虽然较多,装卸速度快,但需要捆绑覆盖帆布,对物品的保护性低。而箱式货车,虽然载重相对少些,但是可以装载多种物品,不用捆绑,在人力运用及商品维护上都有好处。选用何种车辆,经营者可以根据业务需求量审慎衡量,以免评估错误,造成无形的损失与浪费。

(2)车辆的维护。车辆的维护主要包括清洁、润滑、紧固、调整、防腐。车辆保养一般可分为日常保养、一级保养和二级保养,主要区别见表 6.4。

表 6.4 车辆三级保养的主要区别

保养级别	保养时间	保养内容	保养人员
日常保养	每天的例行保养	班前班后认真检查,擦拭车辆各个部件和注油,发生故障及时予以排除,并做好记录	
一级保养	累计运转 500 小时可进行一次,保养停机时间约为 8 小时	对车辆进行局部解体,清洗检查及定期维护	司机为主 维修人员辅助
二级保养	累计运转 2 500 小时可进行一次,保养停机时间约为 32 小时	对车辆进行局部解体,检查和局部维修,全面清洗的一种计划检修工作	维修人员为主 司机辅助

(3)车辆检查

车辆的检查是对车辆的运行情况、工作精度、磨损或腐蚀程度进行检查和效验。检查是车辆维修管理中的一个重要环节,通过检查及时查明和消除车辆隐患,针对发现的问题,提出改进维修工作的措施,有目的地做好维修前的各项准备工作,以提高维修质量和缩短维修时间。

按时间间隔,车辆检查可划分为日常检查和定期检查。日常检查,即每日检查和交接班检查,由车辆操作人员执行。定期检查,是按计划日程表,在操作者参加下,由专职人员定期执行。

(4)车辆监测。监测技术是在检查的基础上发展起来的车辆设备维修和管理方面的新兴工程技术。它通过科学的方法在车辆上安装仪表仪器,对车辆的运行状态进行监测,能够全面地、准确地把握设备的磨损、老化、劣化、腐蚀的部位和程度,以及其他情况。在此基础上进行早期预报和追踪,可以把车辆的定期维护维修制度,改为有针对性的预知维修制度。从而可以减少由于车辆劳损情况不清而盲目拆卸给车辆带来的损伤和车辆因停运造成的经济损失。

状态监测的方法很多,有温度监测、润滑监测、泄漏监测、震动监测、噪音监测、裂缝监测、腐蚀监测等。

(5)车辆维修制度。因为习惯和国情的不同,世界各国,乃至各企业的车辆维修制度也各不相同。美国实行的是预防维修制,日本实行的是全员生产维修制,而我国目前实行车辆设备维修制度主要是计划预防维修制度、计划保养维修制度、预防维修制度三种。

①计划维修制度。它是根据车辆设备的磨损规律,按预定修理周期以及结构对设备进行维护、检查和修理,以保证设备经常处于良好技术状况的一种设备维修制度。

②计划保养维修制度。它是我国一些先进工业企业在总结计划预修制的经验和教训的基础上建立和发展起来的一种有计划地进行三级保养和大修理的制度和方法。主要内容是:日

常保养，一级保养和计划大修。

③预防维修制度。又称全员生产维修制，是吸收设备综合工程学的理论和以往设备维修制度中的成就逐步发展起来的一种制度。全员生产维修制的核心是全系统、全效率、全员。

本章小结

配送概述

配送的概念及特点： 是一种送货、分货、配货等活动的有机结合的专业化的分工方式，有现代化技术和装备做保证

配送的分类： 可以按组织者、商品种类及数量、时间，商品加工程度不同来分类

配送的基本环节： 备货、理货、送货等三个基本环节

配送的作用： 完善物流系统、提高末端经济效益、降低库存、简化手续、提高供应保证程度

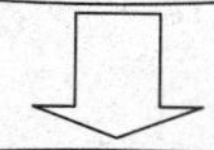

配送模式及其选择

自营配送模式作用： 企业的分销配送和企业的内部供应配送

共同配送： 概述、类型、步骤

第三方配送模式： 销售配送第三方运作模式、供应配送第三方运作模式、销售—供应一体化第三方配送模式

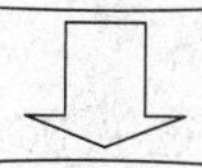

配送中心

配送中心的概念基本功能： 采购、存储、配组、分拣、分装、集散、加工

配送中心的类别： 按配送中心承担的流通职能、配送领域的广泛程度、配送中心的内部特性、专业化情况分类

配送中心的业务流程： 配送中心的作业流程、配送中心的结构、配送中心订单处理流程、配送中心的管理

配送管理

配送线路的确定： 确定配送路线的原则、确定配送路线的方法

车辆运营管理： 行车作业管理、车辆选择与日常养护管理

关键概念

配送 定时配送 定量配送 即时配送 加工配送 集疏配送 销售配送 供应配送 自营配送 共同配送 第三方物流 配送中心

课堂讨论

1. 配送与运输有什么区别和联系？
2. 配送中心和物流园区有什么相同点和不同点？

复习思考题

1. 选择题

(1)盈利能力较强，可以作为企业选择物流业务的优先备选方向的行业是(   )。

A. 仓储业 B. 搬运业 C. 包装业 D. 配送业

(2)由于技术和经济原因，各种运输方式的运载工具都有其适当的容量范围，从而决定了运输线路的(   )。

A. 运输距离 B. 运输能力 C. 送达速度 D. 运输成本

(3)以下哪项属于配送作业的内容(   )。

A. 决定商品装车顺序 B. 商品进出仓库方式的制订
C. 货量分配计算 D. 工具选用及人员调派

(4)除具有保管功能之外，还能进行流通加工、装配、简单加工、包装、理货以及配送功能的仓库，属于(   )。

A. 储存仓库 B. 流通仓库 C. 配送中心 D. 保税仓库

(5)配送中心加工产生的原因是(   )。

A. 现代物流发展的特殊需要 B. 弥补不能满足不同消费者需要的不足
C. 创造产品增值的需要 D. 开展仓储多种经营的需要

(6)配送中心的效益主要来自(   )。

A. 流通加工 B. 统一进货、统一配送
C. 客户满意度 D. 减少过多的物流环节

(7)(   )环节是配送中心操作性最强的环节。

A. 备货 B. 理货 C. 送货 D. 包装

(8)拣货作业的基本方式有(   )。

A. 订单别拣取 B. 批量拣取 C. 复合拣取
D. 摘果式拣取 E. 播种式拣取

(9)配送中心的作业流程设计要便于实现( )目标。

A. 降低企业物流总成本　B. 减少装卸作业环节　C. 缩短补货时间
D. 及时送货　E. 拣选和分拣

(10)车辆调度的方法中表上作业法所采取的几种方法有( )。

A. 位势法　B. 最小元素法　C. 运输定额法
D. 图上作业法　E. 经验调度法

2. 问答题

(1)如何理解现代配送的定义?

(2)按经营形式不同配送可以分为哪几种?

(3)企业自营配送模式有哪几种类型?

(4)共同配送的具体方式主要有哪几种?

(5)实施共同配送应该注意什么问题?

(6)试画图说明配送的作业流程。

(7)现代配送中心有哪些基本作业?

(8)订单处理的程序包括哪些内容?

(9)确定配送路线的方法有哪几种?

(10)行车作业管理的主要内容是什么?

案例分析

广州医药有限公司配送中心改革路程

广州医药有限公司是华南地区经营医药商品最多、最全的医药专业公司,公司自1951年成立以来,效益一直稳居全国同行业前列,属下专业批发部6个,健民医药连锁分店100多家,建立以广东省为中心,辐射全国的庞大的销售网络,包括医疗单位网络、商业调拨网络和零售连锁网络,公司2001年销售额近40亿元,纯利5 500万元。随着广药旗下的健民医药连锁、采芝林中成药连锁门店及经销体系的飞跃发展,以及顾客追求个性化的需求,早期的黄金围、118和大朗仓库已不能满足现状需求。经过ERP项目咨询,准备改造黄金围仓库,建立一个大型物流配送中心(黄金围物流配送中心),两个仓库(118和大朗仓库)为辅,用现代物流理念管理,改造后的物流配送中心于2003年3月正式落成启用。

一、广药物流配送中心存在的问题

1. 配送中心功能不健全。现代物流配送中心主要包括如下功能:进货、整理分拣、加工、储存保管、配送、信息处理等功能。但在专业化医药配送中心(如以仓储为主的第三方物流)没有充分发展之前,这些功能必然全部由传统的仓库自身来承担,难以体现物流配送的优势。而目前,广药的配送中心,由于各方面原因,只充当着仓库与运输中转站的角色,甚至为某些单位只提供储存,配送中心各项功能并未发挥出来。

2. 配送中心配送效率低。广药的黄金围仓库现在无法达到经济配送规模。由于医药行业不规范及药品规格不一、运输环节过多、管理不善等方面的问题,广药配送中心的配送率一般为60%—70%,差的仅有30%左右。其次,企业物流管理理念与配送技术落后,要想达到配送效用最大化，需要有一套专门的技术知识与之相适应，以做到合理规划，统筹安排。在仓库发展建设过程当中，由于未调查未来发展需求和市场环境状况，规划建设不当，造成仓库区域布局不合理，空间布局不合理，物流环节存在相互重复、冲突现象，药品呆滞时间过长，人力资源浪费巨大，造成各个作业环节效率低下。广药仓库的这种状况，随着医药消费顾客的个性化、医药流通市场价格竞争和顾客追求高质量的服务，表现的尤为突出。

3. 配送中心现代化程度低。广药配送中心计算机的应用程度较低，仅限于日常事务和业务运作流程的管理，而对于物流中的许多重要决策问题，如配送中心的选址、药品组配方案、运输的最佳路径、最优库存控制等方面，仍处于半人工化决策状态，适应具体操作的物流信息系统开发滞后。其次机械化水平程度较低，几乎所有的物流环节都是人工处理，基本上是原来传统的仓库，功能上也仅局限于传统仓库的储存、保管上，同现代物流配送中心以机电一体化、无纸化为特征的配送自动化、现代化相比，仍有相当大的差距。此外，整体物流技术水平比较落后，具体体现在运输技术、储存保管技术、装卸搬运技术、物资检验技术、包装技术、流通加工技术以及与物流各环节都密切相关的信息处理技术，与现代物流配送中心先进技术相比，差距也不小。

二、广药物流配送中心重新规划

1. 广药物流配送中心经营目标定位

广药物流配送中心将独离广药，单独成为以开展配送业务活动为核心的经济实体，具有一般企业的特征。因此该配送中心与其他类型企业一样，其经营目标定位就是确定企业在市场中的位置，即根据行业发展特点和自身条件，选择和调整经营模式，制定企业的战略目标，并为实现企业的战略目标采取一系列经营和管理措施，确保企业在竞争中的地位。

改造配送中心的方式是对原有广药黄金围仓库进行改造，建立社会性物流配送中心，成立专业化物流公司即第三方物流商的配送中心，不仅为广药提供物流服务，而且向整个华南地区的医药流通企业、医药零售企业、医药连锁店等提供物流服务。今后可以向由多个中小连锁企业联合建立共有的物流配送中心方向发展，这样建立的配送中心有的实行集合配送，有的实行委托配送，实行区域性共同配送，达到经济规模效应。

广药通过社会招标方式择优选取长远的战略合作伙伴，在未来二三年，根据全国销售网络的规模，将可以陆续建立为各区域提供配送服务的区域配送中心(RDC)，黄金围配送中心可以作为广药的战略仓库(DC)，其改造后的黄金围物流配送中心经营发展目标可以分为三个阶段。

(1)近期目标：为华南地区广药健民医药连锁药店、采芝林中成药连锁店、华南地区医院药店和其他企业的药店提供仓储、配送及流通加工等全方位的物流增值服务。

(2)中期目标：构建区域性物流配送中心，将其功能延伸为广药跨地区医药配送中心的构建，实行跨区域医药配送，服务于其他集团医药连锁店和顾客群体。

(3)远期目标：在政策允许的条件下，充分利用广药物流系统的规模优势，将广药黄金围物流配送系统发展为公共物流平台，服务对象扩展至广药以外的医药或其他企业，大规模采取JIT 配送服务和 VMI 供应商管理库存策略，提供协同配送服务。

2. 广药原有仓库业务运作重新整合

从区域物流配送中心数量决策的角度而言，如果物流结点(NODE)数越多则运输配送成本越低，相应的物流据点的建设成本及库存成本也就越高；同样地，如果物流据点数越少则配送成本越高，但物流据点的建设成本及库存成本也就越低。因此，要评估物流系统的最佳物流据点数，整合黄金围、118 和大朗仓库业务，就必须要以物流服务水平及物流总成本两个因素综合考虑。

广药拥有三大仓库，黄金围仓库、118仓库和大朗仓库。黄金围仓库是广药储存药品最大库，其全部业务都集中实行整件进货与发货，大批量的满足顾客群的要求。现有广药的顾客群多种多样，如：有医疗机构、大型诊所、医药公司、医药连锁店以及家庭成员。黄金围仓库储存4 000多品种的药品，有三座（A、B、C座），每座六层组成，具体有阴凉库、常温库、冷藏库、新药特药库、特殊药品库等。118仓库大部分是散件配货，满足顾客的各种个性化需求，部分是整件出库以及办理顾客的消退货，大朗仓库位置比较偏远市区，主要经营一些危险药品，须特殊管理。广药的所有仓库均按国家GSP严格管理，首批通过国家药监局GSP认证。这次改造黄金围仓库，建立现代化物流配送中心主要考虑因素是服务可得性和服务成本、顾客群的分布、药品流量、交通条件、土地条件、自然条件及行政条件等，整合现有仓库运作业务，以黄金围物流配送中心为战略仓库（DC），主要经营大批量的进出药品，同时也是代理药品的主要活动场所，分销全国生产企业药品在华南地区的消费，其业务终是送货上门服务；118仓库由原来的整件、散件的送货和自提划分为顾客自提（由于118仓库位于市区，比较方便顾客自己提货），这样运作流程比较清晰，有利于提高整个仓库运作效率。

广药的药品出库方式分三种形式：由自己的车辆进行广州市区配送；由自己的车辆送到中转站（机场、铁路货运站等）等待专门的物流企业进行送货；还有一部分业务全部外包给第三方物流公司，承接整个运输送货环节，其运输方式可以根据客户需求进行自由选择，灵活性比较大。广药的前两种形方式运作均由运输部进行车辆调配，车辆调配均是人工调度，其车辆的载重量、最大容积量均未测算，调配药品件数均按人工经验去处理。一般情况下，可限定在80～100件左右，由于目前配送中心业务规模不够大，人工调配比电脑自行优化路线进行调配来得方便、有效。但随广药经营区域不断扩大，原有的人工调配以日益暴露出弊端，这也是这次改造中的重点。其最后一种出库方式是由运务组与第三方物流公司签订合同，运输成本按运输药品的件数和运输里程计算，其灵活性也比较大，也符合目前广药跨区域经营目标战略的实施。改造后的其运输部门也应相应整合，把小批量的装运聚集成集中的、具有较大批量的整合运输。这种规划必须得到超越整个物流环节的工作安排的帮助，整体对所有运输业务进行合理核算成本，考虑最佳的运输方式，进行整体物流成本控制和效益分析。

3. 广药物流配送中心内部结构与规划

（1）广药物流配送中心内部区域结构规划

医药配送中心有别于其他行业的配送中心就在于药品多品种化以及储存条件的特殊化及分类管理的特殊性。在多品种发展的条件下，物流管理所面临的最重要的问题是如何在降低成本的同时提高物流活动效率。首先针对黄金围改造工程，对物流配送中心内部结构重新规划，提高物流作业的效率化，采取了弹性的机械化（根据实际需要实现机械化作业）。广药目前的黄金围仓库空间布局，配送中心的很多物流环节重复，造成药品流通不顺畅，有很多的重复作业，而且入库、出库形式比较单一，都是实行人工搬运、物流作业效率极低，客户等待时间过长等。改建配送中心项目方案解决了以上所迫切需要解决的问题，黄金围仓库周边交通环境比较便利，而且在配送中心的仓库布局也较为合理，物流作业比较顺畅，表现出高效的物流作业环节，而且进货口和出货口分别在仓库的西、北侧。进货、出货环节比较简单，也充分利用现有的场地，不易形成车辆堵塞现象。

（2）广药黄金围配送中心站台规划

广药仓库的各个区域通道的高度和车辆行驶道路的高度几乎相等，而且目前没有站台，均是人工搬运作业，机械化程度较低。在这次改造当中，对配送中心站台的进行重新规划，需要从站台的空间布局和站台的设计方式考虑。

①站台空间布局——站台整个平台一般包括三个主要区域。第一区域是站台内侧的接货区与发货区，在这一区域可以对药品进行拆、装、理货、检验或暂存，以待入库，出货前进行包装、检查或暂存待运；第二个区域是装卸搬运设施所占的空间，这一空间的大小随设备类型和所占空间而定；第三个区域是为搬运车辆及人员能顺畅进出而规划出的通道，通道的宽度也必须视搬运车辆及作业的需要而定，人力搬运作业时的通道宽度一般为 2.5～4m。

②站台的设计——为使仓库内物流的顺畅，库外进出货站台的相对位置直接影响进出货的效率及质量。设计时采用进货及出货共用站台；进货及出货站台相邻；进货及出货站台分别以完全独立等方式安排站台。

4. 广药物流配送中心信息系统建设

广药由本部和物流配送中心构成信息系统。所以，其信息有三大部分：本部的信息、顾客的信息（电子商务系统 Powered by Inca System）及物流配送中心的信息。

(1)物流信息系统的构架由决策系统、管理系统、作业系统三个层次组成；ERP 系统包括了采购、仓储、运输、配送等供应链管理系统的各个模块；其中 WMS（仓库管理系统）和 TMS（运输管理系统）是目前较为先进的物流管理系统；BARCODE（条码系统）、RFDC（无线数据采集系统）、GPS（卫星定位系统）是不同的作业系统，它们互相配合满足与共同的物流作业；最后都将形成 XML（Extensible Make-up Language）文件进行数据交换。

(2)将通过高效、完整的物流信息系统来对各项具体业务进行作业指导和管理，并对药品销售绩效、作业处理绩效、仓库保管效率、配送效率、设备使用等进行实时管理。

(3)改造后的物流信息系统是适合订货波动的物流系统。广药投资 3 000 万元，改造黄金围配送中心，构建一个高效率且强而有力的后勤支援系统，黄金围这次规划就已朝“自动化”、“迅速化”的方向构建。之所以这样是由于该公司的业务正处于发展阶段，经营品种越来越多，物流业务处理能力已经跟不上销售额的增长。特别是在星期一、星期二这两天，其订单数量是平时的二至三倍（目前订单 100％都是用电话和传真订货，没有采用 EOS/EDI 方式），所以，出库、捆包作业时间很长。而且有些药品受季节性影响很大（例如感冒药），有时媒体一宣传，会形成“热卖潮”，订货数量连续猛增，这时物流系统必须能适应业务量的暴涨，必须构建适合订货波动的物流信息系统，运用无线手持终端（RF），在作业现场扩张余地，添加输送带、拣选设备和搬运机械等，在这种情况下，企业才能引进利用系统软件和手持终端的物流管理模式。

新物流管理系统中的仓库管理信息系统（WMS）实现了自动化信息采集技术。无线频率信息采集技术（RF）是一种准确性和及时性很强的信息采集技术，其在配送中心中，应用最多的是在不同区域进行物流作业。各个人员通过终端将指令传递给物流配送信息中心操作员，并接受操作员传回的信息，其反应时间为 3～6 秒。概括起来，使用无线频率信息采集系统具有以下优点：可很容易地使用随机储存计划，极大地节省库存空间；节省劳动力（8％～35％）；消除库存人工计数；增加准确率，使其达到 99％以上；便于执行纪律；能自动生成重要数据并可产生十分有利的问题报告；减少了日常文书工作；实现了先入先出原则；容易处理紧急订货等。（资料来源：www. info. 1000001ink. com）

案例思考：广州医药有限公司配送中心是根据什么原则建立的？具有哪些功能？对广药未来发展具有什么作用？

推荐阅读

[1] 陈子侠．基于GIS物流配送线路优化与仿真．北京：经济科学出版社，2007.

[2] M. Grazia Speranza. 配送物流新趋势(意大利). 北京：清华大学出版社，2003.

[3] 张晓川．物流配送系统规划．北京：中国水利水电出版社，2007.

[4] 国家技术监督局发布的《中华人民共和国国家标准物流术语》.

第 7 章　装卸搬运

开篇案例·地铁列车空运至广州　白云机场严阵以待

为迎接地铁列车抵达机场的地铁二号线列车的任务，凌晨 5 时，所有的运输装卸设备、车辆和人员都将进入机场内场。包括两辆 150 吨大吊车，两辆 32 米长大平板车，1 辆 15 吨载重的大叉车，1 辆载重 13 吨的升降平台车，4 辆普通货车和钢丝绳、吊环等一大批吊装机具，以及白云机场地勤装卸部 30 名工人，专业装卸公司 70 名工作人员。

飞机凌晨 6 时 30 分抵达机场，飞机脱离跑道后，沿主滑行道跟随引导车慢速滑行，直至滑行到机场 26、27 两机位停稳。随机而来的 122 位工程人员立即投入列车的装卸工作。

飞机停稳后，机身头部的舱门打开，"超级装卸队伍"开始工作。考虑到列车在德国罗斯托克装机时用了 8 个小时，所以机场用 10 个小时来安排列车的装卸。首先机场地勤的装卸工人协助随机人员铺设导轨，将两节车厢从机身里卸出来，然后再由装卸公司的运输人员分别用两辆 150 吨的吊车将车厢从导轨上缓缓调到两辆 32 米长的大平板车上。吊装完毕后，机场指挥人员将所有的装卸运输车辆、设备停在飞机旁指定的位置。接下来则是由专业装卸公司的装卸人员将列车固定在大平板车上。晚 11 时，两辆大平板车再缓缓启动将两节列车车厢运出机场，直接运到芳村地铁基地。

广州白云机场这次任务现场指挥室的负责人安全总监表示，为了让这架庞然大物安全停靠白云机场，让列车安全运出机场，他们克服了四大难题，动用了整整 10 个部门的人力物力。

(资料来源：东方新闻网 http://news.eastday.com，2002 年 11 月 29 日[经摘选])

7.1　装卸搬运概述

在物流过程中，装卸搬运活动出现的频率高于其他各项物流活动。装卸搬运操作时往往需要接触货物，是在物流过程中造成货物破损、散失、损耗、混合等损失的主要原因。因此，装卸搬运活动是影响物流效率、体现物流水平、决定物流技术经济效果的重要环节。

7.1.1 装卸搬运含义

1. 装卸搬运概念

装卸(Loading and Unloading)是指物品在指定地点以人力或机械装入运输设备或从运输设备上卸下的活动。具体来说,包括物资的装载、卸货、移动、货物堆码上架,取货、备货、分拣等作业。搬运(Handling/Carrying)是指在同一场所内将物品进行水平移动为主的物流作业。

装卸和搬运是两个不同的概念,装卸指的是货物在空间上所发生的以垂直方向为主的位移,主要是改变货物与地面之间的距离;而搬运则是货物在小范围内发生的短距离的水平位移。物品存放的状态和空间位置是密切相连的,因此,常用"装卸"或"搬运"来代替装卸撤运。例如,在流通领域里,装卸搬运活动称为"货物装卸",在生产领域中则称为"物料搬运"。在整个物流活动中,如果强调存放状态改变时,一般用"装卸";如果强调空间位置改变时,常用"搬运"。

搬运与运输是比较相近的概念。运输活动是在物流节点之间进行,而搬运则是在物流节点内进行,而且是短距离的移动。即搬运是在同一地域的小范围内发生的,而运输则是在较大范围内发生的,两者是量变到质变的关系,中间并无一个绝对的界限。

2. 装卸搬运作业内容

从作业种类的角度来看,装卸搬运可以分为与输送设备对应的"装进、卸下装卸"和与保管设施对应的"入库、出库装卸"两大类,并伴随着货物的"堆码、拆垛","分拣、集货","搬送、移送"三类基本装卸作业。见表7.1。

表7.1 装卸搬运作业内容

类　型	内　容
堆码拆垛作业	堆码是将物品从预先放置的场所移送到运输工具或仓库等储存设施的指定场所,再按所规定的位置和形态码放的作业;拆垛是与堆码逆向的作业
分拣集货作业	分拣是在堆码作业前后或配送作业之前把货物按品种、出入先后、运送方向进行分类,将货物堆码到指定地点的作业。集货是将货物从所定的位置,按照货物种类、作业次序、发货对象等分类取货、堆码在规定场所的作业
搬送移送作业	搬送移送作业是为进行装卸、分拣、配送等活动而进行的各种移动货物的作业,包括水平、垂直、斜向搬送及其组合

7.1.2 装卸搬运的作用

1. 直接影响物流质量

货物在移动过程中会受到各种外力的作用,如振动、撞击、挤压等,容易使货物包装和货物本身受损(损坏、变形、破碎、散失、流溢等)。

2. 直接影响物流效率

在物流活动的全过程中,装卸搬运活动频繁发生,物流效率的主要表现——运输效率和仓储效率,都与装卸搬运直接相关。如远洋船运,一个往返需25天,那么其中运输时间13天,装卸时间12天。当铁路运输低于500公里时,则装卸搬运的时间超过实际运输的时间。

3. 直接影响物流成本

装卸搬运作业量比较大,伴随着入库、盘点、出库等环节,装卸搬运活动消耗的劳动力、时间也很多,在物流成本中占有重要的地位。据调查,机械工厂每生产1吨成品,平均需进行

252 吨次的装卸搬运，装卸搬运的成本为加工成本的 15.5%。我国铁路运输的始发和到达的装卸作业费大致占运费的 20%左右，船运占 40%左右。

7.1.3 装卸搬运的特点

1. 装卸搬运是伴生性的活动

装卸搬运是伴随生产与流通的其他环节发生的。无论是生产领域的加工、组装、检测，还是流通领域的包装、运输、储存，一般都以装卸搬运作为起始和终结。

2. 装卸搬运是复杂性的活动

装卸搬运作业量大并且对象复杂。装卸搬运经常和运输、存储紧密衔接，除装卸搬运外，还要同时进行堆码、装载、加固、计量、取样、检验、分拣等作业，货物用不同的储存方法、不同的运输方式在装卸搬运设备选用、装卸搬运方式选择上具有不同要求。

3. 装卸搬运是支持保障性活动

许多物流活动只有在有效的装卸搬运支持下，才能实现高水平作业。装卸搬运会影响其他物流活动的质量和速度，例如，装车不当，会引起运输过程中的损失；卸放不当，会引起货物下一步运动的困难。

4. 装卸搬运是衔接性的活动

任何其他物流活动互相过渡都是以装卸搬运来衔接，是物流各功能之间能否紧密衔接的关键，而这又是物流系统的关键。

5. 装卸搬运是不均衡的活动

车船的到发和货物出、入库的不均衡，物流量会出现较大的波动性，造成装卸作业在时间上不连续，装卸搬运量也会出现忽高忽低的现象。

6. 装卸搬运是安全性要求高的活动

装卸搬运作业需要人与机械、货物、其他劳动工具的结合，工作量大，情况变化多，作业环境复杂，使装卸搬运作业中存在着很多不安全因素和隐患。

7.1.4 装卸搬运分类

装卸搬运按不同分类依据有不同的分类，见表 7.2。

表 7.2 装卸搬运分类

分类依据	类 别
不同货种	大型物件装卸搬运、危险物品装卸搬运、高档贵重物品装卸搬运、普通货物装卸搬运
货物形态	单件装卸搬运、集装装卸搬运、散装装卸搬运
作业场所	车间装卸搬运、站台装卸搬运、仓库装卸搬运
运输手段	铁路装卸搬运、港口装卸搬运、汽车装卸搬运、飞机装卸搬运
操作特点	堆码取拆作业、分拣作业、配货作业、挪动移位作业
作业方式	吊上吊下、叉上叉下、滚上滚下、移上移下、散装散卸
作业特点	连续装卸搬运、间歇装卸搬运
作业动态	垂直装卸搬运、水平装卸搬运
搬运工具	人力装卸搬运、叉车装卸搬运、拖车装卸搬运、输送带装卸搬运

1. 按不同货种分类

按不同货物种类分为大型物件装卸搬运、危险物品装卸搬运、高档贵重物品装卸搬运和普通货物装卸搬运。

表 7.3 按不同货物分类

分 类	内 容
大型物件装卸搬运	需要专用起重设备或特殊装卸搬运工具，装卸搬运工人需要有相应知识、经验和技能
危险物品装卸搬运	易燃烧、易爆炸、易腐蚀，或具有放射性、有毒、有害性质的化工产品，有特殊的安全要求和严格的操作程序
高档贵重物品装卸搬运	价位高、易损坏、要求高的物品；需要一定的专用设备和相应的技术条件
普通货物装卸搬运	一般无特殊要求的装卸搬运作业

2. 按货物形态分类

(1)单件装卸搬运。以箱、袋包装的物品，或长、大、笨重的大件物品或集装会增加危险的货物的装卸搬运，即单件逐件货物作业，如图 7.1 所示。

(2)集装装卸搬运。使用托盘、集装箱等先将货物集零为整，再进行装卸搬运的方法。集装装卸搬运便于达到储存、装卸搬运、运输、包装一体化，实现物流作业机械化、标准化，如图 7.2 所示。

(3)散装装卸搬运。对煤炭、矿石、粮食、化肥等块粒、粉状物品，从装点直到卸点，中间不落地，集装卸与搬运于一体的方法，如图 7.3 所示。

图 7.1 单件装卸搬运

图 7.2 集装装卸搬运

图 7.3 散装装卸搬运

3. 按作业场所分类

按作业场所分为车间装卸搬运、站台装卸搬运和仓库装卸搬运，见表 7.4。

表 7.4 装卸搬运按作业场所分类

类 型	内 容
车间装卸搬运	在车间内部工序间进行的各种装卸搬运活动，如原材料、在制品、半成品、零部件、产成品等的取放、分拣、包装、堆码、运送等作业
站台装卸搬运	在企业车间或仓库外的站台进行的各种装卸搬运活动，如装车、卸车、集装箱装箱、搬运等作业。
仓库装卸搬运	在仓库、物流中心等处的装卸搬运活动，配合出库、入库、维护保养等活动进行，以堆垛、上架、取货等操作为主

4. 按运输手段分类

(1)铁路装卸搬运。铁路装卸是对火车车皮的装进及卸出，如往车厢中装货、从车厢中卸货，以及铁路仓库和理货场的堆码、拆取、分拣、配货、中转作业，还有装卸时进行的加固作业、清扫车辆、掀盖篷布、移动车辆、计量等辅助作业。特点是一次作业就实现一车皮的装进或卸出，不存在整装零卸或零装整卸的情况。如图 7.4 所示。

(2)港口装卸搬运。港口装卸指在港口进行的各种装卸搬运作业，包括码头前沿的装卸船作业，以及后方的支持性装卸搬运，港口仓库的拆码堆垛作业，分拣理货作业，港口理货场的中转作业，以及清仓、平仓、配料、计量、分装、检验等辅助作业。如图 7.5 所示。

(3)汽车装卸搬运。包括叉车作业、吊车作业、传送带作业和人工作业等。汽车可以转向、调头，靠近货物装卸，也可只装卸，不搬运。汽车装卸一般一次装卸批量不大，但其灵活性大，如图 7.6 所示。

图 7.4　铁路装卸搬运

图 7.5　港口装卸搬运

图 7.6　汽车装卸搬运

(4)飞机装卸搬运。航空运输速度快，不受地形限制，运输时间受到限制的货物、高价值的贵重货物、容易破损的货物需用航空运输。飞机的一次装卸批量不大，装卸难度大，需要各种机械设备配合进行。如图 7.7 所示。

图 7.7　飞机装卸搬运

> **小资料：飞机行李车**
>
> 飞机行李车是用于飞机装卸行李、包裹及邮件等货物的专用设备。该车由三类汽车底盘、左置驾驶室、传送机架装置、液压系统和电气系统组成，车辆外形美观、视野开阔、操作方便、功能齐全、使用性能安全可靠，工作效率高，是国内机场地面设备配套首选车辆。

5. 按作业方式分类

(1)吊上吊下方式。依靠起吊装置的垂直移动实现装卸，并在吊车运行的范围内或回转的范围内实现搬运，属垂直装卸。如轮船货仓、火车车厢、卡车车厢将货物吊出或吊进作业。可采用岸边装卸桥(岸吊)、龙门吊、卡车吊和集装箱跨车等。如图 7.8 所示。

(2)叉上叉下方式。用叉车将货物托起并通过叉车的转向和行走，将货物放上卡车车厢、集装箱箱内、货架或地面之上等。搬运完全靠叉车本身，货物可不经中途落地直接放置到目的处，属水平装卸。如图 7.9 所示。

(3)滚上滚下方式。利用叉车或半挂车、汽车承载货物，连同车辆一起开上船，到达目的地后再从船上开下。滚上滚下方式对码头有不同要求，并需要有专门的“滚装船”。对于近距离航线，采用滚装运输可以大大缩短船舶在港口装卸货物的时间，从而减少船舶在港停泊时间，提高船舶运输效率。此种方式在铁路上也有应用，称“驮背运输”。如图 7.10 所示。

图7.8 吊上吊下方式

图7.9 叉上叉下方式

图7.10 滚上滚下方式

(4)移上移下方式。在两车之间(如火车及汽车)进行靠接,不使货物垂直运动,而靠水平移动从一个车辆上推移到另一车辆上。移上移下方式需要使两种车辆水平靠接,如火车与汽车对接,处于相同的高度,平行将货物移向对方车箱上;卡车与仓库、配送中心货台高度一致时,也可采取移动式装卸方式。

(5)散装散卸方式。对散装物进行装卸。一般从装点直到卸点,中间不再落地,这是集装卸与搬运于一体的装卸方式,粮食、水泥可采用这种方式。

图7.11 散装散卸方式

6. 以作业特点分类

(1)连续装卸搬运。通过连续输送机械,中间无停顿装卸同种大批量散装或小件杂货。装卸量较大,装卸对象固定、货物对象不易形成大包装的情况适用。配送中心中的辊道式输送线、生产车间中的生产流水线、流水作业台以及皮带输送机等都属此类方式。

(2)间歇装卸搬运。吊装机具、叉车、铲车、抓斗、吸盘(用磁铁吸集废钢、废铁)等作业属此类方式。间歇装卸有较强的机动性,装卸地点可在较大范围内变动,主要适用于货流不固定的各种货物,尤其适于包装货物、大件货物,散粒货物也可采取此种方式。

7. 按作业动态分类

(1)垂直装卸搬运。采取提升和降落的方式进行装卸,如垂直升降电梯、巷道起重机、气力传输装置以及吊车等作业方式,需要消耗较大的能量。作业机具通用性强、应用范围广,灵活性大。如图7.12所示。

(2)水平装卸搬运。辊道输送机、链条输送机、悬挂式输送机、皮带输送机以及手推车、无人搬运车等作业均属此类。不改变被装物的势能,比较节能,需有专门设施。如图7.13所示。

图7.12 垂直装卸搬运

图7.13 水平装卸搬运

8. 按搬运工具分类

(1)人力装卸搬运。直接采用人力负重进行搬运、堆码、装拆箱、包装等作业,由于受人力负重较小,作业不稳定,人体容易受伤等因素的制约,渐渐被机械化装卸搬运取代。

(2)叉车装卸搬运。叉车搬运是仓库装卸搬运最主要的方法。能利用叉车直接进行装卸车、搬运、堆垛、上下架等作业。

(3)拖车装卸搬运。拖车装卸搬运是指利用机动拖车和平板车相结合的搬运,一般适用于较远距离、地面不平坦的场地搬运。拖车搬运量较大,适用范围比较广。

(4)输送带装卸搬运。对于散装货物库场搬运基本使用输送带搬运。由于输送带固定安装,只能在特定的场合使用。

7.1.5 装卸搬运的原则

人们经过长期的生产实践,不断总结经验,探索装卸搬运流动规律、提出了装卸搬运的基本原则。

1. 有效作业原则

有效作业原则是指尽量减少和避免不必要的装卸搬运,取消、合并装卸搬运作业的环节和次数,消灭重复无效、可有可无的装卸搬运作业。如车辆不经换装直接过境,大型的发货点铺设专用线,门到门的集装箱联运来减少装运环节和次数。

2. 流水作业原则

工序之间要紧密衔接,作业路径应当最短或直线,消灭迂回和交叉,按流水线形式组织装卸搬运作业。如铁路车辆的装卸可组织 1~2 条流水线,船舶的装卸根据吨位大小可组织多条流水线。

3. 集中作业原则

集中作业是指在流通过程中,适当集中货物,使其作业量达到一定的规模,为实现装卸搬运作业机械化、自动化创造条件。只要条件允许,流通过程中的装载点和卸载点应当尽量集中;在货场内部,同一类货物的作业应尽可能集中,建立相应的专业协作区、专业码头区或专业装卸线。

4. 简化流程原则

尽量实现作业流程在时间和空间上的连续性并提高货物放置的活载程度。作业过程不要移船、调车,必须进行换装作业的,尽量不要使货物落地,直接换装,以减少装卸次数,简化装卸程序。

5. 安全作业原则

装卸搬运作业流程中,不安全因素比较多,必须确保作业安全,包括人身安全、设备安全,尽量减少事故。

6. 系统优化原则

装卸搬运作业要充分发挥系统中各要素的功能,装卸搬运作业与其他物流活动之间,其本身各工序之间,以及装、卸、搬、运之间和系统内部各要素之间,相互兼顾、协调统一,发挥装卸搬运系统的整体功能。

7.2 装卸搬运方法及其合理化

由于装卸搬运作业是衔接运输、保管、包装、配送、流通加工等各物流环节的活动,装卸搬运必然要消耗劳动从而增加物流成本,所以应科学选择装卸搬运方法,合理地组织装卸搬运过程使装卸搬运合理化,提高效率、降低成本、改善服务。

7.2.1 决定装卸方法的条件

装卸方法是由输送、保管、装卸三者决定的外部条件和由装卸本身决定的内在条件决定的，见表7.5。

表7.5 决定装卸方法的条件

条件		内容
外在条件	货物特征	商品包装形状、单位重量、装卸单位尺寸
	作业内容	堆码、装车、拆垛、分拣、配载、搬运
	装运设备	汽车、轮船、火车、飞机
	仓储设施	配置情况、规模、尺寸大小
内在条件	货物状态	装卸作业前后包装形态、放置方法等商品状态的变化
	装卸动作	动作的种类、单位动作的组合及其变化
	装卸机械	机械所能实现的动作方式、能力大小、状态尺寸、使用条件、配套工具等以及与其他机械的组合
	作业组织	装卸作业的人员素质、工作负荷、时间要求、技能要求对装卸作业方法的选择

7.2.2 装卸作业方法

装卸作业方法主要有单件作业法、集装作业法和散装作业法。

表7.6 装卸搬运方法

类型		方式
单件作业法		装卸搬运单件货物，有人工作业法、机械化或半机械化作业法
集装作业法	托盘作业法	用托盘系列集装工具将货物组成货物单元，便于采用叉车等设备实现装卸搬运作业机械化的作业法
	集装箱作业法	分为垂直装卸和水平装卸作业。垂直装卸的机械采用跨运车或龙门起重机；水平装卸法港口以拖车、挂车、叉车为主要装卸机械，车站则主要采用叉车
	框架作业法	管件等及各种易碎建材(如玻璃品等)，用集装框来实现装卸机械化
	货捆作业法	用捆装工具将散装货组成货物单元，木材、建材、金属等货物适于采用货捆作业法。采用带有与各种货捆配套的专用吊具的门式起重机和悬臂式起重机
	滑板作业法	与托盘尺寸一致的、带有翼板的平板承放货物，用带推拉器的叉车装卸搬运
	网袋作业法	将粉粒状货物装入纤维编织集装袋、袋装货物装入纤维编织网或将块状货物装入钢丝网的集装装卸法
	挂车作业法	先将货物装到挂车里，然后将挂车拖上或吊到铁路平板车上的装卸搬运方法
散装作业法	重力法	煤或矿石依靠重力自行流出的卸车方法。重力法装车设备有筒仓、溜槽、隧洞等
	倾翻法	将运载工具的载货部分倾翻，从而将货物卸出的方法。主要用于铁路敞车和自卸汽车的卸车
	机械法	采用各种机械，通过舀、抓、铲等作业方式达到装卸目的的方法。常用的机械有带式输送机、链斗装车机、堆取料机、单斗和多斗装载机、挖掘机等
	气力输送法	利用风机在气力输送管内形成单向气流，靠气体的流动或气压差来输送货物方法

1. 单件作业法

单件装卸，作业对象主要是包装杂货、多品类、少批量货物及单件大型笨重货物。单件作业对机械、装备、装卸条件要求不高,单件作业可采取人力、半机械化及机械装卸。机动性较强,不受固定设施、设备的地域局限;缺点是装卸速度慢,容易出现货损及货差。

2. 集装作业法

集装作业法是将货物集装化后再进行装卸作业的方法。一般采用机械装卸、受场所条件、装卸设备条件和集装货载存放条件限制,机动性较差。一次作业装卸量大、装卸速度快、货损小。

(1)托盘作业法。托盘作业法是用托盘系列集装工具将货物形成成组货物单元,以便于采用叉车等设备实现装卸作业机械化的装卸作业方法。托盘装卸常需叉车与其他设备、工具配合,有效地完成全部装卸过程。托盘作业法的主要机械有叉车、托盘搬运车、托盘移动升降机、桥式堆垛机、巷道堆垛机、码盘机、拆盘机。

(2)集装箱作业法

集装箱装卸主要用港口岸壁吊车、龙门吊车等各种垂直起吊设备进行"吊上吊下"式的装卸,同时完成小范围的搬运。如需有一定距离的搬运,则还需与搬运车相配合。

①垂直装卸法。垂直装卸法在港口可采用集装箱起重机,如跨运车和龙门起重机方式。在车站以轨行式龙门起重机方式为主,配以叉车较为经济合理,轮胎龙门起重机方式、跨运车方式、动臂起重机方式、侧面装卸机方式也较多采用。

②水平装卸法。水平装卸法在港口是以挂车和叉车为主要装卸设备。在车站主要采用叉车或平移装卸机的方式,在车辆与挂车间或车辆与平移装卸机间进行换装。

(3)框架作业法。框架通常采用木制或金属材料制作,要求有一定的刚度、韧性,质量较轻,以保护商品、方便装卸、有利运输作业。管件以及各种易碎建材,如玻璃产品等,一般适用于各种不同集装框架实现装卸机械化。

(4)货捆作业法。货捆作业法是用捆装工具将散件货物组成一个货物单元,使其在物流过程中保持不变,与其他机械设备配合,实现装卸作业机械化。货捆装卸适于长尺寸货物、块条状货物、强度较高无需保护的货物,如木材、建材、金属之类货物。带有与各种货捆配套的专用吊具的门式起重机和悬臂式起重机是主要装卸机械,叉车、侧叉车、跨车等是配套的搬运机械。

(5)滑板作业法。滑板是用纸板、纤维板、塑料板或金属板制成,与托盘尺寸一致的、带有翼板的平板,用以承放货物组成的搬运单元。与其匹配的装卸作业机械是带推拉器的叉车。

滑板作业法虽具有托盘作业法的优点且占用作业场地少,但带推拉器的叉车较重、机动性较差,对货物包装与规格化的要求很高,否则,不易顺利作业。

(6)网袋作业法。将粉粒状货物装入多种合成纤维和人造纤维编织成的集装袋、将各种袋装货物装入多种合成纤维或人造纤维编织成的网、将各种块状货物装入用钢丝绳编成的网,这种先集装再进行装卸作业的方法称为网袋作业法。网袋集装工具体积小、自重轻,无效装卸少,装卸作业效率高,可折叠,回送方便,可一次或多次使用。

(7)挂车作业法。挂车作业法是先将货物装到挂车里,然后将空车拖上或吊到铁路平板车上的装卸作业方法,是所谓"滚上滚下"的装卸方式。通常将此作业完成后形成的运输组织方式称"驮背运输",是公铁联运的常用组织方式。

3. 散装作业法

散装作业法指对大批量粉状、粒状货物进行无包装散装、散卸的装卸方法。装卸可连续进行,也可用间断式,需机械化设施、设备。散装作业方法主要有以下几种。

(1)重力法。重力法是利用货物的势能来完成装卸作业的方法。这种方法必须与其他方法配合，首先将散货提升到一定高度，具有一定势能之后，才能利用本身重力进行下一步装卸。重力法装车设备有筒仓、溜槽、隧洞等几类。

(2)倾翻法。倾翻法是将运载工具的载货部分倾翻因而将货物卸出的方法。主要用于铁路敞车和自卸汽车的卸载方法，汽车一般是依靠液压机械装置顶起货厢实现卸载的。

(3)机械法。机械法是采用各种机械，使其工作机构直接作用于货物，达到装卸目的的方法。常用的机械有带式输送机、堆取料机、装船机、链斗装车机、单斗和多斗装载机、挖掘机及各种抓斗等。

(4)气力输送装卸。主要设备是管道及气力输送设备，以气流运动裹携粉状、粒状物沿管道运动。管道装卸密封性好，装卸能力高，容易实现机械化、自动化。

7.2.3 装卸搬运合理化

1. 装卸机械化

对于劳动强度大，工作条件差，搬运、装卸频繁，动作重复的环节，应尽可能采用有效的机械化作业方式。如采用自动化立体仓库，可以将人力作业降低到最低程度。优点：减轻装卸劳动强度；缩短作业时间；保证作业安全；加速货位周转；降低作业成本。注意：机械要符合货物特性；要匹配货物运量；要配套运输工具；要适应场所状况。

2. 装卸集装化

装卸的集装化就是把许多需要运输的商品集中成一个单元(托盘系列、集装箱、货捆、货架、网袋等)，进行“单位装载系统”的装卸方式。集装化主要采取以下几种形式。

(1) 集装箱化。除了符合国际和国内标准的通用集装箱外，还有多种多样的，根据不同特殊要求专门设计的专用集装箱，以及集装袋、集装网、集装盘等，见表7.7。

表7.7 集装箱化工具及应用

集装物		作　用
专用集装箱	通风式集装箱	适用于不怕风吹雨淋的商品和怕热农副土特产品，如日用陶瓷、水果等
	折叠式通风集装箱	适用于装运瓜果、蔬菜、陶瓷等商品
	多层合成集装箱	主要用于装运鲜蛋，既通风又固定，每一层都有固定的格子，鲜蛋装满后，将每一层用固定装置组成集装箱
	挂衣集装箱	集装袋是一个大型口袋，上下都能开口，装货时用绳结拴住从上口装，卸货时将下口的绳结拉开，商品可自动出来。主要装运服装、不用折叠直接挂在集装袋
集装袋		主要用于装运化肥、碱粉等袋装商品
集装网		用麻绳或钢丝绳制成的网络，麻绳网主要用于装运水泥等商品，钢丝绳主要用于装运生铁
集装盘		将许多件商品放在一类似托盘的木盘上，然后用塑料袋或铁皮把商品捆扎在木盘上。它与托盘的不同之处在于木盘随货而去，不能回收

(2)托盘化。把许多种单件的商品集中起来放置在托盘上进行一系列的搬运、储存、装卸等作业活动。实行托盘化有许多优点，适合机械装卸，可以提高装卸效率；可以有效地保护商品，减少破损；可以节省物流费用，还可以推动包装的标准化。

3. 装卸散装化

对大宗商品如煤炭、矿石、建材、水泥、原盐、粮食等的运输采用散装的方法。装卸的散装化，可节省包装用具、节省劳动力、减轻劳动强度、减少损耗、减少污染、缩短流通时间。开展装卸的散装化必须配备专用的设备，包括专用散装运输工具及设施、仓库、港口、车站的装卸设备，做到装、卸、运、储各个环节的工具设备配套。

4. 装卸有效化

系统地分析研究物流过程各个装卸作业环节的必要性，取消、合并装卸作业和次数，避免进行重复的或可进行也可不进行的装卸作业，减少不必要装卸，使装卸有效化。

为了有效地防止和消除无效作业，可从以下几个方面入手：尽量减少装卸次数；提高被装卸物资的纯度；包装要适宜。

5. 装卸重力化

(1)利用货物重力。在装卸时可以利用货物本身的重量，进行有一定落差的装卸，可以减少或根本不消耗装卸的动力。例如，从卡车、铁路货车卸物时，利用卡车与地面或小搬运车之间的高度差，使用溜槽、溜板、滑道之类的简单工具，依靠货物本身重量，从高处自动滑到低处。

(2)减少垂直位移。在装卸搬运过程中，应尽量减少货物在垂直方向上产生的位移。设法让储存货物的地面与运输车辆的车底，保持在同一水平面上，可建造站台或开挖地沟，使车底与仓库地面平齐，车底与站台平齐。

(3)减少重力阻力。在装卸时尽量消除或削弱重力的影响，来减轻体力劳动及其能量消耗。

6. 搬运短距化

搬运距离应该越短越好，缩短搬运距离，成为人们实现搬运合理化的主要目标。影响搬运距离的主要因素是工厂和物流据点的平面布局与作业组织工作水平。装载、卸货地点的相对集中，能缩短搬运距离。如车间、库房、堆场、铁路专用线、主要通路的位置和相互关系处理得好，物流顺畅，现有的和潜在的装卸能力就能充分发挥出来。

7. 搬运活性化

为了便于装卸搬运，总是期望物料处于最容易被移动的状态。物料放置被移动的难易程度，称为活载程度，亦称活载性或活性。活载程度分为 0、1、2、3、4 五个等级，见表 7.8。

表 7.8 "活性指数"等级

放置状态	需要进行的作业				活性指数
	整理	架箱	提起	拖运	
散放地上	需要	需要	需要	需要	0
置于一般容器		需要	需要	需要	1
集装化			需要	需要	2
无动力车				需要	3
动力车辆或传送带					4

提高装卸搬运活性可缩短每次装卸搬运时间，累计效果十分可观。

8. 装卸组合化

在装卸作业过程中，根据不同物资的种类、性质、形状、重量的不同来确定不同的装卸作业方式。组合化装卸由于装卸单位大、作业效率高，可大量节约装卸作业时间，并能提高物资装卸搬运的灵活性。作业单位大小一致，易于实现标准化。

9. 装卸运输合作化

运输和装卸搬运紧密联系，要充分发挥运输作用，有效完成装卸作业。在汽车运输方面，采用集装箱专用挂车和底盘车。在船舶运输方面，采用滚装船的办法。这种船的装卸速度比一般集装箱船快30%，装卸费用比集装箱低三分之二左右；也无需在港口安装大型超重装卸设备。

10. 装卸文明化

文明装卸是指装卸人员以高度的责任心严格按照各类货物的操作规程进行作业。文明装卸的核心是装卸质量，使货物在装卸过程中减少或避免损坏，减少经济损失。

小资料：装卸搬运效率“六不改善法”

在日本，物流界为了改善装卸搬运效率，提出了“六不改善法”的物流原则。

(1)不让等：要求通过合理的安排使得作业人员和机械闲置的时间为零，实现连续的作业。

(2)不让碰：通过机械化、自动化设备的利用，使得作业人员在进行装卸、搬运、分拣各项物流作业的时候，不直接接触物品，减轻人员的劳动强度。

(3)不让动：通过优化仓库内的物品的摆放位置和自动化工具的应用，减少物品和人员移动的距离和次数。

(4)不让想：通过对于作业的分解和分析，实现作业的简单化、专业化和标准化，从而使得作业流程更为简化，减少作业人员的思考时间，提高作业效率。

(5)不让找：通过详细的规划，把作业现场的工具和物品摆放在最明显的地方，使作业人员在需要利用设备的时候，不用再去寻找。

(6)不让写：通过信息技术以及条形码技术的广泛应用，真正实现无纸化办公，降低作业的成本，提高作业的效率。

7.3　装卸搬运工具与设备

装卸搬运工作是复杂的专业性工作，需要专门的装卸搬运设备的配合以及相关辅助工具。装卸搬运机械的选择对于提高装卸搬运效率、保证装卸搬运安全以及降低装卸搬运成本具有重要意义。装卸搬运机械按结构分类见表7.9。

表7.9　装卸搬运机械按结构分类

类　别	子类别	工　　具
起重机械类	较小起重设备	葫芦、绞车、千斤顶、滑车、卷扬机
	升降机	电梯、升降机
	起重机	桥式类型起重机、门式类型起重机、臂式类型起重机、梁式类型起重机等
输送机械类	有牵引构件的输送机	带式输送机、板式输送机、悬挂输送机、斗式提升机、自动快梯、板式提升机、链式输送机等
	无牵引构件的输送机	螺旋输送机、振动输送机、辊子输送机等
	气力输送装置	悬浮式气力输送装置和推送式气力输送装置
工业车辆类	叉车	前移式叉车、插腿式叉车、平衡式叉车、跨车、侧叉等
	手推车	平台手推车、嵌板手推车、杠杆式手推车等
	托盘搬运车	手动托盘搬运车、电动托盘搬运车、固定平台托盘搬运车
专用机械类		翻车机、堆取料机、堆垛机、拆垛机、分拣专用机械设备、集装箱专用装卸机械、托盘专用装卸机械、船舶专用装卸机械、车辆专用装卸机械

7.3.1 主要装卸搬运机械

1. 主要起重机械(吊车类)

起重机械是用来垂直升降货物或兼作货物的水平移动,以满足货物的装卸、转载等作业要求。大部分吊车车体移动困难,机动性差,因而通用性不强,往往用于港口、车站、流通中心等处的固定设备。功能单一,主要是装卸,起重重量范围较大。

(1)葫芦。手动葫芦是用人力拉动链条或扳动手柄来提升或牵引重物的轻小型起重设备。分为手拉葫芦和手扳葫芦两种,如图 7.14 所示。

(2)门式起重机(门吊)。门式起重机是桁架结构的起重设备,因有门形底座(门座)而得名,又称门吊、门机。门式起重机起重量较大,可在载荷状态下移动,同时完成装卸和搬运两项作业。

门式起重机场地利用率高,起升高度大,各机构工作速度快,起重机臂架长,生产率高,且可配装不同的取物装置;适应面广,覆盖火车装卸区和汽车或船舶装卸区,如图 7.15 所示。

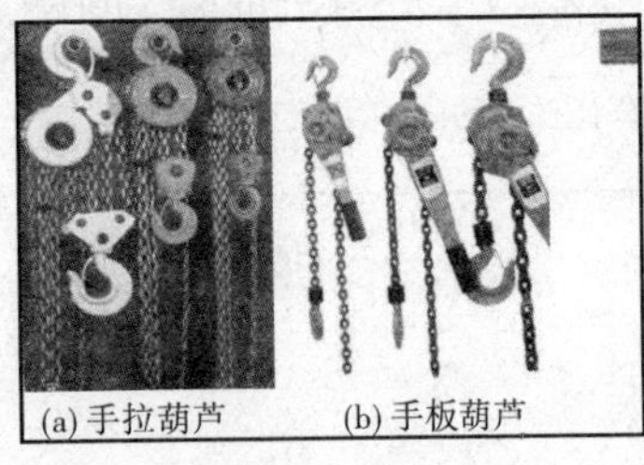
(a) 手拉葫芦　(b) 手板葫芦

图 7.14　手动葫芦

图 7.15　门式起重机

图 7.16　桥式起重机

(3)桥式起重机。桥式起重机是由具有能运行的桥架结构和设置在桥架结构上的能运行的起升机构组成的起重机,又称天车,与门式起重机原理基本相同。在工矿企业、仓库、露天堆场,进行物料装卸、搬运和吊运,尤其适用于配送中心仓储及料场装卸搬运作业,如图 7.16 所示。

(4)门座式岸边起重机。这是码头上常用的大型吊车,有一个门式底座,底座可沿码头顺轨道移动,门座上部安装旋转式起重机,起重臂在 360 度范围内旋转,通过起重臂的回转完成货场与货船之间的装卸。主要用于码头、转运站的集装箱及量大体重的货物装卸,采用不同的机具,还可用于散货、矿石的装卸,如图 7.17 所示。

(5)轮胎起重机。装于专用轮胎底盘上的全旋转动臂式起重机。轮距较宽,稳定性好,轴距小、车身短小、使用方便,生产效率高,多用于港口、铁路站场、堆场及工地,如图 7.18 所示。

图 7.17　门座式岸边起重机

图 7.18　轮胎起重机

图 7.19　电动梁式起重机

图 7.20　巷道堆垛起重机

(6)电动梁式起重机。采用电葫芦为起升机构,具有重量轻、轮压小的特点,适用于小吨位及作业稳定的场所。

(7)巷道堆垛起重机。巷道堆垛起重机是仓库中的专用起重、堆垛、装卸设备,被称为"高层贮藏之王"。巷道堆垛起重机在立体仓库的货架巷道间来回穿梭运行,将位于巷道口的货物存入货格,或相反取出货格内的货物运送到巷道口。

2. 主要装卸搬运车辆

装卸搬运车辆是指依靠本身的运行和装卸机构的功能,实现货物的水平搬运和短距离运输、装卸的各种车辆。装卸搬运车辆机动性好,实用性强,广泛地用于仓库、港口、车站、货场、车间、船舱、车厢内和集装箱内作业。

(1)叉车。叉式装卸车(叉车)具有各种叉具,能够对货物进行升降和移动以及装卸作业的搬运车辆,在仓储作业过程中,是比较常用的装卸设备,有万能装卸机械之称。叉车重量轻、操作灵活、机动性强、转弯半径小、结构紧凑、成本低廉、效率高,可用于物料的搬运、堆垛和短距离运输。叉车一般都与托盘配合使用,如果在货叉叉架上安装各种专用附属工具,如推出器、吊臂、旋转夹具、串杆、侧移叉、倾翻叉等,还可以进一步扩大其适用范围。

①平衡重式叉车。依靠车体及车载平衡、重量与起重货物重量平衡。平衡重式叉车由于适应性强,所以是叉车中应用最广泛的一种,占叉车总数的80%以上。平衡重式叉车自重大,轮距大,行走稳定,转弯半径大,操作简单、机动性强、效率高。主要用于车站、工厂、货场等领域,尤其适用于路面较差、搬运路线较长的场站、配送中心和工厂,如图7.21所示。

②前移式叉车。前移式叉车门架或货叉可以前后移动,以便于取货及卸货。在取货或卸货时,货叉随着门架前移到前轮以外,但运行时门架缩回到车体内,使叉车整体平衡。前移式叉车转弯半径小,可减小通路宽度,运行稳定、自重轻。行走速度较慢,对地面要求较高。主要用于室内仓库和配送中心及工厂厂房内,尤其在运行地域狭小之处宜于选用这种叉车。广泛应用于医药物品、肉食、水产、果品、烟草、机械零件、电器等低、中、高货位仓库,如图7.22所示。

③侧面叉车侧面叉车车体较大,自重较重。叉车有一个放置货物的平台,叉车门架及货叉在车体一侧中央,而不在车体前方,可以横向伸出取货,然后缩回车体内,将货物放在平台上即可行走。在入库作业时,车体顺通道进入后,车叉面向货架或货垛,在装卸作业时不必先转弯,这样可在窄通道中作业,可节约通道的占地面积,提高仓容率;有利于装卸长料货物,如图7.23所示。

图7.21 平衡重式叉车

图7.22 前移式叉车

图7.23 侧面叉车

④拣选式叉车。拣选式叉车是适应拣选式配货而使用的叉车,操作者能随装卸装置一起在车上进行拣货作业,当叉车进到某一货位前时,货叉取出货盘,操作人员将所需数量拣出,再将货盘放回。在少批量、多品种拣货作业时,这种叉车与高层货架配合,形成一种特定的拣选工艺。拣选叉车又分为低位拣选叉车和高位拣选叉车,如图7.24所示。

图 7.24　拣选式叉车

图 7.25　插腿式叉车

⑤插腿式叉车。插腿式叉车结构非常紧凑，插腿式叉车依靠手动，其货叉能够旋转，前轮直径比较小，对地面平整度的要求也比较高。具有结构简单、外形尺寸小等特点，适合于狭窄的通道和仓库的运输和堆垛作业，如图 7.25 所示。

⑥高架叉车。高架叉车又称为无轨巷道式堆垛机，是一种变型叉车，对于作业不太频繁或临时保管、高度不太大的仓库时，这种高架叉车尤其适用。高架叉车起升高度比一般叉车高，但比巷道式堆垛起重机的高度低；所需巷道宽度比一般叉车窄得多，但不如巷道式堆垛起重机窄。高架叉车机动性比巷道式起重机高。

⑦多方向堆垛叉车。这种叉车在行进方向两侧或一侧作业。货叉能旋转 180°，向前、左、右 3 个方向做叉货作业。

(2)手推车。手推车是一种以人力推、拉为主，在路面上水平输送物料的搬运车辆。轻型装卸搬运设备小巧、灵活、方便，对一些轻型物件或短距离运输的仓库、车站、码头和超市等场所很适用。因运输物料的种类、性质、重量、形式及行走线路条件的不同，手推车的构造形式是多种多样的。不同用途的手推车有不同的车体结构，如图 7.26、7.27、7.28 所示。

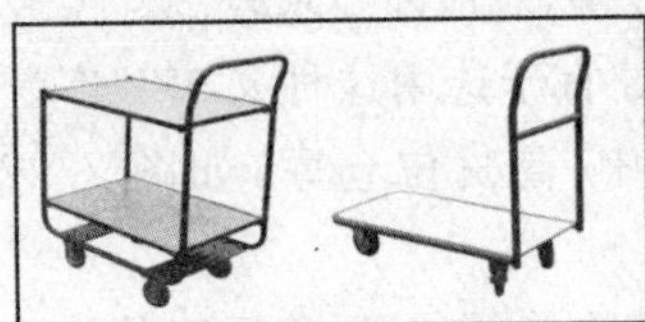

图 7.26　平台手推车

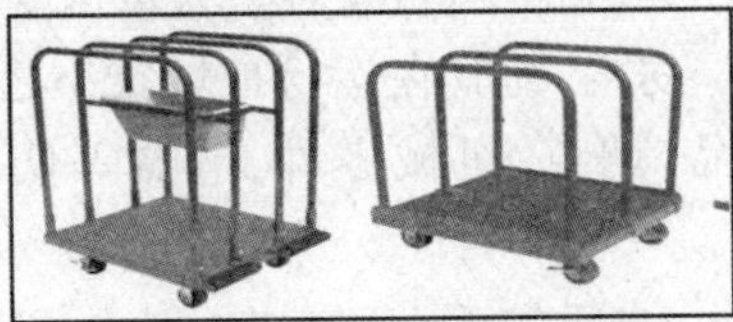

图 7.27　嵌板手推车

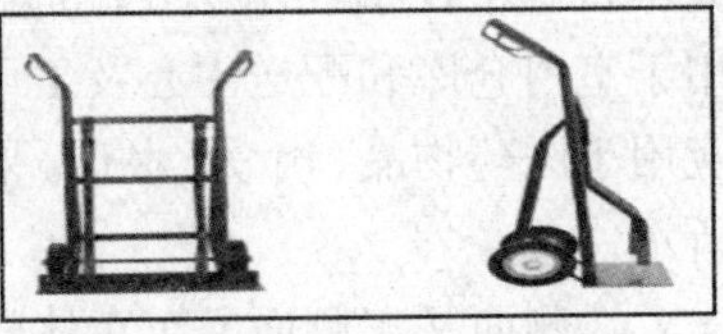

图 7.28　杠杆式手推车

(3)托盘搬运车。托盘搬运车是一种轻小型搬运设备，它有两个货叉似的叉腿，可插入托盘插孔内。叉腿的前端有两个小直径的行走轮，用以支撑托盘货物的重量。货叉可以抬起，使托盘或货箱离开地面，然后用手拉或电动驱动使之行走。这种托盘车广泛用于收发站台的装卸货车间内各工序间不需堆垛的搬运作业。可分为手动托盘搬运车、电动托盘搬运车和固定平台搬运车。

(4)牵引车。这种设备只有动力，没有装载能力。主要用于拖带货车或挂车，可作较长距离的运输，一台牵引车可拖很长一列挂车。牵引车也称为拖车(或拖头)，一般没有货物的容积，专门用来拖挂或牵引挂车。

(5)挂车。挂车自身没有动力，有一个载物平台，仅用于装载货物。载满货物的挂车连成一列后，由牵引车拖到目标库区。比较适合于运输量大而稳定的场合，如码头、铁路的中心货站，大型企业的原料仓库等。挂车必须和牵引车配套使用。挂车的载重量一般是单车的 2～3 倍。

(6)液压升降平台车。手动液压升降平台车是采用手压或脚踏为动力，通过液压驱动使载重平台作升降运动的手推平台车。手动液压升降平台车有安全轮保护的牢固小脚轮和位于两个旋转脚轮的制动器，是为了使平台车装载和卸载时轮子不滑动，操作更安全，如图 7.29

所示。

图7.29　液压升降平台车　　　　图7.30　堆高车

(7)堆高车。堆高车主要用于货架堆高和货物的装卸提升。堆高车按照使用方法分为全电动堆高车、半电动堆高车、手动堆高车、脚踏堆高车、手摇堆高车,用户可根据需求选择适合的型号产品。堆高车承载能力一般在0.1～1.5t,作业通道宽度一般为2.3～2.5m,如图7.30所示。

(8)自动导引搬运车 。自动导引搬运车简称AGV(Automated Guided Vehicle),是指具有电磁或光学导引装置,能够按照预定的导引线路行走,具有小车运行和停车装置、安全保护装置以及具有各种移载功能的运输小车。自动导引搬运车的主要用途是运送模具和原材料,由于运送物的重量较大,自动导引搬运车需要配备功率较大的移载装置。自动导引搬运车应用最广泛的领域是装配作业,在邮政业、仓储业、纺织业、电子行业等都有广泛的应用。

3. 主要输送机械

连续运输机械也称连续输送机械,是以连续的方式沿着一定的线路从装货点到卸货点均匀输送货物和的机械,可在任意平面,即水平面、倾斜面,甚至垂直面上输送货物。由于连续输送机在工作时连续不断地向同一个方向输送散料或重量不大的单件物品,搬运中不许停机,输送能力大、运距长、结构简单,因此能降低搬运成本、提高劳动生产率。

(1)带式输送机。带式输送机是用连续运动的无端输送带输送货物的机械。带式输送机结构简单,运行、安装、维修都很方便,节省能量,操作安全可靠。带式输送机可用于输送散、粒、块状物料,也常用于输送中、小包装货物,一般不用于集装物的输送。

带式输送机类型按是否能移动分为以下3种。

①固定式:固定在两个区域进行搬运的输送机,搬运距离较长,可制成运能很大的大型运输机。这种形式的带式输送机常用于矿山的矿石物流、煤炭物流等领域,也可用在港口、车站装卸散货、块装货物。

②移动式:主要用于设施内部,一般是小型机,可以利用人力移动输送机的位置,随时改变搬运区域,也用于设施外的装卸搬运。

③往复式:皮带回程也设计成运货通路。

(2)辊式输送机。辊式输送机是由许多定向排列的辊柱组成,辊柱可在动力驱动下在原处不停地转动,以带动上置货物移动,辊式输送机承载能力很强,由于辊子滚转,使货物移动的摩擦力很小,因而搬运大、重物件较为容易,常用于搬移包装货物、托盘集装货物。瓶装厂、钢铁厂和铸造车间内部用来输送表面粗糙的零件。因辊子之间有空隙,小散件及粒状、块状物料的搬运不能采用这种输送机。

(3)滚轮式输送机。和辊式输送机类似,不同之处在于安装的不是辊子而是一个一个小轮子,其分布如同算盘一样,所以也称算盘式输送机。它用来输送轻的单元荷载,也可用于运送堆积的物品。滑轮的间距由被运送的物品决定。

(4)链式输送机。链式输送机有多种形式,使用也非常广泛,主要用于输送单元负载(托盘、纸箱),目前常用的是滚动式链条输送机。这种输送机输送速度慢,动力损耗低,承载能力大,输送速度准确稳定,能保证精确的同步输送,可用作装配生产线或作为物料的储存输送,可在各种恶劣的环境(高温、粉尘)下工作,性能可靠。

(5)气力输送机。气力输送机利用风机在封闭管路中形成的气流输送散粒货物的机械,又称风动输送机。气力输送机适用于大型粮库的补仓、出仓、翻仓、倒垛以及粮食加工和啤酒、酿造等行业在生产工艺中的散装、散运等机械化作业。气力输送机设备简单,带速高、运量大、不跑偏、不撒料、运行平稳、清舱效果好,能保护周围环境免受粉尘污染,输送生产率高、装卸成本低;缺点是消耗动力较大,不能输送粒径较大的和黏结性较大的货物,工作时噪声大。

(6)螺旋式输送机。螺旋式输送机利用螺旋叶片的旋转运动推动物料沿料槽运动。有固定式和移动式;水平式和垂直式。螺旋式输送机结构简单、占地小,功率大,噪声小、结构紧凑、传动可靠、无空返,可在多点装货卸货、维修方便、造价低;主要缺点:推进过程中物料被搅拌,叶片摩擦大,故功率消耗大;叶片和料槽易磨损;对超载敏感,易堵塞,输送距离不长、生产率低。适用于粉粒状散货(如谷物、化肥、矿砂、面粉、水泥等),广泛适用于电力、水泥、粮油、食品、饲料等行业和部门。

(7)刮板式输送机。利用相隔一定间距而固定在牵引链条上的刮板,沿封闭光滑的矩形或"U"型槽刮运散货的机械。可水平或小倾角输送物料,也可垂直方向输送。物料以粉状、粒状或小块状为佳,物料湿度以手捏成团仍能松散为度,不宜输送磨损性强、块度大、黏性大、腐蚀性大的物料。特点:结构简单可靠、体积小,维修方便,工作平稳可靠、进卸料简单。广泛应用于活性炭、粮油、饲料、酒精、淀粉、食品、矿山等行业。

(8)斗式提升机。这是在垂直方向或接近垂直的倾斜方向上输送粉粒状物料的输送设备。其特点是提升高度大、产量高、电耗小、密闭性好,广泛用于粮油、食品、饲料等行业。主要缺点:过载时易堵塞,料斗和链易磨损;只宜于输送粉粒状和中小块状的散货,如散粮、煤、砂等;不能在水平方向上输送货物。

(9)悬挂式输送机。把物料挂在钩子上或其他装置上,可利用建筑结构搬运货物,主要用于在制品的暂存。悬挂式输送机可以自由选择输送线路,能有效地利用空间、节省人力、提高工作效率,广泛适用于工件的远距离输送、楼层提升、空中储存、送料等工艺以及自动化涂装生产线。

4. 集装箱用装卸搬运机械

(1)岸边集装箱装卸桥。为了提高集装箱桥吊的装卸效率,并降低集装箱桥吊的自重,集装箱桥吊的起升机构多采用简单钢丝绳卷绕系统,小车行走机构则多采用全绳索牵引式卷绕系统,而司机室多采用具有良好视野的独立移动式司机室。

(2)岸边集装箱起重机。岸边集装箱起重机是集装箱码头前沿装卸集装箱船舶的专用起重机,主要应用专用集装箱吊具完成集装箱的装卸船作业。

岸边集装箱起重机的形式依据其作业特性和操作功能而定。目前,岸边集装箱起重机的前伸距已达到 70 m,后伸距达到 25 m,轨距一般取 26 m~30 m,起升高度已达到 35 m~40 m,即通常所说的超巴拿马机型。

(3)多用途门座起重机。多用途门座起重机是通用门座起重机的一种变型产品。其构造和通用门座起重机基本相同。多用途门座起重机按其需要配装上不同的装卸属具,设置相应的附加装置，可进行集装箱、件杂货和散货装卸作业；也可以配置电磁吸盘，用来装卸废钢铁。

(4)轮胎式集装箱门式起重机。轮胎式集装箱门式起重机装有集装箱吊具的行走小车沿主梁轨道行走，进行集装箱装卸和堆码作业，轮胎式行走机构可使起重机在货场上行走，并可作90°直角转向，从一个货场转移到另一货场，作业灵活。

(5)轨道式集装箱门式起重机。轨道式集装箱门式起重机主要用于集装箱铁路转运场和大型集装箱储运场的集装箱装卸、搬运和堆放。根据场地、集装箱储运工艺流程及装卸的车辆(集装箱卡车或铁路车辆)确定采用无悬臂、单悬臂和双悬臂的不同结构形式。轨距大、两端有外伸距、起重量大、运行速度高、可靠性要求高。

(6)集装箱跨运车。集装箱跨运车是一种应用于集装箱码头和集装箱中转站堆场的集装箱专用装卸机械，其作用是实现集装箱的水平运输、堆码及对集装箱半挂车进行装卸作业。可在码头前沿与堆场间单独进行集装箱装卸与搬运，也可以和龙门起重机及挂车配合使用。跨运车能够满足在集装箱场内所有不同负载处理的需要。

(7)集装箱正面吊运机。集装箱正面吊运机是一种用以完成集装箱装卸、堆码和水平运输作业的集装箱装卸搬运机械。它具有机动性强、作业效率高、安全可靠、视野好、操作简便舒适、可进行第二排箱堆码作业、在吊重箱举高行驶时稳定性好、要求通道尺寸小等优点。

(8)集装箱叉车。集装箱叉车是一种由通用叉车发展起来的适应于集装箱装卸作业特殊需要的专用叉车，主要用于集装箱装卸、堆码及短距离的搬运等作业。一机就可完成装卸、水平搬运和堆码作业等，在世界集装箱港口和内陆集装箱站(场站)的作业中被广泛采用。

5. 其他机械

(1)堆取料机。堆取料机在大宗散货(如煤)堆场上，将输送机械运来的散货堆集起来，或向运输机械供料。常用的堆取料机是斗轮堆取料机。它由装在伸臂上的斗轮和胶带输送机、机架、行走机构等组成。取料时，斗轮转动，从货堆中挖取散货，倒在输送带上输出。堆料时，则将输送机械送来的散货经胶带输送机进行堆集。

(2)分拣机械。

①带式分拣机。利用输送带载运货物完成分拣工作的机械设备。按输送带的设置形式分为：平钢带式和斜带式分拣机两种。结构合理，充分考虑分拣人员的工作条件及视觉范围；减轻工作人员劳动强度。皮带运行稳定性好，布料均匀，减少人工辅助动作，增加分拣率。可采用局部全塑结构，能与金属探测器配套使用。适应范围广阔。

②滚柱式分拣机。适用于包装良好，地面平整的箱式货物，分拣能力强，但结构复杂，价格较高。

(3)机器人。机器人是一种通过大量的信息系统编程使之能完成一个动作或一系列类似人的动作的机械。在物料处理系统中，机器人主要用于货物分类、成组载荷。在恶劣环境中，如高温、冷藏、有毒气体等会危害人员身体健康的场合，可由机器人替代人工作业。机器人的最大优点是操作的准确率和高速度，在自动化分拣作业中起着重要作用。

7.3.2 装卸搬运辅助工具

1. 托盘

托盘是把集装、堆放、搬运和运输的放置作为单元负载的货物和制品的水平平台装置。托盘是一种重要的集装器具，托盘自重量小、返空容易，返空时占用运力很少、装盘容易、装载量有限、数量集中。托盘的出现有效地提高了全物流过程水平。有人称之为“托盘物流”，即托盘装卸—托盘储存—托盘运输—托盘销售。托盘种类见表7.10。

表 7.10 托盘种类

种 类	特 征	分 类
平托盘	使用量最大、通用型托盘	按台面分:单面型、单面使用型、双面使用型和翼型
		按叉车叉入方式分:单向叉入型、双向叉入型和四向叉入型
		按制造材料分:木制、钢制、塑料、高密度合成板
柱式托盘	防止塌垛、可堆高叠放	固定式和可卸柱式
箱式托盘	防护能力强;防止塌垛、货损;装运范围较大	固定式、折叠式和可卸式
轮式托盘	搬运性强	
特种专用托盘	装载效率高、装运方便	航空托盘、平板玻璃托盘、油桶专用托盘、货架式托盘、尺寸物托盘、轮胎专用托盘

2. 集装箱

集装箱是指具有一定规格和强度进行周转用的大型货箱。根据货物特性和运输需要,集装箱可以用钢、铝、塑料等各种材料制成,其种类见表 7.11。它适合于铁路、水路、公路、航空等多种运输方式的现代化装卸和运输。集装箱不同于公路和铁路货车的车厢,也不同于反复使用的大型包装箱,其装卸工艺方案见表 7.12。

表 7.11 集装箱类型

种 类			特 点
普通货物集装箱	内柱式集装箱		外表平滑、放热效果好、
	外柱式集装箱		受外力时外板不易损伤
	折叠式集装箱		回收和保管方便
	薄壳式集装箱		重量轻、承受扭力
特种货物集装箱	干货类集装箱	一般干货类集装箱	装运文化用品、日用百货、医药、纺织品、工艺品、化工制品、电子机械、仪器、机械零件等杂货
		通风集装箱	装载初加工皮货、带根的植物或蔬菜、食品
	保湿类集装箱	冷藏集装箱	运输那些要求一定低温的新鲜水果、鱼、肉、水产品
		保温集装箱	装载对温度变化敏感货物,如精密仪器、油漆、石蜡等 运输途中不允许温度上升而需要通风的货物,如水果罐头、糖果、葱头等蔬菜
	框架类集装箱		板架集装箱、汽车集装箱和牲畜集装箱

表 7.12 集装箱装卸工艺方案

港 口	车站或空港
集装箱装卸桥+跨运车工艺	叉车+跨运车(龙门起重机)工艺
集装箱装卸桥+轮胎龙门起重机工艺	轮胎龙门起重机工艺
集装箱装卸桥+轨道龙门起重机工艺	拖挂车+龙门起重机工艺
集装箱装卸桥+拖挂车工艺	叉车+拖挂车工艺
集装箱装卸桥+叉车工艺	叉车工艺

3. 货架

随着物流量日益增加和自动化仓库数量的增加，货架的数量会越来越多，货架分类见表7.13。

表7.13　货架的分类

分类依据	分　类
按照货架的通用性程度	通用货架和专用货架
按照货架的制造材料不同	钢货架、钢盘混凝土货架和木质货架
按照货架的封闭性程度	敞开式货架、半封闭式货架和封闭式货架
按照货架的结构不同	层架、层格架、橱架、抽屉架、悬臂架、三脚架和栅型架等
按照货架的可移动性	固定式货架、移动式货架、旋转式货架、组合货架、可调式货架和流动储存货架
按照货架的高度	低层货架(高度在5 m以下)、中层货架(高度在5～15 m)和高层货架(高度在15 m以上)
按照货架的载重量	轻型货架(每层货架的载重量在150 kg以下)、中型货架(每层货架的载重量在150～500 kg)和重型货架(每层货架的载重量在500 kg以上)

7.3.3　装卸搬运机械的选择

合理选择装卸搬运机械，有利于提高装卸搬运的效率，降低装卸搬运的费用，取得事半功倍的效果。通常在选择装卸搬运机械时，需要考虑以下一些因素：①货物特性及作业量；②成本因素；③装卸搬运机械的配套，包括a. 装卸搬运机械在生产作业区的衔接。b. 装卸搬运机械在数量、吨位上的配套。c. 装卸搬运机械在作业时间上的协调。d. 装卸搬运机械与场地条件、周边辅助设备匹配。

本章小结

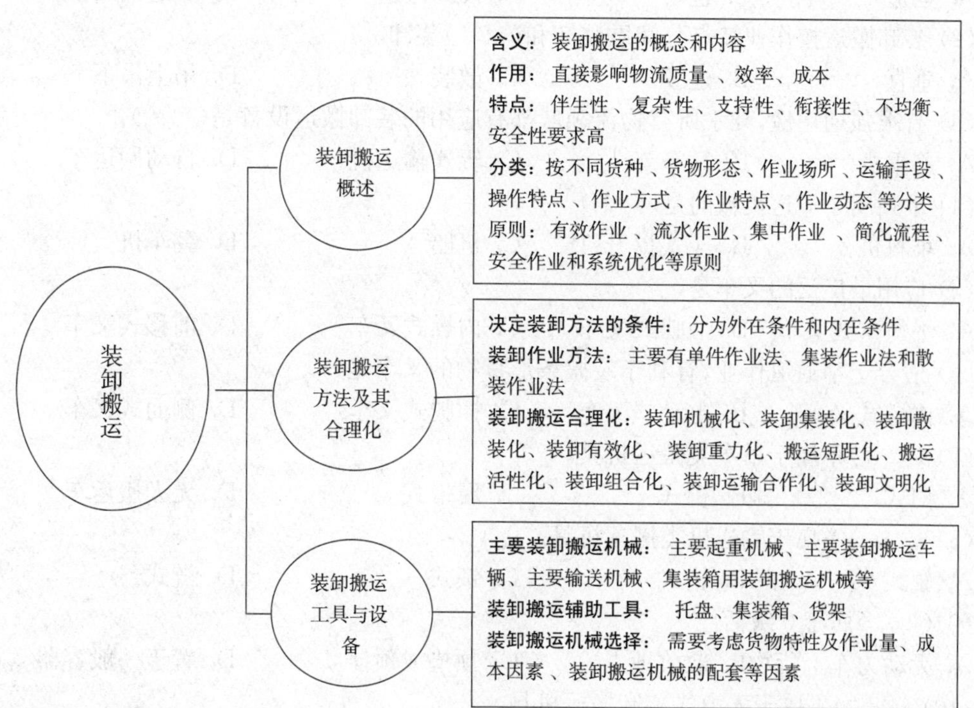

关键概念

装卸 搬运 堆码 拆垛 分拣 配货 搬送移送 集装作业 散装作业 集装箱 托盘

课堂讨论

(1)为什么说装卸搬运时物流各功能要素作业是最为频繁的活动?

(2)从企业活动差异角度考虑何种情况下需要人工装卸,何种情况下需要机械化或自动化设备?

复习思考题

1. 选择题

(1)( ) 活动指在某一物流节点范围内进行的,以改变物料的存放状态和空间位置为主要内容和目的活动。

A. 运输　B. 包装　C. 装卸搬运　D. 流通加工

(2) 装卸搬运按作业特点分间歇装卸和( )装卸。

A. 垂直　B. 连续　C. 散装　D. 吊上吊下

(3) 有很强通用性,几乎所有物流领域都有应用的装卸搬运设备是( )。

A. 起重机　B. 叉车　C. 辊式输送机　D. 自动搬运车

(4) 下列属于输送机械的是( )。

A. 堆料机　B. 斗式提升机　C. 机船　D. 翻车机

(5) 应用最广泛的叉车是( )。

A. 平衡重式叉车　B. 插腿式叉车　C. 内燃式叉车　D. 前移式叉车

(6) 适合于窄通道作业,有利于装搬条形货物的叉车是( )。

A. 内燃式叉车　B. 电动式叉车　C. 插腿式叉车　D. 侧面式叉车

(7)( )不属于吊车类搬运机具。

A. 门式　B. 桥式　C. 履带式　D. 无人搬运车

(8)( )不属于输送机类搬运机具。

A. 辊式　B. 轮式　C. 锁式　D. 链式

(9)( )属于 0 级活性。

A. 无动力车上货物B. 散放地上　C. 预垫或预挂　D. 置于一般容器

(10)( )不属于人力式装卸搬运机具。

A. 手动升降平台　B. 手推车　　　　C. 手动叉车　　　　　D. 电瓶车

2. 简答题

(1) 装卸搬运包括哪些作业内容?

(2) 简述装卸搬运原则。

(3) 装卸搬运方法有哪些?

(4) 装卸搬运合理化途径有哪些?

(5) 简述特点并列举几类叉车。

(6) 集装作业法包括哪几种方法?

(7) 散装作业法有哪几种方法?

(8) 列举主要的装卸搬运车辆。

(9) 列举主要的输送机。

(10)集装箱有哪些类型?

案例分析

云南双鹤医药有限公司装卸搬运系统改造

云南双鹤医药有限公司是北京双鹤这艘医药航母部署在西南战区的一艘战舰,是一个以市场为核心、现代医药科技为先导、金融支持为框架的新型公司,是西南地区经营药品品种较多、较全的医药专业公司。

目前,云南双鹤虽已形成规模化的产品生产和网络化的市场销售,但其流通过程中物流管理严重滞后,造成物流成本居高不下,不能形成价格优势。这严重阻碍了物流服务的开拓与发展,成为公司业务发展的"瓶颈",其中装卸搬运费用过高是重要的一项。

装卸搬运活动是衔接物流各环节活动正常进行的关键,它渗透到物流各个领域,控制点在于管理好储存物品、减少装卸搬运过程中商品的损耗率、装卸时间等。而云南双鹤恰好忽视了这一点,由于搬运设备的现代化程度较低,只有几个小型货架和手推车,大多数作业仍处于人工作业为主的原始状态,工作效率低,且易损坏物品。另外仓库设计的不合理,造成长距离的搬运,且库内作业流程混乱,形成重复搬运,大约有70%的无效搬运,这种过多的搬运次数,损坏了商品,也浪费了时间。

为此,云南双鹤进行了装卸搬运系统改造,通过系统分析作业环节的劳动消耗,采用现代技术手段和实行科学管理的方法,减少作业环节来提高装卸搬运效率,降低装卸搬运费用。

(1)采用"二就直拨"的方法

"就厂直拨"。企业可以根据订单要求,直接到制药厂提货,验收后不经过仓库就将商品直接调运到各店铺或销售单位。

"就车直拨"。对外地运来的商品,企业可事先安排好短途运输工具,在原车边即行分拨,装上其他车辆,转运收货单位,省去入库后再外运的手续。

以上这两种方法既减少了入库中的一切作业环节,又降低了储存成本。

(2)减少装卸搬运环节

改善装卸作业,即要设法提高装卸作业的机械化程度,还必须尽可能地实现作业的连续化，从而提高装卸效率，缩短装卸时间，降低物流成本，其合理化措施如下。

a. 防止和消除无效作业。尽量减少装卸次数，努力提高被装卸物品的纯度，选择最短的作业路线等都可以防止和消除无效作业。

b. 提高物品的装卸搬运活性指数。企业在堆码物品时事先应考虑装卸搬运作业的方便性，把分类好的物品集中放在托盘上，以托盘为单元进行存放，既方便装卸搬运，又能妥善保管好物品。

c. 积极而慎重地利用重力原则，实现装卸作业的省力化。装卸搬运使物品发生垂直和水平位移，必须通过做功才能完成。由于我国目前装卸机械化水平还不高，许多尚需人工作业，劳动强度大，因此必须在有条件的情况下利用重力进行装卸，将设有动力的小型运输带（板）斜放在货车、卡车上进行装卸，使物品在倾斜的输送带（板）上移动，这样就能减轻劳动强度，减少能量的消耗。

d. 进行正确的设施布置。采用"L"型和"U"型布局，以保证物品单一的流向，既避免了物品的迂回和倒流，又减少了搬运环节。（资料来源：中国物流与采购联合会网站）

案例思考：（1）分析装卸搬运环节对企业发展的作用。

（2）结合案例分析装卸搬运合理化途径。

推荐阅读

［1］ 巨无霸飞机"白鲸"装卸技术，http://money.163.com/editor/010524/010524_46890.html

［2］ 散装散运——大幅提高粮食物流效率，http://news.pf168.com/1093/20061012173800 2892.shtml

［3］ 散装散卸节省物流成本8000万元，http://www.gog.com.cn 金黔在线—贵州日报，2009-02-02

［4］ 装卸搬运工安全操作规程，http://www.517rz.com/Article/ShowArticle.asp? ArticleID=495

［5］ 垃圾气力管道输送系统，http://solidwaste.chinaep-tech.com/papers/30683.htm

［6］ 鲁晓春，吴志强．物流设施与装备．北京：清华大学出版社，北京交通大学出版社，2005.

［7］ 罗毅．物流装卸搬运设备与技术．北京：机械工业出版社，2008.

［8］ 真虹，朱云仙．物流装卸与搬运．北京：中国物资出版社，2004.

［9］ 周传兴．装卸搬运车辆．北京：人民交通出版社，2005年．

第 8 章 包装与流通加工

开篇案例·装满鲜花的纸箱子

在斗南市场的周围有很多民房，全国各地的花商们就在这里每月花 400～500 元的租金，租个约 30 平方米的房子，雇几个小时工把收到的鲜花粗粗的挑选、整理、包装、装箱。玫瑰的包装实际上非常简单，标准的货运箱子是 50×50cm 规格的纸壳箱子，每个箱子里放 45～50 扎，每扎 20 枝玫瑰。但是如果没有标准箱子，长一点、大一点也都无所谓。箱子的不规范和质量的低标准，直接导致鲜花在运送过程中的破箱而出。

娇嫩的玫瑰在冬天容易受冻，夏天容易腐烂，但它所需要的高标准保鲜、保温设备在我国的现状只是塑料布、泡沫板和装着冰的可乐瓶子。在斗南花卉市场，装满水后冷冻起来的可乐瓶子被称为“冰瓶”，一个冰瓶 5 毛钱，一个鲜花货箱里装 4～5 个冰瓶就足够了。国航货运提货场里，装满鲜花的纸箱子摆了一地，10 个箱子里有 5 个已经破损或者变形，有意思的是，有的矩形货箱已经被超载的鲜花胀成了球形！

货舱里，大部分装运玫瑰和其他鲜花的箱子都是超载的。按规定，每个货箱不能超过 50 公斤，但实际上，大部分箱子都装着 70 公斤甚至更多的玫瑰。

物流源头超载造成的货物破损，使得鲜花物流体系中的下游中转商大伤脑筋。“每个月我们光是修补这些转运的鲜花货包，宽胶带就得花 2 000～3 000 元！”北京莱太物流公司经理面对着机场上等待转运的破损货箱很无奈。

（资料来源：高明．中国鲜花物流有待提高．物流时代[J]，2004(8).）

物流包装与流通加工作业和运输、仓储、装卸搬运作业一样是可以保证整个物流活动高效率运作的环节之一。包装是物流的起点，是现代物流最根本的组成部分、基础和物质保证，而包装标准化是根本的途径和有效的保障。流通加工是流通过程中的加工活动，是为了方便流通、方便运输、方便储存、方便销售、方便用户以及物资充分利用、综合利用而进行的加工活动。本章主要介绍了流通加工、包装两个物流环节的基本概念、功能、分类、相关技术以及各环节合理化。

8.1 包装技术和方法

包装(Packaging)是物流管理中的一项重要内容。按照我国国家标准 GB/T 4122.1—1996 中规定,包装定义为:“为在流通过程中保护产品、方便贮运、促进销售,按一定技术方法而采用的容器、材料及辅助物等的总体名称。也指为了达到上述目的而采用容器、材料和辅助物的过程中施加一定技术方法等的操作活动。”其他国家或组织对包装的含义有不同的表述和理解,但基本意思是一致的,都以包装功能和作用为其核心内容,一般有两重含义:①关于盛装商品的容器、材料及辅助物品,即包装物;②关于实施盛装和封缄、包扎等的技术活动。产品的种类繁多,性能各异,产品包装必须根据产品的类别、性能及聚集状态等因素,采用正确的包装方法及相应的包装技术,以最低的货物消耗,保障产品完整地输送到消费者手中。

8.1.1 包装方法类型

包装方法包括一般包装方法和特殊包装方法两大类。一般包装方法主要分为个包装、内包装(中包装)和外包装 3 种方法。个包装一般有机械性保护包装、防护剂保护包装、抗水包装、防水气包装、可剥除的化合物保护包装 5 种方法。内包装是将个包装后的货物,置入内包装的容器内,并适当加以衬垫的包装,进行衬垫包装的目的是为了吸收震动、防止货物在容器内发生移动和摩擦、避免货物与包装容器相撞。对于一些体积小的内包装件,还要进行中包装,以方便搬运集装,增加保护作用。外包装的主要目的是方便储运,使产品获得足够的保护。一般来说,外包装容器需具有足够的强度,可以在储运中抗拒一切外力所带来的损害,同时,外包装容器的形状和尺寸必须方便储运作业。特殊包装方法包括防震、防潮(水)、防锈、防虫(鼠)、防腐和危险品包装等内包装技术。包装方法具体如图 8.1 所示。

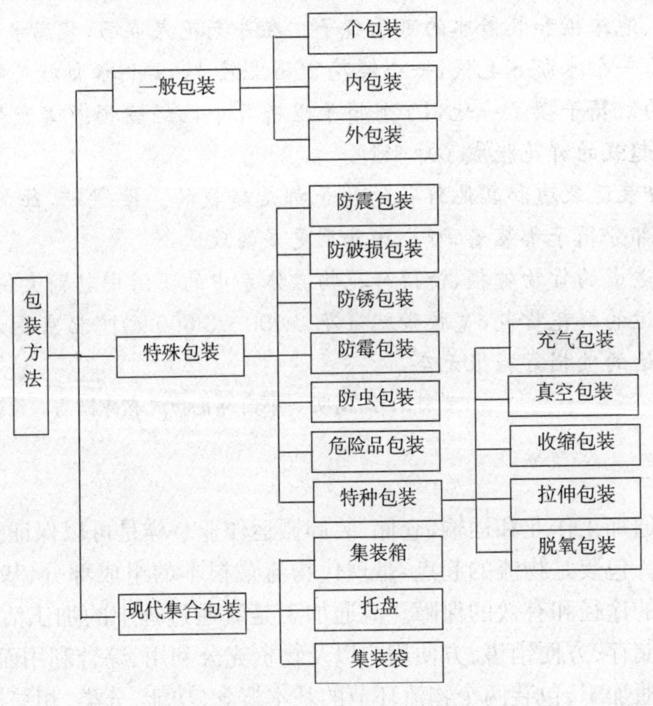

图 8.1 包装方法

8.1.2　特殊包装技术

1. 防震保护技术

防震包装又称缓冲包装，在各种包装方法中占有重要的地位。产品从生产出来到开始使用要经过一系列的运输、保管、堆码和装卸过程，置于一定的环境之中。在任何环境中都会有力作用在产品之上，并使产品发生机械性损坏。为了防止产品遭受损坏，就要设法减小外力的影响。防震包装就是指为减缓内装物受到冲击和振动，保护其免受损坏所采取的一定防护措施的包装。防震包装主要有以下3种方法。

(1)全面防震包装方法。全面防震包装方法是指内装物和外包装之间全部用防震材料填满进行防震的包装方法。如图8.2所示。

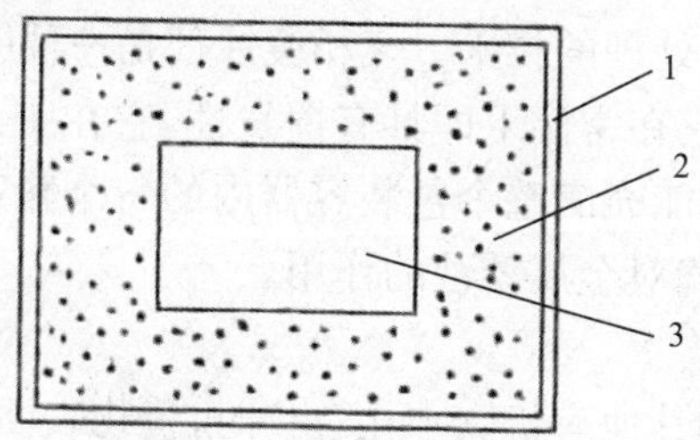

1—外包装箱　2—缓冲衬垫　3—内装物

图8.2　全面防震包装

(2)部分防震包装方法。对于整体性好的产品和有内装容器的产品，仅在产品或内包装的拐角或局部地方使用防震材料进行衬垫即可。所用包装材料主要有泡沫塑料防震垫、充气型塑料薄膜防震垫和橡胶弹簧等。如图8.3所示。

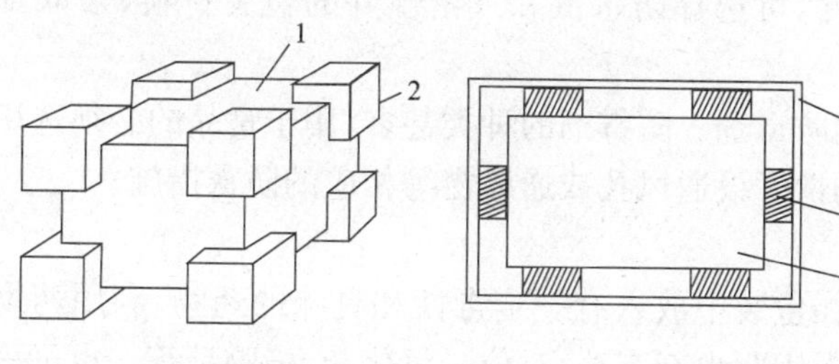

(a)角支承包装　　(b)面支承包装

1,5—内装物　2—角衬垫　3—外包装箱　4—侧衬垫

图8.3　部分防震包装

图8.4　悬浮式防震包装

(3)悬浮式防震包装方法。对于某些贵重易损的物品，为了有效地保证在流通过程中不被损坏，外包装容器比较坚固，然后用绳、带、弹簧等将被装物悬吊在包装容器内，在物流中，无论是什么操作环节。内装物都被稳定悬吊而不与包装容器发生碰撞，从而减少损坏。

2. 防破损保护技术

缓冲包装有较强的防破损能力，因而是防破损包装技术中有效的一类。此外还可以采取以下几种防破损保护技术。

(1)捆扎及裹紧技术。捆扎及裹紧技术的作用，是使杂货、散货形成一个牢固整体，以增加整体性，便于处理及防止散堆来减少破损。

(2)集装技术。利用集装，减少与货体的接触，从而防止破损。

(3)选择高强保护材料。通过外包装材料的高强度来防止内装物受外力作用破损。

3. 防锈包装技术

(1)防锈油防锈蚀包装技术。大气锈蚀是空气中的氧、水蒸气及其他有害气体等作用于金属表面引起电化学作用的结果。如果使金属表面与引起大气锈蚀的各种因素隔绝(即将金属表面保护起来),就可以达到防止金属大气锈蚀的目的。防锈油包装技术就是根据这一原理将金属涂封防止锈蚀的。

用防锈油封装金属制品,要求油层要有一定厚度,油层的连续性好,涂层完整。不同类型的防锈油要采用不同的方法进行涂复。

(2)气相防锈包装技术。气相防锈包装技术就是用气相缓蚀剂(挥发性缓蚀剂),在密封包装容器中对金属制品进行防锈处理的技术。气相缓蚀剂是一种能减慢或完全停止金属在侵蚀性介质中的破坏过程的物质,它在常温下即具有挥发性,它在密封包装容器中,在很短的时间内挥发或升华出的缓蚀气体就能充满整个包装容器内的每个角落和缝隙,同时吸附在金属制品的表面上,从而起到抑制大气对金属锈蚀的作用。

4. 防霉腐包装技术

在运输包装内装运食品和其他有机碳水化合物时,货物表面可能生长霉菌,在流通过程中如遇潮湿,霉菌生长繁殖极快,甚至伸延至货物内部,使其腐烂、发霉、变质,因此要采取特别防护措施。

包装防霉烂变质的措施,通常是采用冷冻包装、真空包装或高温灭菌方法。冷冻包装的原理是减慢细菌活动和化学变化的过程,以延长储存期,但不能完全消除食品的变质;高温杀菌法可消灭引起食品腐烂的微生物,可在包装过程中用高温处理防霉。有些经干燥处理的食品包装,应防止水汽浸入以防霉腐,可选择防水汽和气密性好的包装材料,采取真空和充气包装。

防止运输包装内货物发霉,还可使用防霉剂。防霉剂的种类甚多,用于食品的必须选用无毒防霉剂。机电产品的大型封闭箱,可酌情开设通风孔或通风窗等相应的防霉措施。

5. 防虫包装技术

防虫包装技术,常用的是驱虫剂,即在包装中放入有一定毒性和臭味的药物,利用药物在包装中挥发气体杀灭和驱除各种害虫。常用驱虫剂有萘、对位二氯化苯、樟脑精等。也可采用真空包装、充气包装、脱氧包装等技术,使害虫无生存环境,从而防止虫害。

6. 危险品包装技术

对有毒商品的包装要明显地标明有毒的标志。防毒的主要措施是包装严密不漏、不透气。例如,重铬酸钾(红矾钾)和重铬酸钠(红矾钠),为红色带透明结晶,有毒,应用坚固铁桶包装,桶口要严密不漏,制桶的铁板厚度不能小于1.2毫米。对有机农药一类的商品,应装入沥青麻袋,缝口严密不漏。如用塑料袋或沥青纸袋包装的,外面应再用麻袋或布袋包装。用作杀鼠剂的磷化锌有剧毒,应用塑料袋严封后再装入木箱中,箱内用两层牛皮纸、防潮纸或塑料薄膜衬垫,使其与外界隔绝。

对有腐蚀性的商品,要注意商品和包装容器的材质发生化学变化。金属类的包装容器,要在容器壁涂上涂料,防止腐蚀性商品对容器的腐蚀。例如,包装合成脂肪酸的铁桶内壁要涂有耐酸保护层,防止铁桶被商品腐蚀,从而商品也随之变质;又如,氢氟酸是无机酸性腐蚀物品,有剧毒,能腐蚀玻璃,不能用玻璃瓶作包装容器,应装入金属桶或塑料桶,然后再装入木箱。甲酸易挥发,其气体有腐蚀性,应装入良好的耐酸坛、玻璃瓶或塑料桶中,严密封口,再装入坚固的木箱或金属桶中。

对黄磷等易自燃商品的包装，宜将其装入壁厚不少于1 mm的铁桶中，桶内壁须涂耐酸保护层，桶内盛水，并使水面浸没商品，桶口严密封闭，每桶净重不超过50 kg。遇水引起燃烧的物品如碳化钙，遇水即分解并产生易燃乙炔气，对其应用坚固的铁桶包装，桶内充入氮气。如果桶内不充氮气，则应装置放气活塞。

对于易燃、易爆商品，如有强烈氧化性的，遇有微量不纯物或受热即急剧分解引起爆炸的产品，防爆炸包装的有效方法是采用塑料桶包装，然后将塑料桶装入铁桶或木箱中每件净重不超过50 kg，并应有自动放气的安全阀，当桶内达到一定气体压力时，能自动放气。

7. 特种包装技术

(1)充气包装。充气包装是采用二氧化碳气体或氮气等不活泼气体置换包装容器中空气的一种包装技术方法，因此也称为气体置换包装。这种包装方法是根据好氧性微生物需氧代谢的特性，在密封的包装容器中改变气体的组成成分，降低氧气的浓度，抑制微生物的生理活动、酶的活性和鲜活商品的呼吸强度，达到防霉、防腐和保鲜的目的。

(2)真空包装。真空包装是将物品装入气密性容器后，在容器封口之前抽真空，使密封后的容器内基本没有空气的一种包装方法。

一般的肉类商品、谷物加工商品以及某些容易氧化变质的商品都可以采用真空包装，真空包装不但可以避免或减少脂肪氧化，而且抑制了某些霉菌和细菌的生长。同时在对其进行加热杀菌时，由于容器内部气体已排除，因此加速了热量的传导，提高了高温杀菌效率，也避免了加热杀菌时由于气体的膨胀而使包装容器破裂。

(3)收缩包装。收缩包装就是用收缩薄膜裹包物品(或内包装件)，然后对薄膜进行适当加热处理，使薄膜收缩而紧贴于物品(或内包装件)的包装技术方法。

收缩薄膜是一种经过特殊拉伸和冷却处理的聚乙烯薄膜，由于薄膜在定向拉伸时产生残余收缩应力，这种应力受到一定热量后便会消除，从而使其横向和纵向均发生急剧收缩，同时使薄膜的厚度增加，收缩率通常为30%～70%，收缩力在冷却阶段达到最大值，并能长期保持。

(4)拉伸包装。拉伸包装是由收缩包装发展而来的，拉伸包装是依靠机械装置在常温下将弹性薄膜围绕被包装件拉伸、紧裹，并在其末端进行封合的一种包装方法。由于拉伸包装不需进行加热，所以消耗的能源只有收缩包装的1/200，拉伸包装可以捆包单件物品，也可用于托盘包装之类的集合包装。

(5)脱氧包装。脱氧包装是继真空包装和充气包装之后出现的一种新型除氧包装方法。脱氧包装是在密封的包装容器中，使用能与氧气起化学作用的脱氧剂与之反应，从而除去包装容器中的氧气，以达到保护内装物的目的。脱氧包装方法适用于某些对氧气特别敏感的物品，使用于那些即使有微量氧气也会促使品质变坏的食品包装情况。

8.2　包装机械

国家标准GB/T 4122.2—1996《包装术语・机械》中包装机械的定义是：“完成全部或部分包装过程的机器，包装过程包括成型、充填、裹包等主要包装工序，以及与其相关的前后工序，清洗、干燥、杀菌、贴标、捆扎、集装和拆卸等前后包装工序，转送、选别等其他辅助工序。”此外，还包括盖印、计量笔等附属设备。真空包装机、贴体包装机、粉末包装机等都属于包装机械。

8.2.1 包装机械的作用

1. 提高劳动生产率，确保包装质量

用机械包装代替手工包装，使产品不与人体直接接触，减少了产品暴露在空气中的时间，这对于食品和药品的清洁卫生及金属制品的防锈蚀等提供了可靠的保证。机械包装计量准确，包装紧密，外形整齐美观，包装质量稳定，包装规格化、标准化，能适应标准化集装箱、托盘、火车、轮船等各种运输条件和装卸方式。

2. 降低劳动强度，改善劳动条件

用机械包装来代替手工包装，可以使包装工人从繁重的体力劳动中解放出来，降低劳动强度，改善劳动条件。

3. 降低包装成本，减少流通费用

有些松泡商品，如棉花、羽毛和某些服装、针棉织品等，经采用压缩包装机械预压包装以大大缩小包装件的体积，节省包装材料，降低了包装成本。同时在储存时也节省了仓容，增加了仓库的储存量，减少了保管费用；在运输时也缩小了运输空间，节省了运输费用。

8.2.2 包装机械的分类

常用的分类方法是按包装工序进行分类的，可以分为主要包装机械和辅助包装机械。完成裹包、灌装、充填等包装工序的包装机械称为主要包装机械，或称为包装主机；完成洗涤、烘干、检测、盖印、计量、输送和堆垛工作的包装机械称为辅助包装机械。

1. 裹包包装机械

裹包包装机械用于包装块状产品，按照裹包的不同工艺可分为扭结式包装机、端折式包装机、枕式包装机、信封式包装机、拉伸包装机等。

2. 充填包装机械

充填包装机械用于包装粉状、颗粒状的固态物品。充填包装机械包括直接充填包装机和制袋充填包装机两类。直接充填包装机是利用预先成型的纸袋或塑料袋进行充填也可直接充填于其他容器。制袋充填包装机是既要完成带容器的成型，又要完成将产品充填入容器内两道工序的包装机械。

3. 灌装包装机械

灌装包装机械用于包装流体和半流体物品。按照灌装产品的工艺可分为常压灌装机、真空灌装机、加压灌装机等。灌装包装机械通常与封口机、贴标机等连接起来成为一条机械化灌装流水线。

4. 封口机械

封口机械适用于各种包装容器的封口。按封口的不同工艺又可分为玻璃罐加盖机械（压盖、旋盖等）、布袋口缝纫机械、封箱机械、塑料袋和纸袋的各种封口机械。

5. 贴标机械

贴标机械是用于将商标纸或标签粘贴于包装件上的机械。

6. 捆扎机械

捆扎机械有带状捆扎机、线装或绳状捆扎材料的结扎机等。

7. 熟成型包装机械

熟成型包装机械根据包装容器成型工艺的不同分为泡罩包装机与贴体包装机。泡罩包装是目前应用最广泛的一种包装。它是将产品封合在预成型的泡罩与底板之间的一种包装方法。贴体包装与泡罩包装类同，两者的区别是贴体包装的产品作为成型模，泡罩包装由专用模具来成型。贴体包装可使产品固定不动，使产品质量能够在流通过程中不因互相碰撞而受损。

8. 真空包装机械

真空包装机械按其抽真空后能否充入不活泼气体而分成真空包装机和充气包装机两种。

9. 收缩包装机械

收缩包装机械就是用经过拉伸定向的热收缩薄膜包装物品(或内包装件)，然后对薄膜进行适当的加热处理，使薄膜收缩而紧裹物品(或内包装件)的包装机械，收缩薄膜由上下两个卷筒张紧，产品由机器部件推向薄膜，薄膜包裹产品后，由封口部件将薄膜的三面封合，随后由输送带输送，通过加热装置紧裹产品，冷却形成收缩包装件。收缩包装机械除了可作单件产品或多件产品的销售包装的小型收缩包装机，还可用于将托盘包装在内的运输包装的大型收缩包装机。

10. 其他包装机械

除以上几类包装机械外，还有洗瓶和烘干机，包装材料和规格的检测机、盖印机、计量机等，这些单机一般和其他包装机联合成包装机组。

8.3 包装管理

包装既是物流过程中的一种技术服务活动，又是一种经济活动。作为技术服务活动要求采用新技术、新材料，提供高质量的服务，相应就会增加成本。作为一种经济活动，就要讲究经济效益，要以最低的成本来生产包装，不可否认，这样也会相应降低包装质量。包装的物流适应功能与包装费用是同方向变化关系。物流管理研究包装问题的重点，就是寻找一个使包装质量与包装费用既合理又经济的最佳结合点。

8.3.1 合理包装的含义及其要求

1. 合理包装的含义

合理包装是指能够适应物流环境、保证产品质量安全、方便物流管理、提高物流效率，在极限成本范围内的最好包装。运输包装按照对物流环境的适应状况和经济性，可分为过弱包装、合理包装和过分包装。所谓过弱包装是指那些成本虽低，不能适应物流环境要求，经常发生故障，起不到保护功能的包装。那些发生故障，但成本过高的称为过分包装。过弱包装和过分包装都是应当避免的。只有那些很少发生故障、成本合理的包装才属于合理包装。合理包装是相对变动的概念：对同一种产品的包装，一是会随着包装技术的进步和物流环境的变化而有不同的指标要求，二是会因为企业对信誉的关注程度而有不同的要求。

2. 合理包装的基本原则与具体要求

(1)符合国情。包装作为一种经济活动，必须和国家的政治、经济、文化状况相适应，要适应一个国家的资源条件、政治制度和文化水准；适应一个国家的商品生产、流通、销售条件；适应科学技术的发展及其在包装中的应用程度；适应消费者的消费水平、消费结构和消费观念。这一原则的具体要求如下。①节省资源。包装是消耗资源量较大的一种生产性活动。比如以纸代木，生产1吨瓦楞纸板消耗木材仅3～4立方米，可代替10～12立方米的包装用木材。②符合国际国内有关包装的法规和政策。包装的法规和政策是我国国情在包装方面的具体体现和要求，在进行产品包装设计时不得违反食品卫生法、环境保护法、商标法、铁路货物运输规程、宗教法规及商品买卖合同等法律法规中有关包装的规定。③有利于精神文明建设。

(2)适应物流环境，保证产品质量。商品包装的使用价值就是保证商品安全无损地从生产者手中输送到消费者手中。由于商品种类繁多，物流环境复杂多变，合理包装就应根据商品的特性、储运条件的要求,进行包装设计、材料选用,包装方法的运用上必须坚持适应物流环境,保证产品安全原则。具体要求是:①包装结构应保护内装产品在规定的物流条件下质量不受损伤,即抗冲击震动、防潮、防锈、防霉、防爆燃等;②包装材料不会产生有害物质,包装容器造型不会造成人身伤亡;③包装要有标准的提示内装物品特性的标志说明。

(3)降低物流费用,提高社会经济效益。这是包装在物流活动中综合功能的表现。其具体的要求是:①包装成本应达到安全要求的最低极限;②包装费用要与内装商品相适应;③实施包装的标准化,特别是尺寸要有利于集合包装,提高装载率;④有利于包装物的回收利用或处理,保护环境;⑤有利于装卸搬运、储存的机械化作业;⑥有利于物流中转的快速清点交接。

8.3.2 影响包装的主要因素

在设计商品包装的时候,必须详细了解被包装物本身的一些性质以及商品流通运输过程中的详细情况,并针对这些情况,作出有针对性的设计。一般的说,影响商品包装有如下主要因素。

(1)商品的理化特性。即被包装商品本身的体积、重量以及它在物理和化学方面的特性、商品的形态各异,商品本身的性质也各不相同。所以,在设计商品包装的时候,必须根据商品本身的特点和国际通用的标准,设计出适合商品自身特点的包装。

(2)商品包装的保护性。即被包装商品在流通过程中需要哪些方面的保护,是否害怕力的冲击、震动,是否害怕虫害或者动物的危害,是否对于气象环境、物理环境以及生态环境有特殊的要求。针对这些特点,在设计商品包装的时候,要做到有的放矢。

(3)消费者的易用性。商品包装设计的主要目的是为了使消费者能够更好的使用商品。因此,只有设计易于使用,才能从更深层次上吸引消费者,占领更广阔的市场。

(4)商品包装的经济性。商品包装虽然从安全性方面来说是做得越完美越好,但是,从商品整体的角度来说,也不得不考虑其经济性,争取能够做到够用就好,以降低产品的成本。一般来说,商品的工业包装在设计的时候,应该更加注重它的商品保护的性质,不必太在意外在的美观。商品的商业包装的设计,则必须注意外观的魅力,以吸引顾客。所以,应该找到一个好的平衡点,使商品包装既能够达到要求,又能够节省成本。

8.3.3 包装的合理化

包装的合理化,一方面包括包装总体的合理化,用整体物流效益与微观包装效益的统一衡量;另一方面也包括了包装材料、包装技术、包装方式的合理组合与运用。

1. 包装合理化的要求

(1)防止包装不足。包括:包装强度不足;包装材料水平不足;包装容量层次与容积不足;包装成本过低,不能保证有效的包装。

(2)防止包装过剩。包括:包装物强度设计过高;包装选择过高;包装技术过高;体积过大;包装成本过高。

(3)用科学方法确定最优包装。包括:确定包装形式,选择包装方法,都应与物流诸因素的变化相适应;必须考虑到装卸、保管、输送的变化和大小要求,确定最优包装。

2. 包装合理化的途径

(1)包装的轻薄化。由于物流包装只是起保护作用,对产品使用价值没有任何意义,因此在强度、寿命、成本相同的条件下,更轻、更薄、更短、更小的包装,可以提高装卸搬运的效率。而且轻薄短小的包装一般价格比较便宜,如果是一次性包装也可以减少废弃包装材料的数量。

(2)包装的单纯化。为了提高包装作业的效率，包装材料及规格应力求单纯化，包装规格还应标准化，包装形状和种类也应单纯化。

(3)包装的标准化。包装的规格和托盘、集装箱关系密切，也应考虑到和运输车辆、搬运机械的匹配，从系统的角度制订包装的尺寸标准。

(4)包装的机械化。为了提高作业的效率和包装现代化水平，各种包装机械的开发和应用是很重要的。

(5)包装的绿色化。包装的绿色化是指无害少污染的符合环保要求的各类包装物品，主要包括纸包装、可降解塑料包装、生物包装和可食性包装等，它们是包装经营的发展主流。

8.3.4 包装标准化

包装标准化是指对包装的类型、规格、制造材料、结构、造型等给予统一规定的政策和技术措施。物流过程中，货物的运输、堆码、储存等活动都对包装的外观规格提出了统一化的要求。

1. 实行包装标准化的原因

(1)适应运输、保管、装卸、搬运的要求。包装与物流的各个方面都存在着密切的联系。为了适应运输、保管、装卸、搬运的要求，包装标准化是提高效率、减少货物损失的有效手段。此外，包装标准化还是运输器具和运输机械标准的基础。

(2)适应大规模、大批量的生产要求。在机械化、自动化、系列化的社会化大生产中，只有包装的标准化才能适应大规模、大批量的生产要求。

(3)适应机械化生产要求。由于包装材料的不断革新，塑料和多种符合加工材料的出现，包装正向多样化发展。从材料变化上看，包装材料向轻量方向发展，这是由于轻型材料运输费用低、保管储存、装卸搬运方便的缘故；从包装加工制造来看，新材料更适于机械化生产，而且也利于标准化。

(4)降低流通费用。包装标准化能提高保管效率，降低保管费用；提高运输效率，降低运输费用；提高装卸效率，降低装卸费用；减少运输和装卸中的破损率，减少货物的损耗费用等。从另一个角度来看，包装标准化从设计方面日趋简单化，包装材料也可得到相应的节约，包装作业也更加方便、统一，因而包装费用亦可大幅度下降。

(5)适应国际贸易发展的要求。由于经济的发展，国际贸易中国际间的物流活动日益加强与扩大，为了加强国际间的合作与交流，包装的标准化已成为各国共同关注的一个问题。

2. 包装标准

包装标准就是对包装标志、包装所用的材料规格、质量、包装的技术要求、包装件的实验方法等的技术规定。包装标准可分为三类。

(1)包装基础标准和方法标准。这是包装工业基础性的通用标准，如包装通用术语、包装的尺寸系列、运输包装件试验方法等。

(2)工农业产品的包装标准。这是指对产品包装的技术要求或规定。其中，一种是产品质量标准中对包装、标准、储存等的规定；另一种是单独制订的包装标准，如洗衣粉包装箱、针织内衣包装与标志、铝及铝合金加工产品的包装、标志、运输和储存的规定等。

(3)包装工业的产品标准。这是指包装工业产品的技术要求和规定，如普通食品包装纸、纸袋纸、高压聚乙烯重包装带、塑料打包带等。

3. 包装标准化管理

包装标准化是指对产品包装的类型、规格、容量、使用的包装材料、包装容器的结构造型、印刷标志及产品的盛放、衬垫、封装方式、名词术语、检验要求等加以统一制订，并贯彻实施。

其中主要的是统一材料、统一规格、统一容量、统一标记和统一封装方法。

包装标准化的管理对提高包装质量，降低包装成本，保护内装产品的固有性质，减少其在流通过程中的破损，节约运力，增加经济效益，方便销售，增强产品的竞争能力等都有着重要的作用，因此加强包装标准化管理是提高经济效益的一项重要措施。

产品包装的质量必须用它的各项标准来衡量。实现包装标准化，可使包装规格型号减少，同类产品可以通用，在包装生产过程中，减少了机器更换规格尺寸和印刷标志的时间，提高工效，节约工时费用；为包装生产的连续化、机械化提供了条件，同时节约了包装材料，促进商品包装的回收复用，减少包装费用；而且对于保护产品质量，提高运输工具的装载量，加速物流都具有十分重要的意义。

8.4 流通加工管理

流通加工管理，从其本质来说，和生产领域的生产管理一样，是在流通领域中的生产加工作业管理。所不同的是，流通加工管理既要重视生产，又要着眼于销售。因为后者是加工的主要目的。

8.4.1 流通加工管理的主要内容

流通加工管理工作可分计划管理、生产管理、成本管理和销售管理。

1. 计划管理

对流通加工的产品，必须事先制订计划。例如，对加工产品的数量、质量、规格、包装要求等，都要按用户的需要，作出具体计划，按计划进行加工生产。

2. 生产管理

生产管理主要是对加工生产过程中的工艺管理。例如，生产厂房、车间的设计；生产工艺流程的安排；原材料的储存供应；产成品的包装、入库等一系列的工艺流程设计是否科学、合理与现代化。

3. 成本管理

在流通加工中，成本管理也是一项非常重要的内容。一方面，加工是为了方便用户，创造社会效益；另一方面，也是为了扩大销售，增加企业收益。所以，必须详细计算成本，不能进行亏本的加工。

4. 销售管理

流通部门的主要职能是销售，加工也主要为此目的服务。因此，在加工之前，要对市场情况进行充分调查。只有广大顾客需要的，加工之后有销路的物品，才能够组织加工。

8.4.2 流通加工的投资管理

一般来说，设置流通加工点前要进行必要性和经济性分析，运营中还要对其进行投资和经济效果评价，以确保实现流通加工的增值效益。

1. 设置流通加工点的必要性分析

是否需要设置流通加工点取决于以下两个方面：一是生产厂家的产品是否能直接满足用户需要，包括在产品性能及供货时间上；二是用户对此种产品是否有能力在流通领域作进一步加工。如果生产厂家的产品为标准配置产品，而客户的需求是各种各样的，即生产厂家的产品大部分不能满足客户的需求，则设置流通加工点就是必要的。其次，在供货时间上，客户的要求往往是急迫的，因而客户存在着对供应商供货时间上的选择权衡，企业为了赢得订单，需要在尽可能短的一段时间内交货。然而由于运输配送的时间延迟，以至于跨地区、距离远的企业可能在交货期内出不了货，这就需要企业在某地域设置流通加工点，要么自行设置，要么委托第三方物流提供者设置。此外，第三方物流企业只有在某一领域中具备这方面的能力，而客户又恰好有这方面的需求，才有设置流通加工点的必要。

2. 设置流通加工环节的经济性分析

流通加工一般都是比较简单的加工，在技术上不会有太大的问题，所以投资建设时重点考虑的是经济上是否划算。流通加工的经济效益主要取决于加工量的大小，加工设备和生产人员是否能充分发挥作用。如果第三方物流企业的客户中有很多共性的流通加工需求，且在加工量上可以得到较为均衡的保证，则第三方物流企业设置流通加工点就是有必要的。此外，还要分析该流通加工项目的发展前景，如前景发展良好，近期效益不理想也是可以接受的。另外，第三方物流还可以通过设置某领域物流加工点形成竞争优势，由此可吸引更多的类似客户"加盟"。

3. 投资决策和经济效果评价

流通加工项目的投资决策和经济效果评价主要使用净现值法、投资回收期和投资回收率来进行分析。

8.4.3 流通加工的合理化

1. 不合理流通加工的若干形式

流通加工是在流通领域中对生产的辅助性加工，从某种意义来讲它不仅是生产过程延续，而且是生产本身或生产工艺在流通领域的延续。这个延续可能有正、反两方面效应，即可能有效地起到补充完善的作用，但是，也必须估计到另一个可能性，即对整个过程的负效应。各种不合理的流通加工都会产生抵消效益的负效应。不合理流通加工有如下几种形式。

(1)流通加工地点设置的不合理。流通加工地点设置即布局状况是整个流通加工是否有效的重要因素。一般而言，为衔接单品种大批量生产与多样化需求的流通加工，加工地设置在需求地区，才能实现大批量的干线运输与多品种末端配送的物流优势。

如果将流通加工地设置在生产地区，其不合理之处在于：第一，多样化需求要求的产品多品种、小批量由产地向需求地的长距离运输会出现不合理；第二，在生产地增加了一个加工环节，同时增加了近距离运输、装卸、储存等一系列物流活动。所以，在这种情况下，不如由原生产单位完成这种加工而无需设置专门的流通加工环节。如果流通加工地设置在消费地，则在流通中增加了一个中转环节。

即使产地或需求地设置流通加工的选择是正确的，还有流通加工在小地域范围的正确选址问题，如果处理不善，仍然会出现不合理。这种不合理主要表现在交通不便，流通加工与生产企业或用户之间距离较远，流通加工点的投资过高(如受选址的地价影响)，加工点周围社会、环境条件不良等。

(2)流通加工方式选择不当。流通加工方式包括流通加工对象、流通加工工艺、流通加工技术、流通加工程度等。加工方式选择不当，本来应由生产加工完成的，却错误地由流通加工完成，本来应由流通加工完成的，却错误地由生产过程去完成，都会造成不合理。

流通加工不是对生产加工的代替，而是一种补充和完善。所以，一般而言，如果工艺复杂，技术装备要求较高，或加工可以由生产过程延续或轻易解决者都不宜再设置流通加工，尤其不宜与生产过程争夺技术要求较高、效益较高的最终生产环节，更不宜利用一个时期市场的压力使生产者变成初级加工或前期加工，而由流通企业完成装配或最终形成产品的加工。

(3)流通加工作用不大，形成多余环节。有的流通加工过于简单，或对生产及消费者作用都不大，不能解决品种、规格、质量、包装等问题，相反却增加了环节。

(4)流通加工成本过高，效益不好。流通加工之所以能够有生命力，重要优势之一是有较大的产出投入比，因而起着补充完善的作用。如果流通加工成本过高，则不能实现以较低投入实现更高使用价值的目的。除了一些必需的、从政策要求即使亏损也应进行的加工外，其他加工都应看成是不合理的。

2. 流通加工合理化的途径

流通加工合理化的含义是实现流通加工的最优配置，不仅做到避免各种不合理，使流通加工有存在的价值，而且做到最优的选择。为避免各种不合理现象，对是否设置流通加工环节，在什么地点设置，选择什么类型的加工，采用什么样的技术装备等，需要作出正确抉择。实现流通加工合理化主要考虑以下几方面。

(1)加工和配送结合。这是将流通加工设置在配送点中，一方面按配送的需要进行加工，另一方面加工又是配送业务流程中分货、拣货、配货的一环，加工后的产品直接投入配货作业。这就无需单独设置一个加工的中间环节，使流通加工有别于独立的生产，而使流通加工与中转流通巧妙结合在一起。同时，由于配送之前有加工，可使配送服务水平大大提高。这是当前对流通加工做合理选择的重要形式，在煤炭、水泥等产品的流通中已表现出较大的优势。

(2)加工和配套结合。在对配套要求较高的流通中，配套的主体来自各个生产单位，但是，完全配套有时无法全部依靠现有的生产单位，进行适当流通加工，可以有效促成配套，大大提高流通的桥梁与纽带的能力。

(3)加工和合理运输结合。流通加工能有效衔接干线运输与支线运输，促进两种运输形式的合理化。利用流通加工，在支线转干线运输或干线运输转支线运输等必须停顿的环节，按干线或支线运输合理的要求进行适当加工，从而大大提高运输及运输转载水平。

(4)加工和合理商流相结合。通过加工有效促进销售，使商流合理化，也是流通加工合理化的考虑方向之一。加工和配送的结合，提高了配送水平，强化了销售，是加工与合理商流相结合的一个成功的例证。此外，通过简单地改变包装加工，形成方便的购买量，通过组装加工，解除用户使用前进行组装、调试的难处，都是有效促进商流的例子。

(5)加工和节约相结合。节约能源、节约设备、节约人力、节约耗费是流通加工合理化的重要考虑因素，也是目前我国设置流通加工，考虑其合理化的主要原因。

对于流通加工合理化的最终判断，是看其是否能实现社会的和企业本身的两个效益，而且是否取得了最优效益。对流通加工企业而言，与一般生产企业的一个重要不同之处是，流通加工企业更应树立社会效益为第一的观念，如果只是追求企业的微观效益，就有违流通加工的初衷，或者其本身已不属于流通加工范畴了。

8.5 流通加工技术

流通加工作业的方式很多，依客户需求的不同，在作业流程中的时间点也不同。一般较常见的流通加工主要有初级加工活动，如按照用户的要求下料、套裁、改制等；辅助性加工活动，如给商品加贴条码、拴标签、简单包装等；深加工活动，如把蔬菜、水果等食品进行冲洗、切割、过秤、分级和装袋；把不同品种的煤炭混合在一起，加工成“配煤”等。流通加工作业不仅是一种增值性经济活动，而且完善了流通过程的服务功能。

1. 贴标签作业

贴标签作业大致可分贴中文说明标签和贴价格标签。贴中文说明标签大部分是以进口商品为主。当商品入库后就开始进行作业，标签贴完后再入库。这主要是针对贸易进口商的一种物流服务项目。另外一种是贴价格标签，这是针对零售店的要求所进行的流通加工，其作业大部分是在拣货完成后进行的。贴标签作业的流程如图 8.5 所示。

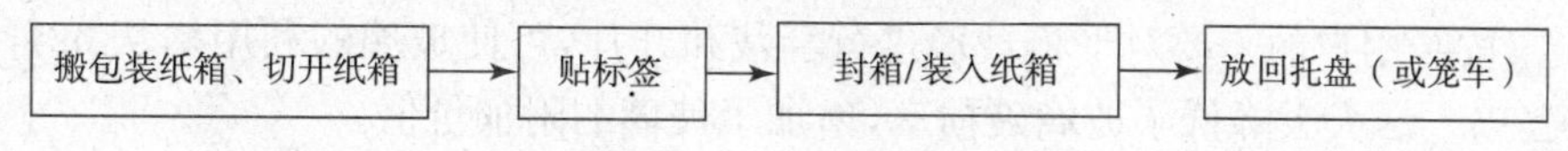

图 8.5　贴标签作业流程

2. 热缩包装

在流通加工作业中，热缩包装作业也是一种比较常见的加工方式，主要是针对超市或大卖场的需求，把某些商品按促销要求组合用热收缩塑料包装材料固定在一起。常用的薄膜收缩温度范围为 88 ℃～149 ℃，受热时变软，冷却后收缩，收缩强度相当大，可承受较大、较重的商品。热缩包装作业流程如图 8.6 所示。

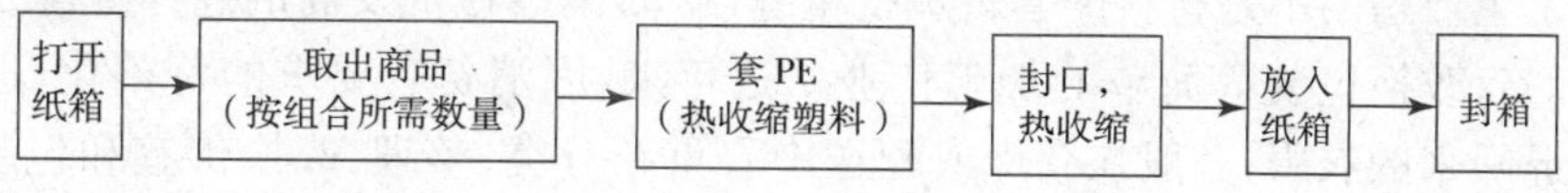

图 8.6　热缩包装作业流程

3. 礼品包装

主要是针对逢年过节时，有部分商品必须组合礼盒销售，如补酒礼盒、南北货礼盒、食品礼盒等。礼品包装的作业流程如图 8.7 所示。

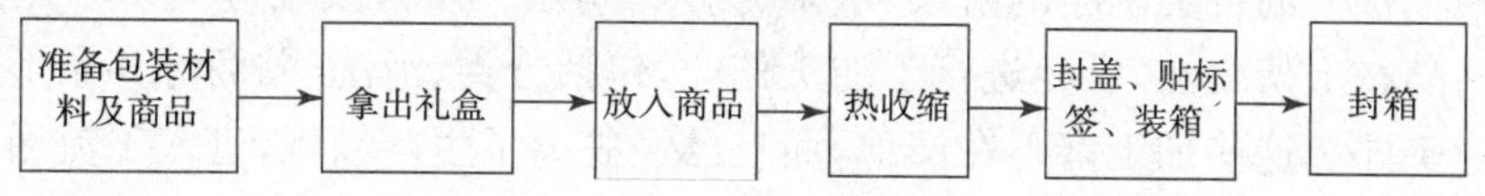

图 8.7　礼品包装流程

4. 小包装分装

主要是针对国内外厂商的大包装商品或散装商品，以计量（或计重）包装方式改为商品的销售包装。小包装分装的作业流程如图 8.8 所示。

图 8.8　小包装分装作业流程

5. 钢板剪切

汽车、冰箱、冰柜、洗衣机等生产制造企业每天需要大量的钢板，除了大型汽车制造企业外，一般规模的生产企业如若自己单独剪切，难以解决因用料高峰和低谷的差异引起的设备忙闲不均和人员浪费问题，如果委托专业钢板剪切加工企业，可以解决这个矛盾。专业钢板剪切加工企业能够利用专业剪切设备，按照用户设计的规格尺寸和形状进行套裁加工，精度高、废料少、成本低；专业钢板剪切加工企业在国外数量很多，大部分由流通企业经营。这种流通加工企业不仅提供剪切加工服务和配送服务，还出售加工原材料和加工后的成品。

6. 水泥加工

在水泥流通服务中心，将水泥、沙石、水以及添加剂按比例进行初步搅拌，然后装进水泥搅拌车，事先计算好时间，水泥搅拌车一边行走，一边搅拌，到达工地后，搅拌均匀的混凝土直接进行浇注。

7. 玻璃加工

平板玻璃的运输货损率较高，玻璃运输的难度比较大。在消费比较集中的地区建玻璃流通加工中心，按照用户的需要对平板玻璃进行套裁和开片，可使玻璃的利用率从62%～65%，提高到90%以上。大大降低了玻璃破损率，增加了玻璃的附加价值。

8. 自行车、助力车加工(组装)

自行车和助力车整车运输、保管和包装，费用多、难度大、装载率低，但这类产品装配简单，不必进行精密调试和检测，所以，可以将同类部件装箱，批量运输和存放，在商店出售前现场组装。这样做大大提高运载率，有效地衔接批量生产和分散消费。这是一种只改变商品状态，不改变商品功能和性质的流通加工形式。

9. 服装、书籍加工

服装加工主要指的不是材料的套裁和批量缝制，而是指在批发商的仓库或配送中心进行缝商标、拴标签、改换包装等简单的加工作业。近年来，因消费者要求的苛刻化，退货大量增加。从商场退回来的衣服，一般在仓库或配送中心重新分类、整理、改换价签和包装。书籍加工作业主要有：简单的装帧、套书壳、拴书签以及退书的重新整理、复原等。

10. 水产品、肉类、蔬菜、水果等食品加工

鱼等海产品的开膛、去鳞，猪肉、鸡肉等肉类食品的分割、去骨，常常在运到商店后进行并分类出售。

超市货柜上摆放的各类洗净的蔬菜、水果、肉末、鸡翅、香肠、咸菜等无一不是配送加工的产物。这些商品在上架之前，已经进行了加工作业，包括分类、清洗、贴商标和条形码、包装、装袋等多种作业工序。这些加工都不在产地，而且已经脱离了生产领域，进入了流通领域。这种加工形式，节约了运输等物流成本，保护了商品质量，增加了商品的附加价值。

11. 酒类流通加工

葡萄酒是液体，从产地批量地将原液运至消费地配制、装瓶、贴商标，包装后出售，既可以节约运费，又安全保险，以较低的成本，卖出较高的价格，附加值大幅度增加。

本章小结

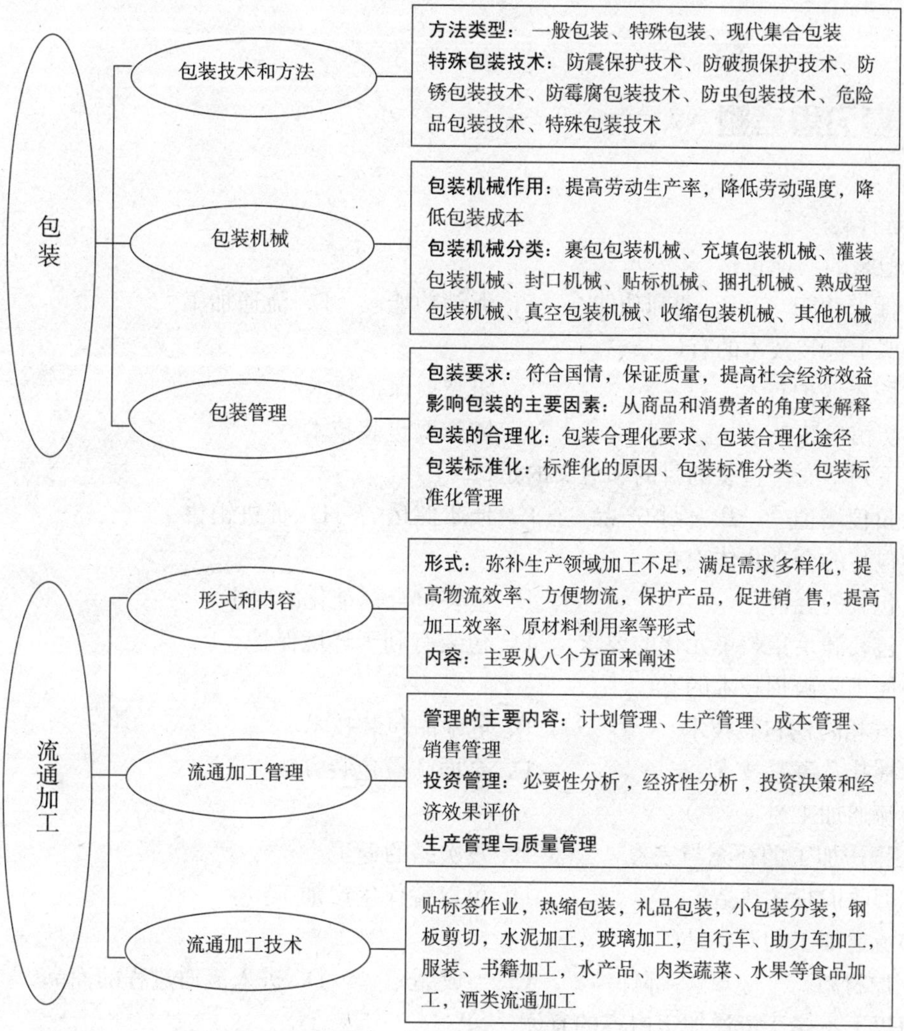

- 包装
  - 包装技术和方法
    - **方法类型：** 一般包装、特殊包装、现代集合包装
    - **特殊包装技术：** 防震保护技术、防破损保护技术、防锈包装技术、防霉腐包装技术、防虫包装技术、危险品包装技术、特殊包装技术
  - 包装机械
    - **包装机械作用：** 提高劳动生产率，降低劳动强度，降低包装成本
    - **包装机械分类：** 裹包包装机械、充填包装机械、灌装包装机械、封口机械、贴标机械、捆扎机械、熟成型包装机械、真空包装机械、收缩包装机械、其他机械
  - 包装管理
    - **包装要求：** 符合国情，保证质量，提高社会经济效益
    - **影响包装的主要因素：** 从商品和消费者的角度来解释
    - **包装的合理化：** 包装合理化要求、包装合理化途径
    - **包装标准化：** 标准化的原因、包装标准分类、包装标准化管理
- 流通加工
  - 形式和内容
    - **形式：** 弥补生产领域加工不足，满足需求多样化，提高物流效率、方便物流，保护产品，促进销 售，提高加工效率、原材料利用率等形式
    - **内容：** 主要从八个方面来阐述
  - 流通加工管理
    - **管理的主要内容：** 计划管理、生产管理、成本管理、销售管理
    - **投资管理：** 必要性分析，经济性分析，投资决策和经济效果评价
    - **生产管理与质量管理**
  - 流通加工技术
    - 贴标签作业，热缩包装，礼品包装，小包装分装，钢板剪切，水泥加工，玻璃加工，自行车、助力车加工，服装、书籍加工，水产品、肉类蔬菜、水果等食品加工，酒类流通加工

关键概念

包装　包装标准化　流通加工

课堂讨论

(1)试分析包装与运输、仓储、配送等其他物流职能的关系以及包装未来的发展趋势。

(2)流通加工是在物品从生产领域向消费领域流动的过程中,为促进销售、维护产品质量和提高物流效率,对物品进行的加工。试讨论流通加工和一般的生产型加工之间的区别。

(3)包装产生了废品处理的问题,为什么有较多的包装?怎样减少包装的数量?

复习思考题

1. 选择题

(1)包装的功能包括(　　)。

A. 保护功能　B. 便利功能　C. 促销功能　D. 流通加工

(2)属于包装技术的有(　　)。

A. 防震保护技术　B. 防破损保护技术

C. 防锈包装技术　D. 防霉腐包装技术

(3)下列不属于包装的目的和意义的是(　　)。

A. 价值增值　B. 保护产品　C. 便于储运　D. 促进销售

(4)包装的合理化体现在(　　)。

A. 包装的轻薄化　B. 包装符合标准化的要求

C. 包装满足集装单元化的要求　D. 包装有利于环境保护

(5)属于防破损技术的有(　　)。

A. 气相防锈包装技术　B. 危险品包装技术

C. 捆扎及裹紧技术　D. 全面防震包装方法

(6)流通加工是(　　)。

A. 生产加工的补充与完善　B. 残次品的返工

C. 回收旧货的改造　D. 可以替代生产加工

(7)流通加工的对象是(　　)。

A. 原材料　B. 零部件　C. 半成品　D. 进入流通过程的商品

(8)以下不属于流通加工内容的有(　　)。

A. 电视机的生产　B. 防潮加工

C. 石油气的液化加工　D. 平板玻璃的开片加工

(9)以促进销售为目的而进行的流通加工包括(　　)。

A. 对产品进行稳固、改装、冷冻、保鲜、涂油等流通加工活动

B. 对大包装或散装的商品进行分装加工,使其成为符合消费者购买要求的小包装

C. 将运输包装改换成为有装饰的、美观的销售包装

D. 将零部件在消费地组装成用具、车辆进行销售,如自行车的装配

(10)实现流通加工合理化主要考虑(　　)。

A. 与合理运输以及配送相结合

B. 有效促成配套,大大提高流通的桥梁与纽带的能力

C. 节约

D. 促使商流合理化

2. 问答题

(1) 什么是包装？包装有什么功能？

(2) 包装的种类和方法有哪些？

(3) 什么是包装合理化？包装合理化的标准是什么？

(4) 影响包装的主要因素是什么？通过哪些途径可使包装合理化？

(5) 什么是流通加工？流通加工的地位和作用是什么？

(6) 流通加工的形式有哪些？

(7) 不合理的流通加工形式有哪些？

(8) 流通加工管的有哪些主要内容？

(9) 简述流通加工的主要技术。

(10) 如何实现流通加工的合理化？

案例分析

(一)沃尔玛改进包装材料实现物流包装合理化

沃尔玛现在使用的包装材料有 70％是 RPC(可回收塑料包装筐)，而不是瓦楞纸箱，这主要是由于纸箱没有统一的占地标准和展示产品的功能。产品堆码整齐统一的重要性不言而喻。比如在一个农产品配送中心会有来自不同产地的商品，如果商品的种类繁多，而包装件的尺寸大小不一，那么对于如何搬运这些货物就是一个很大的难题。如果商品的包装标准化，拥有统一的占地面积，而且一个完整的占地尺寸和托盘的尺寸相等，这个问题就迎刃而解了。

RPC 是最早实现标准化的运输材料，因为其规格一致，所以便于堆码。RPC 底部均有插槽，其堆码稳定性也优于纸箱。RPC 不仅具有标准化的优势，还具有很强的展示功能。因为 RPC 没有顶盖，可以直接看到内装的产品；不必在外包装上印刷图案，省去了一笔印刷费又不失包装的推销功能。但是，瓦楞纸箱对商品的保护性很强，其优良的抗压、抗戳穿和防潮性能是 RPC 不能与之比的。而且由于 RPC 是经回收后重复使用的包装产品，所以从外观上看是比较陈旧的，而纸箱却是干净美观的。

纸箱利润也越来越薄，但值得注意的是纸箱行业正在受到 RPC 的挑战。沃尔玛公司有关负责人道出了纸箱产品存在最重要的两个弊端：首先，纸箱的规格成千上万，这对于追求个性化包装的商家当然是重要的，但却给整个物流环境带来很大麻烦，不便于堆码，不便于运输，还会浪费大量的宝贵空间，集装箱就是一个典型例子。其次，由于其结构封杀了产品自身展示的功能，虽然可以在包装箱的外面印刷精美的图案，但这需要加大包装成本。

前不久，FEFCO(欧洲瓦楞纸制造商联合会)与 FBA(美国纸箱协会)和一些大型纸箱企业联合推出了《欧洲通用瓦楞纸箱占地标准》，目的就是加强瓦楞纸箱便于堆码和展示产品的功能。这一措施将有效地推动瓦楞纸箱行业的发展。更重要的是一种观念的转变，这套标准不仅改变了人们对原本在销售及堆码方面和 RPC 相比处于劣势地位的纸箱的认识，而且成了纸箱行业向更成熟的方向发展的一个标志。我们国内的纸箱企业应该引以为鉴，走出企业，了解用户、销售商乃至消费者的实际需求，这样才能生产出用户满意的产品。

另悉,Nature Works LLC 又开始为沃尔玛分销公司提供一种新型的热塑包装:Nature Works PLA。该款新包装将于近期在沃尔玛及全球大型连锁超市上架使用。新型热塑包装以生物为基础材料,主要由谷物制成。它将成功取代传统的包装,应用在 4 种不同类型产品上,其中包括食品容器、饮料瓶罐等。项目的第一阶段在 2005 年 11 月正式启动,主要提供生鲜类产品的包装;第二阶段将进一步为近 800 万种蔬菜更换新包装;第三阶段将提供新型的礼品包装;第四阶段则将逐步更换食品及水果类的包装。

一个世界级的企业的确需要不断探索、改进和完善,才能不断走向成功。

案例思考:(1) 简述影响物流包装合理化的常见问题。

(2) 请分析包装标准化对物流包装乃至物流行业发展的积极作用。

(3) 本案例中,涉及哪些物流方面的知识点?试作简要分析。

(二)阿迪达斯的流通加工

阿迪达斯公司在美国有一家超级市场,设立了组合式鞋店,摆着不是做好了的鞋,而是做鞋用的半成品,款式花色多样,有 6 种鞋跟,8 种鞋底,均为塑料制造的,鞋面的颜色以黑、白为主,搭带白颜色有 80 种,款式有百余种,顾客进来可任意挑选自己所喜欢的各个部位,交给职员当场进行组合。只要 10 分钟,一双崭新的鞋便唾手可得。这家鞋店昼夜营业,职员技术熟练,鞋子的售价与成批制造的价格差不多,有的还稍便宜些。所以顾客络绎不绝,销售金额比邻近的鞋店多 10 倍。

案例思考:(1)阿迪达斯为何采用这种销售方式?

(2) 阿迪达斯的流通加工环节有什么特点?

(3) 阿迪达斯的该模式是否可推广到其他产品的销售上?

(4) 你作为一个消费者会对这样的产品质量放心吗?

推荐阅读

[1] 彭彦平,王晓敏.物流与包装技术.北京:中国轻工业出版社,2004.6.

[2] 钱静.包装管理.北京:中国纺织出版社,2008.8.

[3] 孙智慧,徐克非.包装机械概论.2 版,北京:印刷工业出版社,2007.

[4] 金国斌.现代包装技术,上海:上海大学出版社,2001.

[5] 刘北林.流通加工技术,北京:中国物资出版社,2004.

[6] 孙红.物流设备与技术,南京:东南大学出版社,2006.8.

第 9 章　物流信息管理

开篇案例·无线射频构建麦德龙“未来商店”

早在 2006 年举行的第八届中国连锁店展会上，德国麦德龙集团就向中国媒体展示了“未来商店”。麦德龙“未来商店”的核心就是装有 RFID 系统的“聪明芯片”。在 RFID 技术的支持下，科幻影片中的场景变成现实。

在未来商店，顾客将感受一次颠覆传统的购物体验。

推着一个带有液晶显示屏的购物车，顾客将选购的物品放进去，屏幕立即显示出商品的名称、价格、数量；缺货商品还可读取代用品等信息，食品类商品则可获取烹饪方法、推荐菜单等个性化信息，顾客甚至可以打印这份菜单或定制手机短信，把商品信息带回家。

在“智能试衣间”里，顾客不用把衣服穿上再脱下，里面的大屏幕就可以显示出试穿这件衣服的上身效果；摄像头被用来自动识别水果和蔬菜，顾客借助触摸屏找到隐没在货架中的商品；收款系统会自动显示购物需付款项的总额，收银机前不再出现长长的付款人龙。

“未来商店”为“千篇一律”的买卖过程注入了“新鲜”的体验。同时，零售商还能及时掌握消费者喜好，调整商品采购计划和商品陈放位置。

“未来商店”的仓库也暗藏玄机。每一个进出仓库的商品仓板都被贴上 RFID 标签，这些仓板经过“RFID 门”时会被自动读取，并自动传输到商品管理系统。

同时，售货员可通过终端了解这个商品的库存情况。如果库存数量过少，系统会自动生成订单，并通知商品供货商补货。供货商可在第一时间发货补充库存，避免断档缺货等意外发生。

供应商发出的货物在通过仓板上的 RFID 标签时，其信息又被传输到商店的管理系统，售货员同时收到到货信息。

RFID 系统在不改变供应链流程的前提下，形成了一个可随时监控的“透明”供应链系统，供应周期从过去的一周缩短到一天半。

据估算，如果麦德龙在德国的 Cash & Carry 店、Real 店和配送仓库都实行这套方案，每年可以节约成本 850 万欧元。

（资料来源：摘自《第一财经日报》2009 年 7 月 21 日）

9.1 物流信息

9.1.1 信息

1. 数据与信息

数据是描述客观事物的性质、形态、结构、特征等属性的可识别的、抽象的符号。数据有许多类型，包括数字、文字、图形、图像、声音、影像等。

信息是人们对数据进行提炼、筛选、分析和加工等处理过程得到的对客观事物属性的认识。通俗地说，信息是经过加工处理后有用的数据。并且信息的表现形式仍然是数据。

数据与信息的关系如图 9.1 所示。

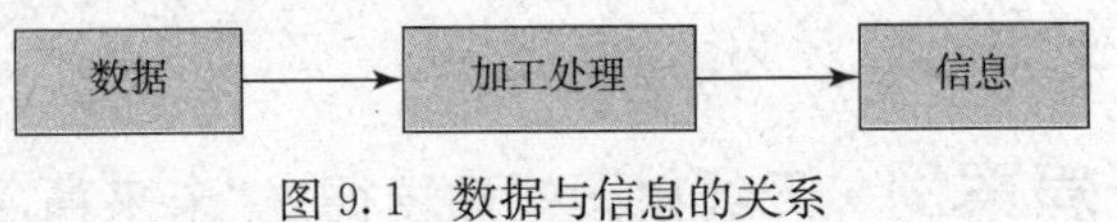

图 9.1 数据与信息的关系

2. 信息的作用

信息在现代管理中起着十分重要的作用。可以说，管理活动是一种获取信息、筛选信息和利用信息来实现组织目标的信息运动。信息是计划的基础、组织的依据、控制的手段，所以管理活动的计划决策、组织指挥和控制监督三个环节都离不开信息。

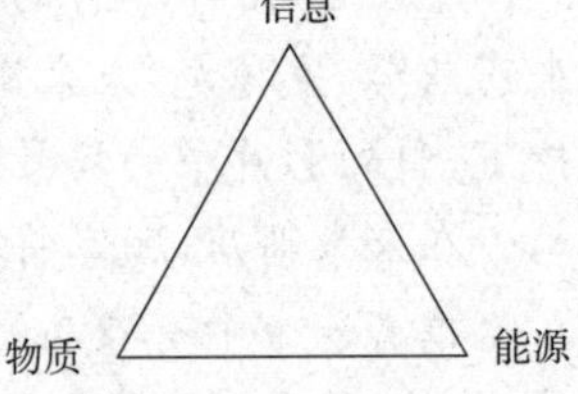

图 9.2 资源三角形

“没有材料，什么也不存在；没有能源，什么也不会发生；没有信息，任何事物都没有意义。”哈佛大学的研究小组给出的如图 9.2 所示的资源三角形，表明了物质、能源、信息之间的关系。农业社会，人类主要依赖物质资源；在工业社会，人类依赖物质和能源；而现在人类已经进入信息社会，对信息资源的依赖程度也越来越高。

9.1.2 物流信息

1. 物流信息的含义

物流信息指的是在物流活动进行中产生及使用的必要信息，是物流活动内容、形式、过程以及发展变化的反映。这里所说的信息是反映物流各种活动内容的知识、资料、图像、数据和文件的总称，包括内部信息和外部信息两大部分。物流系统内部信息是伴随着物流活动而发生的信息，物流系统外部信息是在物流活动以外发生的，但提供给物流活动使用的信息。物流信息的构成如图 9.3 所示。

物流信息不仅作用于物流，也作用于商流，是流通过程中不可缺少的管理及决策依据。物流和信息的关系如此密切，物流从一般活动成为系统活动也有赖于信息的作用。如果没有信息，物流就只是一个单向的活动，只有靠信息的反馈，物流才成为一个有反馈作用的，包括了输入、转换、输出和反馈功能的现代系统。从某种意义上说，物流信息是现代物流系统的重要支撑要素，因此信息处理功能就成了物流不可替代的基本功能之一。它与物流的其他功能有很大的差异，是物流其他功能实现最大价值所必须依赖的基础性功能，具体表现在：物流的每一个基本功能都与信息功能有联系，它们的顺利实现都需要信息功能的支持；整个物流系统的组织程度和有序程度靠物流信息来保障；物流系统通过信息与外界相联系，通过信息与外界互动；物流的信息功能是提升整个物流活动效率的关键因素。

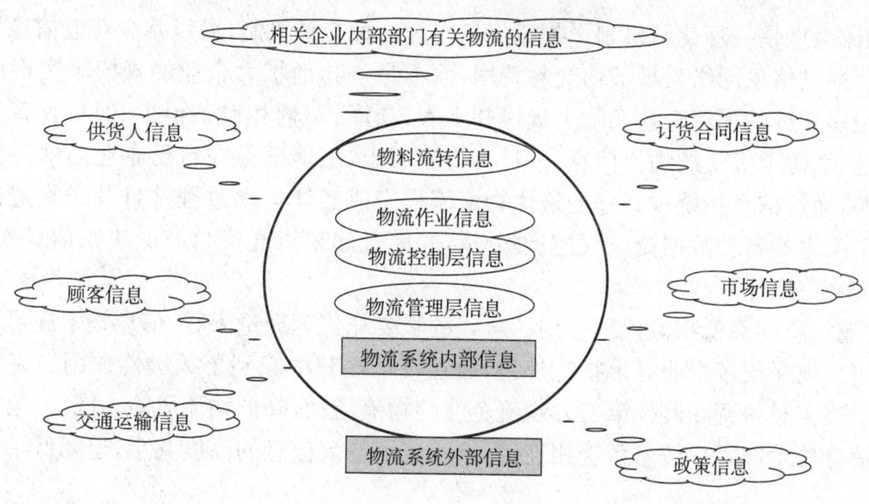

图9.3 物流信息的构成

2. 物流信息的功能

物流信息的功能包括沟通联系功能、引导协调功能、管理控制功能、辅助决策功能等。

(1)沟通联系功能。现代物流系统是由多个行业、多个部门以及众多企业构成的大经济系统,系统内部正是依靠各种物流信息建立起了立体多维的联系,沟通生产商、销售商、物流服务商和消费者,以满足各方的需要。可以说,物流信息是沟通物流活动各环节之间联系的桥梁。

(2)引导协调功能。物流信息随着物流、资金流的流动及物流活动当事人的行为等信息载体进入物流系统中,同时信息的反馈也随着信息载体反馈到物流系统的各个环节,依靠物流信息及其反馈作用可以引导物流活动的优化,协调物资结构、平衡供需,协调人、物、资金等物流资源的配置,从而促进物流资源的整合和合理使用。

(3)管理控制功能。通过运用现代信息技术如移动通信、互联网、电子数据交换、全球定位系统等可以实现物流活动的电子化、自动化和智能化,通过对货物和运输车辆的实时跟踪、库存自动补货等,可以对物流运行全过程、物流服务质量和物流成本进行管理控制。

(4)辅助决策功能。物流信息是制定决策方案的重要基础和关键依据,物流管理决策过程本身就是对物流信息进行深加工的过程,是对物流活动的发展变化规律认识的过程。物流信息可以协助物流管理者鉴别、评估物流战略或可选方案,如车辆调度、库存管理、流程设计及收益分析等都是在物流信息的帮助下才能做出科学的决策。作为对决策分析的延伸,通过对物流信息进一步的提炼和挖掘,还可以为物流活动的长期发展方向和经营战略进行规划和安排。

3. 物流信息的经济特征

(1)物流信息具有价值和使用价值。物流信息是物流工作者劳动服务的成果,因而具有价值;它又能够满足信息需求者的某种特定需要,因而具有使用价值。物流企业不应只把物流活动当作企业的利润之源,还应该通过合理利用物流信息增加物流价值。

(2)物流信息是一项生产要素。物流信息可以作为一项生产要素投入到物流生产中,以代替成本日益升高的劳动力。物流业是一个规模产业、范围产业和速度产业,其收益水平取决于物流量的大小和整合水平,取决于物流业务功能和服务区域的覆盖率,也取决于物流作业周转运行的速度和质量,而这三者都可以通过引入信息技术机制得到大大的改善,提高了对物流的整合力、控制力和推动力。

(3)物流信息是一种交易机制。物流信息作为一种交易机制,可以减少获取信息和分析信息的成本。通过信息网络交易节约交易费用,而不是一味地扩大企业的规模来实现市场内部化。目前很多先进的物流企业实际上规模并不大,仓库、车辆和设备很少,但却有着先进的物流信息系统,掌握了大量的物流信息,一旦有物流需求,就能够像在自己企业内部一样迅速调集各种资源,通过信息系统规划好的最优物流流程完成实体运动过程并且及时收集在这次物流运作当中产生的各种数据流,经过整理分析,并储存起来以充实自己的决策信息库,用以指导下一次的物流运作。

(4)物流信息能降低物流代理费用。从经济学委托代理理论来看,信息技术还可以降低物流代理费用。现在很多企业寻求物流外包,信息技术在其中起到了关键性作用。完善的信息系统完全能够实时协调和监控第三方物流企业的物流活动,降低物流风险。同时,第三方物流企业利用信息技术同客户信息系统相连,不仅实现了物流信息的高度共享,也降低了自身的运作风险。

9.1.3 供应链中的信息流

1. 信息流

一般情况下,信息流大都是从顾客需求开始,通过零售商、分销商、批发商传到制造商那里,然后再从制造商传到供应商。在供应链中信息的采集、传递和加工处理的过程,就是信息流的形成过程。

信息流具有的特点为:信息流的采集与物流的过程同时发生;信息采用计算机集中存储,统一加工处理,消除了部门与部门交接处的冗余加工处理;用计算机传递、加工处理信息及时、准确,并能够快速反馈信息并由此控制和调节物流。决策层不仅了解结果,而且也了解过程,实现信息的可追溯性、能做出准确的判断和实时的决策。

2. 供应链中的信息流

供应链上的企业之间存在着物流、信息流和资金流。物流是供应链中最明显、最直观的流动,有人认为供应链管理就是物流管理的延伸和扩展。但进入信息社会之后,信息的价值已经赋予供应链以新的意义和地位。在供应链中,一切物流、资金流都紧密地围绕信息流展开,只有在信息的指引下,物流和资金流才是有效的,才能达到效率最优、成本最低。供应链中的物流、资金流、信息流的关系如图 9.4 所示。

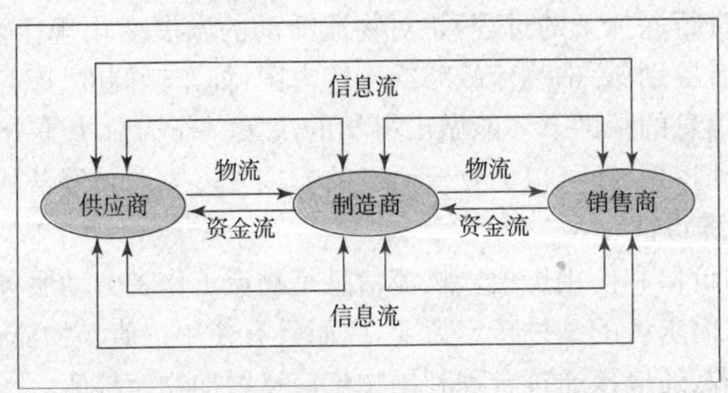

图 9.4 供应链中物流、资金流、信息流的关系

理论上,信息渗透到供应链的各个环节,信息流的流向是不分方向的,但事实上企业运作时必须以一种流向为主。根据信息流的流向不同,供应链运作方式分为推动式(Push)和牵引式(Pull)两种。

推动式系统是指信息流与物流方向相同的系统，该系统是指供应链中的产品生产按照前期市场预测和企业计划来执行，信息流内容表现为生产计划，定义为同向信息流。同向信息流的特点表现为系统性较强，客观性较差，生产计划是根据前期销售情况综合企业现期生产能力制订的，这种计划在 MRP、ERP 等现代管理条件下可以更好地利用企业资源，但一旦制订，变动的幅度很小，不能反映销售的变化。

牵引式系统是信息流与物流方向相反的系统，该系统是指供应链中的产品生产根据用户订单来进行，信息流内容体现为需求订单，定义这种与物流方向相反的信息流为反向信息流。反向信息流特点表现为系统性较差，客观性较强，需求订单是根据实时销售情况随时改变的，具有很高的真实性和柔性，例如 JIT 方式，但这种信息具体反映了复杂的市场环境变化，具有难预测、不可控的特点。

3. 供应链中信息流的控制

供应链企业的信息来源从地理上看是分布式的，信息资源跨越部门和企业，通过 Internet/Intranet、EDI 等信息通信和交流工具，供应链中的核心企业能够把分布在不同区域和不同组织的信息进行有机地集成与协调，使供应链活动同步进行。

供应链管理中信息流的控制模式可分为分散控制、集中控制及综合协调控制三种。

(1)分散控制模式的信息在部门之间传递，由部门决定信息传递的方向及内容，这种信息流的控制主要分散在各个部门，形成分散控制模式。这种模式主要应用于部门之间文档的传送，包括意见、建议、说明及要求等，采用的形式一般为 E-mail、电子公告板等。

(2)集中控制模式是所有的信息在传递过程中必须经过中央数据库再到达目的地，这时信息的内容及流向由中央数据库集中控制，构成信息流的集中控制模式。该模式主要应用于研发、生产及销售等数据信息，目前企业采用的大部分 MRP、ERP 等系统，其信息流模式便是这种集中控制方式。

(3)综合协调控制模式是核心企业与供应链管理中的其他企业部门之间、部门与中央数据库之间的信息交流为分散控制模式，相对核心企业的中央数据库来说，其他企业可视作核心企业的一个部门，集中控制信息的流向，如产品(零部件)需求信息、物料的在途信息等。该控制方式具有两个显著的特点：①兼具分散控制的灵活性以及集中控制的宏观协调能力，使管理效率得以极大地提高；②它符合供应链管理的群体决策机制，物流、信息流能够顺畅、快捷地流动，都可使正确的人在正确的时间和地点以正确的方式获得需要的物质或者信息。

在三种信息流控制模式中，分散控制模式强调代理方的独立性，对资源的共享程度低，缺乏宏观调控，很难做到与供应链的同步化。集中控制模式把供应链作为一个整体纳入一个系统，采用集中方式决策，但轻视了代理的自主性，容易产生依赖思想，对不确定性的反应比较迟缓，难以适应市场需求的变化。比较好的控制模式是分散与集中相结合的混合模式。各个代理一方面保持各自的独立性运作，另一方面参与整个供应链的同步化运作体系，保持了独立性与协调性的统一。

供应链管理思想对企业管理的最大影响是对现行计划与控制模式的挑战，因为企业的经营活动是以顾客需求驱动的、以计划与控制活动为中心而展开的，只有通过建立面向供应链管理的计划与控制系统，企业才能真正从传统的管理模式转向供应链管理模式。

4. 信息流传递中存在的问题

(1)信息延滞。从零售商处得到的顾客购买产品的基本信息，总是要经过一段时间分析处理后，才会反馈到上一级的配送中心处，同时配送中心也需要对来自于多个经零售商处理过的信息进行再处理,依此类推,信息流会产生延滞。信息延滞的结果往往就是失去顾客,市场占有率下降,以及利润降低。

(2)信号失真。当供应链上不同的环节做出了相同的预测,就可能会夸大或降低真实的需求,造成的结果是盲目加班或停产、库存增加或严重不足、成本上升,以及利润降低。

(3)"牛鞭效应"。众所周知,供应链管理环境下的企业是以动态联盟的形式加入供应链,企业间是一种亲密的合作伙伴关系,但由于各企业的目标不尽相同,各自的工作方法可能因组织管理方式、思维模式以及组织文化等方面存在的差异而有所不同,供应链中的企业都会从各自的自身利益出发展开合作,这样就很容易引起信息失真,引起供应链中的"牛鞭效应"。供应链中的"牛鞭效应"会造成批发、零售商的订单和生产产量峰值远远高于实际客户需求量,进而造成产品积压,占用资金,使得整个供应链运作效率低下。随着供应链运作的企业越多,这种效应越加明显,整个供应链的管理会变得十分复杂和困难。

9.1.4 信息流对物流的影响

1. 信息对物流的促进作用

信息技术的发展大大缩减了信息交换和流通的时间与空间,信息技术的"时空压缩效应"使生产和贸易走向全球化。信息技术的应用,使得运输、仓储、包装、装卸、加工等物流各个环节有机地整合在一起,从而使物流管理所要求的系统化管理、低成本运作、高质量服务得以较完美地实现,大大提高了物流系统的运作效率。

(1)信息化对交通运输的促进作用。①信息化是交通运输业可持续发展战略的重要内容。信息化是实现交通运输现代化的必由之路,也是交通运输业可持续发展战略中的重要内容。②信息化是交通运输业新的利润增长点。物流信息化程度提高可以减少货物的积压,减少大量车辆空驶,减少企业资源的浪费,为企业提供潜在的巨大的商业机会。③信息化可以大大提高运输质量,扩大运输能力。运输业利用信息技术处理业务,极大地提高了运输过程中信息处理和传递的及时性、准确性、经济性,避免了由于信息传输不畅或信息重复和无规律性所造成的许多损失。

(2)信息是库存管理的精髓。企业通过高效率的信息系统提供准确、及时的交货数据,可以减少不确定性给订货提前期、货物运输、货品质量、需求变化等带来的不利影响;保证组织之间彼此的合作与协调性,实现企业快速响应市场需求的目的,同时也可以实现库存物资的供应和需求的平衡关系。

(3)借助信息系统可以提高物流运作质量。信息技术在物流中的广泛应用,可以增加物流系统的透明度并促进物流各环节的整合,提高物流运作质量,降低物流系统的营运成本,提高物流服务的水平。

2. 信息流对物流的部分替代作用

信息流在传递成本、传递速度、传递载体所占据的空间、传递方式等方面相对物流有不可比拟的作用,但物流所完成的实物的空间位移也是信息流所无法完成的。信息流和物流的特点决定了信息技术的发展可以促进物流的发展,也对物流产生了深刻的影响,有些影响甚至起到了对物流的部分替代作用:①信息社会人们出行的需求大为减少;②货物运输的平均运距缩短;③零库存的实现;④有形信息传递向非实物化趋势发展。

3. 电子商务信息流对物流的作用

电子商务是采用现代信息技术手段,利用计算机网络技术全面实现管理、经营、交易和服务的电子化过程,减少了商务活动中间环节,提高了信息流通和反馈速度,进一步完善和提高企业资源管理及客户管理水平，实现商务利润的最大化。

随着网络及相关信息技术在全球的飞速发展，电子商务的社会基础日趋成熟，它的发展给物流业的发展带来了极大影响：①电子商务的发展扩大了物流的需求量；②电子商务的发展为物流需求和物流服务商之间提供低成本的信息交换平台；③电子商务的发展为物流企业自身的物流效率和管理水平等内部资源整合提供解决手段。

9.1.5 物流信息化

1. 物流信息化

物流信息化是利用现代信息技术、信息平台、信息装备等，围绕物资的生产、采购、运输、储存、保管、分发、服务等物流的全过程进行信息的采集、交换、传输和处理，实现物资的供应方、需求方、储存方等的有效协调和无缝连接，构造出高效率、高速度、低成本的物流供应链，从而达到全面满足经济发展的目的。

信息化的物流采取信息化管理，利用自动化设备收集和处理商流、物流过程中产生的信息，对物流信息进行分析和挖掘，最大限度地利用有效信息对物流活动进行指导和管理。其基于互联网的开放性使整个物流系统具有无限的开放性和拓展能力。信息流贯穿于物流活动的始终，起到了事前测算流通路径、即时监控输送过程、事后反馈分析的作用。另外大规模联合作业降低了系统的整体运行成本，提高了工作效率，也降低了系统对单个节点的依赖性，使得系统的抗风险能力明显增强。

物流信息化的建设包括三个层次的内容：①物流管理信息系统软件在物流企业中的运用，如仓储管理系统、运输管理系统、订单管理系统和服务管理系统等，这些子系统的运用可以大大提高物流企业的作业效率，降低成本，并提高客户的满意程度；②实现编码、网络、协议等基础设施的标准化建设，要实现物流信息化就必须先解决标准化的问题；③建立以供应链为基础的高效便利的物流信息服务平台，以实现信息资源的充分共享和交换，即利用信息技术进行流程设计和优化，建立提供通讯服务的通讯平台，提供数据支持的数据平台，提供技术服务的技术平台和提供物流供求资源信息的服务平台等，这些都为物流企业进行业务流程再造提供了机制保障和数据基础，促进了现代化物流企业的建立，完善了物流产业的管理模式。

2. 物流信息化与企业管理变革

物流信息化简单的说就是物流信息的商品化、物流信息收集的数据化和代码化、物流信息处理的电子化和计算机化、物流信息传递的标准化和实时化以及物流信息贮存的数字化等。但这些都只是信息化的表象，信息化的影响已经从生产作业层面深化到了管理层面。物流信息化必然要求企业的组织结构、业务流程和管理方式发生相应的变化，才能从根本上实现管理与信息的结合，充分发挥两者作为生产力的最大潜力。

信息化在企业组织发展趋势中的作用主要体现如下。

(1)组织过程化。各企业不再以职能作为部门设立的标准，而是以具体的业务流程来划分团队。

(2)功能外购化。企业可以以物流核心能力为支点，通过信息网络来整合其他的物流功能。这样既能满足客户对综合物流的需求，又提高了企业的竞争能力和战略柔性。

(3)服务信息化。物流企业与客户之间的业务联系更多的是通过信息互动而不是通过具体的业务流程来完成。网上物流信息的发布、查询、信息的迅速交换，使客户能更方便、清楚地了解货物情况。物流企业还可以为客户提供信息实时跟踪、网上物流结算和物流系统规划等基于信息的服务项目。

(4)结构扁平化。信息技术降低了物流信息的获取成本，缩小了信息的发布范围，从而改变了物流决策层次结构。信息技术能够建立快速的信息通道，实现物流信息从基层运作点到高层领导的直达，而无需中间过程的介入。信息技术又能把物流信息直接传递给基层工作人员，结合自己的知识进行现场决策而无需请示管理层。

(5)业务合同化。信息沟通机制的健全加强了物流企业与客户之间的业务联系，加深彼此的了解，使合作方签订较长期的物流合同成为可能，企业间的联系更为紧密。

9.2 物流信息技术

9.2.1 信息技术在物流管理中的作用

现代信息技术的发展是促进物流产业形成和发展的基础和条件。现代信息技术在经济中的广泛应用，不仅直接促进了传统产业的快速发展和结构调整，而且促使传统的物流活动成为一个新的专业化分工领域，形成了从生产到消费的系统化的物流链条，实现了物流流程的优化和资源的合理配置，提高了全社会的流通效率和经济效益。

供应链管理运作的所有方面，包括渠道策略和运作的集成，供应链中的存货管理、运输计划和自动补货等，没有信息技术的支撑是根本不可能的。供应链管理为企业获得竞争优势提供了非常重要的管理方法和思想，而这些方法和思想从诞生之日起，就与信息技术紧密地联系在一起。供应链管理组织的建立也离不开信息技术的支持。供应链管理强调将企业内外的竞争力和资源进行集成，而集成的实现离不开网络化的支持。供应链管理强调信息共享，实施供应链管理的顶尖级公司都十分重视信息技术的应用，并取得了显著的成功。

信息技术改革了企业应用供应链管理获得竞争优势的方式，对物流供应链管理从建立新型的顾客关系、提高营销渠道的效率、改变产品存在的形式和服务沟通的方式、形成企业间和行业间新的价值链、提高及时决策和模拟结果的能力、形成全球化管理和基于消费者要求的大批量定制能力、改变传统的供应链构成、促进企业不断进行学习和革新等八个方面产生深远的影响。

9.2.2 信息识别与采集技术

自动识别和数据采集技术是通过自动识别项目标识信息，并不使用键盘就可以将数据输入计算机、程序逻辑控制器或者其他微处理器控制设备。自动识别和数据采集技术包括条码技术、射频识别技术、磁识别技术、声音识别技术、图形识别技术、光字符识别技术、生物识别技术等解决不同类型数据采集的技术。在物流领域主要指条码技术和射频识别技术。

1. 条码技术

条码是一种可以印刷的机器语言，最早出现于20世纪40年代，它由一组按特定编码规则排列的条、空组成的图形符号组成，其中隐含着数字信息、字母信息、标志信息、符号信息。条码自动识别系统由条码标签、条码生成设备、条码识读器和计算机组成。

本书封底由若干个黑色的“条”和白色的“空”组成的图案就是常见的条码。其中，黑色条对光的反射率低而白色的空对光的反射率高，再加上条与空的宽度不同，就能使扫描光线产生不同的反射接收效果，在光电转换设备上转换成不同的电脉冲，形成了可以传输的电子信息。

条码是迄今为止最经济、实用的一种自动识别技术，可以和有关识别设备组成一个系统实现自动化识别，还可以和其他控制设备连接起来实现自动化管理。它具有输入速度快、可靠性高、采集信息量大而广、经济实用、易于制作等特点。

在物流过程中，条码技术是通过标准化来共享的。条码技术的标准化是指在条码技术的社会实践中，对重复性事物和概念制定、发布和实施统一的标准。通过标准化，可以发挥条码在流通领域的通用语言的效能。目前在世界上应用的码制有许多种，而国际上公认的有三种，即 EAN 码、交叉二五码、UCC/EAN-128 码。其中 EAN 条码是国际上普遍采用的商品代码，我国通用商品条码标形就是采用 EAN 条码结构，主版是由 13 位数字及相应的条码符号组成，在较小的商品上也采用 8 位数字码及其相应的条码符号，构成包括前缀码、制造厂商代码、商品代码、校验码等。

条码主要包括销售信息系统（POS 系统）、销售跟踪、库存系统、分货拣选系统以及企业的生产管理系统。据调查，采用快速、准确的条码采集方式，可以把占营业额 10%～12%的物流成本降低 50%，显著提高了物流管理的效率。

二维条码在水平和垂直方向的二维空间存储信息，除具备一维条码的优点外，同时还有信息容量大（根据不同的编码技术，容量是一维码的几倍到几十倍，从而可以存放个人的自然情况及指纹、照片等信息），可靠性高（在损污 50%时仍可读取完整信息），保密防伪性强等优点。二维条码系统价格便宜，识读能力强且使用方便，所以在国内银行、车辆等管理信息系统上广泛应用。

图 9.5(a)所示二维码所包含的内容是中国铁道出版社和出版社的网址。2009 年 12 月，全国铁路系统火车票迎来新一次升级换代。车票下方的一维防伪条码变成一个二维的防伪图案，防伪功能更强大。（如图 9.5(b)所示）。

图 9.5(a)　出版社二维码示

图 9.5(b)　火车票二维码示例

2. 射频识别技术

射频识别技术 RFID 是 20 世纪 80 年代出现的一项自动识别技术。由于大规模集成电路技术的成熟，识别系统的体积大大缩小，因而从 20 世纪 90 年代开始进入实用化阶段。射频识别的标签与识读器之间利用感应、无线电波或微波能量进行非接触双向通信，实现标签存储信息的识别和数据交换。第二代身份证、公交卡、部分校园卡以及部分宾馆的房卡等就是射频技术在日常生活中的应用。

射频识别技术最突出的特点是：①可以非接触识读（识读距离可以从十厘米至几十米）；可识别高速运动物体；②信号穿透力强，可以穿透墙壁、人员、衣服、包装等物体；③抗恶劣环境能力强，一般污垢覆盖在标签上不影响标签信息的识读；④抗干扰能力强，保密性强；⑤可同时识别多个识别对象等。

射频识别技术应用领域广阔，常用于移动车辆的自动识别、资产跟踪、生产过程控制等。

由于射频标签较条码标签成本偏高，目前在物流过程，很少像条码那样用于消费品标识，多数用于物流器具，如可回收托盘、包装箱的标识等。

射频识别识读器与标签之间的耦合方式有三种：①静电耦合系统，识读距离在 2 mm 以下，我们常见的“信息钮”就是以静电耦合方式获取信息的，可用于固定货物的巡检等；②感应耦合系统，识读器天线发射的磁场无方向性，它可以不考虑货物上射频标签位置和方向，常用于移动物品的识别、分拣。③微波射频识别系统，识读微波方向性很强，一般用于高速移动物体，如运输车辆的识别等。

物流过程应用的射频识别一般是感应耦合方式的系统。感应耦合射频识别系统的工作过程是：射频识读器的天线在其作用区域内发射能量形成电磁场，载有射频标签的物品在经过这个区域时被读写器发出的信号激发，将储存的数据发送给识读器，识读器接收射频标签发送的信号，解码获得数据，达到识别目的。由于射频识别技术应用涉及使用频率、发射功率、标签类型等诸多因素，目前尚没有像条码那样形成在开环系统中应用的统一标准，因此主要是在一些闭环系统中使用。

射频技术在物流中的应用主要表现为三个方面：①射频技术可用于物流过程中货物的存货管理；②射频技术可以用于物流过程中的运输管理；③射频技术可用于货物的分拣管理。

无论货物是在订购还是在运输途中，各级物流管理人员和物流的作业人员都可以通过射频技术及其组成的系统实时掌握所有信息。该系统的功能就是通过贴在集装箱和设备上的射频识别标签来实现的。射频接受和转发装置通常安装在运输线的一些检查点上（如门柱或桥墩上）以及仓库、车站、码头和机场等关键地点。接受装置收到射频标签信息以后，连同接收地点的位置信息上传至网络系统或通信卫星，再通过网络系统传输给管理中心，以便及时进行决策。由此可见，射频技术在物流中的应用不仅可以大大提高物流工作的效率，而且可以大大地降低物流的作业成本。

9.2.3 信息存储技术

随着计算机信息技术与社会经济的发展，企业每天都会产生大量重要的数据信息，然而其中仅有一小部分会在相关的业务分析中被使用，大多数企业都处于“数据过剩，信息不足”的状态。将数据库技术、数据仓库技术、数据挖掘技术用于物流企业中则可以大大提高企业的决策能力。

1. 数据库

数据库是存放在计算机存储设备中的以一种合理的方法组织起来的，与公司或组织的业务活动和组织结构相对应的各种相关数据的集合，该集合中的数据可以为公司或组织中的各级经过授权的人员或应用程序以不同的权限所共享。

数据库具备以下特点：①以一定的数据模型来组织数据，数据尽可能不重复（最少的冗余度）；②以最优方式为某个特定组织的多种应用程序或用户服务（应用程序或用户对数据资源共享）；③其数据结构独立于使用它的应用程序（数据独立性）；④对数据的定义、操纵和控制，由数据库管理系统统一进行管理和控制。

数据库系统是采用数据库技术的计算机系统，是可运行的以数据库方式存储、维护和向应用系统提供数据或信息支持的系统。它由计算机硬件、软件（数据库、数据库管理系统、操作系统和应用程序等）、数据库管理人员及其他人员所组成。其中核心的是数据库应用系统，如管理信息系统、决策支持系统。有了数据库应用系统，即使不具备数据库知识的用户也可以通过其用户界面使用数据库中的数据完成各种应用任务。

2. 数据仓库

数据仓库是"面向主题的、集成的、不可更新的、随时间变化的数据集合，用以支持企业或组织的决策分析过程。"所以数据仓库是一个环境，而不是一件产品，向用户提供用于决策支持的当前的和历史数据，这些数据在传统的操作型数据库中很难或不能得到。数据仓库技术是为了有效地把操作型数据集成到统一的环境中以提供决策型数据访问的各种技术和模块的总称。所做的一切都是为了让用户更快、更方便地查询所需要的信息，提供决策支持。

数据仓库的组成包括数据仓库数据库、数据抽取工具、元数据、访问工具、数据集市、数据仓库管理系统、信息发布系统等。

3. 数据挖掘

数据挖掘顾名思义就是从超大型数据库或数据仓库中搜索有用的商业信息的过程。给定足够大小和数量的数据库，数据挖掘技术可以使用一组算法浏览数据，自动地发现模型、趋势和相关性，帮助用户发现在其他时候可能发现不了的、隐藏在内部的信息，从而可以帮助企业产生新的商业机会。数据挖掘工具主要有神经计算、智能代理和辅助分析。

随着所需管理的数据量（如客户的数据）的不断增加，很多大公司都开始建立数据仓库来存储数据，并开始使用数据挖掘工具进行数据挖掘。其中较典型的应用包括：①流通业预测销售，确定库存量和分销计划等；②银行业预测坏账、信用卡欺诈、新信用卡用户等；③航空公司捕捉客户经常去的地方和那些中途转机的乘客的最终目的地，以识别那些尚未开辟业务但却很受欢迎的地点，并考虑增加班机路线以捕捉商业机会；④广告公司预测在黄金时间播放什么广告最好，怎样使插入广告的收效最大等。

9.2.4　信息传输与交换技术(EDI)

国际标准化组织(ISO)定义 EDI 是将商业或行政事务处理，按照一个公认的标准，形成结构化的事务处理或信息报文格式，实现从计算机到计算机的数据传输。

EDI 电子数据交换技术是最早为工商企业采用而且目前仍广泛使用的一种网络传输方式。关于供应商、客户、产品的信息以及顾客的订货信息，能迅速地通过网络传输，避免了重复录入和人工介入，而且大大降低了运营费用，减少失误率。

EDI 使用比较成熟的、简化的计算机技术和通讯技术，可以实现标准化格式的报文在计算机到计算机之间的传输。

EDI 应用于物流管理的主要特征如下。

(1)报文内容（如订单、运输指令、报关单等）都是事先定义好的，并在收发人之间已经就选择同种语言组成的信息格式，报文组成中所需的字词和语法达成了协议。

(2)数据依照协议进行构造，并就信息交换的法律效力达成协议，即所有数据的构成具有在计算机内进行自动处理的法律效力资格。

(3)计算机连接在同一通讯网中（如公共电话网），并且可以发送、接收、存储和处理有关报文信息，即计算机用户间的数据可以进行自动交换，无须或很少人工干预。

(4)除应共同遵守的公共标准外，在计算机用户之间没有其他规定。

EDI 与其他一些电子传输方法的区别在于，EDI 必须使用预先规定的标准化格式进行计算机到计算机之间的数据传输交换。

实施 EDI 电子数据传输，减少了公司文档方面的工作，提高了数据传输速度和准确性，使领导层把更多精力集中到战略决策方面。同时，实施 EDI 能降低运营成本。此外，由于实施 EDI 提高了数据的传输速度和准确性，可以缩短订货采购提前期，从而降低库存水平，减少库存费用，减少库存资金占用。

在物流管理中应用 EDI 的主要原因如下。

(1)简化工作程序和信息流，大量削减纸质单证、单据工作量，实现无纸化贸易。运用 EDI 已成为发展对外贸易、国际物流的关键内容。据调查，在用纸质文件处理业务的条件下，一笔国际贸易业务一般有 46 种不同的单证，连同副本一共有 360 份以上，它们要在 20 多个部门间进行流转，制备和处理这些文件所需的人力和时间是可想而知的。

(2)消除重复和交接作业中可能造成的错误，提高单证、单据作业质量。EDI 通过把商务文件的数据标准化，使它具有统一的格式和规定的顺序，从而使各个单位的计算机都能识别和处理。EDI 在外贸领域的应用，已经达到比较成熟的阶段。外贸企业可以用 EDI 来发出订单、接收订单、询问有关信息、办理海关手续等，也可以通过 EDI 来办理货物运输和银行结算等事项。

(3)使物流业务程序与贸易、运输和后勤保障等方面更加紧密地联系起来，满足便利性、快速性、可靠性等要求。

(4)将信息需求限制到基本数据，减少不必要的冗余操作，满足低成本、高效率运作要求。

(5)将不可避免的政府机关监控措施，如“一关三检”和其他间隔所造成的延误尽可能地降低到最小。如美国和欧盟均规定，对于使用 EDI 办理进出口手续许可证和提供报关文件，将给予优先审批办理，采用传统纸质文件申报办理的将推迟受理。

(6)降低物流全过程文件及作业成本。美国一家机构对 200 家公司的研究表明，在处理一份订单时，打印、审核、修改、邮寄等操作费用的文件成本高达 49 美元，而一份 EDI 订购单的费用不超过 5 美元。

9.2.5 跟踪与控制技术(GIS /GPS)

1. GIS 地理信息系统

GIS 地理信息系统是一种决策支持系统，以地理空间数据库为基础，采用地理模型分析方法，适时提供多种空间的和动态的地理信息，它是融计算机图形和数据库于一体，储存和处理空间信息的高新技术。它把地理位置和相关属性有机结合起来，根据实际需要准确真实、图文并茂地输出给用户，借助其独有的空间分析功能和可视化表达，进行各种辅助决策。

GIS 地理信息系统主要由图形/图像输入系统、空间数据库系统、GIS 工具系统、应用软件系统、信息输出系统等部分构成。广泛应用于高质量制图、资源处理、环境分析、交通管理等方面。

GIS 地理信息系统有 4 个特点：①进行空间查询和分析，对空间数据进行快速搜索并具有复杂的查询能力；②提高系统集成能力，采用 GIS 可最大限度地对机构的信息资源加以利用，GIS 通过地理相关性将不同数据集成在一起，使部门间、个人和企业的数据共享和交流成为可能，从而提高数据的利用价值、降低拥有成本，共享成果；③辅助决策，数据集成、空间分析、可视化表达，广泛应用于区域综合治理、宏观规划，GIS 拥有快速有效的信息获取、加工处理手段；④自动制图，通过 GIS 系统可方便地制作出过去只有制图专业人员才能做出的高品质地图，并且地图的要素能够随着数据库内容的变化而自动改变。

GIS 技术在物流行业中的应用主要是进行物流分析，也就是利用 GIS 强大的地理数据功能来完善物流分析技术。完整的 GIS 物流分析软件集成了车辆路线模型、网络物流模型、分配集合模型和设施定位模型等。

(1)车辆路线模型主要用于一个起始点、多个终点的货物运输分析。它解决的是如何降低物流作业费用并同时保证运输服务质量，以及决定使用多少车辆、每辆车的路线等问题。

(2)网络物流模型主要用于解决最有效的分配货物路径问题，也就是物流网点布局问题。例如将货物从N个仓库运往M个商店，每个商店都有固定的需求量，因此需要解决由哪个仓库发货给哪个商店，所花费的运输代价最小。

(3)分配集合模式是根据各个要素的相似点把同一层上的所有或者部分要素分成几个组，主要用以解决和确定服务范围、销售市场范围等等。例如一个公司要设立X个分销点，要求这些分销点覆盖一定的市场区域，而且要求每个分销点的顾客人数大致相等。

(4)设施定位模型主要用于确定一个或者多个物流设施的位置。在物流系统中，物流中心、仓库和运输线共同组成了物流网络，物流中心和仓库处于网络的节点上，节点决定着线路。如何根据供求实际需要并结合经济效益等原则，在既定的区域内设立多少个物流中心和仓库，每个物流中心和仓库的位置、规模以及物流中心和仓库之间的关系等等，运用设施定位模型可以很好地解决以上问题。

2. GPS全球定位系统

GPS全球定位系统是美国从20世纪70年代开始研制，历时20年，耗资200亿美元，于1994年全面建成，实现了全球、全天候、连续的实时导航定位。它集成当代先进的空间、通信、微电子、精密时间和计算机技术于一体，广泛应用于大地测量、工程测量、运载工具导航和管制、地壳运动监测、资源勘察、地球动力学等多种学科。近年来GPS应用从少数科研部门和军事部门迅速扩展到各个民用领域。据分析，民用GPS系统客户主要定位于集团用车、物流车辆、出租车、私家车四大类。

GPS全球定位系统在物流管理中的应用主要是在运输车辆的导航、自动定位、跟踪调度等方面。物流管理部门可以并通过GPS全球定位系统和计算机网络系统实时监控运输车辆及所运货物的动态信息，从而实现车辆、货物的跟踪管理，并及时地进行汽车的调度管理，提高运输的效率和质量，也可为货主提供更优质的服务。

9.3 物流信息系统

9.3.1 信息系统

1. 信息系统

信息系统是以人为主导，以科学的管理理论为指导，在科学的管理制度的基础上，利用计算机硬件、软件、网络通信设备以及其他办公设备进行信息的收集、传输、加工、存储、更新和维护，以提高企业的竞争优势，改善企业的效益和效率为目的，支持企业高层决策、中层控制、基层作业的集成化的人机系统。信息系统的组成主要包括计算机硬件、计算机软件(包括系统软件和应用软件)、信息资源、相关人员与相关管理制度和规范。

2. 信息系统开发方式

信息系统的开发方式主要有独立开发方式、委托开发方式、合作开发方式、购买现成软件方式等4种。

(1)独立开发。独立开发适合于有较强的管理信息系统分析与设计队伍和程序设计人员、系统维护使用队伍的组织和单位。独立开发的优点是开发费用少，开发后，系统能够适应本单位的需求且满意度较高，最为方便的是系统维护工作。缺点是由于不是专业开发队伍，容易受业务工作的限制，系统优化不够，开发水平较低，且由于开发人员是临时从所属各单位抽调出来进行管理信息系统的开发工作，这些人员在其原部门还有其他工作，所以精力有限，容易造成系统开发时间长，开发人员调动后，系统维护工作没有保证的情况。因此，一方面需要大力加强领导，实行“一把手”原则，另一方面可向专业开发人士或公司进行咨询，或聘请他们作为开发顾问。

(2)委托开发。委托开发方式适合于使用单位无管理信息系统分析、设计及软件开发人员或开发队伍力量较弱、但资金较为充足的单位。双方应签订管理信息系统开发项目协议，明确新系统的目标和功能、开发时间与费用、系统标准与验收方式、人员培训等内容。委托开发方式的优点是省时、省事，开发的系统技术水平较高。缺点是费用高、系统维护需要开发单位的长期支持。此种开发方式需要使用单位的业务骨干参与系统的论证工作，开发过程中需要开发单位和使用单位双方及时沟通，进行协调和检查。

(3)合作开发。合作开发方式适合于使用单位有一定的管理信息系统分析、设计及软件开发人员，但开发队伍力量较弱，希望通过管理信息系统的开发建立完善和提高自己的技术队伍，便于系统维护工作的单位。双方共享开发成果，实际上是一种半委托性质的开发工作。优点是相对于委托开发方式而言节约了资金，并可以培养、增强使用单位的技术力量，便于系统维护工作，系统技术水平较高。缺点是双方在合作中沟通易出现问题，需要双方及时达成共识，进行协调和检查。

(4)购买现成软件。目前，软件的开发正在向专业化方向发展。一批专门从事管理信息系统开发的公司已经开发出一批使用方便、功能强大的专项业务管理信息系统软件。为了避免重复劳动，提高系统开发的经济效益，也可以购买管理信息系统的成套软件或开发平台，如财务管理系统、小型企业管理信息系统、供销存管理信息系统等。此方式的优点是节省时间和费用、技术水平较高。缺点是通用软件的专用性较差，需要有一定的技术力量根据用户的要求做软件改善和接口工作等二次开发工作。

这 4 种开发方式各有优点和不足，需要根据使用单位的技术力量、资金情况、外部环境等各种因素进行综合考虑和选择，也可综合使用各种开发方式。但是不论哪种开法方式都需要有单位的领导和业务人员参加，并在管理信息系统的整个开发过程中培养、锻炼、壮大系统的使用和维护队伍。

另外，信息系统的建设需要考虑开发人员、开发进度、开发成本等因素，在实际建设中可以一步到位，但更多的是先做整体规划，然后分部顺序建设，既能及早发挥信息系统的作用，也可以降低信息系统建设的风险。

3. 信息系统的开发过程

信息系统的开发过程一般包括系统分析、系统设计、程序设计、系统测试、系统运行与维护、系统评价等阶段。根据开发系统的大小、复杂、投入、方式、方法等因素的不同，各步骤的要求和内容也不同，用户需要根据实际情况进行取舍和计划。

(1)系统分析。系统分析包括两部分内容，一是进行可行性研究，也就是调查用户的需求、处理过程以及现实环境，从技术、经济和环境三方面对软件项目或信息系统进行可行性分析，编写可行性报告；二是进行需求分析，即了解用户的需求，分析和描述现有系统模型，确定和描述目标系统模型，并编写需求分析说明书。

(2)系统设计。系统设计包括两部分内容，一是概要设计，又称总体设计，决定系统的模块结构和数据结构等，即进行总体结构及数据库设计，编写概要设计说明书；二是详细设计，是概要设计的进一步细分，包括每一个模块的详细功能、实现的算法等的细节描述，编写详细设计说明书。

(3)程序设计。程序设计是按照详细设计说明书的要求，选择适当的程序设计语言把每个模块代码化，即编写程序，形成源程序清单和程序设计说明书。

(4)系统测试。系统测试的任务是及时发现并排除错误，使软件达到预定的要求。同时需要提交测试报告和用户操作手册。测试按步骤分为单元测试、组装测试、确认测试。测试的方法主要有黑箱测试法、白箱测试法。

(5)运行和维护。这个阶段的任务是运行软件、对程序修改扩充，以及修改有关文档。该阶段的文档有运行日志、软件问题报告和软件修改报告。维护的内容包括正确性维护、完善性维护、适应性维护等程序方面的维护，以及环境维护、意外事故维护、计算机病毒防护等使用方面的维护。

(6)系统评估。系统评估的任务是评估系统的优劣。评估从功能和性能两方面考虑，内容一般包括系统的完成目标情况、取得的社会效益和用户的满意程度三个方面。

9.3.2　物流信息系统

1. 物流信息管理的目标

物流信息管理是指物流企业利用各种信息进行实时、集中、统一的管理，实现信息流对物流、资金流的控制与协调。

物流信息管理的总体目标就在于从企业的商流中和由商流引发的物流中提取与物流相关的信息，进行存储、处理、汇总、分析和流程控制，从而得到经过提炼的、物流企业所需要的信息，一方面服务于物流企业自身的经营管理需要，另一方面服务于客户的需要。要达到这一目的，物流信息管理就必须做到以下3点。

(1)实现对企业资源的管理。对物流企业自有或租用的房屋、物料、设备、人员进行管理，包括物流网点、仓库、货物、运输资源、加工设备、操作人员等，并能实时报告资源状态，随业务流程跟踪物流服务资源的使用情况。

(2)实现对内外业务的支持。对订单、仓储、配货、运输、流通加工、货代等物流业务的服务提供全过程进行支持，同时也对采购、结算、客户关系等经营管理行为进行支持，还要支持与外部的资源租用、单据传输等合作业务。对其中产生的信息进行存储、处理、汇总和分析，并对业务流程进行控制，对彼此关联的业务活动进行协同。

(3)提供部分决策支持。在对资源的管理和对业务的支持过程中，物流信息系统要收集和整理相关的原始信息，以便为决策提供完备的信息支持，供物流决策系统做进一步的综合、分析和决策。同时，物流信息系统也要对信息进行初步的汇总和分析，形成统计和比较报表，并提供一定的算法模型，支持作业层和战术层的决策，如订货周期、运输配载、路线选择等。

2. 物流信息管理的功能

物流信息管理以数据库为中心，以计算机网络为支撑，主要完成物流企业操作层的数据处理和结构化的决策，是企业的信息源和企业信息系统的基础。

物流信息管理主要实现物流业务处理层、信息查询层的功能，还实现部分信息分析层的功能，包括结构化决策问题的建模与求解。

(1)物流业务处理层。对物流作业和物流活动的相关事务进行处理，实现原始数据的收集，提供相应的合同、票据、报表、订单管理及输入输出的手段和功能，及时处理订单管理、配货管理、运输管理、仓储管理、采购管理、流通加工和财务管理等企业相关业务，反馈和控制企业基层的日常生产和经营工作的信息。同时，将收集、加工后的物流信息存储在数据库中，满足信息查询与分析的需求。

(2)信息查询层。信息查询以检索数据库中的现存信息或简单加工后的信息为主,以文字、表格或图形等形式,显示相关信息,满足企业和客户相关物流信息的查询需求。提供对物流系统状况和货物、车辆的监视与跟踪功能,并为顾客提供所需的网上查询和信息服务手段。

(3)信息分析层。根据用户的要求,采取适当的计算方法和模型,对数据库、数据仓库中存储的数据进行加工、分析,产生相关的分析报告,帮助企业经营管理者对企业的运行状况进行分析、评估。

(4)决策支持层。对物流活动和物流业务进行评估和成本—收益分析,主要包括:业务量分析、经营成本分析、业务机构效益分析、利润增长点分析、保险与理赔分析、库存优化、配载优化以及客户行为分析、重点客户发现和市场性能评估等功能,为企业高层领导及管理人员提供相应的优化及辅助决策功能服务。

3. 物流信息系统

物流信息系统,是管理信息系统的一类,是指物流企业利用计算机软硬件、网络通信等信息技术,结合各类机械化、自动化物流工具设备,利用数据、信息、知识等资源,进行物流信息的收集、传递、加工、储存、更新和维护,实现对实体物流综合管理的数字化、智能化、标准化和一体化,实现物流业务处理指挥的信息化与网络化,以提高整体物流活动的效率和效益,降低整体物流成本,从而支持企业的现代管理并取得竞争优势的集成化人机系统。以管理思想或理念的不同,物流信息系统可以分为如下几类。

(1)以"第三方物流"为核心的物流信息系统。第三方物流企业是产品的供应方与需求方以外的第三方物流企业,根据经营重点的不同,3PL可以进一步细分为:综合型、仓储型、配送型、运输型、流通加工型等。对综合型的3PL来说,物流信息管理围绕订单展开,即通过订单确立物流服务委托,根据订单提供仓储、运输、流通加工等物流服务,对照订单跟踪、反馈服务的进展情况,同时主要以订单为单位进行费用结算。

(2)以"企业资源计划"为核心的物流信息系统。以制造企业为应用背景的企业资源计划实现对企业的人员、资金、房屋、设备、物料等资源的综合管理和优化。以资源管理为核心的物流信息管理,其功能围绕资源计划展开,包括计划的制订、执行、跟踪和控制等。

(3)以"客户关系管理"为核心的物流信息系统。客户关系管理关注于销售、营销、客户服务和支持等方面的业务,强调与客户需求的互动和提高客户价值、客户忠诚度等。以客户关系维持为核心的物流信息管理,其功能围绕客户生命周期展开,满足客户售前、售中、售后各阶段的物流服务需求和信息需求,并对客户价值、客户忠诚度等进行评价。

(4)以"供应链管理"为核心的物流信息系统。供应链管理强调将供应商、制造商、分销商、零售商等结为供应链伙伴进行一体化运作,以供应链的竞争优势弥补单个企业的竞争劣势。供应链管理的物流信息管理,其功能围绕供应链上的业务协同展开,包括供需信息传递、业务单据交换等。

此外,还有以"财务管理"为核心的物流信息系统、以"信息服务"为核心的物流信息系统、以"绩效管理"为核心的物流信息系统等。

4. 生产物流信息系统

生产物流是指企业内部担负搬运或输送、储存、加工、装卸物料等任务的物流过程,同时也伴随相关信息的流动过程,它是生产制造各环节的纽带,其边界面始于原材料、配套件的投入,终止于成品仓库,像人的血脉一样贯穿于整个生产过程中。物料随着时间进程,不断改变着自己的实物形态和场所位置，物料不是处于加工、装配状态，就是处于储存、搬运和等待状态，工业企业没有物流就没有生产。

组织生产物流的目的就是使物流运输路线最短，物料周转速度最快，供应及时，搬运省力，使企业生产有效进行，物流成本降到最低。生产物流的组织应满足六个方面的基本要求：①过程的连续性；②物流过程的平行性；③物流过程的单向性；④物流过程的比例性；⑤物流过程的均衡性；⑥物流过程的适应性。

现代物流的发展，首先是物流设备的研究与发展。例如在物料的运输、装卸、搬运、储存等过程中，大量使用机械化的新设备，采用各种电子仪器进行物料的检测，这些无疑促进了物流技术的发展。然而，先进的技术和设备并不等于生产的高效率和高效益，特别是对于庞大复杂的生产物流系统更是如此。

现代生产物流管理建立在系统论、信息论和控制论的基础上，它的基础和依据是大量的物流信息(数据、图表、各种指令等)，其基本功能如下。

(1)立体仓库的管理控制：①入库管理，②出库管理，③出/入库协调。

(2)作业管理：根据生产加工的需要，计划和调度各种运输设备，规范运输路线。包含作业计划和作业控制。

(3)物流系统状态的监控：①物流系统状态信息的采集，②物流系统状态的监测，③异常情况的处理，④人机交互。

(4)系统运行情况的统计分析：①仓库运行情况的统计分析，②运输情况的统计分析，③工件工序半成品的统计分析。

(5)系统数据维护。

5. 第三方物流信息系统

第三方物流管理信息系统是通过对第三方物流企业相关的信息进行加工处理来实现对物流的有效控制和管理，并为物流管理人员及其他企业管理人员提供战略及运作决策的人机决策系统。

根据第三方物流基本作业流程，第三方物流信息系统的主要功能如图9.6所示。

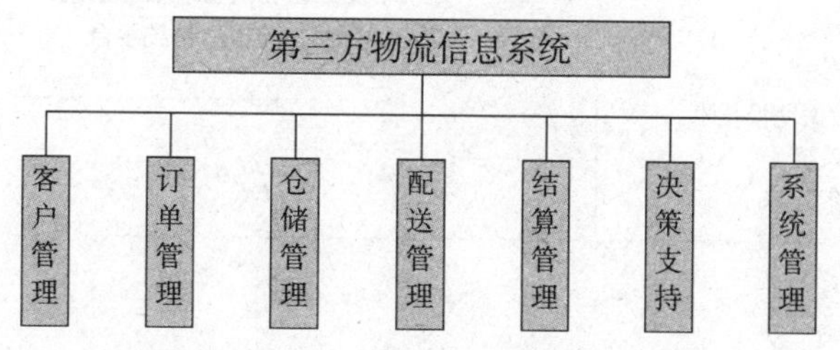

图9.6 第三方物流信息系统功能结构图

6. 公共物流信息系统平台

公共物流信息系统平台是指为物流企业、物流需求企业和政府及其他相关部门提供物流信息服务的公共的商业性平台，其本质是为物流生产提供信息化手段的支持和保障。这里的“公共”是强调平台的独立性，是指用户具有普遍性，不是面对确定的对象。“系统平台”是为了强调该系统的开放性和可扩展性。公共物流信息系统平台的建立是企业管理控制和规模发展的需要，能实现对客户的快速反应，能加强同合作单位的协作，物流企业的利润水平和竞争能力。

公共物流信息系统平台的功能结构如图 9.7 所示。

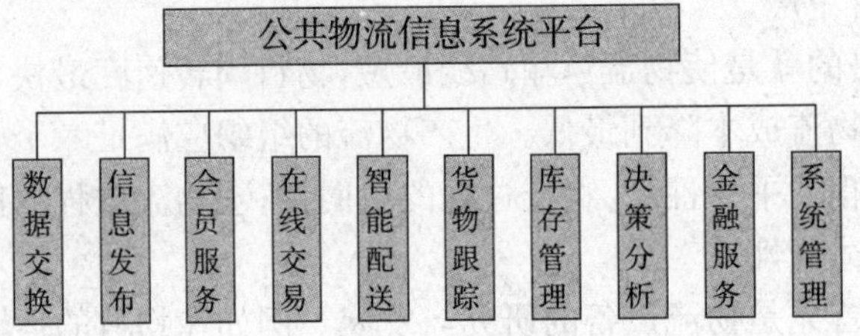

图 9.7 公共物流信息系统平台功能结构图

本章小结

物流信息系统

物流信息

数据VS信息

物流信息功能： 沟通联系、引导协调、管理控制、辅助决策等

信息流对物流的影响： 促进作用，部分替代作用；促进物流的发展

物流信息化的建设层次： 物流管理信息系统软件，标准化建设，物流信息服务平台

物流信息技术

条码技术
射频技术
数据库技术
EDI电子数据交换技术
地理信息系统
全球定位系统等

物流信息系统

组成： 计算机硬件、软件、信息资源、相关人员与相关管理制度和规范

开发方式： 独立开发、委托开发、合作开发、购买

分类： 以“第三方物流”为核心，以“企业资源计划”为核心，以“客户关系管理”为核心，以“供应链管理”为核心

生产物流信息系统

第三方物流管理信息系统

公共物流信息系统平台

关键概念

信息　物流信息　物流信息化　信息系统　物流信息系统

课堂讨论

1. 结合实际讨论信息技术在物流管理中的应用,并通过查阅资料和调研,探讨物流信息化对物流业的促进作用。

2. 网上采购能否提高物流的效率?为什么?

复习思考题

1. 选择题

(1)供应链中信息流的控制方式有(　　)。

A. 分散控制　　B. 集中控制　　C. 综合协调控制　　D. 网络控制

(2)信息流传递中容易产生的问题包括(　　)。

A. 信息延滞　　B. 信号失真　　C."蝴蝶效应"　　D."牛鞭效应"

(3)物流信息具有的功能包括(　　)。

A. 沟通联系功能　　B. 引导协调功能　　C. 管理控制功能　　D. 辅助决策功能

(4)信息化对交通运输的促进作用包括(　　)等方面。

A. 信息化是交通运输业可持续发展战略的重要内容

B. 信息化是交通运输业新的利润增长点

C. 信息化能显著改善物流业宏观和微观运行水平

D. 信息化可以大大提高运输质量,扩大运输能力

(5)信息流在(　　)等方面相对物流有不可比拟的作用,但物流所完成的实物的空间位移也是信息流所无法完成的。

A. 传递成本　　B. 传递速度　　C. 传递方式　　D. 传递载体所占据的空间

(6)电子商务的发展给物流业的发展带来的影响包括(　　)。

A. 扩大了物流的需求量

B. 减少了人们的出行需求

C. 为物流需求和物流服务商之间提供低成本的信息交换平台

D. 为物流企业自身的物流效率和管理水平等内部资源整合提供解决手段

(7)射频识别识读器与标签之间的耦合方式有(　　)。

A. 静电耦合　　B. 感应耦合　　C. 电磁耦合　　D. 微波耦合

(8)完整的GIS物流分析软件集成的模型包括(　　)。

A. 车辆路线模型　　B. 网络物流模型　　C. 分配集合模型　　D. 设施定位模型

(9)为达到对各种信息进行实时、集中、统一的管理,实现信息流对物流、资金流的控制与协调,物流信息管理的必须做到(　　)。

A. 实现对企业资源的管理　　B. 实现对内外业务的支持

C. 具有财务管理功能　　D. 提供部分决策支持

2. 问答题

(1)简述物流信息的功能和特征。

(2)信息流对物流的影响表现在哪些方面?

(3)什么是物流信息化?它有哪几个层次的建设内容?

(4)物流信息化在物流产业发展中的战略性作用有哪些?

(5)物流信息技术包括哪些?请简述他们在物流管理中的应用。

(6)请尝试写出图 9.5 所示二维码的含义。

(7)什么是信息系统?请简述信息系统开发的过程。

(8)生产物流信息系统有哪些主要功能?

(9)第三方物流信息系统有哪些主要功能?

(10)公共物流信息系统平台有哪些主要功能?

案例分析

中海完善的物流信息化系统

一、转型:实现三级管理

中海物流能在与中远物流、中外运、招商局、宝供物流等公司的激烈角逐中脱颖而出,很大程度上是缘于先人一步建立了比较完善的信息化系统。

中海集团与中远集团、中外运被称为中国航运市场的三巨头,在集装箱运量取得突飞猛进的 2002 年,中海物流应运而生。按照中海集团的发展规划,物流业是发展重点和支柱性产业,并形成了以航运为核心、船代、货代、仓储堆场、集卡、驳船、空运、海铁联运等业务并举的大物流发展框架。

调整后的中海物流采用三级管理的业务模式,总部管片区、片区管口岸。总部代表集团领导、管理、计划、协调中海的物流业务,加强对整个物流业务的总成本的控制,建立物流供应链;片区公司在总部的领导和管理下,经营各所属片区的配送业务、仓储业务、车队业务、揽货业务等,建立所属各地区的销售网点以及对该地区的成本控制;口岸公司在片区公司的管理下,进行揽货、配送的具体业务操作,并负责业务数据采集。

而要实现这一点,没有强大的信息系统支撑是不可能的。中海物流总经理茅士家在公司成立初期就指出,要做一流的物流企业首先要有一流的 IT。为实施集团制订的“大物流”战略,中海物流最终选择了招商迪辰为软件供应商。

二、模式:“一个心脏跳动”

虽说招商迪辰是首家在国内将地理信息(GIS)、卫星定位(GPS)、无线通讯(Wireless)与互联网技术(Web)集成一体,应用于物流、交通和供应链管理领域的软件供应商。但为中海物流这样规模的企业建立全国性的物流信息化系统,在国内并无先例可循。

经过反复论证,双方一致认定,要在全国范围内应用一套企业级集成的系统,实现信息的共享与交换,并保持数据的一致。该系统的核心就是以市场需求为驱动,以计划调度为核心,使物流各环节协同运作。它需要集成管理企业的计划、指标、报表、结算等,可层层细化与监控,并有统一的企业单证、报表、台账格式,而且有良好的扩展性和开放结构。更为关键的是,系统建成后应当是一套面向订单流的信息系统，从接受客户委托订单开始，到订单管理，围绕订单制定物流方案、落实相关运力或仓储等物流资源、调度直至物流作业、质量监控等环节，都要有一个平滑共享的信息流。

软件项目最大的困难在于业务变更。中海物流的业务繁杂、需求众多且不断变化，信息系统也必须随之改进。项目开始时做调研主要是为了海运业务，关注的主要是货物从这个港拖到那个港，真正涉及的项目物流非常少，在经过去年的战略转型后，中海物流已经将海运、货代业务剥离出去，专做第三方物流。

"一个心脏跳动"，中海物流集团总部是一个利润中心，底下八大片区视为成本中心，资源统一调配，全国一盘棋。现在拿到第三方物流单子，多少货发到什么城市、什么仓库，完全由中海物流自己来决策。仓储资源、运输资源、人力资源统一调配。当前中海物流完全按这种模式运作，集中式管理、集中式调度，统一核算，客户进来不是面对你单个分公司，而是面对整个物流体系，整个体系通过一套信息系统协同作业。目前国内还没有同类物流企业能够做到这一点。

三、海信：初战告捷

从某种意义上说，中海之所以要做战略调整，就是因为签了海信这样的项目物流大单。2002年年底，海信电器进行首次第三方物流的招标，中海集团物流在经过为期一个月的投标、调研、实施方案制定后，凭借着"中海"的强势品牌和完善的物流方案，一举击败国内数家知名物流企业，中标海信电器股份电视机产品的全国配送物流服务项目。

之所以能拿下海信将近45%份额，超过中远、中外运，关键就是IT系统。目前这套系统全部无纸化操作，海信所有的客户需求，发送到当地销售公司，再到总部的销售中心，再转到总部的物流部，接着到中海的物流中心，继而到中海的操作点，整个过程可以说是全部无纸化，实现无缝连接。从海信的系统到中海的系统，整个过程是非常完美的。中海给海信的承诺是2小时，但实际上最快只需几分钟，而过去从客户指令发出到中海单子打出来，都是传真操作，几个来回半天时间就过去了。

与此同时，招商迪辰作为中海物流的战略伙伴，也不时出现在中海的客户那里，为他们打单完成IT部分的"亲密接触"。而招商迪辰，又不失时机地将中海物流请到一些物流信息化的研讨会上"现身说法"。于是，一个有趣的现象出现了，就是很多客户选择中海物流做第三方物流供应商，又选择招商迪辰做物流系统供应商，比如健力宝、椰树集团。

四、扩张：以柔克刚

海信项目的运作成功增强了中海人的信心，目前中海物流正尝试以一流的网络服务和先进的电子商务为手段，积极发展国内、国外物流合作，整合社会资源，构筑供应链一体化经营模式。随着信息系统应用的不断深入，中海将逐步向客户提供通过Internet订单操作、货物追踪以及其他个性化的增值服务，并能根据VIP客户的需要，建立和客户自身管理系统的电子数据交换系统，确保信息交换的及时性和准确性。

业务扩张带来的是对系统柔性要求越来越强，由物流层面提升到对供应链层面，成为客户业务模式的一部分。这需要系统优化，其中包括物流运输的优化、仓储的优化、人力的优化。系统最高层面的信息库，更要上升到决策分析层面，通过数据比较做什么类型的货物配送最赚钱，做什么样的货物是合理的，单车利润率、仓储周转率等数据，都要成为决策层参考的重要依据。

应当说，中海物流的系统到现在来说还并不是一个非常完整的系统，仓储管理系统、运输系统、集卡管理系统、GPS 跟踪系统等陆续投入使用，近期要开发的有集团总部管理模块、集装箱运作模块、财务商务增强模块、自动配载系统等。

（案例来源：http://www.ruixin.org）

案例思考：（1）信息化对中海物流的发展有哪些促进作用？

（2）中海物流信息化建设有哪些成功经验？

（3）结合中海物流的成功经验，讨论规模和实力不同的各种物流企业应该如何实现管理信息化？

推荐阅读

[1] 刘小卉．物流管理信息系统[M]．上海：复旦大学出版社，2006.5.

[2] 徐燕．物流信息管理[M]．北京：对外经济贸易大学出版社，2004.

[3] 王虎，张骏．管理信息系统[M]．武汉：武汉理工大学出版社，2007.5.

第 10 章　第三方物流

开篇案例·"大众包餐"

"大众包餐"是一家提供全方位包餐服务的公司，服务分为递送盒饭和套餐服务。

通常每天都有顾客打电话来订购盒饭，但由于设施等原因，"大众包餐"要求顾客只能在上午 10 点前电话预订，以便确保当天递送到位。

在套餐服务方面，该公司的核心能力是为企事业单位提供冷餐大型聚会，以及一般家庭的家宴和喜庆宴会上，客户所需的各种菜肴和服务可以事先预约，但由于这项服务的季节性很强，又与各种社会节日和法定假日相关，需求量忽高忽低，有旺季和淡季之分，因此要求顾客提前几周甚至一个月前来预定。

大众包餐公司内的设施布局类似于一个加工车间。主要有 5 个工作区域：热食品工作区、冷菜工作区、卤菜工作区、汤类与水果准备区，以及一个配餐工作区，专为装盒饭和预定的套菜装盒共享。此外，还有三间小冷库储存冷冻食品，一间大型干货间储藏不易变质的物料。由于设施设备的限制和食品变质的风险制约了大众包餐公司的发展规模，虽然饮料和水果可以外购，有些店家愿意送货上门，但总体上限制了大众包餐公司提供柔性化服务。

公司聘用了 10 名员工：两名厨师和 8 名食品准备工，旺季时另外雇佣一些兼职服务员。

包餐行业的竞争是十分激烈的，高质量的食品、可靠的递送、灵活的服务以及低成本的运营等都是这一行业求生存谋发展的根本。近来，大众包餐公司已经开始感觉到来自越来越挑剔的顾客和几位新来的专业包餐商的竞争压力。顾客们愈来愈需要多样化、服务柔性化，以及响应及时化。

公司老板最近参加了现代物流知识培训班，对准时化运作和第三方物流服务进行了学习，这些理念正是大众包餐公司要保持其竞争能力所需要的东西。

（资料来源：南开物流网 http://logistics.nankai.edu.cn）

第三方物流自 20 世纪 80 年代在欧美等工业发达国家出现以来，以其独特的魅力受到企业的青睐，并得到迅猛发展，被誉为企业发展的"加速器"和 21 世纪的"黄金产业"。完善的第三方物流企业能够提供客户企业所需的所有环节的物流服务。第三方物流可以帮助客户企业提高劳动生产率、削减成本,并增加灵活性。随着经济一体化进程的推进,企业对第三方物流服务的需求将会越来越广泛。

10.1 第三方物流概述

由于供应链的全球化拓展,使得物流活动变得日趋复杂、物流成本越来越高、资金密集程度也越来越大。如果将企业所需的物流业务外包出去,企业就可以有效地降低物流成本、提高顾客服务水平。这种理念和方法最早出现在制造企业内,这些制造型企业为了将资源集中用于自己最主要的业务,而把物流业务交由第三方物流公司完成,这一做法有效地促进了第三方物流的发展。

10.1.1 第三方物流的定义

第三方物流的英文表达为 Third-party Logistics,简称 3PL 或 TPL。"第三方"一词是相对于"第一方"发货人和"第二方"收货人而言的。其概念源自于管理学中的"Outsourcing",意指企业动态地配置自身和其他企业的功能和服务,利用外部的资源为企业内部的生产经营服务;将"Outsourcing"引入物流管理领域,就产生了第三方物流的概念。第三方物流服务企业在货物的实际物流链中并不是一个独立的参与者,而是代表第一方或者第二方来执行的。

所谓第三方物流是指生产经营企业为集中精力搞好主业,把原来属于自己处理的物流活动,以合同方式委托给专业物流服务企业,同时通过信息系统与物流企业保持密切联系,以达到对物流全程管理的控制的一种物流运作与管理方式。因此,第三方物流又被称为合同制物流或者契约物流(Contract Logistics)。

第三方物流既不属于第一方,也不属于第二方,而是通过与第一方或第二方的合作来提供其专业化的物流服务。它不拥有商品,不参与商品的买卖,而是为客户提供以合同为约束、以结盟为基础的、系列化、个性化、信息化的物流代理服务。最常见的第三方物流服务包括物流系统设计、EDI 能力、报表管理、货物集运、选择承运人、货代人、海关代理、信息管理、仓储、咨询、运费支付、运费谈判等。

10.1.2 第三方物流的特点

1. 第三方物流是一种社会化的物流

物流活动包括社会物流和企业物流。发生在企业外部的物流活动总称为社会物流,它是超越一家一户,面向社会的物流。这种社会性很强的物流往往由专业的物流组织来承担。企业物流是发生在企业内部的物流活动的总称,是具体的微观的物流活动,可分为企业生产物流、供应物流、销售物流、回收物流和废弃物物流。

第三方物流服务不是某一个企业内部专享的服务。它是面向社会众多企业提供的专业服务,具有社会化的性质,也是物流专业化的一种形式。

2. 第三方物流是合同型或契约型的物流服务

第三方物流服务方式一般是与企业签订一定期限的物流服务合同,所以又叫合同物流或契约物流。之所以出现契约或合同是为了在物流系统中建立稳定的协作关系,使合同各方明确各自的责任、权利和义务,以保障物流活动的顺利进行。依照国际惯例,第三方物流公司在合同期内按提供的物流成本加上需求方毛利额的 20%收费。可见第三方物流是以合同为导向的物流服务。

3. 第三方物流是专业化的物流服务

在第三方物流中，由于业务量较大，所以多个物流作业可以实现专业化。物流的几大功能如运输、仓储、配送、装卸、搬运、包装、流通加工和信息处理等都可以实现专业化运作。专业化运作不但可以提高物流效率，降低物流成本，使经济效益大幅度提高，而且有利于提高物流服务的质量，满足客户企业的需求，从而保证了自身的业务量，赢得了宝贵的发展空间。

4. 第三方物流是综合系列化的服务

企业传统的外包主要是将物流活动交给具有某一物流功能的物流公司去操作，例如仓储或运输。它们通过利用自有的物流设施被动地接受企业的临时委托，以费用加利润的方式定价，收取服务费。而像库存管理、物流系统设计之类的物流管理活动仍由企业自行处理。

第三方物流则根据合同规定的要求提供多功能服务，甚至全方位的物流服务。一般来说，第三方物流公司能够提供物流方案设计、仓库管理、运输管理、订单处理、产品回收、搬运装卸、物流信息系统、产品安装配送等近30种物流服务。

5. 第三方物流是具有信息优势的物流服务

对于第三方物流企业，尤其是非资产基础型的第三方物流企业，其在运作方面的优势主要来源于信息。只有具备了信息上的优势，第三方物流企业才有可能在市场行情、物流资源、价格、制度和政策等方面具有超越客户的优势。此外，第三方物流企业的信息优势还来源于由它组织和运作的物流系统，这是偶尔进入这一领域的物流服务需求者难以企及的。

6. 第三方物流是具有规模效益的物流服务

第三方物流企业最基本的特征是集多家企业的物流业务于一身。物流业务形成一定的规模，便可以使企业的物流资源，包括人力、物力、财力等资源得到最充分的利用，发挥最大的经济效益。实践中，第三方物流企业可以通过采用专用设施和设备来提高效率，也可以采用先进的管理方式和运作模式，与异地甚至国际物流接轨，获取超额利润。

规模效益是第三方物流企业的一个最重要的效益源泉。第三方物流企业要谋求发展就必须努力扩大物流市场的覆盖面，增加客户数量，提升物流业务量。物流业务量越大，需要的运输车辆就越多越大，需要的装卸搬运设备就越多越先进，需要的仓储能力和吞吐能力也会越大，需要的通信能力也会越强，所采用的技术也会越先进。

10.1.3　第三方物流企业的类型

第三方物流企业类型如图10.1所示。

- 第三方物流企业的类型
  - 按提供的服务种类分类
    - 以资产为基础的第三方物流企业
    - 以管理为基础的第三方物流企业
    - 提供综合物流服务的第三方物流企业
    - 提供临时物流服务的物流公司
  - 按所属的物流市场分类
    - 操作性的物流公司
    - 行业倾向性的物流公司
    - 多元化的物流公司
    - 客户化的物流公司

图10.1　第三方物流企业的分类

1. 按提供的服务种类

(1)以资产为基础的第三方物流企业，自身拥有资产，如运输车队、仓库和各种物流设备，通过自有资产提供专业的物流服务。

(2)以管理为基础的第三方物流企业，通过系统数据库和咨询服务为企业提供物流管理或提供一定的人力资源。这种物流企业不具备运输和仓储设施，只是提供以管理为基础的物流服务。基于这些特点，以管理为基础的第三方物流企业也被称为“非资产型”的第三方物流企业。

(3)提供综合物流服务的第三方物流企业，自己拥有资产，并能提供相应的物流管理服务。同时，它可以利用其他物流公司的资产提供一些相关的服务。

(4)提供临时物流服务的物流公司，对于业务量波动较大的企业或有辅助服务需求时，雇佣“临时工”是最有效的选择。临时性服务的优势在于满足了企业的短期需求或对有特殊技能人员的临时需要，而又不需雇佣长期固定员工。临时物流服务能缩减过量的经常性开支，降低固定成本，同时提高劳动投入的柔性，提高生产率。

2. 按照所属的物流市场分类

(1)操作性的物流公司，以某一项物流作业为主，一般擅长于某一项的物流操作。在自己擅长的业务上，具有成本优势，往往是通过较低的成本在竞争中取胜，例如传统的运输企业或者仓储企业。

(2)行业倾向性的物流公司又称行业性公司，它们通常为满足某一特定行业的需求而设计自己的作业能力和作业范围，例如医药物流企业。

(3)多元化的物流公司提供一些相关性物流服务，这种物流服务是综合性的。

(4)客户化的物流公司的对象是专业需求用户，物流公司之间竞争的焦点，不是费用而是物流服务。第三方物流公司对单项服务的内容大多有一定的经验。如何将这种单项服务的内容有机地结合起来，提供物流服务的整体方案，是第三方物流发展的关键。例如美国的联邦快递(FedEx)可以为客户提供一整套的物流解决方案。

10.2 第三方物流的作用

第三方物流先进的理念及其不同于传统运输、仓储行业的特点决定了第三方物流服务具有显著的经济效益和社会效益。

10.2.1 使用第三方物流的优越性

1. 可以帮助企业降低成本

企业将物流业务外包给第三方物流公司，由专业的物流管理人员和技术人员，充分利用专业化物流设备、设施和先进的信息系统，发挥专业化物流运作和管理经验，以谋求整体最优效果。客户企业不再保有仓储和运输设施、设备，客户企业对于物流信息系统的投资也可以转嫁给第三方物流企业，从而减少自营物流的成本。此外，通过使用第三方物流服务，企业还可以减少直接从事物流活动的人员，削减工资支出；提高单证处理效率，减少单证处理费用；由于库存管理的加强，可以降低存货水平，削减存储成本；通过第三方物流企业的配送渠道，可以大大提高运输效率，减少运输费用。

2. 可以提高企业的服务水平和质量

随着社会化大生产的进一步扩大和专业化分工的进一步细化，服务水平和质量成为企业能否成功的关键。而帮助企业提高客户服务水平和质量也正是第三方物流所追求的根本目标。第三方物流企业的信息网络能提高其对顾客订货的反应能力，加快订单处理，缩短从订货到交货的时间，进行门对门运输，实现货物的快速交付，提升顾客的满意度；通过其先进的信息和通信技术可以加强对在途货物的监控，及时发现、处理配送过程中的意外事故，保证订货及时、安全送达目的地，尽可能实现对顾客的承诺；产品的售后服务，送货上门、退货处理、废品回收等也可以由第三方物流企业完成，保证企业为顾客提供稳定可靠的高水平服务。

3. 可以帮助企业降低风险

在自营物流的情况下，企业要面临投资和存货两大风险。首先，企业自营物流，必须进行物流基础设施和设备的投资，例如建立自有仓库或租赁仓库、购买车辆等相关运输工具。再者，如果企业物流管理能力较低，不能将企业拥有的物流资源有效地协调整合起来，就会使物流效率低下，物流设施闲置，从而导致物流方面投资的失败。其次，与专业化的第三方物流相比，企业自身的配送和各种协调能力有限，为了及时对客户订货做出反应，防止缺货和实现快速交货，往往需要在总部以及各个订货点保有大量的库存。库存不仅占用企业的流动资金，降低流动资金周转率，并且存在贬值的风险。如果企业使用第三方物流，那么企业就将投资风险转嫁给物流公司。第三方物流企业的专业化配送加快了存货的流动速度，减少了企业的库存量，从而减少企业的库存风险。

4. 可以提高企业竞争力

利用第三方物流可以使企业专注于提高自身的核心竞争力，这是关系到企业在市场中生存的根本问题。随着外部市场环境的变化，企业的生产经营活动已变得越来越复杂。企业不仅要把大量精力投入到生产经营活动中，还要处理纷繁复杂的人际关系。如果企业使用第三方物流就可以避免直接与众多的顾客打交道，简化了关系网，企业就可以把更多的精力投入到生产经营中。企业把自身不擅长的业务，或者是自身核心竞争力以外的业务交由第三方物流承担，扬长避短、实际上使得企业和第三方物流各自的优势得到强化，有助于企业长远发展，又有利于物流业的整体发展。

5. 可以优化企业的供应链

供应链所描述的是供应商、生产商、中间商、零售商和顾客及其内部战略经营单位之间的相互影响和依存关系。企业通过供应链管理，来整合链上的各个参与者，使其更好地为顾客创造价值，强化企业自身的竞争优势。

与传统运输企业相比，第三方物流的服务范围不仅仅限于运输、仓储业务，它更加注重客户物流体系的整体运作效率与效益，供应链的管理与不断优化是第三方物流的核心服务内容。第三方物流所提供的服务触及到客户企业销售计划、库存管理、订货计划、生产计划等整个生产经营过程，使客户企业运营格局发生变动，各项业务间的关系产生变化，从整体上改善企业的供应链，与客户企业形成战略合作伙伴关系。

10.2.2 第三方物流的社会效益

(1)可以对社会上的闲散物流资源进行有效的整合和利用

受“大而全”、“小而全”思维方式的影响，我国很多企业都自建有仓库、车队等物流设施。企业自行组织仓储和运输，往往造成物流设施使用效率低，导致社会物流资源的不合理配置。例如，一些企业仓储空间不足，需要扩建；另一些企业的仓库则大量闲置，从而造成浪费。企业自行组织运输，车辆空驶现象普遍，运输成本高，运输效率低，社会运力得不到有效利用。另外，企业往往存在设施老化、运输和仓储管理人员素质低下等问题。而且，由于受到原有物流系统和自身能力的限制，企业很难依靠自身力量进行更新改造，强化物流管理。而第三方物流提供商可以通过其专业化的管理运作和强大的信息系统，对企业原有的仓库、运输工具等物流资源进行统一管理、运营、组织，共同存储、共同配送，将企业的物流系统化、社会化，实现信息、资源的共享，极大地促进社会物流资源的整合和综合利用，提高整体物流效率。

(2)有助于缓解城市交通压力

通过制定合理的运输路线、采用合理的运输方式,组织共同配送、货物配载等,可以减少城市的运输车辆,减少车辆空驶、迂回运输等不合理现象,从而解决由于货车运输的无序化造成的城市交通混乱、堵塞问题,缓解城市交通压力。另外,城市车辆运输效率的提高,还能减少能源消耗,降低废气排放量和噪声污染等,有利于环境的保护与改善,促进经济的可持续发展。

总之,发展第三方物流是促进企业物流合理化、进而实现整个社会物流合理化的重要途径。第三方物流的成长和壮大不仅可以带动中国物流业的发展,而且对中国产业结构的调整和优化有着极其重要的意义。

10.3 第三方物流的运作模式

现阶段我国物流企业开展第三方物流服务,并非必须遵照某个固定的模式来运作,其运作模式,目前也没有一个非常严格的理论界定。物流企业完全可以根据我国第三方物流发展的现状,结合自身的特点,进行优化组合,最大限度地发挥自身的资源优势,设计出符合自身特点的第三方物流服务模式。下面介绍几种典型的第三方物流运作模式。

10.3.1 传统外包型的第三方物流运作模式

传统外包型的物流运作模式是一种最简单、初级的物流运作模式,它是指第三方物流企业独立承包一家或多家客户企业的部分或全部物流业务。在此种模式下,一方面,客户企业外包物流业务,从而降低了库存,提高了运输效率,同时可以做到精简部门,专注于企业的核心业务,提高企业竞争力;另一方面,第三方物流企业以契约形式与客户企业形成长期合作关系,保证了其稳定的业务量,实现了自身的发展。

但是,传统外包型的物流模式以生产商或经销商为中心,第三方物流企业只提供承包服务,不介入企业的生产和销售计划。具体地说,第三方物流企业无需根据具体客户的特点,专门设计、添置物流设备,对员工进行特殊的培训,只是提供诸如运输、仓储等简单的物流服务。目前我国大多数物流企业属于此种模式。实际上,与传统的运输、仓储业相比,此种方式并没有本质性的改进。这种物流模式最大的缺陷是,生产企业与销售企业是整个体系的中心,它们与第三方物流之间没有信息沟通的平台,互相之间缺少必要的协作,从而造成生产的盲目、运力的浪费或不足,以及库存结构的不合理,没有实现真正的、更大范围的资源优化配置。而且,目前这种模式在物流市场上还以分包为主,总代理比例小,难以形成规模。

10.3.2 "非资产型"的第三方物流运作模式

一方面,从我国目前第三方物流企业的状况来看,部分投资者缺乏用于全新的、基于资产的第三方物流企业构建所必需的资金,从而迫使他们必须整合现有物流资源,采用"非资产型"的第三方物流形式;另一方面,我国传统的运输部门、企业和商储公司作为物流行业的主力占据着我国物流的主要社会资源,他们拥有优越的仓库、站场设施,运输搬运设施、铁路专用线和自己的客户网,但从全国范围来看,这些物流资源利用率不高,浪费严重。因此从实际情况入手,整合现有物流资源,建立"非资产型"的第三方物流企业,一方面可以充分利用现有社会物流资源优势,实现资源共享,另一方面避免了组织机构的臃肿庞大。

10.3.3 以服务增值为目标的第三方物流运作模式

目前我国企业对第三方物流服务的需求层次总体比较低,仍主要集中在对基本、常规项目的需求上,如干线运输、仓储保管和市内配送。企业对增值性高、综合的物流服务如库存管理、物流系统设计、物流总代理等的需求还很少。因此,我国的物流企业在推进第三方物流服务时,要充分考虑到企业的现实需求,从基本的服务功能入手,从简单的服务开始,在不断巩固自身提供常规服务能力的前提下扩展延伸服务,提供高附加值的服务,继而逐步实现物流环节的系统化和标准化,为客户提供全方位的物流服务;而不应一味追求全新的理念与模式,一开始就定位在高级形态的第三方物流运作上。

10.3.4　电子商务与第三方物流有机整合的运作模式

电子商务作为21世纪的主要商业运作模式,为第三方物流提供了广阔的发展空间。同时,第三方物流的发展又为电子商务的实现提供了现实保障。与电子商务整合,将成为第三方物流主要运作模式之一。从实际运作状况来看,第三方物流与电子商务的整合主要有以下两种方式:一是第三方物流作为电子商务组成要素,承担物流作业,完成B2B或B2C中的物流环节;二是第三方物流通过建设自己的电子商务,为商家与客户之间提供交换信息、贸易以及全程追踪的信息平台,从而实现电子商务与物流的紧密配合。

在我国,表现较为突出的是宝供物流企业集团。宝供物流早在1997年就开始建立基于Internet/Intranet的全国物流信息管理系统,又陆续完成了运输业务报表自动生成系统、与重点客户信息资源共享系统、运作成本、经营核算、结算信息系统,实现了"客户电子订单一体化运作"的电子商务初步目标,极大地简化了商务流程,提高了业务运作效率。

10.3.5　综合物流代理的第三方物流运作模式

综合物流公司集成物流的多种功能——仓储、运输、配送、包装、装卸搬运、流通加工信息处理等,组建完成各相应功能的部门。该种模式的第三方物流企业极大地扩展了物流服务的范围,对供应链上游企业(供应商)可提供产品代理、管理服务和原材料供应;对下游企业(分销商、零售商)可全权代理为其配货送货业务,可同时完成信息流、商流、资金流、物流的传递。综合物流项目必须进行整体网络设计,即确定每一种设施的数量、地理位置、各自承担的工作。其中信息中心的系统设计和功能设计以及配送中心的选址流程设计都是非常重要的问题。

国际著名的第三方物流企业,如美国的联合包裹服务(UPS)、日本的佐川急便(Sagawa)等都具有提供全套物流解决方案的能力。我国专业化的第三方物流企业,如中外运公司(Sinotrans)、中国储运总公司(CMST)、中国邮政(China Post)等也已经在不同程度上进行了综合物流代理运作模式的探索和实践。

10.3.6　战略联盟型的第三方物流运作模式

该种模式下,运输、仓储、信息经营者等以契约形式结成第三方物流战略联盟。联盟内部实现信息共享、信息交流和相互协作,形成第三方物流网络系统。战略联盟可包括多家同地或异地的各类运输企业、场站、仓储经营者。理论上联盟规模越大,可获得的总体效益越大。目前,我国的一些电子商务网站普遍采用这种模式。

与传统外包型的物流企业相比,该种模式有两方面改善。首先,物流系统中加入了信息平台,实现了信息共享和信息交流,各单项实体以信息为导向制定运营计划,在联盟内部优化资源。同时信息平台可作为交易系统,完成产销双方的订单和对第三方物流服务的预定购买。其次,联盟内部各实体实行协作,某些票据在联盟内部通用,可减少中间手续,提高效率,使得供应链衔接更加顺畅。例如,联盟内部经营各种方式的运输企业进行合作,实现多式联运,一票到底,可以大大节约运输成本。但是,在这种方式下联盟成员为合作伙伴关系,实行独立核算,彼此间服务租用,因此在利益协调方面存在一定的困难。在彼此利益不一致的情况下,要实现资源更大范围的优化就存在一定的局限。

10.4 第三方物流的价值创造

第三方物流可以帮助客户获得诸如利润、价格、供应速度、服务、信息的准确性以及在新技术采用上的潜在优势，从而为企业创造价值。其价值创造的途径主要包括以下 4 个方面。

10.4.1 提高运作效率

第三方物流企业首先可以通过其专业化的物流服务提高企业的物流运作效率，为企业创造价值。物流运作效率来源于每一项物流功能所能达到的专业化程度。例如，仓储运作的效率取决于足够的设施、设备以及规范的仓储管理能力和熟练的操作技能。第三方物流企业提供的是社会化、专业化的物流服务，拥有先进的、专业化的物流设施设备，可以充分发挥其效能，提高其利用率。第三方物流集中配送后，可以节约大量库房、场地、运输费用和人员费用的支出。配送中心的出现使得仓库由静态管理变为动态管理。仓库由以往单纯的存储场所变为物流配送中心，除少数产品暂存外，大部分产品经过分装配装后立即出库，提高了物流设施的利用率，加快了库存周转速度，降低了运输、仓储等物流费用，并且为企业节约了用于库存投资的流动资金，提高了投资回报率，为企业创造了价值。

10.4.2 对多个客户企业进行整合形成规模效益

单个客户企业自行组织物流活动，往往由于货流量有限，物流网络不完善而导致物流活动效率低下，成本偏高。第三方物流服务通过引入多客户运作，对客户进行必要的整合，在客户中分享资源。整合运作可以为企业提供更高质量的物流服务，而且会产生规模效益从而为企业创造价值。

首先规模采购可以获得优惠价格。客户企业自营物流时各自采购所需，由于进货批量小，因此在价格方面获得优惠的空间不大。而第三方物流能够对所代理的客户企业进行整合，可以集零为整进行大批量采购，因此在价格方面获得优惠，降低产品售价，增加市场竞争力，使自身获得可观的利润，同时又降低了客户企业的管理费用。由于第三方物流集中采购，因此避免了客户企业采购人员不合理差旅行为和收取回扣等现象的发生，从而能够降低客户企业管理费用 50%左右。而且由于第三方物流与供应商建立了长期、稳定的供应关系，能够保证产品质量，杜绝假冒伪劣。

其次，运输实行混载化可以降低运杂费用。一般来说，运杂费用占到整个物流费用的 50%至 70%左右，节约运杂费用对于控制物流成本具有十分重要的意义。客户企业自营物流时，由于运量小，向一个流向很难凑够一个整车，因此利用铁路运输时只好进行零担运输。零担运输待运期长，运杂费用高。由于产品品种单一，如果是运输重量产品，车皮标重利用率达到了，但容积利用率低；如果是轻量产品，容积利用率达到了，但标重利用率达不到标准，浪费了运力。如果采用公路运输，由于运量小车辆不能满载，而且不容易揽到回头货，因此运输力量利用率低，运杂费用高，产品缺乏竞争力。第三方物流由于为众多的生产厂家和销售企业服务，因此运量大，而且轻重商品均有，无论采用铁路、公路或水路运输，均可按一个流向合装，而且实行轻重配装，提高利用率。同时，根据计划和信息技术，运输工具可以安排返程货物。通过上述一系列措施，第三方物流服务加快了产品流通速度，节约了运杂费用，仅铁路合装整车运输每吨产品就可节约运杂费约在 60%至 80%之间。总之，通过第三方物流运输，可以获得可观的规模效益，同时也避免了交叉和重复运输。

再次，实行规模加工可以减少原材料消耗。一些生产企业自行加工时，材料利用率仅达到

60%左右，给企业造成极大的浪费。由第三方物流配送中心统一加工后，实行套裁的方法，边角余料都能获得利用，极大地降低了材料成本，实现规模效益。

10.4.3 对外部物流资源进行横向和纵向的整合

"非资产型"的第三方物流服务提供商，以管理外部资源为主。他们利用强有力的信息技术和物流规划管理与实施等技能为客户创造价值。他们可以通过对社会物流资源的横向或者纵向的整合，提高物流运作效率，为企业带来新价值。

首先，第三方物流公司通过纵向整合，同低层次、单一物流功能提供商建立长期合作关系，购买其具有成本和服务优势的单项物流功能作业或资源，从而使得自身可以专注于更高层次的物流服务，如综合物流系统规划，提供全套的物流解决方案，充分发挥自身的信息优势以及管理咨询能力。其次，第三方物流公司通过横向整合，联合同行业的多家同城或异地的物流公司，建立战略联盟，相互协作，信息共享，扩大为客户企业提供服务的地域覆盖面，最终获得总体效益最大，为企业创造价值。

10.4.4 通过与客户企业的亲密合作实现一体化利益

第三方物流企业能够为客户企业提供传统的、最基本的仓储和运输服务；亦能够为客户企业提供仓储和货运管理等增值服务，例如：为客户提供集货、配送、分拣包装、配套装配、条码生成、挂标、刷标等服务。但是，从第三方物流企业的功能分类看，它不但包括物流实体公司，而且包括物流管理公司和物流技术公司这些价值创新型企业。因此，第三方物流公司为客户企业创造价值的另一种方式是通过与客户企业的亲密合作，其提供物流服务的过程直接介入客户企业的生产和销售计划，根据客户的具体特点，专门设计、添置物流设备，和对员工进行特殊的培训，从本质上帮助用户企业提高日常生产管理和运作的效率，改善其供应链结构。

在这种情况下，第三方物流服务提供商实际上是客户的战略投资人，也是风险的承担者。优秀的第三方物流公司追求的不是短期的经济效益，更确切地说它是以一种投资人的身份为客户服务，这是它身为战略同盟者的一个典型特点。因此，为了适应客户的需要，第三方物流公司往往自行投资或合资为客户建造现代化的专用仓库、个性化的信息系统，以及特种运输设备等。

利益一体化是第三方物流企业的利润基础。第三方物流企业的利润来源于现代物流管理科学的推广所产生的新价值，也就是人们经常提到的"第三利润源"。以美国为例，1980 年全美企业存货成本总和占 GNP 的 29%，由于物流管理中"零库存"控制的实施，到 1992 年这一比例下降到 19%，2000 年下降到 10%以下，两次几乎都下降了近 10 个百分点。可以说这种库存成本的节约就是物流科学创造的新价值，这种新价值是第三方物流与客户共同分享的，这就是利益一体化，即"双赢"的概念。从本质上讲，与运输和仓储企业相比，第三方物流服务的真正利润来源不是运费、仓储费用等直接收入，不是以客户的成本性支出为代价的，而是来源于与客户一起在物流领域创造的新价值，为客户节约的物流成本越多，利润率就越高，这与传统的经营方式有本质不同。

10.5 第三方物流的发展现状

随着现代信息技术的发展，发达国家的现代物流已成为新兴的支柱产业，在降低资源消耗和人力成本之后，被称为"第三利润源"。物流市场的兴起也使得第三方物流的作用越来越被企业所重视，第三方物流也开始逐渐发展成为物流市场的主体。

10.5.1 发达国家第三方物流的发展现状

目前，在美国、欧洲和日本等经济发达国家和地区，第三方物流企业的专业物流服务已经形成规模，在物流市场中占有相当大的比重，如图 10.2 所示。美国的第三方物流市场初具规模，尚处于行业生命周期的发展期；欧洲，特别是英国的第三方物流市场被普遍认为具有一定的成熟度和影响力；日本的社会化配送发展得最好，第三方物流业占整个物流市场的比重高达 80%。

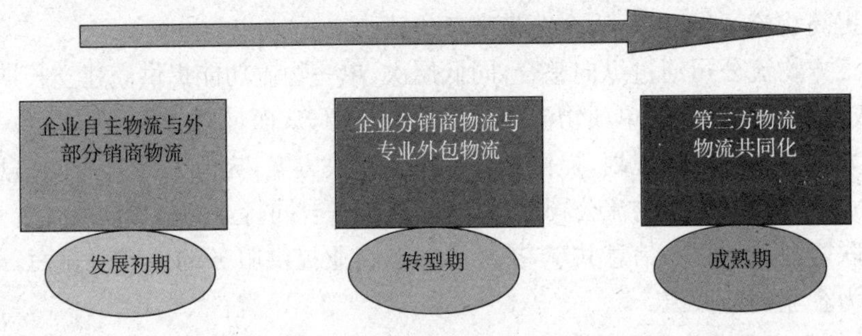

图 10.2 发达国家物流业发展历程

从使用第三方物流服务的情况来看，在欧洲，目前使用第三方物流服务的比例约为 76%，美国约为 58%，且其需求仍在增长。另外，欧洲 24%和美国 33%的非第三方物流服务用户正积极考虑使用第三方物流服务；欧洲 62%和美国 72%的第三方物流服务用户认为他们有可能在三年内增加对第三方物流服务的需求。一些行业观察家已对市场的规模做出估计，整个美国第三方物流业有相当于 4 200 亿美元的市场规模，欧洲目前潜在物流市场的规模估计约为9 500亿美元。

10.5.2 我国第三方物流的发展现状

1. 第三方物流市场具有广阔的发展空间

近几年物流市场的规模逐渐扩大，但物流运作的规范性有待进一步提高，第三方物流市场有待进一步完善。据统计，美国等发达国家供应链成本在 5%左右，而我国则高达 30%左右，由此可见，中国物流市场拥有巨大利润空间有待第三方物流企业去开发。

2. 第三方物流企业的整体水平不高，所能提供的服务范围和功能有限

目前在我国已经快速兴起了一些从事物流业的企业和公司，但从整体上看，我国第三方物流企业规模不大，服务水平不高，真正具有实力、竞争力强的第三方物流企业为数不多。从地域上来看，少数成功的物流企业大都集中在经济较发达的地区，以广东、上海和北京为中心，其他地区的第三方物流市场有待进一步开发。另外，从提供的服务范围和功能来看，目前许多物流企业设施简单、功能单一，物流服务只停留在某一个层面或某一个环节上，没有实现从原材料供给到商品销售整个供应链的全程服务，还没有形成真正意义上的网络服务，增值服务能力薄弱，难以提供完备的第三方物流服务。目前，第三方物流企业 85%的收益来自于运输、仓储等基本的物流业务；加工配送、定制服务等增值服务及物流信息服务与支持物流的财务服务的收益只占 15%。

3. 第三方物流需求严重不足

目前寻求第三方物流服务的企业主要是跨国公司和合资企业，大多数的国内企业，尤其是国有企业缺乏现代物流理念，仍恪守计划经济时期“大而全”、“小而全”的经营思路，自建物流体系，致使我国专业物流水平徘徊不前。

从图 10.3 的数据来看，目前我国企业对第三方物流服务的需求层次还比较低，主要仍集中在对基本、常规项目的需求上。生产企业外包的服务第一是干线运输，第二是市内配送，第

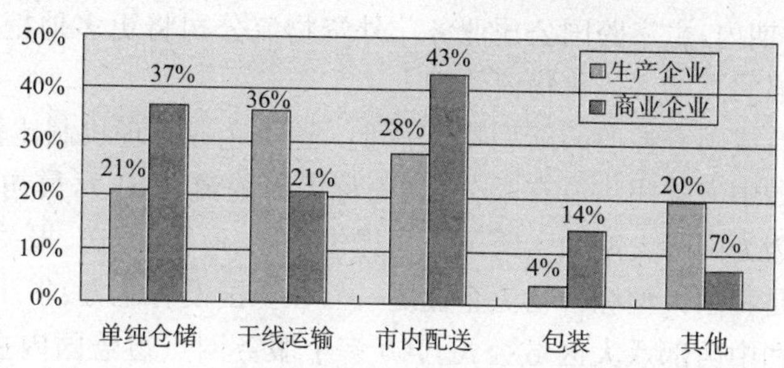

图 10.3　我国企业第三方物流服务需求状况

(资料来源:《第三方物流需求》,MBA 智库百科 http://wiki.mbalib.com)

三是储存保管。商业企业需求的服务第一是市内配送,第二是储存保管,其次是干线运输。这表明生产企业和商业企业对物流服务内容的侧重点有所不同;企业对增值性高、综合的物流服务如库存管理、物流系统设计、物流总代理等的需求很少。

10.5.3　我国第三方物流企业种类

(1)经过改造转型的传统国有仓储、运输企业。这类企业目前在物流市场中起主导作用,如中远国际货运有限公司(COSFRE)、中国对外贸易运输(集团)总公司(简称中外运,Sinotrans)、中国储运总公司(CMST)等。由于这些企业拥有全国性的网络和许多运输和仓储资产,且与中央和地方政府有着良好的关系,故占据了较大的市场份额。但由于是老国有企业转型而来,所以不可避免地存在历史遗留问题,诸如冗余人员比例高、工作效率低、管理成本高等。此类第三方物流企业应凭借自身的网络及资产优势,延伸服务,通过资产重组,进一步向现代物流企业转化。

(2)新兴的民营物流企业。这类企业的经营观念、机制、管理方式能够适应市场快速发展的要求,在合理使用和组织各种物流资源方面优势明显。这些企业的规模和市场份额扩展都十分迅速,是中国未来产业发展进程中最活跃的部分,也是我国物流行业中最有朝气的第三方物流企业。例如:创建于 1994 年的宝供物流(P. G. Logistics Group Co., Lt),其总部设在广州,是国内第一家经国家工商总局批准以物流名称注册的企业集团,是我国最早运用现代物流理念为客户提供物流一体化服务的专业公司。截止至 2006 年,宝供物流已在全国 65 个城市设有 7 个分公司、8 个子公司和 50 多个办事处,形成了一个覆盖中国内地并开始向美国、澳大利亚、泰国、中国香港等地延伸的国际化物流运作网络和信息网络,与国内外近百家著名企业结成战略联盟(其中包括宝洁、飞利浦、联合利华、安利、通用电器、松下、三星、东芝、LG、壳牌、丰田汽车、雀巢、卡夫等 52 家世界 500 强企业),为他们提供商品以及原辅材料、零部件的采购、储存、分销、加工、包装、配送、信息处理、信息服务、系统规划设计等供应链一体化的综合物流服务。

(3)外资或港资物流企业。这类企业的特点是有很强的海外网络及丰富的行业知识和实际运营经验、有先进的 IT 系统及来自于总部的强大的财力支持。这类企业最初是由外商独资企业进入我国而跟随进来提供延伸服务,而后又以其优质的服务向物流市场渗透。如丹麦有利物流公司(Merchandise logistics Co.)主要为马士基船运公司(Maersk)及其货主企业提供物流服务;深圳的日本近铁物流公司(Kintetsu Worldwide Express)主要为日本在华企业服务。因为客户对物流服务的要求一定程度上受制于产品特征和相关企业管理水平,这就决定了管理较为完善、产品价值较高的跨国公司对物流服务的需求,特别是高层次物流服务的需求总体上要高于国有企业。调查表明,跨国公司首选的第三方物流服务企业为外资企业,说明在今后一段时间内,在我国这块最活跃、利润空间最大的物流市场上,民族企业并不占优势,外资物流公司会在一定时期内,主宰跨国公司业务。外资物流公司将更多地把业务集中在资产负担较轻、盈利能力较强的高端一体化物流管理上。

(4)新创办的国有或国有控股的新型物流企业。这类企业管理机制比较完善,没有历史问题,发展也比较快。如中海集团物流有限公司(简称中海物流,CSL),最初从仓储开始发展物流业务,现已发展成为为国际大型知名跨国公司提供仓储、运输、配送、报关等多功能物流服务的第三方物流企业,是我国大型综合物流企业之一。在全国设有北方、华北、山东、华东、福建、华南、海南区域公司和中西部八大区域公司,100 多个服务网点覆盖国内主要大中城市,管理超过 30 万平米仓库和 2 000 余辆各种货运车辆。依托中国海运的资源优势,中海物流以优质的服务和完善的信息、运输网络作支撑,构建了立足沿海、辐射全国、连接全球的物流供应链,可为客户提供全套物流解决方案和一体化的物流服务。

(5)生产或流通企业内部的物流企业。这类企业网络覆盖性良好,但缺乏专业的行业知识,资产有限,发展受母公司影响。如许多大型家电企业都纷纷设立了自己的物流子公司。在满足内部客户需求服务之外,同时也对外开展第三方物流业务。如继美的、TCL、海尔之后,科龙和小天鹅也联手成立了家电物流企业。

10.6 第四方物流

10.6.1 第四方物流简介

1998 年,美国埃森哲咨询公司(Accenture)率先提出了第四方物流的概念。认为第四方物流(Fourth-party Logistics 或者 4PL)是一个供应链的集成商,是供需双方及第三方物流的领导力量。第四方物流并不实际承担具体的物流运作活动,而是专门为第一方、第二方和第三方提供物流规划、咨询、物流信息系统、供应链管理等服务项目。它不是物流的利益方,而是通过自身的信息技术、整合能力以及其他资源,并且依靠优秀的第三方物流供应商、技术供应商、管理咨询以及其他增值服务商,为客户提供一套独特的、广泛的、完整的供应链解决方案,帮助企业降低成本和有效整合资源,以此获取一定的利润。第四方物流的关键是,以“行业最佳的物流方案”为客户提供服务与技术。

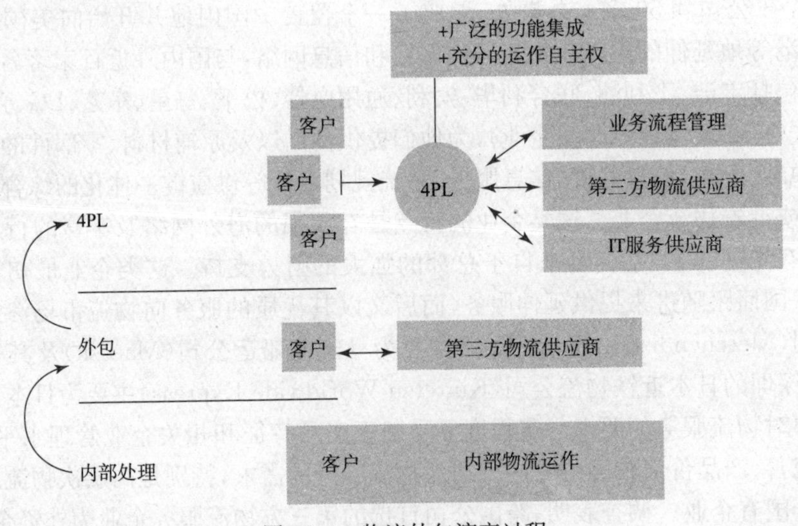

图 10.4 物流外包演变过程

图 10.4 描述的是物流业发展演变的过程。随着经济一体化进程的不断深入，企业为了集中精力提高核心竞争力，势必放弃自营物流而选择第三方物流。而随着物流活动的日益复杂化以及企业对物流服务要求的不断提高，第四方物流也随之产生，并以其独特的优势，作为第三方物流的"协助提高者"发挥着重要的作用。

10.6.2 第四方物流的基本特征和功能

1. 第四方物流的基本特征

(1)第四方物流有能力提供一整套完善的供应链解决方案，是集成管理咨询和第三方物流服务的集成商。

(2)第四方物流是通过对供应链产生影响来创造价值，在向客户提供持续更新和优化的技术方案的同时，满足客户特殊的需求。

(3)成为第四方物流企业需要具备一定的条件，例如能够制定供应链策略、设计业务流程再造、具备技术集成和人力资源管理的能力；在集成供应链技术和外包能力方面处于领先地位，并具有较雄厚的专业人才；能够管理多个不同的供应商并且具有良好的管理和组织能力等。

2. 第四方物流的基本功能

(1)供应链管理功能，即管理从货主、托运人到用户、顾客的供应全过程。

(2)运输一体化功能，即负责管理运输公司、物流公司之间在业务操作上的衔接与协调问题。

(3)供应链再造功能，即根据货主/托运人在供应链战略上的要求，及时改变或调整战略战术，使其经常处于高效率的运作中。

10.6.3 第四方物流模式

从本质上讲，第四方物流是一个能够提供全面供应链解决方案的供应链集成商。第四方物流有 3 种模式存在。

(1)协助提高者。第四方物流为第三方物流工作，并提供第三方物流缺少的技术和战略技能。

(2)方案集成商。第四方物流为货主服务，是与所有第三方物流提供商及其他提供商联系的中心(如图 10.5 所示)。

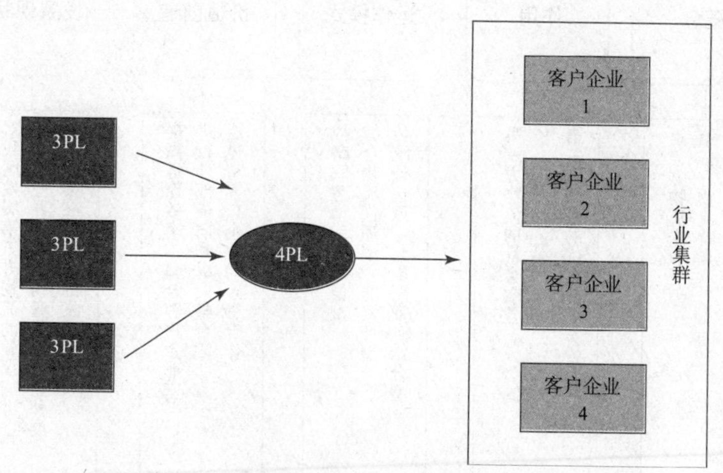

图 10.5 作为方案集成商的第四方物流模式

(3)产业革新者。第四方物流通过对同步与协作的关注,为众多的产业成员运作供应链。

第四方物流无论采取哪一种模式,都突破了第三方物流在某种程度上缺乏跨越整个供应链运作以及整合供应链流程所需的战略性专业技术的局限性,可以不受约束地将每一个领域的最佳物流提供商组合起来,为客户提供最佳物流服务,进而形成最优的物流解决方案或供应链管理方案,从而能够真正地低成本运作,实现最大范围的资源整合。

10.6.4 第四方物流的优势

第四方物流与第三方物流相比,其服务的内容更多,覆盖的地区更广,对从事货运物流服务的公司要求更高,要求它们必须开拓新的服务领域,提供更多的增值服务。第四方物流供应商能够对公司内部和具有互补性的服务供应商所拥有的不同资源、能力和技术进行整合和管理,通过其影响整个供应链的能力来为客户提供更为复杂的一整套供应链解决方案。第四方物流有能力帮助客户企业实现持续运作成本降低以及区别于传统外包业务的真正的资产转移。其最大的优越性,是它能保证产品得以"更快、更好、更廉"地送到需求者手中。

第三方物流独自提供服务,或通过与自己有密切关系的转包商来为客户提供服务,它不大可能提供技术、仓储和运输服务的最佳整合。在这种情况下,第四方物流成了第三方物流的"协助提高者",也是货主的"物流方案集成商"。第四方物流能够依靠业内最优秀的第三方物流供应商、技术供应商、管理咨询顾问和其他增值服务商,为客户提供独特的和广泛的供应链解决方案,在一定程度上起到了统筹全局的作用,这是任何一家公司所不能单独提供的。因此第四方物流也称之为"总承包商"或"领衔物流服务商"。

本章小结

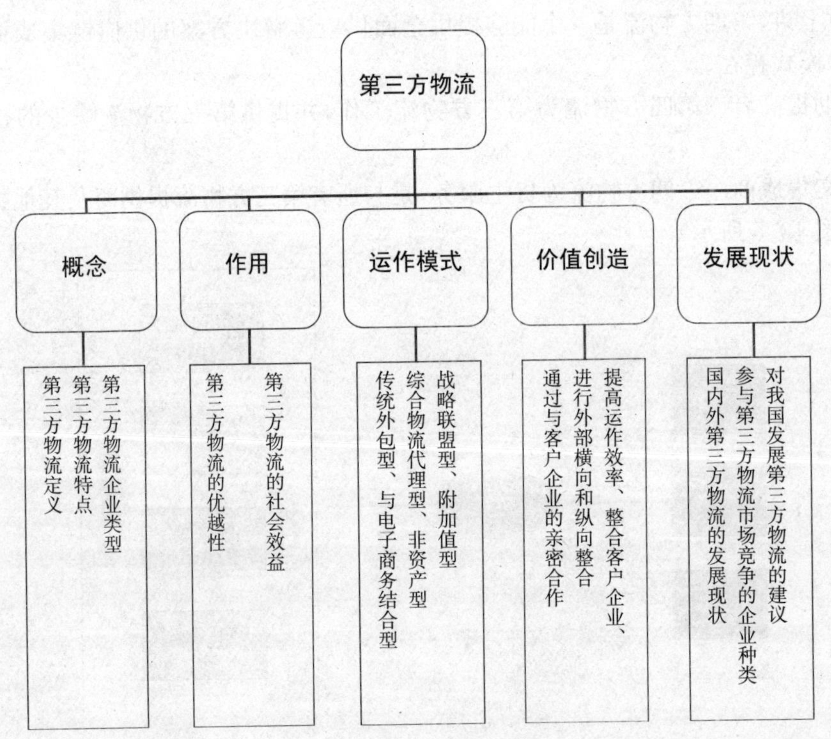

关键概念

第三方物流　企业核心竞争力　一体化利益　第四方物流

课堂讨论

(1)搜集世界知名第三方物流企业的资料,了解第三方物流的发展状况,并结合身边的实例,谈谈你对第三方物流的印象。

(2)你认为第三方物流有哪些优势,能为社会、企业和日常生活带来些什么益处。

复习思考题

1. 选择题

(1)第三方物流的概念产生于20世纪(　　)。

A. 70年代　　B. 80年代　　C. 90年代初　　D. 90年代末

(2)不具备运输和仓储设施,只通过系统数据库和咨询服务为企业提供物流管理的物流企业属于(　　)。

A. 以资产为基础的第三方物流企业　　B. 非资产为基础的第三方物流企业

C. 操作性的物流企业　　D. 多元化的物流企业

(3)下列属于第三方物流的社会效益的是(　　)。

A. 帮助企业降低成本　　B. 帮助企业降低风险

C. 优化企业的供应链　　D. 缓解城市交通压力。

(4)(　　)的发展程度反映和体现着一个国家物流业发展的整体水平。

A. 物流配送　　B. 物流信息系统

C. 第三方物流　　D. 企业物流

(5)(　　)的第三方物流市场普遍被认为具有一定的成熟度和影响力。

A. 美国　　B. 欧洲　　C. 日本　　D. 巴西

(6)总的来说,(　　)的社会化配送发展得最好。

A. 美国　　B. 日本　　C. 中国　　D. 欧洲

(7)宝供物流在成长过程中通过与(　　)的合作,提升了自身的物流服务水平。

A. IBM　　B. 宝洁　　C. 联合利华　　D. 摩托罗拉

(8)宝供物流属于(　　)。

A. 改造转型后的传统国有仓储、运输企业

B. 新创办的国有或国有控股的新型物流企业

C. 外资或港资物流企业

D. 新兴民营物流企业

(9)第四方物流实际上可以理解为(　　)第三方物流。

A. 能够为企业提供增值服务的　　B. 资产为基础的

C. 非资产为基础的　　D. 具有规模效益的

2. 问答题

(1)什么是第三方物流?

(2)简述第三方物流的特点。

(3)企业采用第三方物流的优越性有哪些?

(4)第三方物流的社会效益是什么?

(5)第三方物流的运作模式有哪些?

(6)简述第三方物流为企业创造价值的途径。

(7)简述我国第三方物流的发展现状。

(8)目前参与市场竞争的第三方物流企业种类有哪些?

(9)什么是第四方物流?

(10)相比较第三方物流,第四方物流有哪些优势?

案例分析

中外运为摩托罗拉提供的第三方物流服务

中外运空运发展股份有限公司是中国外运集团所属的全资子公司,成立于 1999 年 10 月,其核心业务包括航空货运代理和速递业务。下面是中外运空运公司为摩托罗拉公司提供第三方物流服务的案例介绍。

1. 摩托罗拉公司对物流服务的要求

(1)要求提供 24 小时的全天候准时服务。主要包括:保证摩托罗拉公司与中外运业务人员、天津机场和北京机场两个办事处及双方有关负责人通信联络 24 小时通畅;保证运输车辆 24 小时运转;保证天津与北京机场办事处 24 小时提货、交货。

(2)要求服务速度快。摩托罗拉公司对提货、操作、航班、派送都有明确的规定,时间以小时计算。

(3)要求服务的安全系数高。要求对运输的全过程负责,要保证航空公司及派送代理处理货物的各个环节都不出问题,一旦某个环节出现问题,将由服务商承担责任,赔偿损失,而且当过失达到一定程度时,将被取消业务代理资格。

(4)要求信息反馈快。要求公司的计算机与摩托罗拉公司联网,做到对货物进行随时跟踪、查询、掌握货物运输全过程。

(5)要求服务项目多。根据摩托罗拉公司货物流转的需要,通过发挥中外运系统的网络综合服务优势,提供包括出口运输、进口运输、国内空运、国内陆运、国际快递、国际海运和国内提供的派送等全方位的物流服务。

2. 摩托罗拉公司如何选择中国运输代理企业

首先,通过多种方式对备选的运输代理企业的资信、网络、业务能力等进行周密的调查,并给初选的企业少量业务试运行，以实际考察这些企业服务的能力与质量。对不合格者，取消代理资格。其次，摩托罗拉公司对获得运输代理资格的企业进行严格的月季度考评。主要考核内容包括运输周期、信息反馈、单证资料、财务结算、货物安全和客户投诉。

3. 中外运空运公司为达到客户满意而采取的措施

(1)制订科学规范的操作流程。摩托罗拉公司的货物具有科技含量高、货值高、产品更新换代快、运输风险大、货物周转及仓储要求“零库存”的特点。为满足摩托罗拉公司的服务要求，中外运空运公司设计并不断完善业务操作规范，并纳入了公司的程序化管理。对所有业务操作都按照服务标准设定的工作和管理程序进行，先后制定了出口、进口、国内空运、陆运、仓储、运输、信息查询、反馈等工作程序。每位员工和每个工作环节都按照设定的工作程序进行，使整个操作过程井然有序，提高了服务质量，减少了差错。

(2)提供24小时的全天候服务。针对客户24小时服务的要求，实行全年365天的全天候工作制度。周六、周日(包括节假日)均视为正常工作日，厂家随时出货，随时有专人、专车提供和操作。在通信方面，相关人员从总经理到业务员实行24小时的通信畅通，保证了对各种突发性情况进行迅速处理。

(3)提供“门到门”的延伸服务。普通货物运送的标准一般是从机场到机场，由货主自己提货，而快件服务的标准是从“门到门”、“库到库”，而且货物运输的全程在严密的监控之中，因此收费也较高。中外运对摩托罗拉的普通货物是按照普货标准收费的，但提供的却是“门到门”、“库到库”的快件的服务，这样既提高了摩托罗拉货物运输的及时性，又保证了安全。

(4)提供创新服务。从货主的角度出发，推出全新的、更周到的服务项目，最大限度地减少损货，维护货主信誉。为保证摩托罗拉公司的货物在运输中减少被盗情况的发生，在运输中间增加了打包、加固的环节；为防止货物被雨淋，又增加了一项塑料袋包装；为保证急货按时送到货主手中，还增加了手提货的运输方式，解决了客户的急、难问题，让客户感到在最需要的时候，中外运公司都能及时、快速地帮助解决。

(5)充分发挥中外运的网络优势。经过50年的建设，中外运在全国拥有比较齐全的海、陆、空运输与仓储、码头设施，形成了遍布国内外的货运营销网络，这是中外运发展物流服务的最大优势。通过中外运网络，在国内为摩托罗拉公司提供服务的网点遍布全国的重要城市，实现了提货、发运、对方派送全过程的定点定人、信息跟踪反馈，满足了客户的要求。

(6)对客户实行全程负责制。作为摩托罗拉公司的主要货运代理之一，中外运对运输的每一个环节负全责。对于出现的问题，积极主动协助客户解决，并承担责任和赔偿损失，确保了货主的利益。

中外运为摩托罗拉公司的服务，从开始的几票货发展到面向全国的物流服务，双方在共同的合作与发展过程中，建立了相互的信任和紧密的业务关系。

(案例来源：贺盛瑜，胡云涛．第三方物流理论与实务．成都：电子科技大学出版社，2005，2.)

案例思考：(1)通过分析摩托罗拉公司对于物流服务的要求，谈谈你对第三方物流服务的认识。

(2)通过分析中外运为摩托罗拉提供的全方位物流服务，讨论第三方物流企业与传统运输、仓储企业的区别是什么。

(3)摩托罗拉公司和中外运空运公司各自从合作中得到了什么？

［1］贺盛瑜，胡云涛．第三方物流理论与实务．成都：电子科技大学出版社，2005，2.
［2］骆温平，谷中华．第三方物流教程．上海：复旦大学出版社，2006，7.
［3］世界物流企业100强排名 http://zhidao.baidu.com
［4］全球十大物流公司：http://wiki.mbalib.com
［5］http://encyclopedia.thefreedictionary.com/Third-party＋logistics＋provider
［6］http://www.12manage.com/methods_3rd_party_logistics.html
［7］http://www.3plstudy.com

第 11 章　企业物流

开篇案例·美的:大规模定制加柔性生产线二

美的近年来也一直在转型,其核心是在国际和国内个性化需求的牵引下,进行柔性制造和 JIT(精益生产)。柔性化生产家电销售渠道模式不外大代理制和直营零售两类。近年来,国内家电渠道直营零售的比例越来越大。如科龙冰箱销售总监陈文军曾告诉本报记者,科龙代理制:直营零售的比例,2000 年是 85∶15,2001 年则变为 75∶25;2002 达到 55∶45。而在 2003 年,科龙将把这个比例调整为 45∶55,这意味着两种渠道模式比例的逆转。在这种趋势下,美的也概莫能外。

在国际市场,市场需求千差万别,如同一品牌就有可能各地有不同的标准,制冷制热、性能外观的区别也很大。传统的生产线显然已经不能适应新的需求。大规模定制模式成为应对日益迫近的市场现实和美的空调几年来制造转型的焦点。柔性生产就是其直接体现。美的在 2002 年专门成立了柔性生产的项目组,进行柔性化生产的规划。主要从人、机、(物)料和方法等方面进行突破。在设备上,美的引进了柔性生产线。美的以前使用的是上百米长的生产线,转一圈下来需要 1 分钟左右,物料通过悬挂链进行投放,适合批量规模生产。如内销机一个品种 1 000 台。现在则是短线,每个工位放置多种物料,各自按需要投放。转一圈下来,一台成品组装完成。由于做出口机品种多,经常要不断切换品种,物料组织相对灵活。此外,生产和设备的柔性对人的柔性提出了要求。美的则在淡季加强对工人的培训。培养“多面手”,多技能工,能够适合不同岗位,在多种工位上工作,今天完成这种工序,明天做另一种工序。而柔性化最关键之处在于配套资源的柔性。如供应商对于物料的配送能力。现在对供应商距离提出要求,控制采购半径。有些物料按照计划拉动,需要恰时供货的,必须提前三到四个小时送到生产线来,而以前要送到很多仓库。现在是要多少,送多少。对供应商的配套能力、服务速度要求很高。它的布局必须在周边,类似丰田 JIT。柔性生产的回报很直接。以前美的的供货周期比较慢,原来出口要接近一个月才能做出来,至少 25 天以上,内销以前也是平均 20 天,至少半个月以上。柔性生产后,供货周期,内销可以按周计划实施,7 天交货。出口控制在 10 到 15 天交货。目前,在美的空调,柔性和传统长线并行。整体柔性机已经约占三分之一。其中出口全是柔性接单,柔性生产;内销还是小部分,如国美、苏宁等的定制机由柔性生产完成，而柔性化是今后内销发展的趋势。今后内销趋势是销售计划按照卖场的订单直接做。流程协同大规模定制模式强调流程的协同，只有部门间、内外部紧密协同才能柔性化地组织生产。

（资料来源：中国物流联盟网 http://www.chinawuliu.com.cn）

在市场环境中，企业从外界输入如原材料、外购件，以及信息和资金等生产要素，经过对实物生产要素的处理（如生产、包装、装卸、仓储、运输等），最后形成新的生产要素（如产成品）输出，形成了不断循环的运动。企业生产经营活动是物质资料实体由一种形态功能转换为另一种形态功能的运动过程。这种物质资料的运动活动，就构成了企业物流。目前，我国企业物流主要包含供应物流、生产物流、销售物流、逆向物流四个部分。（如图 11.1 所示）

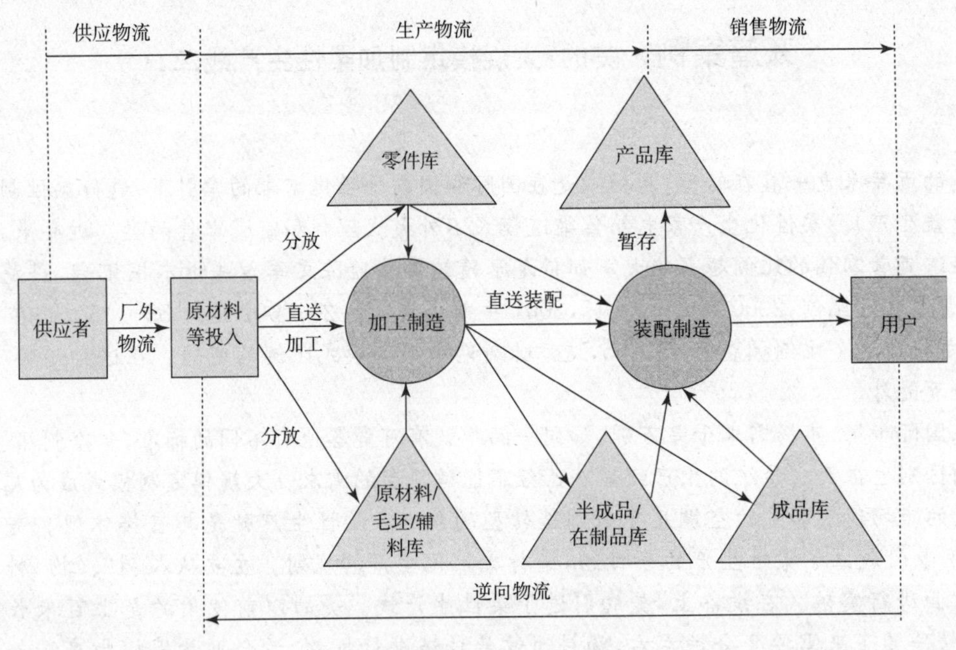

图 11.1　企业物流系统

11.1　供应物流

供应物流是指包括原材料等一切生产物资的采购、进货运输、仓储、库存管理、用料管理和供应管理，也称为原材料采购物流。它是生产物流系统中相对独立性较强的子系统，并且和生产系统、财务系统等生产企业各部门以及企业外部的资源市场、运输部门有密切的联系。供应物流是企业为保证生产节奏，不断组织原材料、零部件、燃料、辅助材料供应的物流活动，这种活动对企业生产的正常、高效率进行发挥着保障作用。

11.1.1　供应物流的组成

（1）采购。采购工作是供应物流与社会物流的衔接点，是依据生产企业生产——供应——采购计划来进行原材料外购的作业层，负责市场资源、供货厂家、市场变化等信息的采集和反馈。

(2)生产资料供应。供应工作是供应物流与生产物流的衔接点,是依据供应计划——消耗定额进行生产资料供给的作业层,负责原材料消耗的控制。

(3)仓储、库存管理。仓储管理工作是供应物流的转换点,负责生产资料的接货和发货,以及物料保管工作;库存管理工作是供应物流的重要部分,依据企业生产计划制定供应和采购计划,并负责制定库存控制策略及计划的执行与反馈修改。

(4)装卸、搬运。装卸、搬运工作是原材料接货、发货、堆码时进行的操作。虽然装卸、搬运是随着运输和保管而产生的作业,但却是衔接供应物流中其他活动的重要组成部分。

11.1.2 供应物流的过程

供应物流过程因不同企业、不同供应环节和不同的供应链而有所区别,这个区别就使企业的供应物流出现了许多不同种类的模式。其过程一般有以下 3 个环节。

(1)取得资源。取得资源是完成以后所有供应活动的前提条件。取得什么样的资源,这是核心生产过程提出来的,同时也要按照供应物流可以承受的技术条件和成本条件辅助这一决策。

(2)组织到厂物流。所取得的资源必须经过物流才能到达企业。这个物流过程是企业外部的物流过程,在物流过程中,往往要反复运用装卸、搬运、储存、运输等物流活动才能使取得的资源到达企业的门口。

(3)组织厂内物流。如果企业外物流到达企业的“门”,便以“门”作为企业内外的划分界限,例如以企业的仓库为外部物流终点,便以仓库作为划分企业内、外物流的界限。这种从“门”和仓库开始继续到达车间或生产线的物流过程,称作供应物流的企业内物流。

传统的企业供应物流,都是以企业仓库为调节企业内外物流的一个结点。因此,企业的供应仓库在工业化时代是一个非常重要的设施。

11.1.3 供应物流的模式

企业的供应物流有 3 种组织方式,这 3 种方式都有低层次的、高层次的不同管理模式。

1. 委托社会销售企业代理供应物流方式

企业作为用户,在买方市场条件下,利用买方的主导权力,向销售方提出对本企业进行供应服务的要求,作为向销售方面进行采购订货的前提条件。实际上,销售方在实现了自己生产的和经营的产品销售的同时,也实现了对用户的供应服务,以此占领市场。这种供应服务是销售方企业发展的一个战略手段。这种方式的主要优点是企业可以充分利用市场经济造就的买方市场优势,对销售方即物流的执行方进行选择和提出要求,有利于实现企业理想的供应物流设计。主要问题是销售方的物流水平可能有所欠缺,因为销售方毕竟不是专业的物流企业,有时候很难满足企业供应物流高水平化、现代化的要求,例如,企业打算建立自己的广域供应链,这就超出了销售方面的能力而难以实现。

2. 委托第三方物流企业代理供应物流方式

这种方式是在企业完成了采购程序之后,由销售方和本企业之外的第三方去从事物流活动。第三方从事的物流活动是专业性的,而且有非常好的服务水平。由第三方去从事企业供应物流的最大好处是能够承接这一项业务的物流企业必定是专业物流企业,有高水平、低成本、高服务从事专业物流的条件、组织和传统。不同的专业物流公司,瞄准物流对象的不同,有自己特有的形成核心竞争能力的机器装备、设施和人才,这就使企业有广泛选择的余地,进行供应物流的优化。

3. 企业自供物流方式

这是在卖方市场的市场环境状况下经常采用的供应物流方式。企业自身在组织供应的某些种类物品方面,可能有一些例如设备、装备、设施和人才方面的优势。因此,由本企业组织自己的供应物流也未尝不可,在新经济时代这种方式也不能完全否定。

11.2 采购管理

采购管理是计划下达、采购单生成、采购单执行、到货接收、检验入库、采购发票的收集到采购结算的采购活动的全过程,对采购过程中物流运动的各个环节状态进行严密的跟踪、监督,实现对企业采购活动执行过程的科学管理。采购管理包括采购计划、订单管理及发票校验三个组件。

11.2.1 采购流程

采购流程通常是指有制造需求的厂家选择和购买生产所需物品的全过程。采购的流程是对企业采购活动顺序的一个直观描述。它是企业采购活动中最重要的部分,也是采购活动具体执行的标准。采购流程会因采购来源、方式、对象的不同而存在若干差异。一般地,采购流程由采购计划、采购认证、采购实施和采购控制四个阶段组成。(如图 11.2 所示)

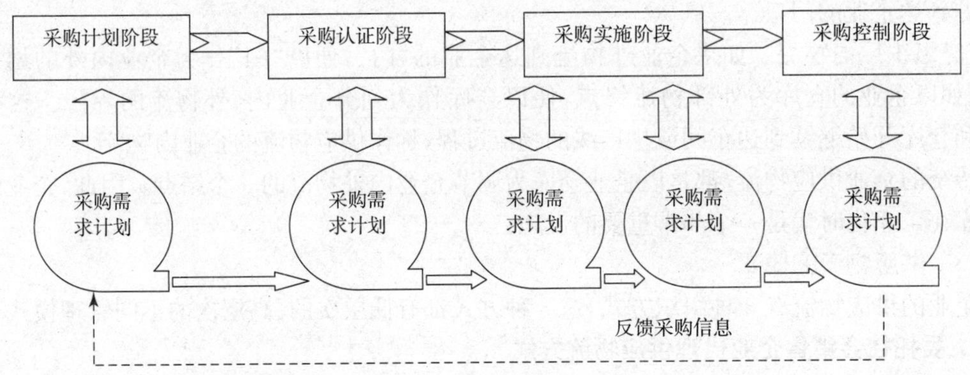

图 11.2 采购流程图

1. 采购计划阶段

接到物料请购单后,制定采购计划。

(1)价值分析。通过所选物料功能与其成本相比较,找到成本更低的替代品。

(2)包装方式。调查工序与物料,确定能以最低包装成本来满足要求。

(3)产品规格。对现有物料进行分析以确保满足需要的功能,避免采购一些不必要的属性或不必要的高性能物料。

(4)物料标准化。考察所使用物料的具体用途,考虑用一种通用物料来满足众多需求。

(5)确定所采购的企业种类、规格、技术档次等。

2. 采购认证阶段

(1)通过网络或商业介绍收集供应商的信息并对其进行查询。

(2)确定几家较匹配的供应商,将所需的物料名称、规格、包装要求、品质要求、数量、交货时间及地点、运输要求、付款条件等资料提供给对方了解。

(3)在与供应商接触过程中,也要求对方提供相关资料。如:所经营的产品范围、规格、测试指标说明、供应商评审表、价格构成表等。必要时还需提供样品进行认证。

(4)供应进行筛选，一般以价格是否合理，品质是否达到我们的要求，交货是否有保障，生产能力是否符合公司的要求，服务质量，是否有优惠条件及是否有技术指导等方面作为筛选条件。

(5)将所得到的资料提供给上级评审，等待确定供应商。

3. 采购实施阶段

(1)对价格及相关条件进行谈判。

(2)谈判成功之后即可签订合同下达订单。

(3)采购订单下达之后，根据采购订单上要求的供货日期，采用时间段向供应商确认到货日期直至材料到达企业。

(4)执行对账及付款程序。

4. 采购控制阶段

采购控制阶段，企业采购的相关部门对采购效果进行评价，对采购中存在的问题及时改进，企业要明确规定绩效评估的指标，通过绩效评估指标对企业采购部门、供应商的绩效做出准确评价。主要指标有：质量指标、供应指标、经济指标、服务指标。

做好对潜在供应商的开发工作，以降低企业经营的不确定性。企业应重视紧缺物资的潜在性供应商和需求波动性较大的物资供应商，考核潜在供应商的内容应与认证阶段的筛选内容相同。

11.2.2　供应商管理

1. 供应商的分类

零部件分类是制定供应商管理策略、进行供应商管理的前提和必备条件，对于供应商分类，不同行业、不同企业有着不同分类。如半导体行业，采购的对象可以分为加工件、现成产品和外包件，加工件一般是买方进行设计，加工厂商按图加工。而对汽车行业，采购对象一般分为车身及零部件、底盘及零部件、汽车电子、发动机及零部件、通用件等。

出于供应商管理的需要，一些企业会根据物料的采购金额和供应风险，将采购物料分为四类：价值大、风险高的战略采购物料；价值大，风险低的杠杆采购物料；价值小、风险高的风险采购物料；低价值、低风险的交易采购物料。在此基础上进行供应商分类，分为改进型、战略型、交易型、优先型4类供应商。(如图11.3所示)

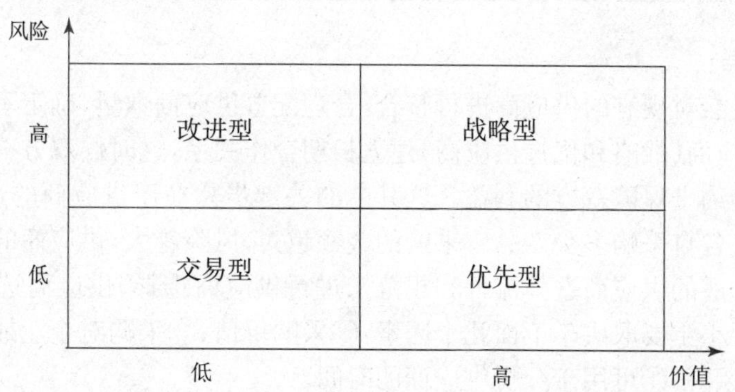

图11.3　供应商类型

(1)价值大、风险高的战略采购物料。一般需要与少数关键供应商建立长期战略性合作关系。

(2)价值小、风险高的风险采购物料。一般有两种解决方法,一种是修改需求,将其转化为其他类物料;另一种就是不断开发新的供应商,降低供应风险,如果这种物料本身具有高技术性特点的话,可以考虑将其物料采购需求整合到其他类物料的供应商中,比如利用可同时提供多种物料的经销商等。

小案例:摩托罗拉和海尔公司的供应商整合
摩托罗拉公司一度有60多种型号的手机,不同的型号很少共用电池,造成100种左右的电池,如果说手机的外观有这么多形式还有一定的道理,消费者可能喜欢不同的样式;但是对于电池这样的功能性部件,这么多类型实无必要,当然这不是采购的问题,而是设计之间缺乏沟通和共享。企业可通过供应商整合,降低供应商数量,既可降低采购管理的难度,又降低了不能供应的风险。海尔公司通过实行统一采购,对供应商进行整合,淘汰了80%以上竞争力较弱的供应商,在不断优化供应商网络的同时,也提升了供应商质量,国际化供应商占到海尔供应商总数的70%左右,包括85家世界500强供应商。通过供应商整合和优化,既降低了风险,又有利于企业在现在"链条对链条"的竞争中获取竞争优势。

(3)价值大,风险低的杠杆采购物料。这一类物料采购策略的重点是采购成本的最优,一般是扩大寻源范围,通过招标降低成本。

(4)低价值、低风险的交易采购物料。这一类常规物料,可以通过标准化和自动化的采购流程简化采购操作,降低采购成本。

另外,根据供应商对公司战略的影响程度而分为战略型、大额型和交易型,战略型是指对公司战略有重大影响、交易金额也较大的供应商。大额型主要是交易金额大,但是战略意义一般的供应商,大额型供应商又可细分为增长型和减少型,增长型是未来交易额会增加的供应商。交易型是指为数众多,但交易金额较小的供应商。不同行业的特性有差异,不同企业的产品种类也有差异,因此关键是以这些考虑为基础来构建企业自己的供应商分类标准,合适的就是最好的。

小案例:中兴通讯公司的供应商分类
中兴通讯公司根据供应商的配合、规模和产品重要性等指标,对供应商进行综合评级,将其分为三个等级:战略供应商、重点供应商和普通供应商。与核心供应商建立战略伙伴关系,进行全方位、更紧密的合作。设立专人进行管理,并签署有双方高层介入的《战略合作备忘录》,界定了双方从产品研发的选型开始到商务谈判和交货方面的整个过程中的义务和责任。而对普通的供应商,则主要采取竞价的方法从中择优选择。

2. 供应商选择

供应商分类后会对现有的供应商进行整合,合理配置供应商数量,确定不同物料的最佳供应商,并与最佳供应商(战略和优选供应商)建立长期合作关系,这时候双方一般会签署有双方高层介入的长期合约来保障双方的利益。这其中的关键步骤在于供应商的选择,决定选择哪些供应商并且向其各自采购多少产品。采购的金额越大,风险越大,供应商的选择确定就越复杂。企业应制定合适的供应商选择流程和规范来进行供应商选择,供应商选择流程的复杂程度和涉及范围的大小主要取决于下面几个因素:①采购价值;②采购对企业战略目标的重要程度;③供应市场的风险;④可用于分析供应商的时间。

在选择供应商时要处理多方面的平衡,研发、生产、采购部门对供应商有着不同的期望和要求,供应商本身的技术能力和市场地位也是需要慎重考虑的,企业产品的阶段和供应商发展计划的平衡,企业采购额与供应商的比例等等,企业采购额占供应商销量的比例大,企业影响力就大,反过来风险也大,一般占据供应商销售量三分之一较好,例如戴尔会鼓励其供应商同时也为其他厂商服务，双方形成一种既互相合作又不完全依赖的模式，但是在真正选择时，又会面临企业是多地区运营的，供应商也是多地区运营的，是直接都整合到总部签署合约，还是分散到各个地区好，还要考虑运输距离、采购物料的价值及断货风险等问题，因此供应商选择是一个比较复杂而需要具体问题具体分析的过程。

3. 供应商评价

在进行供应商整合和合同签署后，双方的合作进入到执行阶段，这时候要对供应商进行绩效评价管理。对供应商的评估既可以采用简单的问答法，也可以用量化的评估标准进行加权计算，不同的物料和企业自身的管理水平可能有着不同的方法，作为采购专业人员应该在不同物料分类的基础上进行设计和操作。一般而言，对于低价值/低风险的采购需求可以用简单的非正式的方法，对于高价值/高风险的采购需求应尽量采用可以量化的评估标准。

在评估标准和权重的设置上要注意不受强势部门、人物或者经办人员的影响，力求客观、全面反映组织的目标，而不是个人或者个别部门的目标。当然在对于经办人员的指标设置上也要考虑这方面的因素，使得供应商物料的内部使用客户（研发、生产）和供应管理客户（寻源、采购）等之间能够平衡。

小案例：三鹿奶粉事件与多层级原料采购管理

三鹿奶粉事件发生后，已经有一万多个儿童因此住院。在此之前有奶粉类的大头婴儿事件，玩具类的含铅涂料事件，中国汽车由于配件质量问题频频遭到品牌伤害。这些问题的发生看起来都不是成品厂家的问题，而是上游供应商的问题。可上游的造假难道厂家就无辜吗？蒙牛董事长牛根生就说出了："无知就是犯罪"这样的重话。牛根生同时说："在责任面前，我们唯一的选择就是负起完全的责任！"他说出对消费者负责的办法无非是收回有毒奶粉，付医疗费及加强检测。可问题是检测能保障没有漏网之鱼吗？能发现除了三聚氰胺还有其他的有毒添加剂吗？如果没有这方面的保障，企业又凭什么能对消费者负责？同理，玩具厂商难道就能保证以后除了含铅涂料不会发生其他涂料有毒问题吗？难道非要在市场上出现了严重问题，才回头去找原料供应商吗？

牛奶公司向奶站采购，奶站向奶农采购。玩具厂采购涂料，涂料厂采购化工原料。整车厂采购车锁，车锁厂采购锁配件，锁配件厂采购特种钢。至于跨国公司在中国 OEM，更是涉及到多级原料供应的问题。在这里最终产品生产商对多级上游原料的供应基本处于失控状态。原因是由于从初级原料到成品完工有多个生产环节，造成监督的困难。而在产品生产原材料信息方面的不对称将导致某些供应商偷工减料行为不断发生。当原料质量问题在最终产品使用过程中被发现时，产品的质量已经被伤害，企业品牌也同时被损害。如何在产品的源头，多级采购环节中防止供应商出错是生产厂家耗费了大量监督成本而难以解决的问题。奶粉事件发生后，政府就向奶厂派出了 5 000 多名监督员，这里还不包括公司自己派出的监督员。规模之庞大世所罕见。同时，也说明仅仅靠生产厂家的到厂检验是远远不够的，更不要说在市场上抽查的效果了。采购管理制度到了重新审视设计的时候了。

4. 伙伴型供应商关系

伙伴型供应商关系是企业与供应商之间达成的最高层次的合作关系，它是指在相互信任的基础上，供需双方为了实现共同的目标而采取的共担风险、共享利益的长期合作关系。具体来说，伙伴型供应商关系包含下列特点：①发展长期的、相互依赖的合作关系；②这种关系由明确或口头的合约确定，双方共同确认并在各个层次都有相应的沟通；③双方有共同的目标，并为共同目标制定有挑战性的改进计划；④双方互相信任，共担风险，共享信息；⑤共同开发、创造；⑥以严格的尺度来衡量合作表现，不断提高。

伙伴型供应商关系中的一个重要观念就是供应商的早期参与和采购方的早期介入。在采购过程的早期，影响价值的机会比后期大得多。供应商与采购方在早期的共同介入将大大改善工艺、设计、再设计、价值分析等活动。缩短循环周期、提高竞争力、降低成本等好处足以使许多企业将供应商纳入自己的职能交叉团队。供应商会共同参与拯救企业的活动，或自愿成为继续发展的合作伙伴、联盟关系的一部分。

小案例:本田与其供应商

位于俄亥俄州的本田美国公司总成本的80%都是用在向供应商的采购上,这在全球范围内都是最高的。因为它选择离制造厂近的供应源,所以与供应商能建立更紧密的合作关系,更好地保证JIT(准时制)供货。制造厂库存的平均周转周期不到3小时。

1982年,有27个美国供应商为本田美国公司提供价值1 400万美元的零部件,而到了1990年,有175个美国供应商为它提供超过22亿美元的零部件。大多数供应商与它的总装厂距离不超过150英里。在俄亥俄州生产的汽车零部件本地率达到90%(1997年),只有少数的零部件来自日本。强有力的本地化供应商的支持是本田成功的原因之一。

如果供应商达到本田的业绩标准就可以成为它的终身供应商。本田也在以下几个方面对供应商提供帮助,使其成为一流的供应商:①2名员工协助供应商改善员工管理;②40名工程师在采购部门协助供应商提高生产效率和质量;③质量控制部门配备120名工程师,专门解决进厂产品和供应商的质量问题;④在塑造技术、焊接、铸模等领域为供应商提供技术支持;⑤成立特殊小组帮助供应商解决特定的难题;⑥直接与供应商进行上层沟通,确保供应商的高质量;⑦定期检查供应商的运作情况,包括财务和商业计划等;⑧外派高层领导人到供应商所在地工作,以加深本田公司与供应商之间的相互了解及沟通。

本田美国公司从1986年开始选择Donnelly为它生产全部的内玻璃,当时Donnelly的核心能力就是生产车内玻璃,随着合作的加深,相互的关系越来越密切,本田公司开始建议Donnelly生产外玻璃。在本田公司的帮助下,Donnelly建立了一个新厂生产本田的外玻璃。他们之间的交易额在第一年为500万美元,到1997年达到了6 000万美元。本田与供应商之间的合作关系无疑是它成功的关键因素之一。

11.2.3 国际采购

国际采购是指利用全球的资源,在全世界范围内去寻找供应商,寻找质量最好,价格合理的产品(货物与服务)。在这些企业之间的商流、物流、信息流、资金流一体化运作,采购商、供应商不再是单纯的一种买卖关系,而成了一种战略伙伴关系。进入国际采购系统,成为全球供应链的一环。近年来,国际采购发生了如下变化。

(1)为库存而采购到为订单而采购。在商品短缺的状态下,为了保证生产,必然形成为库存而采购,但在如今供大于求的状态下,为订单而采购则成了一条铁的规律。在市场经济条件下,大库存是企业的万恶之源,零库存或少库存成了企业的必然选择。制造订单的产生是在用户需求订单的驱动下产生的。然后,制造订单驱动采购订单,采购订单再驱动供应商。这种订单驱动模式可以准时响应用户的需求,从而降低了库存成本,提高了物流的速度和库存周转率。

(2)对采购商品的管理到对供应商外部资源的管理。由于供需双方建立起了一种长期的、互利的战略伙伴关系,因此供需双方可以及时把生产、质量、服务、交易期的信息实现共享,使供方严格按要求提供产品与服务,并根据生产需求协调供应商的计划,以实现准时化采购。最终使供应商进入生产过程与销售过程,实现双赢。

(3)传统采购到电子商务采购。传统采购模式的重点放在如何和供应商进行商业交易的活动上,特点是比较重视交易过程中供应商的价格比较,通过供应商的多头竞争,从中选择价格最低的作为合作者。传统的采购模式采购过程是典型的非信息对称博弈过程。其缺点是质量控制的难度大,供需关系是临时的或短时期的合作关系,而且竞争多于合作;响应用户需求能力迟钝。

电子商务采购系统则克服了这些缺点,目前主要包括网上市场信息发布与采购系统、电子银行结算与支付系统、进出口贸易大通关系统以及现代物流系统。跨国集团在网上采购商品时,网上电子市场有英式反向拍卖(英式拍买)、网上询价、询盘、公开市场与封闭市场、单宗反向拍卖与打包反向拍卖等。

(4)采购方式单元化到多元化。首先表现在全球化采购与本土化采购相结合。跨国公司生产活动的区域布局更加符合各个国家的区位比较优势,企业以全球市场为选择范围,寻找最合适的供货商,而不是局限于某一地区。其次表现在集中采购与分散采购相结合。采购职能倾向于更大程度的集中化;服务性企业采用集中采购比制造业企业要多;小企业采用集中采购的要比大企业多;随着公司大规模的跨国并购,本土化的市场采购权在一定程度上向下分散;对于相同的常规需求和服务采用集中采购的办法。第三是多供应商与单一供应商相结合。跨国公司均采用多源供应即多供应商战略,在一个供应商那里的采购订单不会超过总需求量的25%,主要是为了防止风险。第四是制造商采购与分销商采购相结合。大型企业往往采取从制造商直接采购,而一揽子供应合同或JIT采购(即准时采购模式)往往依赖实力很强的分销商对大量小额订单集中处理。最后一种方式是自营采购与外包采购相结合。

(5)普遍注重采购商品的社会责任环境。据统计,全球超过200家跨国公司已经制定并推行公司社会责任守则,要求供应商和合约工厂遵守劳工标准,安排公司职员或委托独立审核机构对其合约工厂定期进行现场评估,即我们常说的工厂认证或验厂。其中,家乐福、耐克、锐步、阿迪达斯、迪斯尼、美泰、雅芳、通用电气等超过50家公司已经在中国开展社会责任审核,有些公司还在中国设立了劳工和社会责任事务部门。出口企业如果忽视劳工标准(包括工人的年龄、工人的工资、加班时间、食堂和宿舍条件等人权),就没有办法和国外公司做生意。目前,中国出口到欧美国家的服装、玩具、鞋类、家具、运动器材及日用五金等产品,都受到劳工标准的限制。美国、法国、意大利等传统中国轻工业产品进口国的贸易组织正在讨论一项协议,要求中国所有纺织、成衣、玩具、鞋类等产品的企业必须事先经过SA 8000标准的认证(即社会责任国际标准认证),否则就要联合抵制进口。

11.3 生产物流

企业的生产物流活动是在生产工艺中的物流活动。这种物流活动是与整个生产工艺过程伴生的,实际上已经构成了生产工艺过程的一部分。一个生产周期,物流活动所用的时间远多于实际加工的时间。所以,企业生产物流时间节约的潜力和劳动节约的潜力是非常大的。

11.3.1 生产物流的特点

(1)实现加工附加价值。这是企业生产物流和社会物流的本质不同之处。企业生产物流一般是在企业的小范围内完成,因此,空间距离的变化不大,在企业内部的储存和社会储存目的也不相同,这种储存是对生产的保证,而不是一种追求利润的独立功能,因此,时间价值不高。企业生产物流伴随加工活动而发生,实现加工附加价值,也即实现企业主要目的。所以,虽然物流空间、时间价值潜力不高,但加工附加价值却很高。

(2)主要功能要素为搬运活动。社会物流功能的主要要素是运输和储存,其他是作为辅助性或次要功能或强化性功能要素出现的。企业物流主要功能要素则是搬运活动。许多生产企业的生产过程,实际上是物料不停的搬运过程,在不停搬运过程中,物料得到了加工,改变了形态。即使是配送企业和批发企业的企业内部物流,实际也是不断搬运过程,通过搬运,商品完成了分货、拣选、配货工作,完成了大改小、小集大的换装工作,从而使商品形成了可配送或可批发的形态。

(3)物流过程的稳定性。企业生产物流是一种工艺过程性物流,一旦企业生产工艺、生产装备及生产流程确定，企业物流就成了一种稳定性的物流，物流便成了工艺流程的重要组成部分。(如图 11.4 所示)由于这种稳定性，企业物流的可控性、计划性便很强，一旦进入这一物流过程，选择性及可变性便很小。对物流的改进只能通过对工艺流程的优化，这方面和随机性很强的社会物流也有很大的不同。

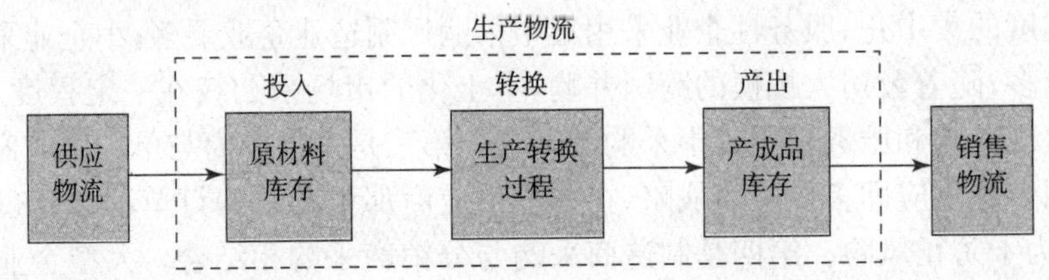

图 11.4　生产物流流程图

(4)物流运行的伴生性。企业生产物流往往是生产过程中的一个组成部分或一个伴生部分，这决定了企业物流很难与生产过程分开而形成独立的系统。在总体的伴生性同时，企业生产物流中也确有与生产工艺过程可分的局部物流活动，这些局部物流活动有本身的界限和运动规律。主要是：仓库的储存活动、接货物流活动、车间或分厂之间的运输活动等。

11.3.2　生产物流的计划与控制

1. 生产物流计划

生产物流计划的核心是生产作业计划的编制工作，即根据计划期内确定的产品品种、数量和期限，以及发展变化的客观实际，具体安排产品及其部件在各个生产工艺阶段的生产进度、生产任务。

期量标准是生产物流计划工作的重要依据，因此亦称为作业计划标准。它是根据加工对象在生产过程中的运动，经过科学分析和计算，所确定的时间和数量标准。期和量是构成生产作业计划的两个方面，为了合理组织生产活动，有必要科学地规定生产过程中各个生产环节之间在生产时间和生产数量上的内在联系。

(1)大量流水线生产物流，是单品种大批量生产与流水线空间组织形式相结合的物流形式。期量标准主要有节拍、流水线作业指示图表、在制品定额等。

(2)单件小批量生产物流，其极端形式是单件生产物流。期量标准主要有生产周期、提前期等。

(3)成批生产物流，包括多品种小批量生产物流和多品种大批量生产物流。期量标准主要有批量、生产间隔期、提前期等。

2. 生产物流控制

在实际的生产物流系统中，由于受系统内部和外部各种因素的影响，计划与实际之间会产生偏差，为了保证计划的完成，必须对物流活动进行有效控制。因此，物流控制是物流管理的重要内容，也是物流管理的重要职能。控制系统的组成要素有控制对象、控制目标和控制主体；生产物流有三种基本的控制方式：反馈、前馈和现场控制。

11.3.3　生产物流类型及特征

通常情况下，企业生产的产品产量越大，产品的品种数则越少，生产的专业化程度也越高，而物流过程的稳定性和重复性也就越大。所以，生产物流类型与决定生产类型的产品产量、品种和专业化程度有着内在的联系，经常将生产物流类型与生产类型看成是一个问题的两种说法。

1. 按生产性质可分为物质生产型和劳动服务型两大类

物质生产型的生产过程是通过将生产要素的输入，经物理、化学变化，转化为有形物品的输出。劳动服务型生产的产出不是物质产品，而是无形的产品“服务”。

2. 按照生产工艺特性可分为加工装配型和流程型

加工装配型生产过程中的产品是由离散的零部件装配而成的，物料运动呈离散状态。零部件是构成产品的不同元件，它可以在不同的地方制造。零部件的不同组合可以构成不同的产品，其特点是工艺过程的离散性，如机床、汽车、家具、电子设备、服装等制造。流程型生产过程中的物料是均匀、连续地按一定工艺顺序运动的，其特点是工艺过程的连续性，如化工（塑料、药品、肥皂、肥料）、炼油、冶金、造纸、食品加工等。

3. 按照企业组织生产的特点可分为备货型和订货型

所谓备货型生产是指在没有接到用户订单时按已有的标准产品或产品系列进行生产，生产的目的是为了补充成品库存，通过成品库存来满足用户的随时需求，如轴承、紧固件、小型电机等生产。订货型生产是指按用户的订单进行生产，如专用的锅炉、船舶、机车等生产。

4. 按生产专业化程度可分为单件生产、大量生产和成批生产

从生产物流的角度看，产品的专业化程度可以通过产品品种数多少，同一品种的产量大小以及生产的重复性来衡量。产品的品种越多，每一品种的产量越少，生产的重复性越低，则产品的专业化程度就越低；反之，产品的专业化程度越高。

①大量生产。大量生产产品单一，产量大，生产重复程度高。②单件生产。单件生产与大量生产相对立，是另一个极端。单件生产品种繁多，每种仅生产1台，生产重复程度低。③成批生产。成批生产介于大量生产与单件生产之间，即品种不单一，每种都有一定的批量，生产有一定的重复性。现在，单纯的大量生产和单纯的单件生产都比较少，一般都是成批生产。由于成批生产的范围很广，通常将它划分成“大批生产”、“中批生产”和“小批生产”三种。

11.3.4 制造企业生产组织基本原理

1. 生产物流的空间组织

生产物流的空间组织是指生产企业内部的各生产单位（包括车间、工段、班组等）的相对空间位置，它决定着企业生产物流运作中生产物料的空间移动安排。工艺专业化和对象专业化是生产过程空间组织的两种基本形式，流水线、加工单元和成组流水线是在前两种组织形式基础上发展出来的，综合了两种基本组织形式的优点，进一步提高工业企业的生产能力，是在一定的空间内，依次通过一系列有着密切联系的各个生产单位进行的。

2. 生产物流的时间组织

生产物流的时间组织是合理地安排产品（或是零件、部件、在制品）在生产过程中需要进行的一系列实物移动方式。合理组织生产过程不仅要求各生产单位在空间上密切配合，而且还要求在时间上能相互协调衔接。生产物流的时间组织，就是研究劳动对象在生产过程中各道工序之间结合（移动）与衔接的方式。工序移动方式、平行移动方式和平行顺序移动方式是时间组织的方式。

3. 生产物流的人员组织

生产物流的人员组织主要体现在人员的岗位设计方面。要实现生产物流在空间、时间两方面的组织形式，必须重新对工作岗位进行再设计，以保证生产物流优化通畅。根据生产物流的特征，岗位设计的基本原则应是“因物料流向设岗”，而不是“因人、因设备、因组织设岗。根据人的行为、心理特征,岗位设计还要符合工作者个人的工作动机需求。①扩大工作范围,丰富工作内容,合理安排工作任务;②工作满负荷,目的在于制定合理的生产定额从而确定岗位数目和人员需求;③优化生产环境,目的在于改善生产环境中的各种不利于生产效率的因素,建立人——机——环境的最优系统。

生产物流的人员组织要求:①针对按工艺专业化形式组织的生产物流,要求员工不仅专业化水平很高,而且具有较多的技能和技艺,即一专多能,一人多岗;②针对按对象专业化形式组织的生产物流,要求员工在工作中具有较强的"工作流协调"能力,自主平衡各工序之间的"瓶颈",保证物流的均衡性、比例性、适时性;③针对按成组工艺形式组织的生产物流,要求向员工授权,即从管理和技术两个途径,保证给每个人都配备技术资料、工具、工作职责和权利,改变不利于物流合理性的工作习惯,加强新技术的学习和使用。

11.3.5 生产物流管理方式

1. MRP 方式

MRP(Material Requirement Planning,物料需求计划)按照基于产品结构的物料需求组织生产,根据产品完工日期和产品结构规定生产计划;即根据产品结构的层次从属关系,以产品零件为计划对象,以完工日期为计划基准倒排计时、按各种零件与部件的生产周期反推出它们的生产与投入时间和数量,按照提前期的长短区别各个物料下达订单的优先级,从而保证在生产需要时所有物料都能配套齐备,不到需要的时刻不会过早积压,达到减少库存量和减少占用资金的目的。

MRP 的特点是:①MRP 系统用规划联动需求,使各项物料相互依存,相互衔接,使需求计划更加客观可靠,也大大减少计划的工作量;②实施 MRP 要求企业制定详细、可靠的主生产计划,提供可靠的存货记录,迫使企业分析生产能力和对各项工作的检查,把计划工作做得更细,MRP 系统提供的物料需求计划又是企业编制现金需求计划的依据;③当企业主生产计划发生变化时,MRP 系统将根据主生产计划的最新数据进行调整,及时提供物料联动需求和存货计划,企业可据此安排相关工作,采取必要措施;④在 MRP 环境下,可以做到在降低库存成本、减少库存资金占用的同时,保证物料按计划流动,保证生产过程中的物料需求及生产的正常运行,从而使产品满足用户和市场的需求。

2. MRP→闭环 MRP→MRPⅡ方式

为了使 MRP 制定的计划切实可行,人们将 MRP 发展成闭环 MRP。闭环 MRP 不单纯考虑物料需求计划,还将与之有关的能力需求、车间生产作业计划和采购等方面的情况考虑进去,使整个问题的处理形成闭环。美国著名生产管理专家奥利夫·怀特提出了对制造企业全部资源进行系统综合计划的一种方法,为了有所区别,所以在 MRP 后加上一个罗马数字Ⅱ——MRPⅡ(Manufacturing Resources PlanningⅡ,制造资源计划Ⅱ)。

MRPⅡ最大的特点就是它运用管理会计的概念,用货币形式说明了执行企业"物料计划"带来的效益,实现物料信息同资金信息集成。即将把传统的账务处理同发生账务的事务结合起来,不仅说明账务的资金现状,而且追溯资金的来龙去脉。例如将体现债务债权关系的应付账、应收账同采购业务和销售业务集成起来、同供应商或客户的业绩或信誉集成起来、同销售和生产计划集成起来等,按照物料位置、数量或价值变化,定义"事务处理(Transaction)",使与生产相关的财务信息直接由生产活动生成。在定义事务处理相关的会计科目之间,按设定的借贷关系,自动转账登录,保证了"资金流(财务账)"同"物流(实物账)"的同步和一致,改变了资金信息滞后于物料信息的状况,便于实时做出决策。

3. ERP 方式

ERP(Enterprise Resources Planning，企业资源计划)是由美国加特纳公司(Gartner Group)在 20 世纪 90 年代初首先提出的。其核心管理思想是供应链管理。即在 MRPⅡ的基础上通过前馈的物流与反馈的信息流和资金流，将客户需求和企业内部的生产活动以及供应商的制造资源整合在一起，体现完全按用户需求制造的一种供应链管理思想的功能网络结构模式。它强调通过企业间的合作，强调对市场需求快速反应、高度柔性的战略管理以及降低风险成本、实现高收益目标等优势，从集成化的角度管理供应链问题。

ERP 的特点是：①ERP 是一个面向供应链管理的管理信息集成；②采用了网络通信技术；③ERP 系统同企业业务流程重组密切相关。

4. JIT 方式

制造系统中的物流方向是从零件到组装、再到总装。而 JIT(Just In Time，即时生产)方式却主张从反方向来看物流，即从装配到组装、再到零件。当后一道工序需要运行时，才到前一道工序去拿取正好所需要的那些坯件或零、部件。同时，下达下一段时间的需求量，这就是 JIT 的基本思想——适时、适量、适度生产。

JIT 的特点是：①JIT 是一种积极和动态的系统，它强调在批量、准备时间、提前期、废品率、成本及质量方面的持续进取，全面地对整个生产过程进行分析，消除一切浪费，减少不必要的操作，降低库存，减少工件等待和移动的时间，对于问题采取事前预防而不是事后检查，该系统没有必须达到的标准，所有业绩都是前进的过程而不是终点；②JIT 是以拉动方式——以看板管理为手段，采用“取料制”即后道工序根据“市场”需要的产品品种、数量、时间和质量进行生产，一环一环地“拉动”各个前道工序，对本工序在制品短缺的量从前道工序取相同的在制品量，从而消除生产过程中的一切松弛点，实现产品“无多余库存”以至“零库存”，最大限度地提高生产过程的有效性；③JIT 采用强制性方法解决生产中存在的不足。

5. TOC 方式

TOC 理论(Theory of Constraints)是继 MRP 和 JIT 之后的又一项组织生产的新方式。最初被称作最优生产时间表(OPTT)，后改称为最优生产技术(OPT)。最后进一步发展成为约束理论，并在美国企业界得到很多应用，到 20 世纪 90 年代逐渐形成完善的管理体系。美国生产及库存管理协会(APICS)称其为“约束管理(Constraint Management，CM)”，并专门成立了约束管理研究小组。由于是一种持续改善、解决“瓶颈约束资源”的管理哲学，该理论目前不仅已应用到包括航天、汽车、半导体、钢铁、纺织、电子、机械五金、食品等行业，还应用于学校、医院、财团法人、政府机构等非盈利的机构。从生产物流的角度看，TOC 方式强调的是，抓住并解决生产过程中影响物流运作的“瓶颈”。

TOC 理论特点是：将企业看作是一个完整的系统，认为任何一种系统至少都会有一个约束因素。犹如一条链子，链条中最薄弱的环节(瓶颈)就是决定着整个链条功能的“链节”。正是各种各样的制约(瓶颈)因素限制了企业生产产品的数量和利润的增长。因此，基于企业在实现其目标的过程中现存的或潜伏的制约因素，通过逐个识别和消除这些约束，使得企业的改进方向和改进策略明确化，从而更有效地实现其“有效产出”目标才是最关键的。TOC 的基本思想(或“九条原则”)见表 11.1。

表 11.1 TOC 的九条原则

生产系统瓶颈资源原则	生产系统中物流原则
(1)瓶颈控制了库存和有效产出。 (2)非瓶颈资源的利用程度不由其本身决定,而是由系统的约束决定的。 (3)瓶颈上一个小时的损失则是整个系统的一个小时的损失。 (4)非瓶颈资源节省的一个小时无益于增加系统的有效产出。 (5)资源的"利用"(Utilization)和"活力"(Activation)不是同义词。 (6)编排作业计划时考虑系统资源约束,提前期是作业计划的结果,而不是预定值。	(7)平衡物流,而不是平衡生产能力。 (8)运输批量可以不等于(在许多时候应该不等于)加工批量。 (9)批量大小应是可变的,而不是固定的。

6. MES 方式

工厂制造执行系统(Manufacturing Execution System,MES)是近 10 年来在国际上迅速发展、面向车间层的生产管理技术与实时信息系统。MES 可以为用户提供一个快速反应、有弹性、精细化的制造业环境,帮助企业降低成本、按期交货、提高产品的质量和提高服务质量。适用于不同行业(家电、汽车、半导体、通讯、IT、医药),能够对单一的大批量生产和既有多品种小批量生产又有大批量生产的混合型制造企业提供良好的企业信息管理。目前国外知名企业应用 MES 系统已经成为普遍现象,国内许多企业也逐渐开始采用这项技术来增强自身的核心竞争力。

MES 的定位,是处于计划层和现场自动化系统之间的执行层,主要负责车间生产管理和调度执行。一个设计良好的 MES 系统可以在统一平台上集成诸如生产调度、产品跟踪、质量控制、设备故障分析、网络报表等管理功能,使用统一的数据库和通过网络连接可以同时为生产部门、质检部门、工艺部门、物流部门等提供车间管理信息服务。系统通过强调制造过程的整体优化来帮助企业实施完整的闭环生产,协助企业建立一体化和实时化的 ERP/MES/SFC 信息体系。如图 11.5 所示。

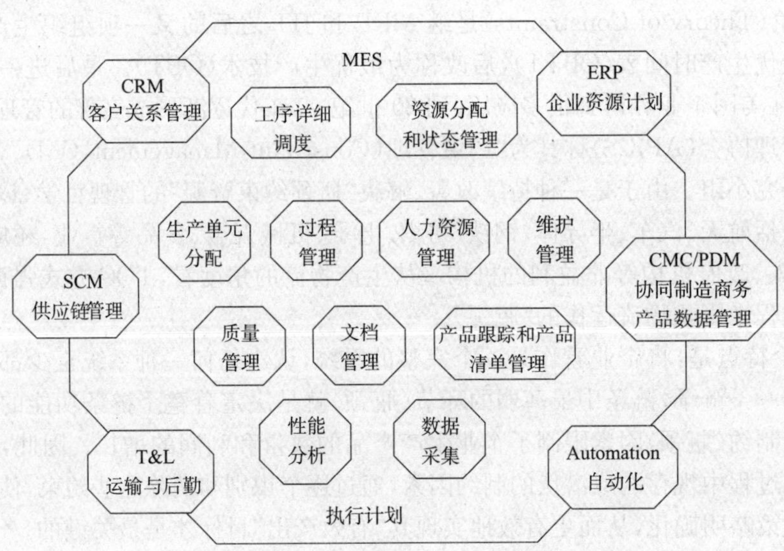

图 11.5 MES 的各项功能模型与企业其他信息化系统的关系

11.4 销售物流

11.4.1 销售物流概念

销售物流(Distribution Logistics)是指生产企业、流通企业出售商品时,物品在供方与需方之间的实体流动。所以,又称为企业销售物流,是企业为保证本身的经营利益,不断伴随销售活动,将产品所有权转给用户的物流活动。销售往往以送达用户并经过售后服务才算终止,因此,销售物流的空间范围便很大,这便是销售物流的难度所在。

11.4.2 销售物流服务

1. 销售物流服务的要素

(1)时间。时间要素通常是指订货周期时间。订货周期(Order Cycle)是指从客户确定对某种产品由需求到需求被满足之间的时间间隔,也称提前期(Lead Time)。时间要素主要受以下几个变量的影响:订单传送、订单处理、订货准备及订货装运。

(2)可靠性。可靠性是指根据客户订单的要求,按照预定的提前期,安全地将订货送达客户指定地方。对客户来说,在许多情况下可靠性比提前期更重要。

(3)通讯。设计客户服务水平必须考虑与客户通讯的因素。因为与客户通讯是监控服务可靠性的关键手段。

(4)方便性。管理者必须将方便性因素摆在适当的位置,销售物流功能会由于过多的服务水平决策而不能实现最优化。

2. 服务成本与服务水平

企业销售利润可以通过销售收入与销售成本的差额来衡量,而销售成本按照广义的客户服务来看,企业向客户提供服务而产生的成本就是企业销售成本的一部分。随着企业所确定的客户服务水平的提高,服务成本总体上呈现增长的趋势。取销售收入与服务成本差额最大,即将利润最大所对应的客户服务水平作为经营运作的客户服务水平。如点A处就是利润所对应的服务水平。

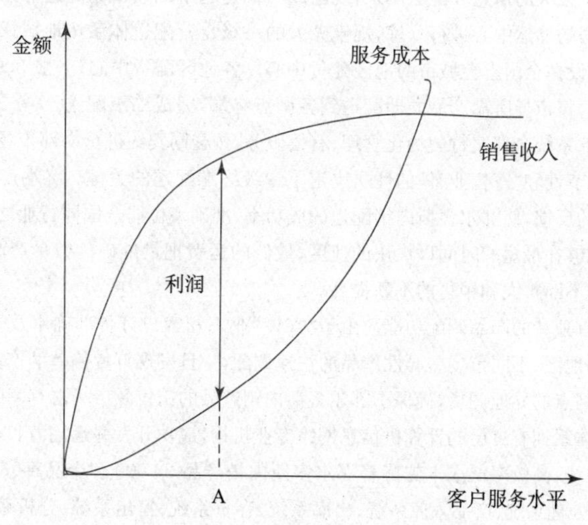

图11.6 服务成本与服务水平

3. 客户服务水平的衡量指标

不同的企业用来表示客户服务水平的指标也不尽相同。下面指标是企业通常所采用的：①平均订货周期；②订货周期波动幅度；③现货供应比率；④发票错误率；⑤产品破损比率；⑥缺货比率；⑦运输延迟比率；⑧短装、短卸的比率；⑨运输路线变动的比率；⑩回运或运输调整的比率。

11.4.3 销售物流模式

销售物流的起点，一般情况下是生产企业的产成品仓库，经过分销物流，完成长距离、干线的物流活动，再经过配送完成市内和区域范围的物流活动，到达企业、商业用户或最终消费者。销售物流是一个逐渐发散的物流过程，这和供应物流形成了一定程度的镜像对称，通过这种发散的物流，使资源得以广泛地配置。销售物流有三种主要的模式：生产者企业自己组织销售物流；第三方物流企业组织销售物流；用户自己提货的形式。

1. 生产企业自己组织销售物流

该模式是在买方市场环境下主要销售物流模式之一，也是我国当前绝大部分企业采用的物流形式。实际上把销售物流作为企业生产的一个延伸或者是看成生产的继续。生产企业自己组织销售物流的好处在于可以将自己的生产经营和用户直接联系起来，信息反馈速度快、准确程度高，信息对于生产经营的指导作用和目的性强。企业往往把销售物流环节看成是开拓市场、进行市场竞争中的一个环节。在生产企业规模可以达到销售物流的规模效益前提下，采取生产企业自己组织销售物流的办法是可行的，但不一定是最好的选择。主要原因，一是生产企业的核心竞争力的培育和发展问题，如果生产企业的核心竞争能力在于产品的开发，销售物流可能占用过多的资源和管理力量，对核心竞争能力造成影响；二是生产企业销售物流专业化程度有限，自己组织销售物流缺乏优势；三是一个生产企业的规模终归有限，即便是分销物流的规模达到经济规模，延伸到配送物流之后，就很难再达到经济规模，因此可能反过来影响市场更广泛、更深入的开拓。

小案例：鄂尔多斯集团的销售物流

鄂尔多斯内销已经拥有了强大的信息和配送体系，现已成功地建起了二级市场配送体系，集团 20 多家生产企业加工的产品首先进入内销总公司的储运中心进行分拣，规模庞大的一级自营配送体系按地域、经济、规模原则完成较长距离的配送，将成品直接配送到设在全国省会城市的地区配货中心。各地区配货中心（一般 300 km 为半径进行设置最为经济）根据售出信息及时配货，将市场所需产品立即配送到各网点终端，完成二级配送。一二级配送体系完全按照内部市场链机制，与业务系统、财务系统全部实行契约化管理、有偿服务，按合同契约进行内部市场的第三方物流运作。由于其原料、产品本身的特点及季节性和“寄售业态”的性质决定了二级终端配送的关键。终端产品条形码技术的成功运用和准确及时的终端售出信息的反馈，使鄂尔多斯内销配送的成功率、准确率位居全国同行业之首，配送速度、配送效率远远高于全国同行业的水平，能够在最短的时间以最快的速度、最低的运费把最准确的数量产品送到最准确的位置，强有力地支撑、支持着内销市场的不断扩大和销售的不断提高。

鄂尔多斯内销配送还具有独特的产品调配功能。由于“寄售”业态和客户订货准确率及季节性强等特点，内销的物流配送承担着不同网点、不同地区、不同市场差异性产品的快速调配，一旦发现订货偏差的产品，物流配送系统立即根据市场反馈情况进行各地不同网点的异地调货，确保了鄂尔多斯内销产品的销售及市场占有率的提高。

鄂尔多斯内销物流配送体系拥有自己的计算机信息网络专业机构，成功开发并运用着目前国内服装业最大规模、最经济、最适用的计算机信息系统，高效率低成本支持着鄂尔多斯内销产品 20 000 多个品种、8 000 多个颜色、500 多种规格、300 多种纤维成分的订单处理系统、产品入库系统、出库系统、存货系统、售出系统、分析系统、电子报表系统、综合系统等多系统有机运行，是鄂尔多斯内销物流配送系统成功运作的重要部分。

2. 第三方物流企业组织销售物流

实际上是生产者企业将销售物流外包,将销售物流社会化,由第三方物流企业承担生产企业的销售物流。其最大优点在于:第三方物流企业是社会化的物流企业,它向很多生产企业提供物流服务,因此可以将企业的销售物流和企业的供应物流一体化,可以将很多企业的物流需求一体化,采取统一解决的方案,做到专业化、规模化,从技术方面和组织方面强化成本的降低和服务水平的提高。在网络经济时代,这种模式是一个发展趋势。

3. 用户自己提货的形式

这种形式实际上是将生产企业的销售物流转嫁给用户,变成了用户自己组织供应物流的形式。对销售方来讲,已经没有了销售物流的职能。这是在计划经济时期广泛采用的模式,将来除非十分特殊的情况下,这种模式不再具有生命力。

11.5 逆向物流

逆向物流与传统供应链反向,是为价值恢复或处置合理而对原材料、中间库存、最终产品及相关信息从消费地到起始点的有效实际流动所进行的计划、管理和控制过程。美国物流管理协会下的定义是:逆向物流就是为了资源回收或正确处理废弃物,在高效及适当成本下,对原材料、在制品、产成品及相关信息从消费点到产出点的流动和储存进行规划、实施和控制的过程。

在我国,由国家质量技术监督局发布、2001 年 8 月 1 日起正式实施的《中华人民共和国国家质量标准物流术语》中的"逆向物流"具体包括:

"回收物流(Returned Logistics):是指不合格物品的返修、退货以及周转使用的包装容器从需方返回到供方所形成的物品实体流动。比如回收用于运输的托盘和集装箱、接受客户的退货、收集容器、原材料边角料、零部件加工中的缺陷在制品等的销售方面物品实体的反向流动过程。"

"废弃物物流(Waste Material Logistics):是指将经济活动中失去原有使用价值的物品,根据实际需要进行收集、分类、加工、包装、搬运、储存等,并分送到专门处理场所时形成的物品实体流动。"

逆向物流有广义和狭义之分。狭义的逆向物流(Returned Logistics)是指那些由于环境问题或产品已过时的原因而对产品、零部件或物料回收的过程。它是将排泄物中有再利用价值的部分加以分拣、加工、分解,使其成为有用的资源重新进入生产和消费领域。广义的逆向物流(Reverse Logistics)除了包含狭义的逆向物流的定义之外,还包括废弃物物流的内容,其最终目标是减少资源使用,并通过减少使用资源达到废弃物减少的目标,同时使正向以及回收的物流更有效率。在其他参考书目及文献中与它相等同的相关概念还有:"回收物流"、"逆物流"、"反向物流"、"反向流"、"返回物流"或"静脉物流"等专业术语。

11.5.1 逆向物流成因

1. 主要驱动因素

有许多有力的因素迫使企业将逆向物流的管理提高到战略程度的高级管理日程上。带来这些变化的主要驱动因素有:政府立法、新型的分销渠道、供应链中的力量转换、产品生命周期的缩短。

2. 主要动机

对于企业而言,逆向物流往往出于以下动机:环境管制、经济利益(体现在废弃物处理费用的减少、产品寿命的延长、原材料零部件的节省等方面)和商业考虑。因而,管理者首先应认识到逆向物流的重要性和价值,其次要在实际运作中如何给予逆向物流以资源和支援,才是发挥竞争优势的关键。

小资料:中美物流成本差异的原因
以中美两国的物流业为例,美国的物流成本约占GDP产值的10%,我国的相应比例是25%。在我国的劳动力成本、物流资源成本、设备成本大大低于美国的条件下,显然我国的供应链过程中产生了巨大隐含成本,这其中除了库存成本的因素之外,导致成本畸高的重要原因就在于逆向物流成本。在美国,逆向物流成本已通过有效的退货管理得到控制,大约占到总体物流成本的4%左右,这是在所有退货的80%~90%都通过第三方物流商进行有效管理前提下的数字。在我国,逆向物流管理的空白、物流过程中高比例的产品损坏、加上通讯系统的信息错位所造成的逆向物流成本,估计要占到物流总成本的25%以上。由此看出,逆向物流业务将呈现快速增长的态势。

随着人们环保意识的增强,环保法规约束力度的加大,逆向物流的经济价值也逐步显现。在我国经济发展水平较为落后的时期和地区厉行节约是首要选择,传统经济生活中的废品收购,有空桶、空瓶、空盘,废旧钢铁、纸张、衣物等的重复利用也是一种司空见惯的社会生活现象,因而,服务于废品回收再用的逆向物流并不是什么新东西。另外对产品零部件的回收再用或将上述包装回收后清洗再用都比买新的要便宜。只不过由于过去十年中对环境保护的高度重视,逆向物流有了新的含义,如耐用产品和耐久消费包装。后来,新的资源再生利用技术的研究与推广大大降低了处理回收物品的成本,使逆向物流不仅仅意味着成本的降低,而且由于它能带来资源的节约就可能意味着经济效益、社会效益和环境效益的共同增加。

11.5.2 逆向物流的分类

1. 根据回收物品的渠道

可分为退货逆向物流和回收逆向物流两部分。退货逆向物流是指下游顾客将不符合订单要求的产品退回给上游供应商,其流程与常规产品流向正好相反。回收逆向物流是指将最终顾客所持有的废旧物品回收到供应链上各节点企业。

2. 根据逆向物流材料的物理属性

可分为钢铁和有色金属制品逆向物流、橡胶制品逆向物流、木制品逆向物流、玻璃制品逆向物流等。

3. 根据成因、途径和处置方式及其产业形态

可分为投诉退货、终端使用退回、商业退回、维修退回、生产报废与副产品、包装等6大类别。

11.5.3 逆向物流的特点

逆向物流作为企业价值链中特殊的一环,与正向物流相比,既有共同点,也有各自不同的特点。二者的共同点在于都具有包装、装卸、运输、储存、加工等物流功能。但是,逆向物流与正向物流相比又具有其鲜明的特殊性。

(1)分散性。废旧物资流可能产生于生产领域、流通领域或生活消费领域,涉及任何领域、任何部门、任何个人,在社会的每个角落都在日夜不停地发生。正是这种多元性使其具有分散性。

(2)缓慢性。开始的时候逆向物流数量少,种类多,只有在不断汇集的情况下才能形成较大的流动规模。废旧物资的产生也往往不能立即满足人们的某些需要,它需要经过加工、改制等环节,甚至只能作为原料回收使用,这一系列过程的时间是较长的。同时,废旧物资的收集和整理也是一个较复杂的过程。这一切都决定了废旧物资缓慢性这一特点。

(3)混杂性。回收的产品在进入逆向物流系统时往往难以划分为产品,因为不同种类、不同状况的废旧物资常常是混杂在一起的。当回收产品经过检查、分类后,逆向物流的混杂性随着废旧物资的产生而逐渐衰退。

(4)多变性。由于逆向物流的分散性及消费者对自由回收政策的滥用,使得企业很难控制产品的回收时间与空间,这就导致了多变性。

11.5.4 基于生产者责任延伸的逆向物流

1. 生产者责任延伸概念的界定

生产者责任延伸的明确概念是在1988年瑞典经济学家托马斯给瑞典环境署提交的一份报告中首次提出的,认为“生产者责任延伸是一项制度原则,主要通过将生产者的责任延伸到产品的生命周期的各个环节,特别是产品消费后阶段的回收、再循环和最终处理处置,以促进产品整个生命周期过程的环境保护”。之后,各国和国际组织开始对这一制度引起重视,并且都试图对生产者责任延伸制度做更合理的界定。

2. 制定生产者延伸制度的意义

生产者责任延伸制度是保护环境和消除污染的有效途径。生产者责任延伸制度通过明确责任,最低限度排放废弃物、最有效的管理和利用产生的废弃物,从而达到有效保护环境的目的;是发展循环经济的制度保障,循环经济作为解决环境和资源问题的有效途径已经成为人们的共识,生产者责任延伸制度是发展循环经济的动力源泉,生产者责任延伸制度通过将产品消费后处置的责任强行的加给企业来促使企业运行成本结构改变,从而从源头上减少废物的产生,还可以使产品和废物更容易被回收和处置,以利于废物的“再循环”、“再利用”,这也正符合了循环经济发展3R原则(减量化、再循环、再利用)。

从我国现有的立法中已经涉及的规定看,2003年1月1日起实施的《中华人民共和国清洁生产促进法》第20条、2005年4月施行的《中华人民共和国固体废物污染环境防治法》第18条、2008年8月29日颁布的《循环经济促进法》第15条中都有关于生产者责任延伸的规定。以上的法律规定可以说是我国对生产者责任延伸的初步的实践,也为这项制度最终法律化奠定了基础。

国际上对于电子废物的回收与再利用已成为一种发展趋势。欧盟在2006年7月1日起禁止销售含有危险物质如铅、镉类重金属电子产品,并实施家用电器回收的办法。同时规定商业界最少必须回收90%的废弃电冰箱及洗衣机,并将此类大型电器用品的60%用于再生产利用。在个人电脑方面,其回收比例则将按产品重量,由原定的60%提高到70%,再生产比率也将由50%提高至60%。美国加利福尼亚州和马塞诸塞州已宣布禁止计算机显示器的填埋。而日本松下公司为应对欧盟的环保措施,也将其原定2010年实施“绿色计划”提前到2005年4月实施。

小资料:电子废弃物的处理
绿色和平组织提供的资料显示,全球每年产生多达4亿吨的危险废物,在美国处理1吨电子废物的成本是400美元,而将其运到发展中国家处理只需40美元。对于电子废物的回收与再利用,欧洲、日本等国有着非常成熟的技术,电子产品中含有极有价值的重金属,如金、铑、钯和铜,还有可再利用的塑料等。但电子产品回收利用对技术要求很高,而目前我国的回收处理工作大多是乡镇个体企业来运作,资源浪费大、污染严重,因此无论是技术上还是回收利用的实际应用空间都非常大。

3. 各国关于生产者责任延伸制度的法律规定

(1)欧盟各国。生产者责任延伸制度理论起源于欧洲,在欧洲的发展也相对完善,现在欧洲几乎所有的国家都在循环经济法律中规定了生产者责任延伸。其中最突出的是 1991 年德国颁布的《商品法》,要求"制造厂对产品整个生命周期负责",由出售商品的商家负责回收,由制造厂商负责再利用,也就是"谁卖出谁负责,谁制造谁负责"。

(2)美国。美国在联邦层面对实行和鼓励生产者责任延伸制度的相关的政策法规主要有:环保局的废弃物处理计划及绿灯计划(Green Lights Program)、能源之星计划(Energy Star Program)等;2003 年 9 月,加利福尼亚通过管制电子产品生产者及其处置的法规,将对新产品征收 6～10 美元的处置费用。

(3)日本。日本是最早接受生产者责任延伸制度思想的国家,在日本关于生产者责任延伸制度的环境立法也是比较系统和成熟的,《循环型社会形成推进基本法》中明确规定了生产者的产品责任和产品使用后废弃物处理责任。《家电回收法》规定了各类家电的回收利用率,生产企业在规定时间内若达不到上述标准将受到处罚。

11.6 企业物流一体化管理

传统物流关注的是局部效率,物流管理的目的只是降低物流成本。而物流一体化管理则更倾向于在既定的物流成本下不断提高顾客服务水平,并寻找服务水平和成本之间的平衡点,即前者注重物流的运作成本,而后者更注重顾客对物流服务的满意度和由此带来的增值部分。

11.6.1 实施物流一体化管理的前提条件

在当前以"TQCSE"——T 表示时间(Time),Q 表示质量(Quality),C 表示成本(Cost),S 表示服务(Service),E 表示环境友善性(Environment)为竞争焦点的市场环境下,物流一体化管理可以为企业创造超越于竞争对手的竞争优势。然而,由于物流一体化并不是对企业现有条件的"小改造",它的实施必然要求企业从战略到战术的改变。企业实施物流一体化管理的运作基础应包括三个方面。

1. 业务流程再造

从分段式管理转变为一体化管理,物流被提升到了企业战略的高度,要求在企业战略的指导下,制定物流战略,而物流战略驱动了企业物流业务流程的重构,企业必须对企业间和企业内的物流业务流程进行再思考和彻底地再设计,以支持企业战略。实施物流一体化管理,要求企业从顾客的价值需求出发,对现行流程的合理性给以彻底怀疑、重新审视并进行改造;运用取消、合并、简化、重排等方法,最大限度地减少不必要的活动,消除间断、延迟和浪费,最大限度地增强增值服务,应用电子化的手段和信息技术实现信息的快速获取、处理和传递,并能在物流各环节之间交流和共享,使物流能够得到及时准确的信息,优化为顾客创造价值的流程;通过改变流程的结构或构造、改变流程上传递的信息流、改变流程上的知识流三种途径,设计出一套能够快速、准确地察觉到顾客的需求并作出快速响应的最佳物流服务流程,显著改善企业物流在速度、质量、成本、顾客服务等主要运营指标方面的绩效。

2. 组织结构整合

业务流程的变化会引起组织结构的变化,因此,实施物流一体化管理,企业必须对现有的组织结构进行整合,建立与新流程相适应的组织机构,以便新流程能在一个得力的组织架构上有效运转。传统的多层级职能型组织结构使得企业的物流流程被割裂为几段，性能优化仅局限在职能部门内部的各自分段优化，结果造成了整体的高成本和低效率。一体化管理要求变职能为流程，建立面向流程的扁平化网络型组织结构，以顾客价值创造为导向，实现对全过程的有效管理，达到整体最优。在企业内部，把与物流有关的订单处理、客户服务、库存控制、采购、运输、仓储、配送等部门重新整合，建立一体化的物流运作系统，对外与上下游企业的物流运作系统密切合作，构筑供应链物流体系，使供应链物流同步运作，实现供需协调。

3. 信息共享

一体化管理需要建立紧密的合作关系，需要掌握各环节的运营状况信息，以利于全局决策，因此，要实施物流一体化管理，物流各节点之间必须建立信息共享机制，实现充分即时的信息交流与共享。信息技术可以改变企业运行的有关时间、空间和边界规则，为企业创造效益。物流一体化管理强调一个集成、协作的架构对物流运作管理的重要性，企业有必要建立一个物流信息平台，使相互独立的信息系统得以连通，互相交换和共享数据。一体化物流信息系统将成为物流一体化运作的真正意义上的中枢神经系统。一种流行的基于 Internet/Intranet 的物流信息系统可以很好地实现企业内部及企业之间的信息的组织与集成，使合作伙伴之间可以随时随地共享商业信息，有效地计划和运作一体化物流系统，从而快速响应市场需求变化，提供物流管理效益。

有了以上工作基础，企业就可以在一套统一的物流服务流程下，一体化运作系统和物流信息系统，实施物流一体化管理，实现物流服务的高水平和低成本。随着企业的发展和环境的变化，物流一体化水平也不能只停留在企业级别，要冲破单个企业的界限，将内部物流一体化延伸到外部，实现整个供应链的物流一体化，这样才能使物流在创造顾客价值的过程中作出更大的贡献。

11.6.2 物流一体化的演进阶段

1. 企业内供应物流电子信息化阶段

供应物流电子信息化，并与其他系统整合为企业物流信息系统成为发展的必然。不仅供应物流，整个物流系统的电子信息化是企业现代物流在网络时代发展的基础。供应物流对采购、仓储、供应等各环节中的物料信息及流通中产生的信息进行收集、整理，将信息数据库化、代码化、电子化、标准化、实时化。同时通过供应物流与销售、生产等其他物流系统中各点和线的信息化、网络化，使整个系统整合为企业物流信息系统。这时采购物料的信息是由生产计划和调度信息来指导，库存管理是按生产信息和采购信息来实时监控和调整的，物流信息系统将使企业实现自动化、无纸化办公，其建立已成为信息时代企业提高运营效率，获取最大利益，实现组织目标的战略。

2. 企业间物流经营一体化阶段

供应链管理发展使供应物流发展进入新的阶段，供应链强调原材料的采购、生产、销售、服务、回收等整个流通管理、采购、生产、销售部门与供应商、分销商、零售商整合。供应链涉及将产品或服务提供给最终消费者的所有环节的企业所构成的上、下游产业一体化体系。供应链管理强调核心企业与相关企业的协作关系，通过信息共享、技术扩散（交流与合作）、资源优化配置和有效的价值链激励机制等方法体现经营一体化。

3. 供应链企业联盟阶段

在供应链条件下，供应物流将融入其发展中，采购、库存控制将与供应链中的其他成员紧密整合，采购、库存将不再是单个企业的行为，市场竞争将是供应链间的竞争。生产厂商和供应商将结成战略伙伴关系。信息共享使销售商根据需求动态、库存，利用网络向生产商发出商品信息，生产商根据生产情况和销售进货情况，制订生产计划，原材料品种、数量订单，通过网络向供应商发订单。由于信息畅通、及时，使对客户的需求作出快速反应，从而降低库存，提高整体的服务水平。由于供应链管理的目标是将整个供应链上的所有环节的市场、分销网络、制造过程和采购活动联系起来，以实现顾客服务的高水平与低成本，以赢得竞争优势，因此供应物流最终将与其他部分整合在一起，成为供应链发展中不可分割的重要组成部分。

以上三个阶段是供应物流发展的一般情况，不同的企业有不同的发展基础，因此应根据本企业的特点制定发展供应物流的战略。

11.7 施工企业物流

由于工程建筑业在我国国民经济中的重要性，施工企业的物资管理也同样受到重视，一般来讲，物资管理的成本往往占到总施工成本的60%～70%，因此，物资管理是施工企业管理中一项基本的不可缺少的活动。

11.7.1 施工企业物流概念及特点

施工企业物流与制造企业和流通企业物流相比，从活动的本质看是相同的，也是指物品从供应地向接收地的实体流动过程。根据实际需要，将运输、储存、装卸、搬运、包装、流通加工配送、信息处理等基本功能实施有机结合。具体说，就是对施工企业生产经营活动所需各种物资的计划编制、采购订货、运输组织、库存保管、合理供应、领发、回收等各项管理工作的总称。所需的各种物资是指企业进行生产所必需的原料、材料、辅助材料、燃料、动力、工具等。物流管理工作的主要任务有以下几个方面：按品种、按质量、按期限齐备地供应生产经营活动所需的各种物资；合理地组织物资的订货、采购、运输、储存、收发等工作，加速物资的流转，减少物资的损耗；监督和促进生产部门合理地节约使用物资；合理地回收和处理包装物及生产废弃物，避免污染环境。其流程如图11.7所示。

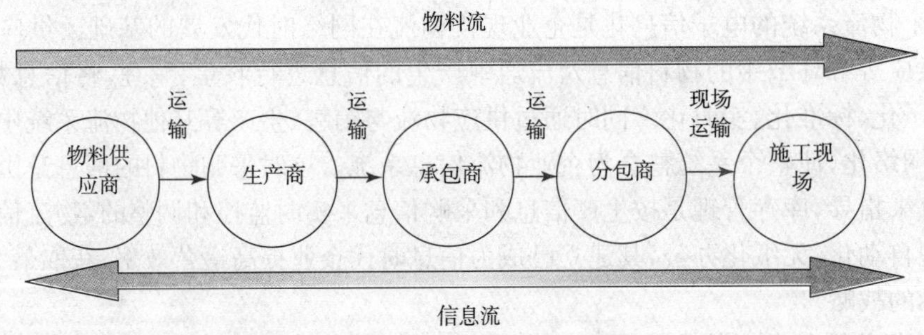

图11.7　建设项目物流流程

与其他类型的企业物流活动相比，施工企业的物流具有以下特点。

(1)施工企业的物资流动确定性很强，更加容易确定项目物资需求。建筑设计完成后，物资数量种类就基本确定了，施工组织设计完成后，时间也基本确定了。

(2)建筑产品的需求物资类型较少，品种相对简单，使用物流管理技术更加方便。建筑安装工程用的三大材料钢材、木材、水泥以及使用量较大的一些大宗原材料比较容易和供应商形成长期的稳定的供应链。

(3)建筑施工企业所需的物资数量大,质量要求高,运输成本高,库存占用资金多,合理运用物流管理技术,更加易于降低运输成本和加速材料资金周转。

(4)施工企业有条件加大投入,利用计算机辅助设计和管理软件,以供应链管理为手段,实现物流管理在物资管理中的运用。

(5)一批运输、仓储及货运企业向物流企业发展,国外物流企业也开始进入国内,为物流管理进入施工企业提供了条件,施工企业可以充分利用全球资源和专业化的第三方物流产品及服务。

施工企业中的物流功能,可以划分成供应物流和现场物流。供应物流与生产过程中循环的工作活动有关,基本的活动有:资源(材料、设备和人工)规格、供应计划、资源采购(采购计划)、现场的运输和交货、储存控制。现场物流与现场的物料计划、组织、指挥和控制有关,包括操作系统管理、安全设备(保护设施)、工地布置、工作顺序的安排,以及工程队之间工作相互干扰的解决措施。

11.7.2 物料需求计划与采购管理

1. 物料需求计划

物料需求计划与施工进度计划密切相关,施工进度计划一般分为总进度计划、单项工程进度计划、年(季)进度计划、月进度计划、日进度计划、日施工计划。与之对应的物料需求计划方法为供应计划、需求计划和日耗物料交付计划。

供应计划指整个项目所需材料、构配件等的计划交付日期,且包括对与每一个供应商材料协调的详细说明。此计划在详细设计阶段制定,并且要详述材料属于哪一个单独工序。制订计划时设计师、承包商和供应商必须密切合作。因此,要求供应商在设计阶段就进行参与。

日耗物料交付计划是对需求计划的补充,仅交付第二天所需的材料。在日耗物料交付计划中采用"组合单元"的概念。一个组合单元就是一包材料,是在建筑现场某一位置、某一工种、一项作业所需材料的集合。因此,日耗物料交付计划就被分成很多个单元。某一组合单元计划由相应材料供应商与材料协调员协力制定。承包商详细说明组合单元数量、材料类型、供应商、接收的承包商,以及计划规定的交付时间、运输方法、交付所需设备和包装细节。

2. 物料采购管理

(1)提供不间断的物料、供应和服务,以便使整个组织正常地运转。工程施工对材料的缺货,会引起停工停产,造成较大的经济损失,情况严重时,还会给工程的质量安全留下隐患。

(2)使库存投资和损失保持最低限度。工程材料的供应,主要是以 VMI(供应商管理库存)的方式。因为施工现场的场地一般情况下极为有限,无法满足大量物料安全库存的需求,而且会给施工企业的管理带来很大的困难。供应商通过对不同的采购方的物料供应集中统一管理,极大地减少了采购方的库存的同时,也降低了自身的安全库存,也有利于物料运输的统筹管理。

(3)保持并提高质量。质量是建筑企业的生命,百年大计,质量第一,对建筑工程起决定性作用的是建筑材料的质量保障。因此,对施工现场的原材料、在制品、产成品供应的质量应严格把关。

(4)发现或发展有竞争力的供应商。一个优秀的采购部门,应该而且必须有能力找到或发展供应商,分析供应商的能力,从中选择合适的供应商并且与之一起努力对流程进行持续的改进。

(5)条件允许时，将所购物料标准化。由于国家机关的法律法规的要求，建筑材料供应商的资质要求、材料的规格说明相对来说，采购双方都较为重视。因此，使用标准化的物料，在建筑施工企业中推行和执行的力度和广度应得到加强。

(6)以最低的总成本获得所需的物资和服务。如何以最低的成本获得所需的物料和服务，是建筑施工企业盈亏的关键因素。建筑施工企业挖掘利润源的很重要的一部分就是材料采购和利用效率，以及新技术、新材料的使用等方面。

(7)在企业内部与其他职能部门之间建立和谐且富有效率的工作关系。物料的使用需求，通常不是来自采购部门，而是企业内其他部门的施工生产需要，如果没有其他部门和个人的合作，采购经理和采购部门的工作就不可能圆满完成。物资部必须同其他职能部门紧密合作，保持信息流的畅通、准确、及时，才有可能达到企业内部供需双方相互满意的结果。

(8)以可能的最低水平的管理费用来完成采购目标。采购部门正常运作需要消耗企业的资源：员工工资、电话费和邮资、办公用品、差旅费用和其他必须的管理费用，如果采购的效率低，那么采购的费用自然会高，采购部门应从自身的工作流程进行分析，发现其中不合理的需要改进的环节。

(9)提高企业的竞争地位。利润最大化是企业的生存与发展的需要，只有当一个公司能够有效地控制供应商所有环节的成本和时间，成为供应链上的核心企业，在当前的市场经济环境中，才有可能获得主动权，形成自身的核心竞争优势，提升自己的竞争地位。

3. 建立物料采购竞标制度

施工企业成立物料采购招标工作的主管部门，负责物料采购招标具体工作的组织和实施：编制《物资采购招标计划书》、《投标邀请函》、《招标书》、《投标书》、《物料采购合同》的标准文本；组建由物资管理部门、经营部门、财务部门、法律部门等相关各部门参加的招标工作小组；负责供应商投标的评定工作；制定规范的采购竞标业务流程(如图 11.8 所示)。

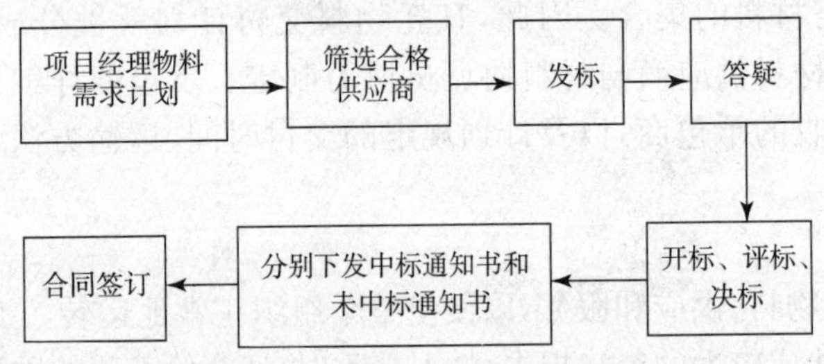

图 11.8 采购竞标业务流程图

4. 建立物料采购供应商评审制度

为了科学合理地选择合格供应商，建立供应商准入制度，进行采购控制，保障采购物料的质量，降低采购成本，积极发展同合格供应商的战略合作伙伴关系，提高公司的核心竞争力和抗风险能力，应建立物料供应商评审制度。

5. 建立剩余闲置物料管理制度

企业物资管理部门负责组织闲置物料的调剂工作，统筹各项目部物料需求及闲置资源情况，对调剂物料进行评估及会同相关项目部商讨相关事宜，制定出调剂可行性方案；企业对物资管理部门提供的闲置物料使用转让方案组织分析论证，最后确定处置方案。并确保参与闲置物料调剂的相关单位严格执行物资转让协议，积极配合办理闲置物料交割和账务处理。

11.7.3　物料运输

施工物料运输管理具有个体性、多样性特点，由于材料供应受地域和季节性影响较大，此外，工程材料的数量通常以万吨计算，其运输任务远非企业物流的力量所能完成，因而受社会运输环节的制约。

由于公路或铁路工程施工地点一般是在市郊或偏远山区，特别是高速路施工，合理选择运输距离对物流成本有着显著的影响。缩短建材物资运输距离，首先，应尽量遵循就地就近供应的原则。许多建材物资，尤其是像垫层土、土石方、沙子、混凝土等这些单位价值比较低而且随处可采的建材物资，应尽量贯彻就地就近供应的原则。否则，将会极大地增加物流成本。其次，要合理规划物资运输路线。根据工程物资的产需情况和交通运输条件，积极运用现代化技术手段和先进的运输规划方法，合理规划建材物资的最佳运输路线，从而避免产生不合理的对流、过远、迂回、重复运输等现象。

11.7.4　物料现场管理

1. 现场准备阶段

这是施工生产流程的一个阶段，在这个阶段，企业努力在现场施工活动开始之前预测项目实施过程中可能发生的问题。在这个阶段的目标有：研究检查现场状况和设计，研究和确定技术方案，制定详细的施工作业计划，检查参与者间是否存在相互干扰。最后，综合所制定的计划和文件，最终做出决策。

2. 现场布置计划

现场布置计划是施工程序中的一部分工作，它负责对临时或固定的施工场地的大小、类型和位置做出决策，并且确定各阶段施工所必需的现场运行路线，进行生产设计。为工人提供安全健康和积极的工作环境，保证施工活动的合理有效性。它应该明确各项活动的先后顺序和相互干扰因素，并且应不断地根据施工方法、工作持续时间等需要进行更改。影响布置计划的因素有总工期、施工技术方案、可利用设备、空间需求和现场空间的可用性等。在实际中，进行布置计划的最大缺点是不能预测不同项目阶段的不同情况。

3. 材料处理系统

材料处理系统是现场布置计划的一项具体活动，它对生产流程的优化非常重要。材料处理系统应该考虑主要材料的特性(重量、几何尺寸等)、可替换性、技术和经济的可行性。

一些材料处理系统工具可以用来帮助对不同方案的选择分析，如加工流程图、劳动效率研究和材料系统的周期研究。加工流程图对明确某种材料(或是一组材料)从现场交货到应用的整体过程非常有用，劳动效率和周期研究对正确配置设备能力很有用处。

4. 施工工艺设计

它是一组设计要素组合，详述产品设计方案，明确规定施工活动、设备使用、建筑现场计划与进展等的安排和先后顺序，以及说明关于资源和施工企业特点的其他信息。它对保证它们的质量非常关键，如模板、防水工程等。

5. 现场状况检查表

检查表本身对于现场物流诊断和控制、帮助现场布置计划决策等都是很有用的管理工具。所以，检查表有双重的作用：控制现场物流的施行和辅助现场布置计划。

我国有些施工企业制定了详细的物流控制检查表，班组长和驻地工程师可以根据检查表定期检查现场组织安排情况。这种评估方式能够保证及时改正错误，并且可以作为奖励作业班组的依据。

本章小结

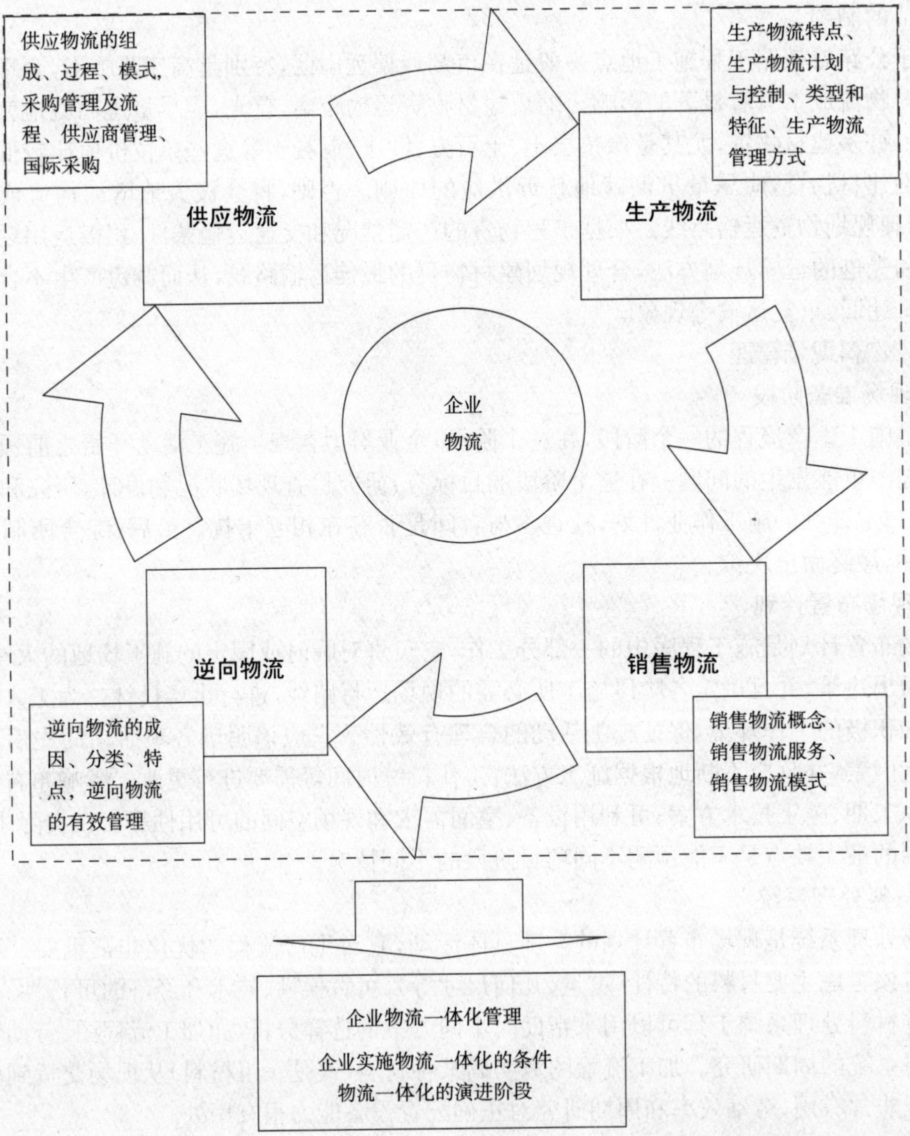

供应物流的组成、过程、模式，采购管理及流程、供应商管理、国际采购

供应物流

生产物流特点、生产物流计划与控制、类型和特征、生产物流管理方式

生产物流

企业物流

销售物流

销售物流概念、销售物流服务、销售物流模式

逆向物流

逆向物流的成因、分类、特点，逆向物流的有效管理

企业物流一体化管理

企业实施物流一体化的条件

物流一体化的演进阶段

关键概念

供应物流　采购流程　国际采购　生产物流　销售物流　逆向物流　生产者　责任延伸　物流一体化

(1)收集我国家电生产企业的典型物流管理模式(如海尔公司"一流三网")并思考带给我们的启示。

(2)你认为实践中我国企业物流管理存在的突出问题有哪些?应如何解决?

复习思考题

1. 选择题

(1)供应物流一般包括(　　)。

A. 采购　　B. 仓储　　C. 支付　　D. 运输

(2)理论上的采购流程一般应包括(　　)四个环节组成。

A. 验收入库　　B. 管理评价　　C. 采购订单　　D. 采购认证　　E. 采购计划

(3)(　　)是现场布置计划的一项具体活动。

A. 研究检查现场状况和设计　　B. 施工工艺设计

C. 材料处理系统　　D. 现场状况检查表

(4)如果供应商有较强的开发能力,采购业务对本公司很重要,同时此采购业务对供应商也很重要,那么此类供应商,按重要性方面来说,应该属于(　　)。

A. 伙伴型供应商　　B. 优先型供应商　　C. 重点型供应商　　D. 商业型供应商

(5)与物流过程直接相关的包装称为(　　)。

A. 外包装　　B. 内包装　　C. 销售包装　　D. 商品包装

(6)在大量流水生产、单件小批量生产、成批轮番生产三种生产方式中,(　　)的生产成本较低。

A. 单件小批量　　B. 大量流水生产　　C. 成批轮番生产　　D. 大规模定制生产

(7)ERP 强调企业的(　　)能力,它为企业提供了对质量,适应变化,客户满意,绩效等关键问题的实时分析能力。

A. 市场控制　　B. 事中控制　　C. 事后控制　　D. 事前控制

(8)部分废料可通过收集、分类、加工、供应等环节转化成新的产品,重新投入到生产或消费中,这一过程称为(　　)。

A. 废弃物流　　B. 回收物流　　C. 呆滞物料　　D. 陈旧物料

(9)在生产物流中,物料有几种典型的移动组织方式,即(　　)。

A. 工艺间移动　B. 顺序移动　C. 平行顺序移动　D. 平行移动　E. 班组间移动

(10)生产柔性化必然要求作为生产后勤系统的物流服务柔性化,即要求物流系统能提供(　　)的物流服务。

A. 多品种　　B. 小批量　　C. 低价格　　D. 多批次　　E. 短周期

2. 问答题

(1)企业供应物流的主要模式是什么?

(2)简述供应商的分类、选择及管理。

(3)简述生产物流的类型和特征。

(4)论述生产物流管理方式的类型及各自的特点。

(5)试述企业生产组织的基本原理。

(6)销售物流有哪三种服务模式?

(7)试述如何实施有效的逆向物流管理。

(8)物流一体化管理有哪几个阶段?

(9)简述施工企业物料采购管理内容。

(10)试述施工企业如何进行物料现场管理。

案例分析

广州丰田的三种物流模式

广州丰田目前有三种零部件物流模式:台车物流(含顺引卡车物流),主要适用于主机厂周边厂家;飞翼车物流,主要适用于国内非主机厂周边厂商;海运集装箱物流,主要适用于海外进口的零部件。这三类物流是广州丰田入厂物流的三驾马车,与相应的生产布局和厂内物流一起,构成了丰田汽车在中国精益而高效的物流体系。

1. 距离决定模式

台车物流面对的是广州丰田工厂周围 2 km 内的供应商,使用专用容器,零部件可以直接上装配线;飞翼车物流面对的是距离广州丰田 2 km 以外的所有国内厂商,比如在上海和天津的供应商,这部分支撑了广州丰田的 MILK-RUN 系统;集装箱物流面对的则是海外供应商。三种物流模式构成了广州丰田整体的厂外物流。

(1)台车物流

台车物流最能体现丰田供应链的规划性。广州丰田在进行厂区规划时,就已经将符合台车物流特点零部件(发动机、坐椅、轮胎、玻璃、油箱等)的供应商安排在工厂周边,并建立了专用台车物流通道。

一般来讲,丰田选择什么样的供应商进入台车物流体系,主要会从是否顺引、单品体积、重量、运输安全、技术可得性、投资必要性、供应商意愿等几个方面进行考虑。这并不是强迫的行为,只是如果设定在主机厂周边的话,物流和库存成本会节省很多。广州丰田周边的零部件主要有:发动机、坐椅、轮胎、油箱、油管、排气管、玻璃和一些冲压金属件。其零部件特性决定了物流模式。

台车物流采用定量不定时的物流方式。所谓“定量”是指台车或专用卡车的装车数量都是确定的,一般控制在 20 到 30 台份之间;所谓“不定时”是指零部件的引取时间随车辆下线的进度滚动。快捷的装卸要求是台车物流选择专用物流容器的原因,这也是它区别飞翼车物流和集装箱物流的地方。

为了保证台车物流的“直通”,供应商早在出货前就接收到了零部件需求的数量和顺序,这些内容广州丰田都是通过看板或电子顺序指示等可视化的工具进行信息传递的。

(2)飞翼车物流

飞翼车是广州丰田用于实现 MILK-RUN 的重要工具。飞翼车走公路，广州丰田来自上海、天津和广州近郊的零部件都使用飞翼车物流。

飞翼车使用标准规格的物流车辆，这是为了满足 MILK-RUN 的需求。广州丰田的飞翼车车厢的宽度定为 2.45 m，是托盘宽度(1.2 m)的两倍，车厢两侧向上展开，展开后像小鸟的翅膀一样，因此得名“飞翼车”。飞翼车可以在两侧进行托盘的装卸，这样装载零部件托盘和卸空箱托盘就不会发生额外的物流操作，为 MILK-RUN 的实现提供了前提。

物流容器也实现了标准化。因为飞翼车的规格和托盘的尺寸是唯一的，所以对于回转箱(不可折叠)，要求通过组合可以刚好达到托盘的尺寸。广州丰田根据托盘的规格，确定了15种标准尺寸的回转箱，这样在厂外物流中，就实现了以托盘为单位的装卸和堆垛。为了保证堆垛托盘的平稳，广州丰田要求所有出货托盘不得高于 1 m，顶端必须平整，如果不平则用空箱填平。

飞翼车有确定的物流线路和物流时间。广州丰田每个月会计算各供应商每天出货的体积，从而提前确定下个月的物流计划。因为月度车辆生产计划已经平均到每一天，所以物流的货量在月度内基本不变，这就为确定的物流线路、物流时间和较高的积载率提供了前提。

广州丰田按照供应商的分布和出货量确定物流线路，其中广州近郊全部采用 Milk-run，上海和天津地区的供应商较集中，所以在这两个地区建立中转站(Cross-Dock)，通过 Milk-run 集合各分路线的货物之后，再由中转站通过干线运输统一发送至广州丰田，中转站没有零部件库存。虽然 Milk-run 和干线运输使用的都是飞翼车，但中转站并不多余，它实现了远距离的多频次物流。

物流线路确定后，广州丰田再根据线路中各出入货点之间的距离确定各点物流作业时间。在广州丰田，每条物流线路都有一个对应的卸货区和装空箱区，在规定的时间点，飞翼车到卸货区或装空箱区进行装卸作业。物流线路和物流时间在月度内不发生变化，一切物流操作井然有序。

飞翼车物流的另一个特点是对应确定的订单号。对于每个供应商，广州丰田将每天零部件的数量以箱为单位均分到各订单里。这个订单数量在作物流计划的时候就已经确定了，而且月度内不会发生变化，发生变化的只是订单里零部件的箱数。

广州丰田要求，供应商在出货的时候不同订单的零部件不能混装在一个托盘，这样操作有两点好处：一是可以在数量检查时很容易发现是否有零部件未发和未到；二是可以实现厂内物流以托盘为单位的小批量引取。

(3)集装箱物流

集装箱物流是用来运输海外零部件，广州丰田所有的海外零部件委托日本某物流公司在日本统一集货后，定期装船发送到中国。为了实现海外零部件单品管理，广州丰田海外零部件在装船的时候不是按照成套件的方式，而是采用进度装船的模式，其原理与飞翼车物流大致相同。

海外零部件物流周期长，且影响物流品质的不安全因素很多，因此，广州丰田在厂外设定了合理的库存。在零部件进入总装车间开捆以前，这些库存都是在集装箱内存放，这就大大减少了物流的操作，消除了仓库管理的作业和费用。

2. JIT 的最后一环

广州丰田采用 JIT 的模式组织生产。在厂外的物流过程中，台车物流已经实现了 JIT，而飞翼车物流和集装箱物流因为物流周期的原因，只做到了推动式的批量物流，它并不是生产需求的真实反映，这两种物流模式真正达到 JIT 是在厂内通过多级物流操作实现的。

台车物流是进度引取,直接上装配线。而飞翼车物流和集装箱物流的零部件还需要经过厂内拉动式的物流才能最终实现 JIT 上线,主要的运作流程包括零部件开捆、安全库存、为装配线成套供给零部件等。

P-PLAN 是 Progress Lane 的简称,顾名思义就是零部件的进度开捆区。广州丰田按每 0.5 小时 1 条 Lane 来规划进度开捆区(与订单号对应),2 班 16 个小时的工作时间就有 32 条 Lane,物流现场有专用的指示牌来提示开捆作业,这个指示牌的数据与生产下线实际时刻保持一致,决定提前或延迟开捆 P-PLAN 用于飞翼车物流,集装箱物流的开捆虽然没有采用 P-PLAN,但与其有相同的原理。

PC(Product Control)Store 是零部件的安全库存区,距离广州丰田 50 公里以外的供应商提供的零部件一般都安排进 PC。PC 设置的目的就是对应零部件发生批量性的不良或未到货。虽然 P-PLAN 开捆或 PC 实现了小批量的进度引取,但是半个小时的量一下子涌到生产线上,可能会造成线侧同一工位箱子堆积,为此,丰田设置了 SPS 区,实现了对装配线彻底的 JIT 零部件供给。SPS 是指对装配线成套供给零部件。SPS 区的零部件库存基准量在 0.5 小时到 1 小时之间。

零部件进入 SPS 有两种路径:P-PLAN 和 PC,前者每次运输批量为 1 个订单的量,根据 P-PLAN 进度指示牌;后者 0.5 小时的使用量,根据循环看板。由于 PC 的进出都是进度控制的,所以 PC 在库量基本不发生变化。

在出库时,SPS 区首先接收到拣取零部件的指示,该指示是根据车辆顺序生成并按下线实绩控制进度。SPS 区的物流人员按照指示在箱中拣取一套零部件,每套零部件都有一个专用的物流周转容器。物流容器在线上和 SPS 之间流转,使零部件小批量、多频次的送到线侧。需要补充说明的是,SPS 区的设置也可应用于仪表板和门等总成件的装配。不难看出,SPS 的成套供应是采用了拉动式的引取方式,而且在引取量上做到了非常精细。

广州丰田通过厂外和厂内物流的推拉结合,实现了零部件 JIT 供给。整个内外物流是一个系统运作,均匀批量的厂外物流提供了一个实现 JIT 的良好基础,而厂内物流特别是 SPS 的运用则成为达到 JIT 的关键手段。(案例来源:http://www.ruixin.org/club)

案例思考:结合广州丰田实例,从物流的角度分析,实现零部件 JIT 的必要条件是什么?

推荐阅读

[1] 采峰. 现代企业物流(生产物流部分). 大连:东北财经大学出版社,2005.

[2] 魏洁. 企业逆向物流制度与模式. 北京:人民邮电出版社,2009.

[3] 秦立公,王兴中,丁庆. 物流项目管理. 北京:中国时代经济出版社,2006.

[4] http://www.ruixin.org/club

[5] www.yewuyuan.com

第12章 物流组织与管理

开篇案例·爱立信的风险

这是一条爆炸性的消息:2001年1月26日,爱立信公司宣布,它决定对其产品结构进行重大的战略调整,将手机生产外包。而西门子和诺基亚等公司在2000年手机业取得的骄人业绩表明,手机制造是一块"香饽饽",作为手机市场"三国演义"中的重要角色——爱立信,为什么偏巧在这个时候将手机生产外包呢?一些手机生产商和业内专家认为"爱立信撤离手机领域是积弊所致",如业务方向判断失准、产品上市缓慢、供应品种单一、成本长期居高不下等,而最主要的,是飞利浦芯片厂发生的一场大火,促使爱立信下决心实施这次变革。

2000年3月17日晚上8点,美国新墨西哥州,飞利浦公司第22号芯片厂的车间发生了一起火灾,火灾持续了10分钟,破坏了正在准备生产的数百万个芯片,更严重的是飞利浦公司需要几星期才能使工厂恢复生产。这家工厂是爱立信供应链中的一环,为爱立信公司提供多种重要的零件芯片。它举足轻重的地位在于:20世纪90年代中期,爱立信公司为了节省成本简化了它的供应链,基本上排除了后备供应商。也就是说,有几种芯片只能由该工厂提供。当飞利浦公司将发生火灾的消息告诉爱立信公司时,那些刚刚坐上新位置的高级经理们根本就没意识到后果的严重性,仍是按部就班地安排工作。危机很快显现:在市场需求最旺盛的时候,由于飞利浦公司的供应跟不上,供应链中又没有其他的后备供应商,没有其他公司生产可替代的芯片,爱立信失去了市场。爱立信公司的官员透露,这场火灾可能导致公司损失了4亿美元的销售额,市场份额也由一年前的12%降至9%。主管市场营销的总裁Jan Ahrenbring抱憾:"可惜的是,我们当时没有第二个可选择方案。"

也许爱立信并非因这场大火而决定将手机生产外包,但这场大火给爱立信带来的市场销售的损失却实实在在,它同时也给正在建设或使用供应链的厂商提了一个醒:供应链中的潜在风险应及时防范。

(资料来源:摘自《中国物流与采购》,2006年第23期)

物流活动是复杂环境下的组织系统活动,物流管理包含了组织结构、服务管理、质量管理、成本管理、标准化管理、供应链流程管理等诸多方面，它们体现在物流活动的每一个环节和过程中。

12.1 物流组织结构

任何一个企业，任何一个项目，如果没有合理的组织，即使方法先进、技术精良仍只能是一盘散沙，发挥不了作用。据统计，成功的物流项目不多的最重要原因是物流组织结构不合理，妨碍了物流方案实施。物流组织是随着企业的环境和企业本身的变化而变化的。通常，根据企业现有的组织结构和市场环境及发展定位，主要有职能式结构、事业部式结构、矩阵式结构、委员会结构和任务小组、网络式组织结构和战略联盟等。

12.1.1 物流组织的演变

物流始于20世纪60年代，目前正从分散逐步走向一体化。在21世纪，对物流的普遍关注在于总体的整合。传统的物流活动分散在整个组织内部，它在企业的营销部门、财务/会计部门以及制造组织中都有所有体现，见表12.1。

表12.1 传统的物流组织活动

	营销	财务/会计	制造
功能领域及活动	客户服务 需求预测 仓储站点选址 出站运输 仓储	订单处理 交流 采购 存货策略的公式化表述 对仓储、工厂及其他物流资产的资金预算	库存控制 物料处理 零部件及服务支持 工厂位置选址 包装 入站运输 生产计划
目标	高存货水平 分散的仓库 频繁、短期的生产运转 快速响应 联机信息处理	低存货水平 较少的仓库 考虑成本 专用信息处理系统	长期的生产运转

12.1.2 物流组织发展的三阶段

1. 分散操作阶段

物流组织主要着眼于对最终产成品的运输和仓储的有效管理，总体以操作层面为导向。除了这两项活动的协调外基本没有一体化。这一阶段物流作为制造部门或销售部门下属部门中的一项业务来对待，当然也就没有专门的物流管理部门。运输、保管、包装等物流的各项职能分散在各个业务部门，属于一种分散型的组织。

2. 功能整合阶段

物流组织目标在于整合产成品配送以及控制入站运输。其特色为以管理为导向，单个活动被视为整个实体配送流程的一部分。决策反映出某种程度的权衡。例如：运输与仓储、库存与客户服务，并常常与营销及制造方面相协调。同时，此阶段明确地将客户服务、订单处理等活动整合在一起，促进了总体服务水平的提高。由于加强了服务，这一阶段实现了收益增加。

3. 资源整合阶段

这一阶段表现了整合总体物流流程的优势，并包括了与实体配送和物料管理相联系的决策制定。总体导向转为物流、营销、运营战略之类的战略问题，还包括对外部交易环境变化的反应和期望。同时包括对流动资产如存货和应收账款的缩减，但与此同时资产的生产能力和利用能力同时上升，这对投资收益有着积极的影响。此阶段还包括利用信息资源，使物流过程信息化，从而有效地对整个过程进行控制、管理和协调。企业的物流出现集中化、专业化的趋势。把分散在不同部门中相同的、相近的，甚至相冲突的物流工作采用组织手段组织在一起，形成新的物流系统。

小资料：物流组织特征

美国物流管理协会的调查表明，在物流组织上有领先优势的公司有以下特征：

◇　正规的物流组织

◇　高层次的主管人员

◇　物流组织采用"不固定"方式以及鼓励在适当的时候重组

◇　强调物流的中央控制

◇　管理范围超过传统的物流直线型和参谋型活动

◇　着眼于客户满意度和创造物流价值

12.1.3　物流组织结构的类型

无论物流组织如何发展，为使物流更为有效，公司必须确保对每一层次的物流职责进行有效管理。物流的组织职能是以一定的组织结构形式体现出来的。组织结构形式是体现物流组织各个部分及其与整个企业经营组织之间的关系的一种模式。由于受成长背景、行业特征、信息化水平、企业规模等各种因素的影响，各企业的物流组织结构大致有以下几种基本类型。

1. 职能型组织

早期的物流管理方式是以职能为中心进行管理的。职能型组织将生产、销售、财务、物流等活动划分为企业的单个职能部门，各职能部门的调整全部由最高经营层决策。如图12.1所示。

职能型结构的优点在于，可以拥有专业化优势，通过将同类专业人员组合在一起，可从劳动分工中取得效率性，可以减少人员和设备的重复配置。其缺点在于，组织中各部门常常会因为追求职能目标而看不到全局的最佳利益，没有一项职能对最终结果负全部责任；无法按部门进行利益管理，并实现从生产到经营等各职能阶段成本的控制和正常价格的计算，因而无法根本实现物流成本控制。

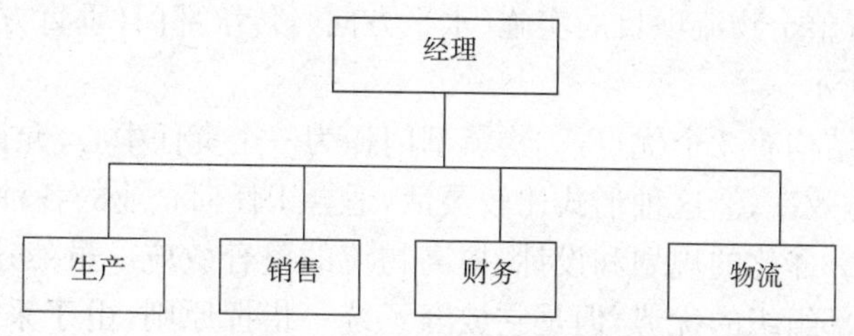

图12.1　职能型物流组织结构

2. 事业部组织

事业部制是一种分权式的管理方式，每一个事业部一般都是自治的，由事业部经理对全面绩效负责、同时拥有充分的战略和运营决策权力。其中,对物流活动的管理也被分配到各个事业部单独进行。如图 12.2 所示。

事业部制的优点在于分部事业部经理对一种服务项目负完全责任,管理责任明确并容易实施成本控制,同时增加了经营的灵活性。但是,随着市场发展和客户需求的多样化,新产品开发成为物流企业的必要活动,而事业部结构由于存在部门界限,而使新产品开发成为单个事业部的行为。造成各事业部活动和资源出现重复配置。

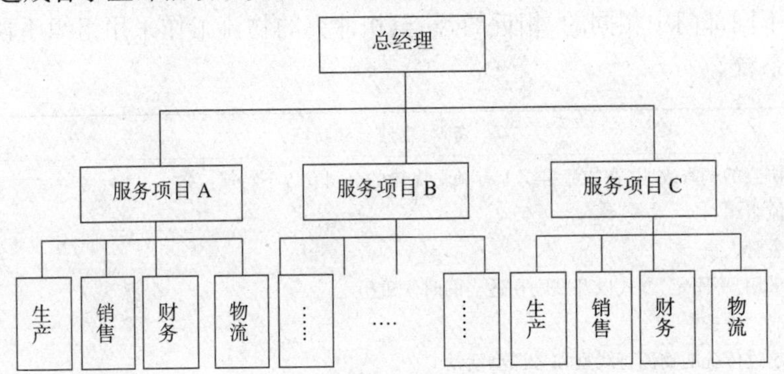

图 12.2 事业部组织结构

小案例:海尔的组织结构调整
2000 年,海尔对整个集团的物流资源进行重组,成立物流推进本部,对过去分散在各个事业部的采购、仓储、配送业务进行统一规划与管理,仅统一采购彩色显像管一项,全年至少节约 580 万元。通过 JIT 统一配送管理,使库存占用资金由原来的 15 个亿降为 7 个亿。

3. 矩阵式组织

矩阵式物流组织是由美国学者丹尼尔 . W. 蒂海斯和罗伯特 . L. 泰勒于 1972 年提出的。它的设计原理是将物流作为思考问题的一种角度和方法,而不把它作为企业内的另外一个功能。

物流业务包括的内容较多,履行一个物流业务需要跨越多个部门,历时较长,涉及的人和事较多,所以在某个流程上的一个物流业务也可看作是一个项目。矩阵式物流组织结构中,履行物流业务所需的各种物流活动仍由原部门(垂直方向)管理,但水平方向上又加入类似于项目管理的部门(一般也称为物流部门),负责管理一个完整的物流业务(作为一个物流项目),从而形成了纵横交错的矩阵式物流组织结构。组织结构中物流项目经理在一定的时间、成本、数量和质量约束下,负责整个物流项目的实施(水平方向),传统部门(垂直方向)对物流项目起支持作用。如图 12.3 所示。

矩阵式物流组织结构有 3 个优点:①物流部门作为一个责任中心,允许其基于目标进行管理,可以提高物流运作效率;②这种形式比较灵活,适合于任何企业的各种需求;③它可以允许物流经理对物流进行一体化的规划和设计,提高物流的整合效应。虽然这种新型的组织兼有了职能型组织和事业部组织的优势,但是它放弃了统一指挥原则,由于采用双轨制管理,职权关系受"纵,横"两个方向上的控制,对权利和责任的界定含糊,因此可能会导致某些冲突和不协调,造成混乱并隐藏着权力斗争的倾向。

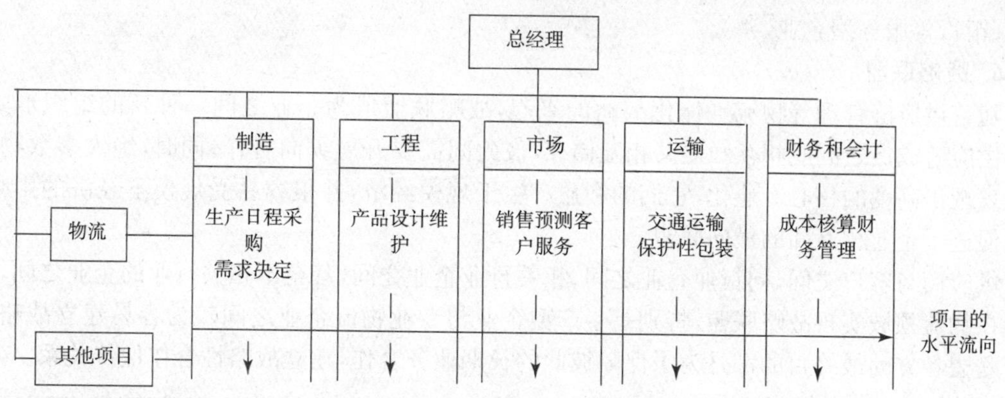

图 12.3　矩阵式组织

4. 委员会结构和任务小组

物流组织的主要目标是计划不同的物流活动并保持这些活动的协调一致。这种协作也可以通过一些非正式的组织达成，即不改变现有的组织结构，而使用合作或建议等方式来达成负责这些活动的员工之间的协作，良好地协调各种物流活动。这种非正式的物流组织大致有委员会结构和任务小组两种。它们的优点在于具有较大的灵活性，委员会结构可将多个人的经验和背景结合起来，可跨越职能界限处理一些问题，委员会可以是临时性的，也可以是永久性的，这种物流委员会的成员由各主要物流环节的人员组成，各成员定期或不定期地聚集在一起分析问题、提出建议、协调活动、作出决策或监控项目的进行。

任务小组则是与委员会结构相类似的一种非正式组织结构。任务小组是一种临时性结构，主要用来达成某种特定的、明确规定的复杂任务。它涉及许多组织单位人员的介入，可以看作是临时性矩阵的一种简化版。任务小组的成员一直服务到目标达成为止。委员会和任务小组都解决特定状况下出现的问题，比如新的物流设施选址问题等。从实质上说，临时性委员会通常等同于任务小组。永久性委员会比任务小组更具稳定性和一致性。这两种组织方式的共同点在于，成员均具有不同的背景以及不同的经验和学识，他们之间的协作所产生的成果显然比将成员各自的技能简单相加要显著得多。但在工作中，各成员之间的职责和权利分配难以清晰界定，这会造成管理上的困难；另外，由于各成员背景不同，协调和沟通也存在困难。

5. 网络式组织结构

(1)大型网络化专业物流组织模式。企业通过网络与区域性或跨区域的大型物流企业建立协作或联盟关系，把企业的物流交付专业化物流企业进行组织(如第三方物流等)，实现广泛的、专业化的、快捷的物流管理与控制，可实现远距离的业务辐射与拓展。此模式适用于直接面向消费者的商业类企业和其他中小企业的物流组织与配送，以及大宗原材料等生产资料的物流组织(如铁路、航空、水运等)。

(2)基于供应链管理的物流组织模式。企业通过网络寻求与其相关联的企业的合作。并动态地进行物流组织，从而实现稳定的、低成本的物流组织与控制。这是一种较高层次的物流组织模式，适用于产品比较稳定且供应链较长的大型制造企业的物流管理。

(3)基于网络的物流配送组织模式。此类组织结构是建立在企业物流管理信息系统基础上的快速反应配送组织体系，其物流配送成本低、物流易于控制、物流组织稳定、配送准确及时，物流配送系统为企业的一个组成部分或协议委托当地专业化企业代理，组织结构为职能型或网络型。适用于大中型的连锁经营、特许经营和网上交易等大规模商业模式，如大型超市、酒店、银行等服务型企业。

6. 战略联盟

随着供应链管理等物流一体化战略的兴起，战略联盟成为企业之间一种新的组织形式。由于供应链成员之间既相互独立又相互储存，彼此间需要开展纵向合作；同时，绝大多数物流服务表现出高度的核心专业化，它们的利益产生于规模经济，并很容易受规模不经济的影响，这就促进了企业相互间的横向联盟。

供应商与客户之间、同行业企业之间，相关行业企业之间，甚至不相关行业的企业之间，都可能在物流领域实现战略联盟，特别是生产型企业与专业物流企业之间较为容易建立战略联盟。联盟各方的最终目的都是为了保障彼此的长期业务合作，建立战略性合作伙伴关系。

小案例：美的与安得物流

2000 年 1 月，美的集团出资 70%，联合安徽芜湖一家贸易公司，让其出资 30%组建安得物流有限公司。美的组建安得的理由当时很简单，把物流业务剥离出来，美的就可以专心做产品，而安得物流则专心做物流。美的把安得物流公司分立出来，一方面能为美的生产、制造、销售提供最快捷的物流服务；另一方面，安得又可以向外延伸业务。

到 2001 年下半年，安得开始拥有了除美的之外的客户。目前，安得物流除大股东美的外，韩国 LG、伊莱克斯、神州数码、TCL、方正、新飞电器、鹰牌电器、威灵电机等 70 家家电企业或电子巨头已成为其客户，安得物流已成长为一家第三方物流供应商。在 2004 年后期，美的集团进行了组织架构的大调整，旗下直属的威尚集团被撤销。根据美的安排，威尚旗下的安得物流有限公司的资产暂时将直接受美的集团管理，与四大利润主体并列。

12.2 物流服务管理

12.2.1 物流服务

1. 物流服务的概念与构成

物流系统的产出就是物流服务，现代物流服务管理以顾客满意为第一目标。在物流活动中，客户服务水平的好坏直接影响着双方合作的效力和持久性。物流服务理念的确立成为现代物流的最大革新。物流服务是企业为满足客户（包括内部和外部客户）的物流需求，开展的一系列物流活动的结果。

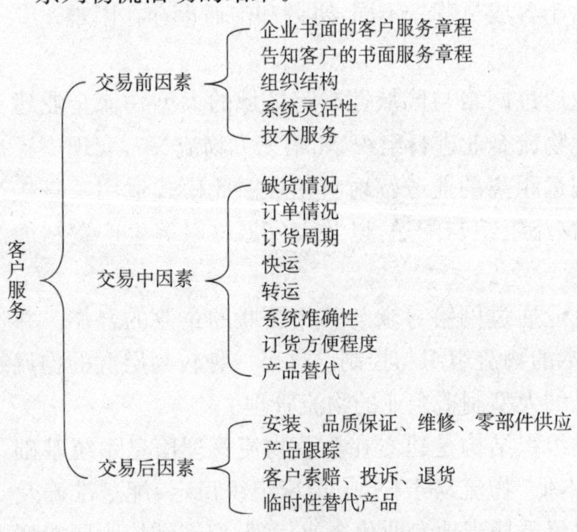

图 12.4 客户服务的服务要素

美国罗纳德．H. 巴罗（Ronald Ballou）教授提出的交易全过程理论，把客户服务分为交易前、交易中和交易后三个阶段，每个阶段都蕴涵着不同的服务要素。如图 12.4 所示。

物流服务是对顾客商品利用可能性的一种保证，它包含了三种要素：①拥有顾客所期望的商品（备货保证，例如在库服务率）；②在顾客希望的时间内传递商品（输送保证，例如进货周期、订货频度、订货截止时间等）；③符合顾客所期望的质量（品质保证，例如物理损伤、保管运输中损伤、数量差错等）。物流服务可以理解为，衡量某物流系统为某种商品或服务创造的时间和空间效用的好坏尺度。

不同组织对物流服务有不同的理解：①一项管理活动或职能，如订货处理等；②特定参数的实际业务绩效，如在24小时内实现98%的订单送货率；③整体经营理念而非简单活动或绩效的评价尺度；④从接收顾客订单开始，到商品送到顾客手中为止，发生的所有服务活动。

2. 物流服务的特征

物流服务的特征如图12.5所示。

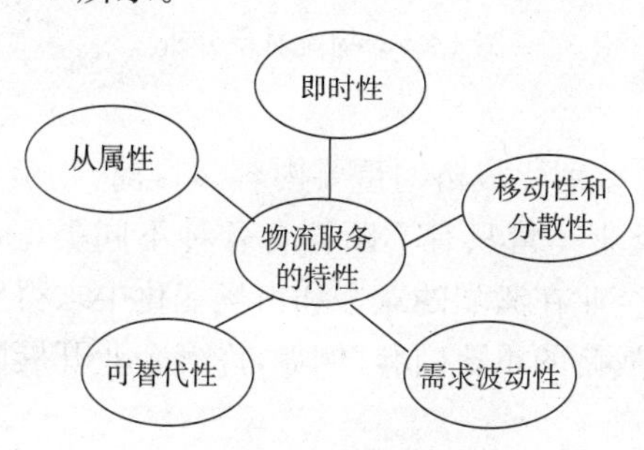

图12.5　物流服务特征

(1)从属性。由于货主企业的物流需求是以商流为基础，伴随商流而发生，因此，物流服务必须从属于货主企业物流系统，表现在流通货物的种类、流通时间、流通方式、提货配送方式都是由货主选择决定，物流企业只是按照货主的需求，提供相应的物流服务。

(2)即时性。物流服务是属于非物质形态的劳动，它生产的不是有形的产品，而是一种伴随销售和消费同时发生的即时服务。

(3)移动性和分散性。物流服务是以分布广泛、大多数是不固定的客户为对象，所以，具有移动性以及面广、分散的特性，它的移动性和分散性会使产业局部的供需不平衡，也会给经营管理带来一定的难度。

(4)需求波动性。由于物流服务是以数量多而又不固定的顾客为对象，它们的需要在方式上和数量上是多变的，有较强的波动性，为此容易造成供需失衡，成为在经营上劳动效率低、费用高的重要原因。

(5)可替代性。物流服务的可替代性主要表现在两个方面。一是站在物流活动承担主体的角度看，产生于企业生产经营的物流需求，既可以由企业自身采用自营运输、自营保管等自营物流的形式来完成，也可以委托给专业的物流服务供应商，即采用社会化物流的方式来完成。因此，对于专业物流企业，不仅有来自行业内部的竞争，也有来自货主企业的竞争。如果物流行业整体水平还难以满足货主企业的需求，则意味着物流企业会失去一部分市场。反过来说，物流行业的服务水准难以达到货主要求的情况下，货主企业就会以自营物流的形式拒绝物流企业的服务，物流企业的市场空间的扩展就会面临困难。二是站在物流企业提供的服务品种看，由于存在着公路、铁路、船舶、航空等多种运输方式，货主可以在对服务的成本和质量等各种相关因素权衡之后，自主选择运输形式。因此，不同运输手段便会产生竞争。物流企业的竞争不仅来自同业种内的不同企业，还来自不同业种的其他企业。物流服务的可替代性，对于货主企业来说增加了物流服务实现形式选择的灵活性，但对物流企业，特别是运输企业来说，就增加了经营难度。

3. 物流对象分析

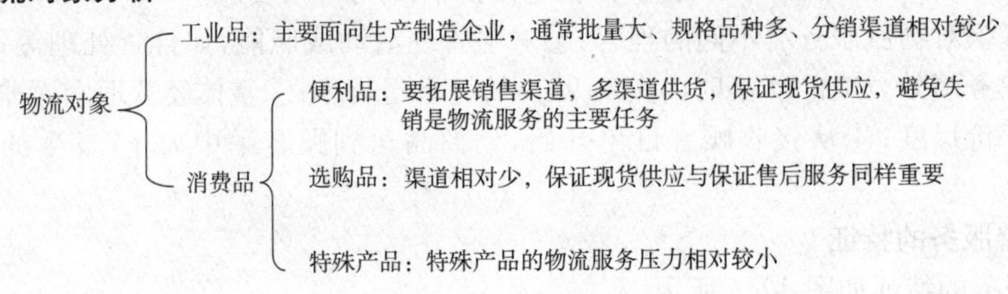

图 12.6 物流对象分析

4. 物流服务的重要性

(1)物流服务已成为企业差别化战略的重要内容。目前,物流市场需求出现多样化、分散化和十分迅速的发展变化,企业经营只有不断符合各种不同类型、不同层次的市场需求并迅速、有效满足其欲望,才能使企业在激烈的竞争和市场变化中求得生存和发展。物流服务上的差异就成为企业差别化经营战略的重要内容,例如,许多企业开展的个性化的送货服务就是一种实施差别化战略的方式。

(2)物流服务日益深刻地影响企业经营绩效。物流服务水平的定位是构筑物流系统的前提。物流服务供求关系既决定了物流服务的价值,又决定了一定服务水准下的物流成本。所以,物流服务直接影响绩效。

(3)物流服务能够有效降低企业经营成本。低成本战略是企业经营竞争的重要内容,而低成本的实现往往涉及商品生产、流通的全过程,物流服务方式等要素对经营成本也具有重要的影响。合理的物流客户服务不仅能提高商品流通效率,而且能直接有效地降低企业经营成本。

(4)物流服务是有效联结供应链经营系统的重要手段。物流服务打破了批发商和零售商之间的间隔,有效地推动了商品从生产到消费全过程的顺利流通。同时,物流服务成为现代企业有效地联结供应链经营系统并获得竞争优势的基本途径和手段。

5. 物流服务的内容

(1)基本物流服务。基本物流服务,顾名思义是指向所有的顾客提供支持的最低的物流服务水准。它主要由三个要素构成。①物品的可得性。产品的可得性指当客户需要产品时,企业具有可向客户提供足够产品的库存能力。②物流的作业表现。作业表现是处理从订货入库到交付的过程。作业衡量就可以通过速度、一致性、灵活性、故障与恢复等方面来具体说明所期望的作业完成程度。③可靠性。物流质量与物流服务的可靠性密切相关。④技术服务。包括对客户的培训计划,帮助客户改进库存管理、订单处理等等。

(2)物流增值服务。增值服务是指对具体的顾客进行独特的服务,是超出基本服务方案的各种延伸服务。物流增值服务通常可以有效地提高物流服务水平,同时使成本维持在较低水平。①了解缺货情况。缺货率是衡量产品现货供应比率的重要指标。一旦脱销,要努力为客户寻找替代品或者在补进货物后再送货。②提供订单信息。指系统能否以较快的速度向客户提供有关库存水平、订单情况运输、交货的准确信息。如出现缺货,还要告知有关补交货的安排。补交货的数量和订货周期也是衡量物流灵活性的重要指标,在一定程度上可以抵消缺货的影响。③合理的交货周期。交货周期是指客户从发出订单到收到货物的全部时间,包括订单传递、订单录入、订单处理、分拣货物、包装、运输等多个环节所消耗的时间。充分利用现代科技,特别是现代网络技术、通讯技术、条形码技术等尽力缩短总的订货周期是当前物流管理的主流。④提供快运服务。快运也是缩短交货周期所作的一种努力。企业要根据经营产品的特点、客户的承受能力不同决定是否采用快运服务，如何采取快运服务。⑤提供转运服务。指根据客户的需要转发货物。⑥提高物流系统的准确性。从根本上说提高准确率就是节约成本、提高效率。⑦提供便利的订货方式和渠道。将传统商务手段与电子商务相结合，有助于方便客户订购产品或服务，鼓励购买。

小资料：我国物流增值服务的现状与发展
1. 国内现状 (1)大多停留在比较简单的手工服务，技术性不强，容易模仿。如简单的分拣、包装、贴标签/条码、组装、拆卸等。 (2)提供简单的专业化服务。如物流方案设计、提供个别货物处理需要等。 (3)参与客户的内部管理运作。如收取终端客户的费用和开发票等。 (4)与其他行业联合，提供扩展服务。如与金融业联合，提供仓单质押等服务。 2. 未来发展方向 (1)向专业化、高技术含量的服务过渡。如售后维修服务、精细的组装和拆卸服务。 (2)协助客户提供个性化服务，如产品说明书翻译、致客户信内容更改等。 (3)协助客户收集、分析市场资料。 (4)进行数据统计和研究分析，提供客户决策分析资料(销售资料/客户资料/产品资料)等。

(3)超值物流服务。超值服务包含更广泛和丰富的服务内容。从现代物流的各种创新服务到物流服务过程中的环境协调以及“零缺陷”的高质量、高效率的满意服务。其中完美订货服务是具有突出意义的物流超值服务。

12.2.2 物流服务管理

1. 物流服务管理的含义

物流服务管理作为物流管理中的重要内容，越来越受到现代企业的重视。物流服务管理是一种了解和创造客户需求，以实现客户满意为目的，企业全员、全过程参与的一种经营行为和管理方式。它包括营销服务、部门服务和产品服务等几乎所有的服务内容。物流服务管理的核心理念是：企业全部的经营活动都要从满足客户的需要出发，以提供满足客户需要的产品或服务作为企业的责任和义务，以客户满意作为企业经营的目的。

2. 物流服务管理的原则

(1)以市场需求为导向。物流服务水准的确定不能从供给方的理论出发，而应该充分考虑需求方的要求，即从产品导向向市场导向转变。市场导向性的物流服务根据经营部门的信息和竞争企业的服务水准相应制定，既避免了过剩服务的出现，又能及时进行控制。

(2)顾客对象面向一般消费者群。在决策物流服务要素和服务水准的过程中，需要注意服务的顾客对象应该向一般消费者群转化，确立面向零售业，特别是大型零售业、连锁店等的服务系统和服务设施，开展符合零售要求的输送、库存服务(如多频度配送)。

(3)采取物流服务多元组合。随着顾客业种和业态多样化的发展，顾客的需求不可能千篇一律，因此，应制定多物流服务组合，在决定物流服务时，应根据顾客的不同类型采取相应的物流服务。

(4)发展特色物流服务。企业在制定物流服务要素和服务水准的同时，应当保证服务的差别化，具有对比性的物流服务观念，了解和收集竞争对手的物流服务信息。

(5)注重物流服务方式的灵活性。顾客服务的变化往往会产生新的物流服务需求，所以在物流服务管理中，应当充分重视物流服务的发展方向和趋势。

(6)物流服务不完全是一种企业独资的经营行为，它必须与整个社会系统相吻合，企业需要认真考虑环保、节能、节约资源及至废弃物回收等问题，企业行为的各个方面都必须符合伦理和环境的要求。为减少交通混乱、道路拥挤等问题，企业应冲破互相竞争的壁垒，推进共同配送。

(7)建立能把握市场环境变化的物流服务管理体制。物流服务水准是根据市场形势、竞争企业的状况、商品特性以及季节的变化而变化，所以应在物流部门建立能把握市场环境变化的物流服务管理体制。

(8)物流中心作为物流服务的基础设施，建立和完善对于保障高质量的物流服务是不可少的。

(9)要实现高质量的物流服务，还必须建立完善的信息系统。

(10)强化物流服务绩效评价。物流部门应定期对物流服务进行评估。检查销售部门或顾客有没有索赔，有没有误配、晚配、事故、破损等等。通过征求顾客意见等办法了解服务水平是否已经达到标准；成本的合理化达到何种程度，是否有更合理的办法等等。通过不断对物流服务的绩效进行评价，来适应顾客需求的变化，及时制定除最佳的顾客服务组合，改善物流系统。

3. 物流服务管理的目的与对策

物流服务管理的目的是以适当的成本实现高质量的顾客服务。一般来讲，物流服务水平提高，物流成本就会上升，可以说两者间的关系适用于收益递减法则。物流服务质量与成本的关系有 4 种类型：①在物流服务不变的前提下考虑降低成本；②物流服务水平提高，成本增加型；③物流服务水平提高，成本不变形；④物流服务水平较高，成本较低型。

物流服务管理的对策：①改革物流体制障碍；②提高物流组织资源整合能力；③第三方物流机构，采取供应链管理模式；④采用信息网络技术，实现物流信息系统的一体化；⑤加强中外物流服务质量体系的比较研究；⑥培养物流从业人员服务意识和业务能力。

12.3 物流质量管理

物流质量是决定物流活动效率和决定物流服务水平的关键因素，物流质量的好坏直接关系到物流企业经营的可持续性。

12.3.1 物流质量管理概述

1. 物流质量

物流质量是一个整体概念，包含了“符合规格”和“符合期望”两类质量内涵。其一，企业物流活动过程各工艺环节、需要的各种资源和技术，可确定质量规格和操作标准；其二，物流质量是物流活动或物流业本身所固有的满足物流客户服务要求和提供服务价值的能力总和。

物流质量的内容一般包括以下方面。①物流商品质量保证。在长距离、长时间的物流过程中，对各种质量变化的积累可能最终造成物流过程的质量损失。物流过程在于采用技术手段转移和保护这些质量，最后实现对用户的质量保证。②物流服务质量。物流服务质量是提供物流服务满足用户要求的程度，连续地、准确地、履行服务承诺并无差错准时完成。信息和物流设施的不断改善，企业对客户的服务质量必然不断提高。③物流工作质量。物流工作质量是指物流的各环节、各部门、各工种、岗位具体工作质量。工作质量是物流服务质量的保证和基础。④物流工程质量。物流工程质量是指把物流质量体系作为一个系统来考察，用系统论的观点和方法，对影响物流质量的诸要素(人的因素、体制因素、设备因素、工艺方法因素、计量与测试因素以及环境因素等)进行分析、计划，并进行有效控制。物流产品质量、物流工程质量和物流工作质量是三个不同的范畴，它们之间密切联系、相互影响。

2. 物流质量管理

物流企业质量管理是依据物流系统运动的客观规律，为了满足顾客的物流服务需要，通过建立物流质量方针和目标，并为实现这些目标进行物流质量策划，物流质量控制和物流质量保证。

物流质量管理内容如下。①物流质量管理体系。物流企业要实现质量管理目标，需要相应的体系构建，设置组织机构，明确岗位职责，拟定活动程序，配备必要的设备和合适的人员。②物流质量方针和质量目标。物流质量方针是指由物流企业的最高管理者正式发布的该企业总的物流质量宗旨和质量方向。物流质量目标是物流企业在物流质量方针所追求的目的，是物流企业质量方针的具体体现。③物流质量策划。物流质量策划致力于规定必要的运行过程和相关资源以实现物流质量目标。④物流质量控制。物流质量控制是指为了保证物流工作、过程和服务达到质量要求所采取的作业技术和有关活动。⑤物流质量保证。物流质量保证是为使人们确信物流工作、过程和服务能够满足质量要求而进行必要的有计划、有系统的活动。⑥物流质量改进。物流质量改进是物流企业为更多的收益，根据实践积累不断改进物流质量，实现物流业的高效运作。⑦应急处理与风险控制。物流企业在面对市场的经营风险和作业风险，如可能发生的物流表现的失败，以及客户的投诉和物流空间位移、储藏所发生的重大风险。

物流质量管理的特点如下。①物流质量管理的全员性。物流质量管理必须依靠各个环节中各部门和广大职工的共同努力，需要各方人员紧密配合。②物流质量管理的全过程性。物流质量管理是对物流对象的包装、装卸、储存、运输、保管、搬运、配送和流通加工等若干过程进行的全过程管理，必须一环紧扣一环地进行全过程管理才能保证最终的物流质量，达到目标质量。③物流质量管理的全面性。物流质量管理是一个系统工程，加强物流质量管理就必须全面分析各种相关因素，从系统的各个环节、各种资源以及整个物流活动的相互配合和相互协调抓起，最终实现物流质量管理目标。

3. 物流质量的衡量

衡量物流质量是物流管理的重点。物流质量主要从物流时间、物流成本、物流效率三个方面来衡量。主要的物流质量的指标如下。

(1)服务水平指标：服务水平越高，企业满足订单的次数与总服务次数之比就越高。

(2)满足程度指标：即企业能够满足的订货数量与总的订单的订货数量之比。

(3)交货水平指标：指按期交货次数与总交货次数的比率。

(4)交货期质量指标：指实际交货与规定交货期相差的日数(天)或时数(时)。

(5)商品完好率指标：指交货时完好商品量或缺损商品量与总交货商品量的比率(%)。

(6)物流吨费用指标：即单位物流量的费用(元/t)，这一指标比同行业的平均水平低，说明运送相同吨位货物费用较低，则此公司拥有更高的物流效率，其物流质量较高。

12.3.2　物流质量管理途径和方法

1. 企业物流质量管理的基本途径

(1)树立企业物流整体质量管理思想：包括真正形成物流整体质量管理的认识；认真做好物流服务过程的整体质量管理；整体考核企业物流服务质量管理水平。

(2)建立有效的物流质量管理信息系统：包括计量顾客对物流质量的期望；强调信息质量；实时监控物流质量状况。

(3)加强企业物流质量管理的主要措施：根据全面质量管理理论，建立和完善企业物流质量管理的计量、评估体系，切实消除企业物流过程中的差错；积极引进现代质量管理理论和技术，提高质量管理水平；运用有效的激励措施，实行全员质量管理。

2. 企业物流质量管理方法

表 12.2 物流质量管理的常用方法

方 法	内 容
分类法	把收集来的数据,根据不同的目的,按性质、来源对影响物流质量因素加以分类进行研究的方法
PDCA 循环法	计划(Plan)—执行(Do)—检查(Check)—处理(Action)的管理循环法;分为四个阶段、八个步骤
排列图法	将各个质量影响因素造成的产品不合格或损失的大小,按比率由大到小排列,在坐标图上画出直方图,然后将累计计算连接起来,即可形成 ABC 曲线或帕累托曲线
直方图法	把收集来的质量数据分布情况,以组矩为底边、以频数为高度的一系列直方形连接起来的图形,用以表示质量数据离散程度
因果分析图	找出影响物流质量的因素并将它们与特性值一起,按相互关联性整理而成的层次分明、条理清楚,并标出重要因素
"6S"现场管理法	指对物流中心、配送中心、仓储现场、堆场、库存和流通加工的现场的各要素的状态不断进行整理(Seirl)、整顿(Seiton)、清扫(Seiso)、清洁(Seiretsu)、提高素养(Shitsuke)的活动、保证安全(Security)的活动
六西格玛质量管理	从顾客的观点考虑质量问题,追求"无缺陷"的质量。包括界定、测量、分析、改进、控制几步

12.3.3 物流质量管理体系

1. 质量管理体系基础

物流质量体系就是为了实现物流质量管理所需的组织结构、程序、过程和资源。建立一个完善的、高效的质量管理体系,必须做到以下几点:①要有明确的质量目标;②加强质量教育,强化质量意识;③建立健全物流质量管理机构;④建立健全物流质量管理责任制度,建立健全物流质量标准化体系;⑤开展物流质量认证。

2. ISO 9000 质量体系

ISO 9000 质量管理和质量保证系列标准是各国实施质量体系认证的依据。物流质量认证实际上就是指物流质量体系认证,因为物流业提供的服务及采用的质量管理标准是系统的标准,构成了物流管理的完整体系。

ISO 9000 族标准的基本思想,一是控制思想,即对产品形成的全过程——从采购原材料、加工制造到最终产品的销售、售后服务进行控制;二是预防思想,即通过对产品形成的全过程进行控制以及建立有效运行自我完善机制达到预防不合格,从根本上减少或消除不合格品。

2000 版 ISO 9000 系列标准规定,组织的质量管理体系使用的文件有以下四种类型:①质量手册,②质量计划,③程序文件,④记录。

ISO 9000 中提出了建立和实施质量管理体系的 8 个步骤,即①确定顾客和其他相关方的需求和期望;②建立组织的质量方针和质量目标;③确定实现质量目标必需的过程和职责;④确定和提供实现质量目标必需的资源;⑤规定测量每个过程的有效性和效率的方法;⑥应用这些测量方法确定每个过程的有效性和效率;⑦确定防止不合格并消除产生原因的措施;⑧建立和应用持续改进质量管理体系的过程。

3. ISO 9000 系列质量管理的八项原则

(1)以顾客为关注焦点。物流企业应当了解顾客当前和未来的需求,满足顾客的需求并努力超越顾客,以顾客为中心,做好营销工作。

(2)领导作用。物流企业领导负责把本企业的目的和方向统一起来,通过各种方式营造便于员工充分参与和实现企业目标的内部环境,提高员工参与物流质量管理的积极性、主动性和创造性。

(3)全员参与。各级人员是物流企业经营管理之本,鼓励他们积极主动参与企业日常工作,企业的计划与决策制定过程要充分听取员工的意见并使其真正参与进来，充分挖掘他们的才干。

(4)用过程的方法进行质量管理。物流企业通过把过程方法应用到物流运作和相关资源管理中去，以便能更高效地实现物流质量管理目标。

(5)管理的系统方法。物流企业将相互关联的过程作为系统加以识别、理解和管理，有助于提高实现物流目标的有效性和效率。

(6)持续改进。总体业绩的不断改进是物流企业可持续发展的永恒目标。

(7)基于事实的决策方法。有效决策是建立在数据和信息分析的基础上的。利用信息技术对物流运作和物流服务过程中产生的实时信息进行分析处理，在此基础上进行企业决策。

(8)互利的供方关系。物流企业与其上下游企业是相互依存的，互利的关系可增强双方创造价值的能力。

4. 物流企业推行和实施ISO质量管理体系应注意的问题

(1)在ISO质量管理体系认证前期，物流企业要注意对质量体系认证工作统一思想认识，明确工作责任，先从管理者进行推动，使质量工作深入各个部门、各级人员。

(2)在ISO质量管理体系实施期间，物流企业要处理好三个方面：①处理好短期效益与长远发展的矛盾；②处理好质量体系认证前后的观念转变工作；③ 要把质量管理工作和绩效考核挂钩。

12.4　物流成本管理

12.4.1　物流成本管理的概念

物流成本是指伴随着企业的物流活动而发生的各种费用，是物流活动中所消耗的物化劳动和活劳动的货币表现，也称为物流费用。具体地说，它是产品在实物运动过程中，如包装、装卸搬运、运输、储存、流通加工等各个活动中所支出的人力、物力和财力的总和。

其由三部分构成：第一，伴随着物资的物理性活动发生的费用以及从事这些活动所必需的设备、设施的费用；第二，物流信息的传送和处理活动发生的费用以及从事这些活动所必需的设备和设施的费用；第三，对上述活动进行综合管理的费用。

物流成本管理(Logistics Cost Management)是以物流成本信息的产生和利用为基础，按照物流成本最优化的要求，有组织地进行预测、决策、计划、控制、分析和考核等一系列的科学管理活动。所谓物流成本管理，就是通过成本去管理物流，即管理的对象是物流而不是成本，物流成本管理可以说是以成本为手段的物流管理方法。物流成本管理的意义在于，通过对物流成本的有效把握，利用物流要素之间的效益背反关系，科学、合理地组织物流活动，加强对物流活动过程中费用支出的有效控制，降低物流活动中的物化劳动和活劳动的消耗，从而达到降低物流总成本，提高企业和社会经济效益的目的。

12.4.2　物流成本管理的目的

企业在进行物流成本管理时，首先要明确管理目的，有的放矢。一般情况下，企业物流成本管理的出发点如下：①通过掌握物流成本现状，发现企业物流活动中存在的主要问题；②对各个物流相关部门进行比较和评价；③依据物流成本计算结果，制订物流规划、确立物流管理战略；④通过物流成本管理，发现降低物流成本的环节，强化总体物流管理。

12.4.3　物流成本的特征

1. 物流成本的“冰山理论”

“物流冰山说”由日本早稻田大学西泽修教授提出，他潜心研究物流成本时发现，现行的财务会计制度和会计核算方法都不可能掌握物流费用的实际情况，财务统计数据中的物流费用只能反映物流成本的一部分，还有相当数量的物流费用是不可见的。

2. 物流成本削减的乘数效应

假定销售额为100万元，物流成本为10万元，如物流成本下降1万元，不仅产生1万元的利益，而且因为物流成本占销售金额的10%，所以间接增加了10万元的利益，这就是物流成本削减的乘数效应。

3. 物流成本的效益背反

一类物流成本的下降往往以其他物流成本的上升为代价。因此，设计和管理物流系统时，必须把物流系统作为一个整体来看待。例如，不能单纯地为了降低物流成本而影响客户对物流服务质量的满意度。

4. 物流成本的部分不可控性

在物流成本中，许多成本都是物流部门所无法掌握和控制的，例如，保管费中过量进货、过量生产而造成的库存积压费用，以及紧急运输等例外发货的产生费用。

5. 物流成本计算方法、范围的不一致性

目前，在物流成本计算范围和计算方法方面，还不存在统一的行业标准。各企业普遍按照各自的理解进行物流成本的核算，因此企业间无法进行物流成本的比较，也无从计算同行业的平均物流成本。

12.4.4 物流成本管理的方法

控制和降低企业物流成本可以从6个方面来考虑：①通过采用物流标准化进行物流成本管理；②通过优化供应链，提高对顾客物流服务的管理来降低成本；③借助于现代信息系统的构筑来降低物流成本；④从流通全过程的视点来加强物流成本的管理；⑤通过效率化的配送降低物流成本；⑥通过削减退货来降低物流成本。

12.5 物流标准化

标准化是对产品、工作、工程或服务等普遍的活动规定统一的标准，并且对这个标准进行贯彻实施的整个过程。标准化的内容，实际上就是经过优选之后的共同规则，为了推行这种共同规则，世界上大多数国家都有标准化组织，例如英国的标准化协会，我国的国家标准化管理委员会等。日内瓦的国际标准化组织(ISO)负责协调世界范围的标准化问题。

目前，标准化工作开展较普遍的领域是产品标准，这也是标准化的核心，围绕产品标准，工程标准、工作标准、环境标准、服务标准等也出现了发展的势头。

12.5.1 物流标准化特点

物流标准化是指以物流为一个大系统，制定系统内部设施、机械装备，包括专用工具等的技术标准，包装、仓储、装卸、运输等各类作业标准，以及作为现代物流突出特征的物流信息标准，并形成全国以及和国际接轨的标准化体系。物流标准化的主要特点如下。

(1)和一般标准化系统不同，物流系统的标准化涉及面更为广泛，其对象也不像一般标准化系统那样单一，而是包括了机电、建筑、工具、工作方法等许多种类。虽然处于一个大系统中，但缺乏共性，从而造成标准种类繁多，标准内容复杂，也给标准的统一性及配合性带来很大困难。

(2)物流标准化系统是属于二次系统，这是由于物流及物流管理思想诞生较晚，组成物流大系统的各个分系统，过去在没有归入物流系统之前，早已分别实现了本系统的标准化。并且经多年的应用，不断发展和巩固，已很难改变。在推行物流标准化时，必须以此为依据，个别情况固然可将有关旧标准化体系推翻，按物流系统所提出的要求重建新的标准化体系，但通常还是在各个分系统标准化基础上建立物流标准化系统。这就必然从适应及协调角度建立新的物流标准化系统，而不可能全部创新。

(3)物流标准化更要求体现科学性、民主性和经济性。科学性、民主性和经济性，是标准的"三性"。由于物流标准化的特殊性，必须非常突出地体现这三性，才能搞好这一标准化。科学性的要求，是要体现现代科技成果，以科学试验为基础，在物流中，则还要求与物流的现代化(包括现代技术及管理)相适应，要求能将现代科技成果联结成物流大系统。民主性指标准的制订，采用协商一致的办法，广泛考虑各种现实条件，民主决定问题，不过分偏向某个方面意见，使各分系统都能采纳接受。经济性是标准化主要目的之一，也是标准化生命力如何的决定因素，物流过程不像深加工那样引起产品的大幅度增值，即使通过流通加工等方式，增值也是有限的。所以，物流费用多开支一分，就要影响到一分效益，但是，物流过程又必须大量投入消耗，如不注重标准的经济性，片面强调反映现代科学水平，片面顺从物流习惯及现状，引起物流成本的增加，自然会使标准失去生命力。

(4)物流标准化有非常强的国际性。由于经济全球化的趋势所带来的国际交往大幅度增加，而所有的国际贸易又最终靠国际物流来完成。各个国家都很重视本国物流与国际物流的衔接，在本国物流管理发展初期就力求使本国物流标准与国际物流标准化体系一致，物流标准化的国际性也是其不同于一般产品标准的重要特点。

(5)贯彻安全与保险的原则。物流安全问题也是近些年来非常突出的问题，往往一个安全事故会将一个公司损失殆尽，几十万吨的超级油轮、货轮遭受灭顶损失的事例也并不乏见。当然，除了经济方面的损失外，人身伤害也是物流中经常出现的，如交通事故的伤害，物品对人的碰、撞伤害，危险品的爆炸、腐蚀、毒害的伤害等。物流保险的规定也是与安全性、可靠性标准有关的标准化内容。在物流中，尤其在国际物流中，都有世界公认的保险险别与保险条款，虽然许多规则并不是以标准化形式出现的，而是以立法形式出现的，但是，其共同约定、共同遵循的性质，是通用的，是具有标准化内含的，其中不少手续、申报、文件等都有具体的标准化规定，保险费用等的计算也受标准规定的约束，因而物流保险的相关标准化工作，也是物流标准化的重要内容。

12.5.2　物流标准的种类

1. 大系统配合性、统一性标准

(1)基础编码标准。是对物流对象物编码，并且按物流过程的要求，转化成条形码，这是物流大系统能够实现衔接、配和的最基本的标准，也是采用信息技术对物流进行管理和组织、控制的技术标准。在这个标准之上，才可能实现电子信息传递、远程数据交换、统计、核算等物流活动。

(2)物流基础模数尺寸标准。基础模数尺寸指标标准化的共同单位尺寸，或系统各标准尺寸的最小公约尺寸。在基础模数尺寸确定之后，各个具体的尺寸标准，都要以基础模数尺寸为依据，选取其整数倍数为规定的尺寸标准。由于基础模数尺寸的确定，只需在倍数系列进行标准尺寸选择其他的尺寸标准，这就大大减少了尺寸的复杂性。物流基础模数尺寸的确定不但要考虑国内物流系统，而且要考虑与国际物流系统的衔接，具有一定难度和复杂性。

(3)物流建筑基础模数尺寸。主要是物流系统中各种建筑物所使用的基础模数，它是以物流基础模数尺寸为依据确定的，也可选择共同的模数尺寸。该尺寸是设计建筑物长、宽、高尺寸，门窗尺寸，建筑物柱间距，跨度及进深等尺寸的依据。

(4)集装模数尺寸。是在物流基础模数尺寸基础上，推导出的各种集装设备的基础尺寸，以此尺寸作为设计集装设备三向尺寸的依据。在物流系统中，由于集装是起贯穿作用的，集装尺寸必须与各环节物流设施、设备、机具相配合,因此,整个物流系统设计时往往以集装尺寸为核心,然后,在满足其他要求前提下决定各设计尺寸。因此,集装模数尺寸影响和决定着与其有关各环节标准化。

(5)物流专业名词标准。为了使大系统有效配合和统一,尤其在建立系统的情报信息网络之后,要求信息传递异常准确,这首先便要求专用语言及所代表的含义实现标准化,如果同一个指令,不同环节有不同的理解,这不仅会造成工作的混乱,而且容易出现大的损失。物流专业名词标准包括物流用语的统一化及定义的统一解释,还包括专业名词的统一编码。

(6)物流单据、票证的标准化。物流单据、票证的标准化,可以实现信息的录入和采集,将管理工作规范化和标准化,也是应用计算机和通信网络进行数据交换和传递的基础标准。它可用于物流核算、统计的规范化,是建立系统情报网、对系统进行统一管理的重要前提条件,也是对系统进行宏观控制与微观监测的必备前提。

(7)标志、图示和识别标准。物流中的物品、工具、机具都是在不断运动中,因此,识别和区分便十分重要,对于物流中的物流对象,需要有易于识别的又易于区分的标识,有时需要自动识别,这就可以用复杂的条形码来代替用肉眼识别的标识。

(8)专业计量单位标准。除国家公布的统一计量标准外,物流系统还有许多专业的计量问题,必须在国家及国际标准基础上,确定本身专门的标准,同时,由于物流的国际性很突出,专业计量标准还需考虑国际计量方式的不一致性,考虑国际习惯用法。

2. 分系统技术标准

分系统技术标准主要有:运输车船标准、作业车辆标准传输机具标准、仓库技术标准、包装、托盘、集装箱标准。包括包装、托盘、集装系列尺寸标准,包装物标准、货架储罐标准等。

12.5.3 物流标准化的基点

1. 集装是物流标准化基点

过去,构成物流这个大系统的许多组成部分也并非完全没有进行标准化,但是,这往往只形成局部标准化或与物流某一局部有关的横向系统的标准化。从物流系统来看,这些互相缺乏联系的局部的标准化之间因缺乏配合性,不能形成纵向的标准化体系。所以,要形成整个物流体系的标准化,必须在这个局部中寻找一个共同的基点,这个基点能贯穿物流全过程,形成物流标准化工作的核心。

为了确定这个基点,人们将进人物流领域的产品(货物)分成了三类,即:零杂货物、散装货物与集装货物三类。这三类的标准化难易程度不同。

零杂货物及散装货物在物流的“结节”点上,例如在换载、装卸时,都必然发生组合数量及包装形式的变化,因此,要想在这些“结点”上实现操作及处理的标准化,相当困难。

集装货物在物流过程的始终都是以一个集装体为基本单位,其包装形态在装卸、输送及保管的各个阶段都基本上不会发生变化,也就是说,集装货物在结点上容易实现标准化的处理。至于零杂货物的未来,一部分可向集装靠拢,向标准包装尺寸靠拢;另一部分还会保持其多样化的形态而难以实现标准化。

所以,不论是国际物流还是国内物流,集装系统是使物流全过程贯通而形成体系,是保持物流各环节上使用的设备、装置及机械之间整体性及配合性的核心,集装系统是使物流过程连贯而建立标准化体系的基点。

2. 物流全系统标准化取决于和集装的配合性

具体来讲,以集装系统为物流标准化的基点,这个基点的作用之一,就是以此为准来解决全面的标准化。因此，必须实现集装与物流其他各个环节之间的配合性。

(1)集装与生产企业最后工序(也是物流活动的初始环节)——包装的配合性。包装尺寸和集装尺寸的关系应当是:集装是包装尺寸的倍数系列，而包装是集装尺寸的分割系列。

(2)集装与装卸机具、装卸场所、装卸小工具(如吊索、跳板等)的配合性。

(3)集装与仓库站台、货架、搬运机械、保管设施乃至仓库建筑(净高度、门高、门宽、通路宽度等)的配合性。

(4)集装与保管条件、工具、操作方式的配合性。

(5)集装与运输设备、设施，如运输设备的载重、有效空间尺寸等的配合性。在以集装为基本物流单位的物流系统中，经常有许多基本集装单位进一步组合成大集装单位或输送保管单位的情况。例如，将集装托盘货载放入大型集装箱或国际集装箱，就组成了以大型集装箱或国际集装箱为整体的更大的集装单位；将集装托盘货载或小型集装箱放入卡车车厢、货车车厢，就组成了一个大的运输单位等。如果形成了倍数系列的尺寸关系，就能提高装运的密度和形成坚实的货垛。

(6)集装与末端物流的配合性。随着整个经济活动越来越以消费者(再生产者)的需要为转移，消费者的地位越来越强固，质量管理、生产管理、成本管理等经济管理活动都确立了“用户第一”的基本观念，这种观念在物流活动中的反映，就是末端物流越来越受到重视。末端物流是送达给消费者的物流，因此是以消费者的旨趣为转移的。一般说来，占消费者中大多数的零星消费者的要求，是逆规格化方向而行的，消费者追求多样化，这就使多样化的末端物流与简单化的主体物流(集装系统)的配合性出现困难。集装物流转变为末端物流，要对简单性的集装进行多样化的分割，以解决集装的简单化与末端物流多样化要求的矛盾。标准化要解决的就是要选择最优。

(7)集装与国际物流的配合性。从国际经济交往来讲，由于我国是“后发性”国家，以国际标准为主体和国际标准接轨是集装标准化应该做的事情。其中最重要的是和国际海运集装箱接轨。这个接轨可以使国际海运集装箱通过我国的铁路和公路运输直达内地，从而充分发挥集装箱联运“门到门”的优势。

12.6　供应链流程管理

供应链是围绕核心企业，通过对信息流，物流，资金流的控制，从采购原材料开始，制成中间产品以及最终产品，最后由销售网络把产品送到消费者手中的，将供应商、制造商、分销售、零售商、直到最终用户连成一个整体的功能网链结构。供应链包括产品到达顾客手中之前所有参与供应、生产、分配和销售的公司和企业，因此其定义涵盖了销售渠道的概念。供应链对上游的供应者(供应活动)、中间的生产者(制造活动)和运输商(储存运输活动)、以及下游的消费者(分销活动)同样重视。

12.6.1　供应链流程及其构成

一条供应链的最终目的是满足客户需求，同时实现自己的利润。它包括所有与满足客户需求相关的环节，不仅仅是生产商和供应商，还有运输、仓储、零售和顾客本身。客户需求是供应链的驱动因素，一条供应链正是从客户需求开始，逐步向上延伸的。例如，当一个顾客走进沃尔玛的商店去买洗发水，供应链就开始于这个顾客对洗发水的需求，这个供应链的下一阶段是沃尔玛、运输商、分销商、宝洁生产工厂。一个供应链是动态的，并且包括在不同阶段之间流动的产品流、信息流和资金流。每一个阶段执行不同的过程并且与其他阶段互相作用。沃尔玛提供产品、价格信息给顾客，顾客付款获得产品，沃尔玛再把卖点信息和补货信息给配送中心，配送中心补货，分销商也提供价格信息和补货到达日期给沃尔玛。

每一个供应链流程都是由一些基本或核心的流程构成的。供应链运作参考模型(Supply-Chain Operations Reference-model,SCOR)为我们提供了一种简单的识别供应链基本流程的工具。SCOR 是由 SCC 开发支持，适合于不同工业领域的供应链运作参考模型。SCOR 模型的第一层描述了 5 个基本流程(如图 12.7 所示)：计划(Plan)、资源采购(Source)、生产制造(Make)、发运(Deliver)和退货(Return)，其中前 4 个是基本核心流程。SCOR 定义了供应链运作参考模型的范围和内容，并确定了企业竞争性能目标的基础。企业通过对第一层 SCOR 模型的分析，可根据供应链运作性能指标作出基本的战略决策。

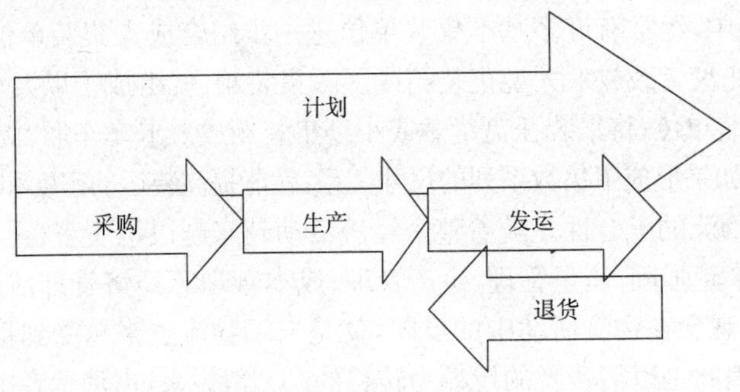

图 12.7　SCOR 第一层流程定义

在供应链流程网络中，除了 SCOR 描述的这些基本的流程构成外，还包含一些基本的流程结构要素：投入和产出要素、流程单元要素(如图示中的供应商、制造商和客户)、资源要素以及信息要素等。SCOR 模型的第二层是配置层，企业可选用该层中定义的标准流程单元构建他们的供应链。每一种产品或产品型号都可以有它自己的供应链。如图 12.8 所示。

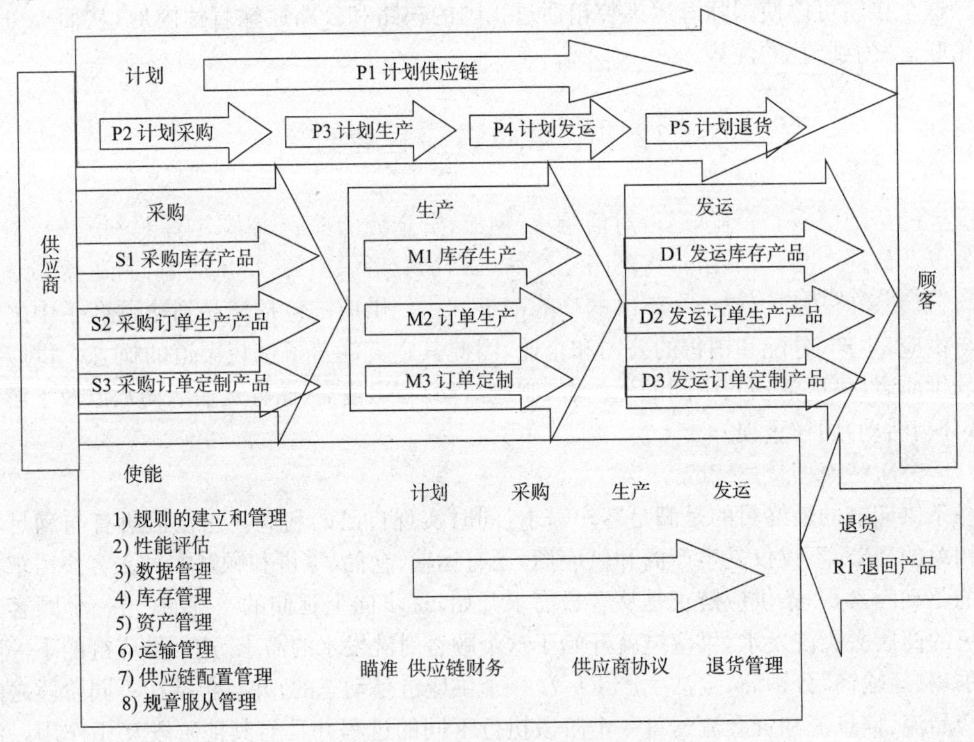

图 12.8　SOCR 第二层流程元素

从供应链的基本流程及其结构要素角度来剖析，可以看出：①供应链中所有成功的流程单元都要制订计划来实现流程目标和目的；②供应链中每个流程单元都对输入要素执行一些增值的内部流程；③供应链中每个流程单元都对其客户提供产出或所增值的产品。

供应链流程网络中各类结构要素的匹配以及各基本流程的运作效率，是影响供应链流程绩效的根本问题。对这个根本问题的深入研究，是评价供应链流程绩效和研究流程设计、运行、管理控制、改进和重构的基础。

12.6.2 供应链流程的优化

1. 供应链流程体系效率高低的衡量

同步与高效率总是紧密联系的，常常互为因果。反之，流程运作的低效率，总是引发流程的不同步，而缺乏同步意味着供应链各流程间及流程内部各类流程要素流动的不均衡，常表现为生产顾客不需要的产品、生产出现次品、超量存货、长期延迟以及频繁的缺货等等，并由此导致流程的低效率。

供应链低效率运营的原因可以归结于其流程体系的不完善或是对变化了的环境需要不能适应。供应链流程体系的效率高低可以从以下几个方面来衡量：①供应链配送的可靠性；②供应链的反应；③供应链的柔性；④供应链的运营所耗成本；⑤供应链管理的资产利用率。

基于此，可以从供应链流程的结构和构成要素中找出影响这些衡量指标的环节或因素：各流程单元间及其内部的发送、移动、质量检查和退货等非增值环节会增加流程运转时间和加工成本。流程单元间的输入不足会增加整个流程的等待时间。生产缺乏灵活性会导致批量生产和产生存货积压。流程的缺乏同步会导致等待与存货。不当销售或促销的变化会导致需求的非正常变动，而供应与需求的随机变动以及不确定的提前期，导致了安全库存并加剧流程的不同步，同时也增加了销售成本。所有这些现象，都是流程系统不完善的结果，也都是供应链流程低效率的原因。

2. 供应链流程优化的目标

供应链流程优化的目标，本质上是对优化后的供应链流程所要达到的绩效水平的一种期望，是把供应链作为一个不可分割的整体，打破存在于采购、生产、分销和销售之间的障碍，做到供应链的统一和协调，从而达到整个供应链上的增值。这就要求供应链各个流程环节上的高效运作协调配合，使得总的流程成本尽可能地低，进而为客户提供更多的让渡价值。

这种高效地为客户提供更多的让渡价值的目标的实现，是建立在整个供应链流程准确满足客户需求的能力基础之上的。即能够在合适的时间，以合适的质量、合适的数量，运送客户所需的产品到合适的地点。从流程基本结构上来看，这就要求上一个流程单元的产出要素的输出正是下一个流程单元的投入要素的输入，使得流程单元间的输入与输出达到平衡，各流程单元内部各流程之间也达到平衡。当整个供应链各流程单元间和各流程单元内部达到了这种平衡，整个供应链流程网络就是一个平衡的系统，这个系统最后输出的正是最终客户所要满足的需求。这样的供应链流程在整个流程网络上和各个流程单元及其内部流程间是与客户需求同步的。

这种同步的流程水平正是在供应链流程优化时所追求的目标之一。一旦整个流程实现了同步，也就意味着各流程单元与客户的需求以及各流程单元间相匹配。有了这种相匹配的同步，整个流程才可能低成本高效地运作，它意味着以最经济的方式来准确地满足客户需求，为客户提供更多的让渡价值。因此说，同步和高效是供应链优化的目标，同时也是两种紧密联系的流程绩效的运作特征。

3. 供应链流程优化的措施

提高流程的效率首先要解决好流程同步问题。同步和高效常常互为因果，也就是说流程的不同步直接会导致流程的低效率。在提高流程同步性的同时，还应着力于削减非增值工序、增加供应链流程的柔性和强化供应链资产管理等方面的工作：削减非增值工序的目的是要降低供应链运营所耗成本，包括产品保证成本以及退货处理成本，其手段就是加强质量管理、减少质量变动、通过预先控制和快速发现及纠正质量；增加供应链流程柔性的目的是要减少供应链响应时间和提高生产的灵活性，进而降低制造、存货和运输方面的成本，其手段就是通过优化流程体系中的信息流，以准确的需求预测来启动生产，并在此基础上通过实施均衡生产、减少批量和生产转换成本；强化供应链资产管理的目的是要提高其资产利用率，其手段是实行集约化运作，加强上下游流程单元管理并与之建立合作伙伴关系，保证输入与输出要素的稳定性和可靠性。

在优化供应链流程以提高流程效率的过程中，信息要素的有效管理也是关键环节。只有在信息流无阻滞传递的前提下，才能优化整个流程体系并有效配置各类流程要素，实现整个流程的高效运作。

供应链流程的优化是一个不断完善的过程，只有在不断的优化与完善的过程中才能达到流程的同步与高效，才能使得供应链更经济地运行，进而为顾客提供更多价值，使得供应链组织获得更大的竞争优势。

本章小结

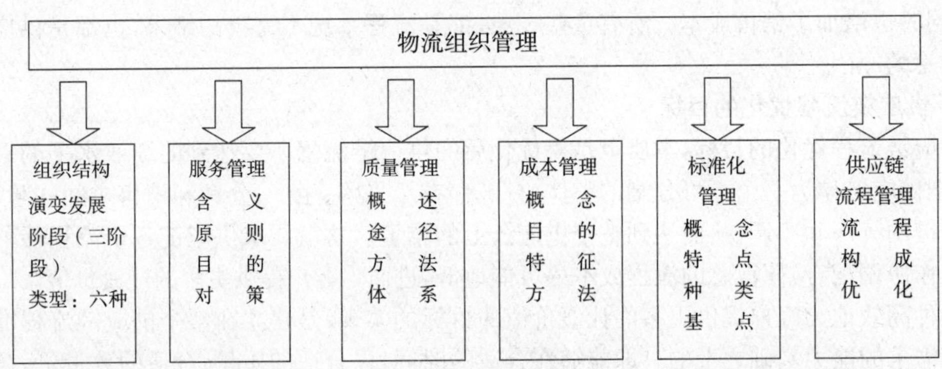

物流组织　物流服务　物流增值服务　物流质量　质量管理体系　物流成本　物流标准化　供应链　供应链流程

课堂讨论

(1)供应链流程的优化是一个不断完善的过程，只有在不断的优化与完善的过程中才能达到流程的同步与高效，联系实际谈谈优化供应链流程的方法和措施。

(2)物流服务、物流质量与物流成本三者的关系是怎样的？会不会出现冲突？如何解决？

(3)画出建筑业供应链的构成图。

复习思考题

1. 选择题

(1)物流服务的特征一般包括(　　)。

A. 从属性　　B. 即时性　　C. 需求波动性　　D. 可替代性　　E. 移动性

(2)主要面向生产制造企业的，通常批量大、规格品种多、分销渠道相对较少的是指(　　)。

A. 工业品　　B. 消费品　　C. 特殊产品　　D. 便利品

(3)对具体的顾客进行独特的服务，是超出基本服务方案的各种延伸服务。它描述的是(　　)。

A. 基本服务　　B. 超值服务　　C. 增值服务　　D. 物流服务

(4)物流服务质量水平取决于各个(　　)的总和。

A. 物品质量　　B. 物流服务质量　　C. 商品的质量保证　　D. 物流工作质量

(5)(　　)是指为了保证物流工作、过程和服务达到质量要求所采取的作业技术和有关活动。

A. 物流质量目标　　B. 物流质量控制　　C. 物流质量策划　　D. 物流质量保证

(6)根据物流成本"冰山理论"，露在水面之上的部分是(　　)。

A. 企业内消耗的物流成本　　B. 制造费用

C. 企业对外支付的物流费用　　D. 销售费和一般管理费

(7)"第三利润源"是通过(　　)所获得的利润。

A. 资源领域　　B. 资本领域　　C. 人力领域　　D. 流通领域

(8)物流标准化系统是属于(　　)系统，或称为后标准化系统。

A. 小　　B. 一次　　C. 大　　D. 二次

(9)物流标准化更要求体现科学性、民主性和(　　)。

A. 稳定性　　B. 区域性　　C. 协调性　　D. 经济性

(10)SCOR是第一个标准的供应链流程参考模型，是供应链的诊断工具，SCOR模型的第一层描述了五个基本流程，具体包括(　　)。

A. 计划(Plan)　　B. 采购(Source)

C. 生产(Make)　　　　　　　　D. 发运(Deliver)和退货(Return)。

2. 简答题

(1)物流服务的重要性是什么?

(2)简述物流服务的内容。

(3)简述物流服务管理原则。

(4)企业物流质量管理可通过哪些基本途径?

(5)ISO 9000 系列质量管理的八项原则是什么?

(6)什么是物流成本管理?

(7)简述物流成本管理的特征。

(8)物流标准化有哪些特点?

(9)在供应链流程管理目标中包括同步和高效,两者是什么关系?

(10)衡量供应链流程体系效率高低的主要因素是什么?

案例分析

JC PENNEY 公司质量管理创新

一、配送中心的基本情况

JC PENNEY 公司位于俄亥俄州哥伦布的配送中心,每年要处理 900 万种订货,或每天25 000笔订货。该中心为 264 家地区零售店装运货物,无论是零售商还是消费者的家,该配送中心都能做到 48 小时之内把货物送到所需的地点。哥伦布的配送中心有 200 万平方米设施,雇用了 1 300 名全日制员工,旺季时有 500 名兼职雇员。JC 公司接着在其位于密苏里州的堪萨斯城、内华达州的雷诺以及康涅狄格州的曼彻斯特的其他三个配送中里成功的实施了质量创新活动,能够连续 24 小时为全国 90%的地区提供服务。

二、质量管理创新

JC 公司感到真正的竞争优势在于优质的服务;管理部门认为,这种服务的优势应归功于 80 年代中期该公司所采取的三项创新活动:即质量循环、精确至上以及激光技术。

(1)质量循环:小改革解决大问题

1982 年,JC 公司首先启动了质量循环活动,以期维持和改善服务水准。管理部门担心,质量服务的想法会导致管理人员企图简单地花点钱来“解决问题”。然而,代之这些担心的是经慎重考虑后提出的一些小改革,解决了工作场所中存在的一些主要问题,其中包括工人们建议创建的中央工具库,用以提高工作效率和工具的可获得性。

(2)精确至上:不断消除物流过程的浪费

精确至上的创新活动旨在通过排除收取、提取和装运活动中存在的缺陷,以提高服务的精确性。因此,提供精确的顾客信息和完成订货承诺被视为头等大事。显然,在该层次上讲求服务的精确性,意味着该公司随时可以说出来某个产品项目是否有现货,并且当有电话订货时,便可以告知对方何时送货上门。该公司需要提高的另一个精确性与在卖主处提取产品有关。为了确保产品在质量和数量上的正确,JC 公司针对每次装运中的某个项目,进行质量控制和实际点数检查。如果存在着差异,将对订货进行 100%的检查。与此同时将对 2.5%的装运进行审计。订货承诺的完成需要把主要精力放在提高精确性上，为此该公司的配送中心经理罗杰说："我们曾一直在犯错误，想在商品预付给顾客之前就能够进行精确的检查"，但问题是，在质量循环中是否已找到了解决办法，或者能够对该过程进行自动化。对此，罗杰感觉到："只有依赖计算机系统，人们才有能力精确的检查。"于是，该公司开始利用计算机系统进行协调，把订购商品转移到"转送提取"区域，以减少订货提取者的步行时间。

(3)激光扫描技术：用科技改进质量管理

第三项质量管理创新活动是应用激光扫描技术，以 99.9%的精确性来跟踪 230 000 个存货单位的存货。JC 公司最初的密尔沃基的配送中心是用手工来处理各种产品项目的储存和跟踪，接着便开始用计算机键盘操作替代手工操作，这一举动使产品项目的精确性接近了 80%。而扫描技术则被看作是既提高记录精度，又提高记录速度的手段。但是，刚开始启动扫描技术时的结果并不理想，因为一系列的扫描过程需要精确地读取每一个包装盒子上的信息。然而，在某些情况下，往往需要扫描四次才获得一次读取信息。看来，JC 公司需要一种系统，能够按每秒三次的速度，从任何角度读取各种包装尺寸的产品信息。于是，公司内部的系统支持小组优化了硬件和软件来满足这一目的。其结果是，该配送中心的 4 个扫描站耗资 12 000 美元，削减了每个扫描站所需的 16 个键盘操作人员。

三、质量管理创新需要协调员工与技术的关系

"加重工作"的质量循环与"减轻工作"的技术应用之间，会产生一种有趣的尴尬境地。JC 公司需要在引进扫描技术的同时，还要保持其既得利益和改进成果。然而，该公司在时间上的选择却是完美的。因为公司在大举扩展的同时将需要增加雇员。于是，该公司便告诉其雇员，技术进步将不会导致裁员。(资料来源：http://www.hido.com.cn/)

案例思考：(1) 企业物流质量管理应如何处理好人员与技术的关系？

(2) 质量的认识在不断发展，物流在不断发展，企业怎样才能确定有效的质量管理战略？

(3) 在供应链体系中，如何统一多个企业的质量标准和管理制度？

(4) 从质量管理角度分析，应如何协调和统一柔性化物流服务与精益化物流服务？

(5) 你认为贯彻质量标准体系与企业文化建设如何协调？

(6) 怎样推动企业质量管理创新？

推荐阅读

[1] 龙星物流提升服务质量有妙法，http://www.netd.com.cn/news_read.php? id=3305
[2] 物流质量管理与联邦快递，http://cn-fedex.com/zhishi/703.Html
[3] 推行质量管理失败的十个原因，http://www.6sq.net/qsystem/2196.html
[4] 质量管理工作中六种浪费，http://www.6sq.net/qsystem/2196.html
[5] "5S"使 K 公司脱胎换骨，http://www.6sq.net/qsystem/1986.html
[6] 西格玛管理特点，http://www.jtzx.net.cn/cgi-bin/zwolf1/show.cgi? class=1&id=871
[7] 物流管理 6 西格玛项目的选择，http://www.jtzx.net.cn/cgi-bin/zwolf1/show.cgi?

class=1&id=871

[8] 四川眉山烟草物流开展质量体系文件的宣传工作，http://www.huisun.com/news/news_show_7128.htm

[9] 浅谈物流成本管理

http://www.chinawuliu.com.cn/cflp/newss/content/200708/674_84263.html

[10]《冷藏食品物流包装、标志、运输和储存》国家标准（征求意见稿）http://www.chinawuliu.com.cn/UploadFile/200879165749927.doc

[11]《多式联运服务质量要求》国家标准（征求意见稿）

http://www.chinawuliu.com.cn/UploadFile/2008630162958769.doc

[12]《第三方物流服务质量要求》国家标准（征求意见稿）

http://www.chinawuliu.com.cn/UploadFile/2008619112734762.doc

第 13 章　物流活动绩效评价

开篇案例·DaimlerChrysler 公司的绩效评价及管理系统

DaimlerChrysler 公司的 Mopar 零件集团销售额 40 亿美元，在美国和加拿大地区经营汽车零配件的分销。Mopar 有一个极为复杂的供应链，有 3 000 供应商、30 个分销中心和每天来自 4 400 个北美经销商的 225 000 个经销商订单。然而，售后零配件销售极难预测，因为它不是直接为生产所驱使，相反是由如天气、车辆地点、车辆磨损和破坏，以及顾客对经销商促销的反应等不可预测因素所决定。顾客不愿意为替换零件而花费等待的时间，因此零售商不得不寻求可替代的零配件资源以避免顾客不满和失去市场份额。为了保证经销商不使用非 OEM 零件，汽车公司一般都因订货管理、库存平衡、供应奖励收费等导致高昂的补货成本。Mopar 零件公司就面对着这样一个困境。DaimlerChrysler 公司意识到了他们未来的竞争力在于他们甄别、理解、采取解决行动并防止昂贵的服务供应链问题的能力。因此，他们开始投入到了 SCPM 系统的实施之中。

Mopar 的 SCPM 系统通过监测未来需求、库存和与预先确定的目标相关的供应链绩效关键指标来甄别出绩效例外。然后，用户利用该系统探究问题，找到个别的或相互关联的可选方案。导致问题的潜在根本原因包括非季节性天气(或者更好或者更坏)、竞争性促销、对预测模型的不准备假设。理解问题和找到可选方案后，系统用户就采取解决问题的行动了。Mopar 集团通过削减安全库存和不必要的"过期"(不可能被接受)运输每年节约数百万美元的成本。仅仅在第一年，DaimlerChrysler 公司就将他们的决策周期从几个月缩短到几天、减少了超额运输成本、将补货率增加一个百分点，还节约了 1 500 万存货。看来，DaimlerChrysler 从 SCPM 中获得了竞争力的巨大提升。

(资料来源：摘自国务院发展中心信息网)

13.1　绩效评价的意义和作用

我国的物流正处于起步阶段和发展阶段，物流绩效的衡量缺乏行之有效的标准。在建立物流系统的同时，进行绩效评价，对不断完善和提高物流管理水平，使物流成为企业的"第三利润源泉"具有重要意义。

13.1.1 物流绩效评价的意义

绩效评价是对业绩和效率的一种事后的评估与度量以及事前的控制与指导，从而判断是否完成预定的任务、完成的水平、取得的效益和所付出的代价。依托现代信息技术，信息传递和反馈的及时、准确，绩效和衡量是一个不断控制和修正工作的动态过程。

企业的目标是提高物流服务水平，降低物流成本，实现物流系统的经济效益和效率的最大化。要达到这一目标，就必须采取相应的方法来提升物流活动的绩效水平，并且对物流活动的成本和费用支出进行严格地管理。另外，想要知道自己的物流目标是否已经达到，还需要使用一定的标准和方式进行评价，也就是进行物流绩效评价，以此了解物流活动的现状，及早发现并解决存在的问题，求得物流工作的不断进步。物流绩效评价可以为物料流动方面提供管理支持，解释并阐明利润、成本和营业额等有关的不同物流活动的意义，为竞争性物流能力设立目标，同时，可以通过绩效衡量来确保达到预定的目标。所以，物流绩效评价定义是："为达到降低物流成本的目的，运用特定的物流绩效评价指标、比照统一的物流评价标准，采取相应的评价模型和评价计算方法，对物流系统的投入和产效（产出和效益）所做出的客观、公正和准确的评判。"它是建立在会计和财务的基础上，运用计量经济学的原理和现代化分析技术建立起来的剖析经营过程，真实反映物流现状、预测未来发展的一门科学，也是经营性组织绩效管理的前提和基础。

13.1.2 物流绩效评价的作用

开展物流绩效评价能够正确判断物流系统的实际经营能力，评价经营成果，改善管理，引导经营行为，提高经营水平，合理运用物流资源（人力、设施、装备、资金）并且向客户提供满意的服务，从而提高竞争力；开展绩效评价能够揭示物流系统内在价值，提供投资决策的依据。通过评价结果的对比分析，反映出在同行业中的地位，还可以用具体的指标值对比分析，发现存在的差距和问题，帮助企业投资者、管理者和社会公众做出投资决策。

(1)物流绩效评价具有统一客观的参照标准，有利于消除或减少由个人主观因素带来的绩效评价中的不公正、不全面和不客观现象。

(2)通过绩效评价，有利于及时发现物流运营过程存在的疏漏、缺陷和问题，为改善物流管理提供依据。

(3)通过绩效评价，有利于帮助管理人员及其他活动主体树立正确的价值观和行为取向，尽可能地降低物流运营管理过程的费用，提高经济效益。

(4)通过绩效评价，有利于对物流管理机构的日常管理。

(5)通过绩效评价，可以使物流管理本身的效用在某种程度上得到揭示，有利于发挥物流管理的作用，引导企业对物流管理进行监督。

13.2 物流活动绩效内容

物流活动绩效内容主要包括物流绩效指标的选取、物流绩效指标体系的构建和物流绩效指标的权重。

13.2.1 物流绩效指标的选取

1. 从财务（成本）的角度

有代表性是 ABC 法。除此之外，国内学者从 4 个方面设置了物流绩效财务评价指标体系。即与商流结合的物流绩效的财务评价指标，与资金流相结合的物流绩效的财务评价指标，反映物流投入效果的财务评价指标，物流、商流与资金流综合的财务评价指标。

2. 从效率和质量的角度

持这种观点的代表是 Mercer 管理咨询公司，他们在对第三方物流和第三方供应商绩效进行评价时主要采用了准时运输、准时交货、运输精确性、订货完成率、项目完成率、库存精确性、毁损率等指标。

3. 从物流服务水平和顾客满意度的角度

在制定物流活动绩效评价时主要考虑 4 个指标：①送货时间（交货周期），该指标反映了物流企业提供服务的迅捷性；②送货可靠性，该指标反映了物流企业履行承诺的能力；③送货灵活性；④库存水平。每一项指标都应有 3 个指标值：理想值、目标值和当前值。物流活动绩效评价的目标就是按照理想值设定目标值，根据目标值改进现有的绩效状况。每一项指标难以量化且单一，只有物流服务质量的评价指标。还有人提出物流服务绩效 7 个指标，即准时装运率、准时交货率、拣选准确率、订货完成率、品类完成率、存货准确率、差错损失率。这些指标直接体现了物流服务水平以及客户的满意度。

4. 从物流要素和系统的角度

尽管上述的个别内部指标能对许多种类的绩效进行评估，但它们并没有提供一体化的观点。国内学者从物流系统的角度对物流进行了比较全面的评价，建立了综合评价指标体系。（见表 13.1）

表 13.1　物流系统综合评价表

评价内容		评价指标
供应物流	供应物流生产率	万元产值耗用原材料 万元产值占用储备资金 储备资金周转天数 供应物流费用率 人均供应额
	供应物流质量	采购不良品率 仓储物品盈亏率 采购计划实现率 供应计划实现率
生产物流	生产物流生产率	生产费用占产值百分比 劳动生产率 在制品资金周转天数 生产资金占产值的百分比
	生产物流质量	生产计划完成率 生产均衡率
销售物流	销售物流生产率	成品资金周转天数 销售物流费用率
	销售物流质量	销售合同完成率 发货差错率
回收、废弃物流	回收废弃物流生产率	废料回收利用率 主副产品产值比率

资料来源：甘红云，等．集装箱化，2002，10.

这是按物流系统水平结构加以划分，选取典型的物流生产率和物流质量指标，形成具有递阶层次结构的评价指标体系。但是，此指标体系没有突出物流系统的经济评价，如建立销售物流成本控制指标——平均每单位配送成本等。国内学者认为物流企业绩效主要指物流企业行使采购、运输、仓储和配送等功能的能力。因此他们选取的指标主要是那些直接包含或间接与此相关的指标，如采购功能、库存功能、配送功能等指标。

5. 从综合评价的角度

物流绩效一般从内部和外部两方面来进行衡量。内部绩效衡量通常从以下 5 个方面来评价。①成本。物流绩效最直接的反应是完成特定运作目标所发生的真实成本。②客户服务。通常用的评价指标有:及时发运、周期时间、客户速度、客户调查等。③生产率指标。通常用比率或指数表示。如:生产率指数、每位销售代表的订货量。④资产衡量。具有代表性的指标有:存货周转率、净资产收益率、投资报酬率。⑤质量。物流质量绩效指标有:损坏频率、客户退货数、退货费用等。外部绩效通常是从客户感觉衡量和最佳实施基准两方面来评价的。

要建立一个完整的物流绩效评价体系应包含以下 7 个步骤。如图 13.1 所示。

(1)确定评价工作实施机构。建立评价组织机构，评价组织机构是直接组织实施评价的机构，负责成立评价工作组，并选聘有关专家组成专家咨询组；如果委托社会中介机构实施评价，应先同特定的中介机构签订委托书，然后由中介机构成立评价工作组及专家咨询组。参加评价工作的成员应具备的基本条件如下:①具有较丰富的物流管理、财务会计、资产管理及法律等专业知识，专家咨询组的专家还应具有一定的工程技术方面的知识；②熟悉物流绩效评价业务，有较强的综合分析能力；③评价工作主持人员应有较长的经济管理工作经历，并能坚持原则，秉公办事；④专家咨询组的专家应该在物流领域中具有高级技术职称，有一定的知名度和相关专业的技术资格。

(2)制定评价工作方案。由评价工作组根据有关规定制定物流绩效评价工作方案，经评价组织机构批准后开始实施，并送专家咨询组的每位专家。

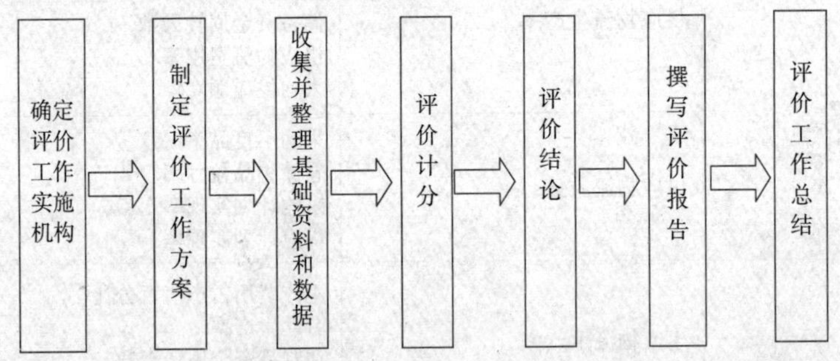

图 13.1 物流绩效评价体系步骤

(3)收集并整理基础资料和数据。根据评价工作方案的要求及评分的需要收集、核实及整理基础材料和数据。①选择物流行业同等规模的评价方法及评价标准值；②收集连续三年的会计决算报表、有关统计数据及定性评价的基础材料，并确保资料的真实性、准确性和全面性。

(4)评价计分。运用计算机软件计算评价指标的实际分数是物流绩效评价的关键步骤。①按照核实准确的会计报表及统计数据计算定量评价指标的实际值；②根据待定的评价标准，计算出各项基本指标的得分，形成“物流绩效初步评价计分表”；③利用修正指标对初步评价结果进行修正，形成“物流绩效基本评价计分表”；④根据已经核实的定性评价基础材料，参照绩效评议指标参考标准进行评议指标打分，形成“物流绩效评价计分汇总表”；⑤将“物流绩效基本评价计分表”和“物流绩效评价计分汇总表”进行校正、汇总，得出综合评价的实际分数，形成

"物流纯净评价得分总表";⑥根据基本评价四部分(财务效益、资产劳动、偿债能力和发展能力)的得分情况,计算各部分的分析系数;⑦对评价的分数和计分过程进行复核,为了确保计分的准确无误,必要时可用手工计算校验。

(5)评价结论。将物流绩效基本的评价得分与物流产业中相同行业及同规模的最高得分进行比较,将四部分内容的分析系数与同行业的比较系数进行对比,对物流绩效进行分析判断,形成综合评价结论。并听取有关方面负责人的意见,进行适当的修正和调整。

(6)撰写评价报告。评价报告主要包括评价结果、评价分析、评价结论及相关附件等,送专家咨询组征求意见。评价项目主持人签字,报送评价组织机构审核认定。

(7)评价工作总结。将评价工作背景、时间地点、基本情况、评价结果、工作中问题及措施、工作建议等形成书面材料,建立评价工作档案,同时报送企业备案。

6. 物流绩效评价指标体系构建

一套完整的物流绩效评价指标体系应包括评价对象、评价目标、评价指标、评价模型、评价标准、分析报告等要素。由于物流绩效主要指企业行使采购、运输、仓储和配送等功能的能力,因此构建绩效评价体系也应主要包含直接或间接与此相关的各项指标,如市场实力、库存、配送、采购、客户满意水平等,如图 13.2 所示。

(1)市场实力。决定市场实力大小的因素很多,其中最能反映出物流市场实力的指标主要是市场占有率、市场增长率、市场应变能力和新客户开发成功率四个因素。

(2)库存功能。库存功能具有防止货物短缺、保持生产过程连续性、分摊订货费用、快速满足客户订货需求的作用,主要包括库存能力、准确收发货物能力和库存周转期等指标。

(3)配送功能。配送功能是通过配送中心运用先进的管理、技术和现代化信息交流网络,对商品进行集中、加工、分拣、配货和运送等业务,使整个商品运动过程高效、协调、有序,从而减少损失,节省费用,实现最佳的经济效益和社会效益。主要包括运输能力、准时交货能力、配送安全性、配送成本控制等指标。

(4)采购功能。采购功能是实现物流企业客户服务目标的重要影响因素。通过改善采购处理过程,缩短采购处理周期,对于大大提高客户服务水平与客户满意度,降低库存水平,充分发挥物流企业的竞争优势具有非常重要的作用。采购功能主要由交付期和付款条件两个指标来体现。

(5)客户满意水平。物流企业经营的绩效如何与客户满意水平有着直接的关系,客户满意水平越高,则客户保留率越高,企业的绩效就越好,反映客户满意水平的指标主要有服务水平高低、信息沟通状况、市场信誉等。

第一层(A)称为目标层,是建立指标体系并进行评估的目标;第二层(B1,B2,B3,B4,B5)为准则层,是为实现评价目的而应考虑的主要方面;第三层为指标层,即将第二层的准则细化为可具体计算、操作的指标。

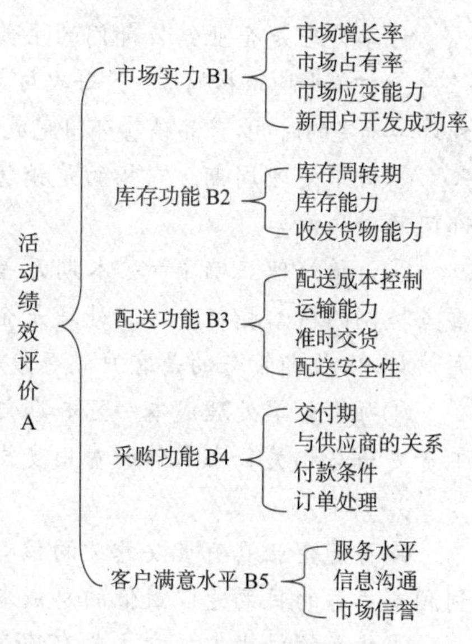

图 13.2　物流绩效评价指标体系框架

小资料:物流企业分类与评估指标

国内外学者针对物流绩效评价指标研究很多,都提出了自己的观点,各有千秋,各有侧重。针对这种情况,2005年由国家质量监督检验检疫总局、国家标准化管理委员会批准,发布实施了《物流企业分类与评估指标》,在这份文件中提出了物流企业分类与评估指标。它将物流企业划分为三种类型即运输型物流企业、仓储型物流企业和综合服务型物流企业并针对不同的类型,提出了16—18不等的指标体系。

示例:某企业物流活动绩效评价的指标体系

一级指标设置为:运输、库存、订单处理、包装、财务、信息。每一指标又可分为众多的二级指标。

1. 运输

运输是物流活动中最明显的要素,它提供了两大基本的功能:一是物质材料的转移;二是产品的临时储存。

①原材料运输时间。只有在供应商以购买地价格方式结算时,原材料运输时间才是企业需要的一个指标。

②产成品运输时间。产成品运输时间是总交付周期的主要组成部分,它指的是企业成品从仓库到达客户要求地点的时间。

③回程空驶率=Σ本期回程空驶次数/Σ本期运输次数。

④车辆平均装载率=Σ实际装载质量/Σ额定装载质量。它是评价运输装载能力利用率的指标。

⑤车辆平均利用率=车辆运行时间/(车辆保养时间+维修时间+停放时间+运行时间)。

⑥单件运输成本=Σ车辆运输成本/Σ运输件数。它包括单位运费、服务费、配送费、保险费等。

2. 订单处理

订单处理是企业销售部门的主要职能之一,也是企业直接接触客户的窗口。

①订单平均审核周期=Σ每次订单的审核时间/Σ本期审核的订单数。它指的是从收到订单到订单确定的时间,产品销售部门完成订单内容的审核,确定现有的产品库存是否满足订单需求。

②订单处理周期。它指的是销售部门接到订单到完成发货收款的时间,反映了产品销售部门的整体效率。

③订单处理正确率=Σ本期无差错订单处理数/Σ本期订单处理数。它是产品销售部门重点控制的核心指标。订单处理是企业外向物流的起始端,它的错误执行短期内带来的是损失该订单,长期带来的是客户满意度的下降。

④每次订单处理成本=Σ本期订单处理成本/Σ本期订单数。订单处理成本主要由人员工资支出与相关秘书工作的费用支出等构成。

3. 库存

库存是企业具有重要意义的核心指标。企业的库存下降几个百分点就能够大大提高企业利润。库存的目的是以最低的总成本来实现期望的客户服务水平。

①库存维持成本。它主要有库存的投资成本、储存成本、折旧、保险与税金等。

②产成品库存周转时间=平均成本/销售量。它反映了产品在市场上受欢迎程度,此外,也可以为企业生产部门安排生产提供依据。

③搬运成本。由于搬运作业基本围绕仓库发生,因此把它归为库存成本。它主要由收货

入库成本、存货搬运、分选、出运装车等构成。

④成品存货占有率＝该产品库存数量/总产品库存数量。它表示的是该产品库存在总体产品库存中占的比重。

4. 包装

包装是企业生产的终点，又是企业销售物流的起点。在生产企业中，包装一般是指工业包装，在设计时主要考虑的是提高物流管理效率、保护货物安全、易于信息传递等。

①单位产品包装成本。它主要包括包装材料成本、包装设备折旧、人员工资等。

②包装可回收率。大部分包装属于耗材，但在物流实践中往往会采用一些组成的或集装箱等集成技术，通常使用箱、包、桶等标准化的设施来提高作业效率。这些设施一般来说是可回收的。

③条形码覆盖率＝Σ使用条形码的商品种类/Σ企业生产的全部商品。包装的一个功能是信息的传递，条形码与扫描仪的配合使用可以大大提高收货入库、分拣、货物出库的水平。

5. 信息

信息贯穿物流活动的整个过程，企业物流信息的软、硬件建设关系到物流活动的整体效率。

①信息系统水平。它包括物流信息的硬件配置水平、软件的先进程度。

②信息准确率＝Σ信息活动的准确次数/Σ信息活动的次数。

③信息及时率＝Σ信息活动的及时次数/Σ信息活动的次数。

6. 财务

从理论上讲，任何物流活动都是通过企业的财务报表反映出来。但由于物流活动的各项成本散落在多个会计科目中，单单通过财务报表对整个物流活动进行绩效评价就目前来讲还难以进行。因此，可以通过易于获得的财务数据，取得物流绩效评价的财务指标。

① 销售净利润率＝净利润/销售总收入×100%。该指标越大，表示物流系统的整体运作效率越高。

②营业周期＝存货周转天数＋应收账款周转天数。该指标反映的是整个物流系统的资金回笼情况。

③总资产周转率＝销售收入/总资产×100%。投资于物流系统时，该指标可以反映出该项物流投资的投资效益。

（资料来源：潘文荣．企业物流绩效评价指标体系的构建．统计与决策，2005，11）

物流绩效评价是一个复杂系统工程，提出一个适用于所有组织的物流绩效评价指标体系的方法，不仅不太现实，也没有必要，不同性质组织的物流绩效评价内容应该是有所区别的，例如，有些学者提出了基于个案研究的物流绩效评价指标体系。（见表13.2）

表13.2 个案研究物流绩效评价指标体系

研究领域	评价指标体系
配送中心	运输工具数量、工人工作年限、生产时间、销售量等
港口	装备、信息技术、集装箱处理量
逆向物流	构建回收渠道成本、固体废弃物的回收规模、接受回收服务的家庭数量、废弃物回收数量等
船舶	员工数量、资产、股东权益、收入、净利润
车辆维修	员工、车辆、装备、设施、资金、信息、提供的产品、利润、客户服务、市场份额

13.2.2 物流绩效评价指标的权重

指标权重是对每个指标在整个指标体系中的相对重要性的数量表示。权重包含三个因素:①决策人对评价指标的重视程度;②各评价指标属性值的差异程度:③各评价指标属性值的可靠程度。

物流活动绩效评价指标体系的权重是综合评价中的核心问题。其难点在于分配与量度各指标对总评价目标的影响程度。权重是综合评价中一个重要的指标标定体系,合理分配权重是综合评价的一个重要步骤。评价方法的核心问题是阐明价值函数的形成机理和结构形式,即建立价值函数的数学模型。在价值函数的结构形式已定的情况下,权重向量的赋值便成为人们关注的焦点。按赋值中源信息的出处,可以将评价方法分成两类。一类是主观赋权法。其信息来源是专家咨询。即利用专家群的知识和经验,属于这一类的有层次分析法、模糊综合评判法、专家评分法、德尔菲法。其主要特点在于能够体现决策者的"偏好",概念清楚,简便灵活,但过于依赖于专家。另一类是客观赋权法,其源信息来自统计数据本身,属于这一类的有综合指数法、功效评分法、方差分析法、最优权法和主成分分析法,虽在客观性方面提高了一步,但对调查样本要求苛刻,从而在实际应用中困难重重。

上述各种确定指标权重方法在评价过程上存在差异。在选择评价方法时要结合评价对象特点,充分考虑这些差异可能给评价结果造成的影响,如当某项决策需突出评价对象某方面特征时,运用主观性更强的评价方法可能会得到较好结果;而评价对象的特性不易把握或评价人员知识不足以准确把握时,运用客观性更强的评价方法更恰当。物流活动绩效评价指标体系中指标权重的确定可以采用主客观相结合的方法。

13.2.3 构建评价体系遵循的原则

1. 评价指标体系的客观性

首先,设立的指标体系应最大程度地减少在运用中人为主观因素对评价过程及结果可能造成的影响;其次,指标体系在设立过程中要求有全局观、不偏不倚,指标体系设立各参与方应具有代表性和公正的品质。

2. 评价指标体系的可比性

评价指标体系的建立不但考虑到数据在时间、纵向的可比性还要考虑到其他企业甚至是国外企业的物流绩效评价体系的兼容和横向的可比性,所以在建立体系时要参照国际与国内同行业的物流管理标准。

3. 评价指标体系的可操作性

整个物流绩效评价体系是一项复杂的系统工程,各指标的设置必须考虑评价所需的各种资料、数据的可获得性与收集的难度。

4. 评价指标体系的经济性

评价指标体系应考虑到操作时的成本收益,因此建立指标体系时体系大小必须适宜,指标体系过小评价结果不全面,过大则企业所需要收集的数据过多,导致成本上升和操作过程复杂。因此,应结合我国的实际现有的评价体系和国外先进体系之间找到一个平衡点。

13.3 物流活动绩效评价方法

从选择评价指标数量角度来区分,现代物流绩效评价方法可分成单一评价法和综合评价方法。

13.3.1 单一财务评价指标体系

所谓单一评价方法是指选择单一指标，计算指标的实际值，并把它与所设计的标准进行比较，进而对物流绩效做出评价结论。经济增加值法(EVA)、最小成本评价模式、作业时间最小化评价模式等等，都属于单一的评价指标体系。它们的共性是从物流的某一个方面(如时间、成本、质量等)进行评价，具有简单、评价结果能够量化和直观、比较有说服力的优点，但不可否认的是，单一的财务指标具有以下不足之处：①单一财务评价指标只能体现物流活动中的某一个活动或单个职能部门的绩效，不能对整体物流绩效进行评价；②单一财务指标控制滞后，由于财务数据是历史的，做出的评价结论是反映过去的物流经营成果，而非现在和未来的；③采用单一财务指标可能会鼓励短期行为、局部最优、最小变化；④单一财务评价指标只考虑了有形资产(如固定资产)，而对于无形资产(如信誉)没有进行评价，因此，评价结果是不全面的。

13.3.2 综合评价指标体系

综合评价方法是以多元指标体系为基础，在评价指标、评价标准和评价结果间建立一定的函数关系，通过计算得出此函数关系的综合绩效评价结果。由于单一评价方法所选指标较单一，不能全面地反映评价对象的绩效，故已不常用，采用综合评价方法对物流绩效进行评价逐渐成为一种趋势。下面分别从定性、定量和定性与定量结合三个角度对其展开讨论。

1. 定性评价方法

在物流绩效评价中，借助案例分析是定性分析中比较重要的手段，如最早提出的设计、执行和修改绩效评价系统三步骤的定性评价方法，通过三个制造企业的案例研究，得出“具体企业(过程)要求绩效评价系统随战略不断地调整”的结论。由于定性评价方法具有较强的主观性，不是物流绩效评价的主流。

2. 定量评价方法

(1)作业成本法。作业成本法是以物流作业为核心，确认和计量耗用企业资源的所有作业，将耗用的资源成本准确地计入作业，然后选择成本动因，将所有作业成本分配给成本计算对象(产品或服务)的一种成本计算方法。随着生产由劳动密集型转向知识密集型，人力、材料等直接成本所占的比例越来越低，而体现知识的设备、智力等间接成本所占的比例越来越大，采用传统会计中的成本核算会隐藏真实成本，因此，在物流绩效评价中涉及到的成本核算，常采用作业成本法。该方法能体现企业的真实成本，但采用此法的工作量较大。

(2)数据包络分析方法(DEA)。数据包络分析法是一种非参数的经济估计方法，其实质是根据一组关于输入—输出的观察值来确定有效生产前沿面。由于不需要预先估计参数，在避免主观因素和简化算法、减少误差等方面有着不可低估的优越性，它不仅能比较各决策单元的相对有效性，并且可以对绩效不佳的单元指明改善的方向和程度，因此，应用领域也很广泛，如船舶业的绩效评价、港口绩效评价等。

3. 定性与定量相结合评价方法

(1)层次分析法。该方法是一种将评价者的定性判断和定量计算有效结合起来的物流绩效评价方法。其基本原理是根据物流系统具有多层次特点，用相对量的比较，确定多个判断矩阵，取其特征及所对应的特征向量作为权重，最后综合出总权重，按此进行优先程度排序，得到各物流单元的绩效排序。该方法可靠性高、误差小，其不足之处就是评价的物流对象不能太多(一般不多于9个)。目前已经应用于物流中心选址和物流服务供应商选择等方面。

(2)平衡记分卡法。20世纪90年代Kaplan和Norton提出了基于财务、顾客、内部业务和改进学习四个方面综合绩效评价方法。此法基于“平衡”的原理，有利于组织的短期目标和长期目标、财务指标与非财务指标、滞后型指标和领先型指标、内部绩效与外部绩效之间的平衡。此评价法优势在于同时考虑企业的内部绩效和外部绩效。由于考虑因素较多，获得评价指标数值的成本较高。目前，此法经常应用于供应链绩效评价。

(3)标杆法。标杆法也称定基法，是国外 20 世纪 80 年代发展起来的一种使组织不断学习、改进、维持企业竞争力的新型管理方法。它把著名的企业与自己作比较，将本企业尽可能多的业绩指标与竞争对手的业绩指标进行对比分析，以找到两者的差距，此差距就是本企业所要努力的方向。定基是一种积极的方法，定基过程将企业的目标与外部市场连接起来，从而使企业的目标可以得到确认和合理化，但是一个良好的定基难以确定，且定基研究需要花费的成本较高。广泛应用于物流分销中心的绩效评价。

(4)模糊综合评价法。模糊数学评价方法是 20 世纪 60 年代由 Zaded. L. A 首先提出来的。它是用数学方法研究和处理具有"模糊性"现象的物流绩效问题(模糊性是指在物流绩效评价中，涉及的评价因素较多，既有定性的又有定量的，各因素间还有层次之分)，基本原理是利用模糊集和隶属度函数等概念，应用模糊变换原理，采用定性和定量相结合的方法从多个方面对事物隶属度进行整体评价。由于模糊综合法可以较好地解决综合评价中的模糊性，因此，该方法已广泛应用于物流绩效评价中。

除了上述绩效评价方法外，还有随机函数前沿方法(SFA)、全要素生产率法(TFP)、关键绩效指标方法(KPI)等物流绩效评价方法。

13.4 物流活动绩效的改善

13.4.1 物流绩效评价理论发展

从历史角度来看，物流绩效理论发展经过三个阶段，即物流成本评价阶段、物流绩效评价内容研究阶段、物流绩效评价指标与评价体系研究阶段。

1. 物流成本评价阶段

国外学者早在 1969 年就提出了将成本作为评价的主要内容。但由于当时物流成本核算比较困难，只是一种设想。直到 20 世纪 90 年代，才将这一思想实现，出现了作业成本(ABC)评价方法。1998 年通过平衡计分卡(BSC)扩展了 ABC 的应用，从而使得 ABC 法功能得以增强，能够对物流水平等方面的绩效进行评价。

2. 物流绩效评价内容研究阶段

由 Mentzer 和 Konrad 于 1991 年提出以物流效率和有效性作为物流绩效研究内容，1999 年又提出了以物流服务质量为评价的基本内容，同年其他学者从供应链的角度，提出了物流企业外部绩效评价(顾客满意度评价)，物流企业外部绩效评价比企业内部绩效评价对企业发展更重要。

3. 物流绩效评价指标和评价方法研究阶段

这个阶段主要是 20 世纪 90 年代以后，国内外学者先后针对财务(成本)、物流效率、物流服务以及物流要素等方面提出了不同的指标体系和评价方法。

1990 年后，研究出现了以下几个趋势：更多地从战略角度看待和研究物流绩效评价；以顾客为导向，研究物流顾客服务质量与绩效的评价；物流绩效评价不仅关注公司内部职能，而且关注供应链环境下整合物流绩效评价；注重物流绩效的"标杆"对比；研究方法也多种多样，从定性到定量，从"硬"测量到"软"测量，从理论研究到实证研究等。

13.4.2 物流绩效评价存在的问题

(1)传统的绩效指标体系是以会计、职能为导向的评价,不能全面测量实际的投入产出的所有方面,测量不具有可比性,存在很大的误差。传统的物流成本核算方法也不能真实反映物流成本结构,不能给物流绩效改进提供有用的信息。基于活动的成本方法(ABC)能够提供有效的方法,但要将以职能为导向的管理结构转变为以过程为导向的结构。

(2)许多公司将财务指标作为绩效测量的关键指标,但是,财务指标反映的是过去的结果而不是未来的绩效,不能反映当前进行的创造价值的活动;它只是提供了一种公司间经营比较和评估公司整体行为的工具,主要是为了满足外部评估者的需要。传统的财务测量指标不能改善顾客满意度、质量、周期时间和雇员激励状况。特别是在具有复杂性和动态性的供应链环境下,利用财务指标来测量物流绩效过于简单。

(3)绩效测量的负面作用。如果目标和测量方法界定后,物流经理和员工就会以此为导向,可能仅仅围绕此开展工作而不关心别的方面,不关心公司未来成长。

(4)物流服务系统的产出并不总是明显的,它与整个管理交织在一起,难以从整个管理系统中分离出物流的绩效贡献到底有多大。整个运作战略的主要目标包括质量、成本、时间、柔性等,物流生产率或绩效标准同样包括这些方面。

(5)绩效测量基于组织边界的清晰理解以及共同分享的目标与层次概念。在供应链环境下,这一切变得更为困难,供应链整体绩效依赖于所有成员的联合,他们各自由不同团队管理,有自己不同的利益相关者、经营目标和使命,它们之间不仅可能毫不相关,而且经常相互冲突。即使在组织内部,过程导向的趋势模糊了职能之间的界限,也给绩效界定带来了难度,需要各部门的配合与协调。

(6)物流绩效测量与战略缺乏联系。许多公司虽然基于战略建立了测量系统,但是并没有对战略中描述的变量进行测量。由于缺乏战略与绩效测量之间的联系,测量和测量活动只关注内部职能,而不是整个公司的绩效和顾客需求;各个部门只能开发其独立的测量指标体系,并没有将其与奖励挂钩。即使建立了战略与绩效测量之间的联系,由于环境的变化、战略的变更和战略的实施问题,战略本身并不一定是成功的或一成不变的,再好的绩效测量也不可能将一个不好的战略转变为成功,绩效测量系统要随着战略的变化而变化。

(7)现在和未来绩效的协调问题。过去重视的对物流过程中的运输、仓储、库存、配送等活动的生产率测量,只是部分测量而不是整合测量,是有其局限的,是运作层面的测量而不是战略层面的测量。通常对绩效的理解是面向过去的效率或效果的反映,面向战略的测量需要面向未来,是对未来潜在绩效的反映,需要对现在的绩效和未来的绩效、成长进行协调。

(8)忽视企业内部绩效与外部绩效的统一。物流生产率、效率、质量等绩效好,外部顾客不一定满意,顾客不一定感知,存在感知差距。

13.4.3 物流活动绩效改善途径

物流绩效评价的目的是为了通过绩效评价找到物流运作的薄弱环节,通过持续改进从而更好地实现物流活动目标。

(1)要有明晰的与竞争战略匹配的物流战略,物流活动绩效要始终以战略为导向,围绕战略目标提出关键绩效指标进行绩效评价指标设计、考核与改进。

(2)优秀的物流绩效基于测量评估—计划—改进循环的有效性。所以,要建立有效的物流绩效管理体系,要确保有效的监督和交流系统。

(3)强化整合物流功能,包括内部整合与外部整合,实现物流活动绩效改进。物流整合与物流绩效改进显著相关。内部物流整合成功的重要因素包括高层管理者支持、公司范围内的承诺、态度变革、组合内的交流与培训、切实的计划、好的信息获取、支持顾客服务的系统设计、易于使用与系统柔性、成本收益比率等;与外部的整合就是要实施供应链管理,建立实时、互动、共享的集成信息平台。

(4)加强顾客关系管理、知识管理。通过关系管理和知识管理,获取共享信息和知识以及顾客的感知,寻找企业与顾客感知差距,从而缩小与顾客感知的差距改进物流绩效。

(5)建立与供应商、第三方物流提供商的战略伙伴关系,帮助他们改进物流绩效。

(6)物流绩效是通过员工实现的,高素质的员工是实现物流绩效的根本保证。所以,加强员工知识、技能、技巧、服务意识等的培训十分重要,而更为重要的是要建立与物流绩效挂钩的管理激励体系,使员工的回报与工作质量、物流绩效、战略目标一致。

(7)追踪优秀的物流活动绩效方法,以此为学习和持续改进的标杆,收集信息,制定追赶措施计划。

本章小结

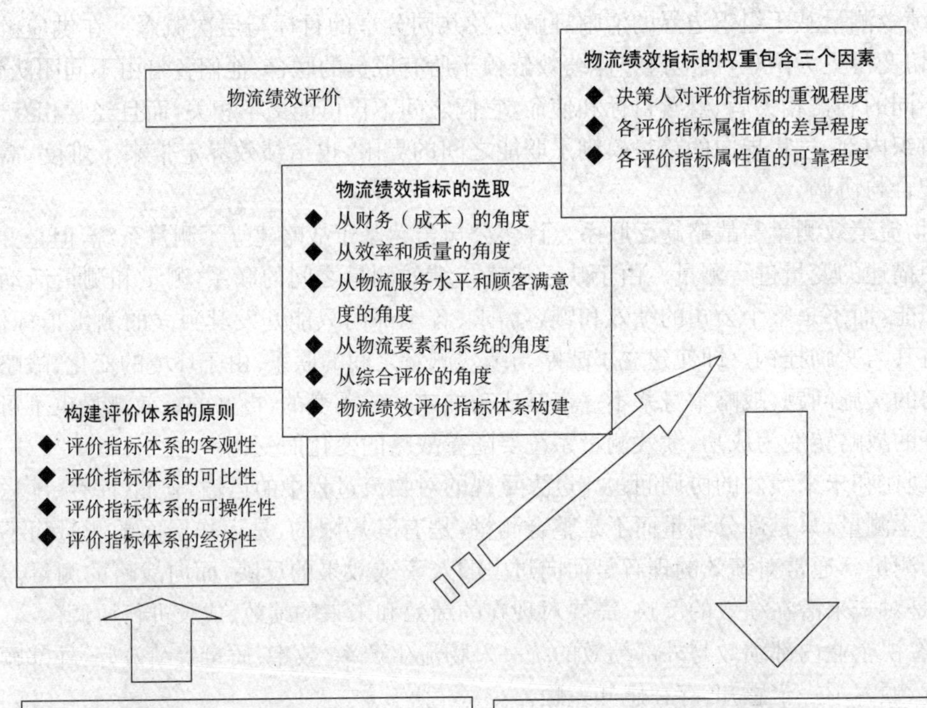

关键概念

物流绩效评价　物流绩效评价指标体系　综合评价方法　平衡记分卡法　标杆法　模糊综合评价法

课堂讨论

(1)你认为当前我国企业最常见的物流活动绩效考评方法有哪些？评价其优缺点。

(2)请你为我国某一企业物流活动设计一套绩效评价体系和权重体系。

(3)在进行绩效评估时，管理者可能倾向于使用最容易的指标，或直接显示其工作成绩的指标，举例说明这种行为会导致什么样的结果。

复习思考题

1. 选择题

(1)物流绩效评价目的是(　　)。

A. 构建物流绩效评价指标　　B. 降低物流成本

C. 对物流系统的投入和产效评价　　D. 制定物流评价标准

(2)在制定物流活动绩效评价时主要考虑 4 个指标：送货时间(交货周期)、送货可靠性、送货灵活性、库存水平。这是从(　　)角度选取指标的。

A. 财务　　B. 效率和质量

C. 物流服务水平　　D. 物流要素和系统　　E. 综合评价

(3)主要采用了准时运输、准时交货、运输精确性、订货完成率、项目完成率、库存精确性、毁损率等指标，这是从(　　)角度选取指标的。

A. 财务　　B. 效率和质量

C. 物流服务水平　　D. 物流要素和系统　　E. 综合评价

(4)参加评价工作的成员应具备的基本条件是(　　)。

A. 具有较丰富的物流管理、财务会计、资产管理及法律等专业知识，专家咨询组的专家还应具有一定的工程技术方面的知识

B. 熟悉物流绩效评价业务，有较强的综合分析能力

C. 评价工作主持人员应有较长的经济管理工作经历，并能坚持原则，秉公办事

D. 应先同特定的中介机构签订委托书

E. 专家咨询组的专家应该在物流领域中具有高级技术职称，有一定的知名度和相关专业的技术资格

(5)物流绩效评价指标体系框架中属于准则层的是(　　)。

A. 库存　　　　　　　　B. 市场实力

C. 运输能力　　　　　　D. 订单处理　　　　　　E. 付款条件

(6)物流绩效评价指标体系框架中属于指标层是(　　)的生产成本较低。

A. 库存周转期　　　　　B. 市场实力

C. 运输能力　　　　　　D. 订单处理　　　　　　E. 付款条件

(7)"它是综合评价中的核心问题,其难点在于分配与量度各指标对总评价目标的影响程度。"这是指物流绩效评价体系的(　　)。

A. 指标　　B. 内容　　C. 模型　　D. 权重

(8)整个物流绩效评价体系是一项复杂的系统工程,各指标的设置必须考虑评价所需的各种资料,数据的可获得性与收集的难度。它描述的是(　　)。

A. 评价指标体系的客观性　　　B. 评价指标体系的可比性

C. 评价指标体系的可操作性　　D. 评价指标体系的经济性

(9)以物流服务质量为评价的基本内容是处于物流绩效理论发展(　　)。

A. 物流绩效评价内容研究阶段　　B. 物流绩效评价指标研究阶段

C. 物流成本评价阶段　　　　　　D. 物流绩效评价体系研究阶段

(10)它是国外 20 世纪 80 年代发展起来的一种使组织不断学习、改进、维持企业竞争力的新型管理方法。它把著名的企业与自己作比较,将本企业尽可能多的业绩指标与竞争对手的业绩指标进行对比分析,以找到两者的差距,此差距就是本企业所要努力的方向。它描述的是(　　)。

A. 平衡记分卡法　　　B. 标杆法

C. 模糊综合评价法　　D. 层次分析法

2. 问答题

(1)物流活动绩效评价的作用是什么?

(2)简述物流绩效评价定义。

(3)论述物流活动绩效主要内容。

(4)一般物流绩效指标可以从哪几个方面选取?

(5)试述物流绩效评价体系步骤。

(6)物流活动绩效评价指标体系的权重包含哪些因素?

(7)物流绩效评价方法有哪些?

(8)物流绩效理论发展经过哪几个阶段?

(9)目前物流绩效评价存在的主要问题是什么?

(10)试述物流活动绩效改善途径。

重庆 T 物流运输公司

重庆 T 物流运输公司(以下简称 T 公司)是以集装箱运输为主业,兼营货代、船代、船舶租赁业务、劳务技术输出等业务的现代物流企业。随着市场与管理环境的变化,T 公司的绩效管理出现了以下问题:①考评重点不明确,部门绩效与企业绩效偏差较大;②考评内容过于片面,无法公正衡量职能部门的工作表现;③绩效指标设置不科学,考评结果失真现象严重。2008年12月以来,公司以经营目标为导向,以平衡计分卡为结构,以KPI关键指标为重点,按以下七个步骤重新构建T公司部门绩效考评指标体系,形成了如下的“七步设计法”。

第一步,规划公司战略,分析关键成功要素,设计公司级的关键绩效指标。

企业战略是绩效考评的出发点,理清企业当前发展方向与实施策略极为必要。根据公司战略寻找战略目标的关键支撑点,即企业关键成功要素,可以采用“目标——路径”法,先从最终目的开始,反推实现的路径以及具体措施。例如T公司09年的重点战略目标为:提高公司主营业务利润;增加直线客户的数量及业务占比;提高客户满意度;加强人才梯队建设力度;增强企业凝聚力。经过头脑风暴分析后,发现T公司实现战略目标的关键成功要素有:财务维度上的主营业务收入、成本控制、营业利润、产量;客户维度上的客户维护与开发、客户满意、部门协作满意;内部运营维度上的集装箱配载、船舶出勤、航行安全和货物运输质量;学习发展维度上的培训学习和员工成长。随后,按照KPI的设计原则分解得到公司级的KPI。

第二步,理清关键成功要素间关系,绘制公司指标因果图。

根据公司级KPI,进行指标间的因果关系分析。公司近期的战略重点是增加利润,这可以通过增加主营业务收入、加强费用控制和提高产量来实现。主营业务收入增加和产量的提高则主要依靠一级市场的占有率和提高客户满意度来实现;另外,T公司可以通过提高货物运输质量、高效的配载率以及船舶出勤率等措施来保障客户对公司服务的认可与满意;最后,T公司可以通过重视培训与教育,关注企业整体素质的提升,并通过完善管理和文化沟通氛围来降低关键员工(如船员)的流失率,以此作为公司战略实现的重要基础支撑。

第三步,分解公司级关键绩效指标,形成部门级关键绩效指标。

形成公司级KPI以后,对其进行向下分解或分配,以保证公司内部各部门工作对组织战略目标的支撑,即保证公司内部相关部门对公司级KPI,指标进行承接,承接要以部门职能为标准。

第四步,梳理部门重要职能,完善部门关键绩效指标体系。

一般来讲,企业内的工作可以粗略的划分为直接支撑战略实现的工作和间接支撑战略实现的工作。就部门职能而言,有的职能与战略目标联系紧密,有的职能与企业战略目标联系不那么紧密。对于间接与企业战略目标联系但是又非常重要的一些部门工作需要根据KPI的设计原则,从质量、时间、成本三个角度实施指标量化设计工作,以完善原有的绩效指标体系。例如,为了衡量培训工作完成的好坏,可以从培训本身花费经费、质量达成情况和完成的时间长度三个角度进行评价。

第五步,依据SMART原则筛选绩效指标。

SMART原则:S代表具体(Specific),指考评绩效能切中特定的工作内容,清晰而不笼统;M代表可度量(Measurable),指绩效指标是数量化或者行为化的,验证这些指标的数据或者信息是可以获得的;A代表可实现(Attainable),指绩效指标在付出努力的情况下可以实现,目标设立不高不低;R代表现实性(Realistic),指绩效指标是实实在在的,可以证明和观察;T代表有时限(Timebound),指绩效指标设有特定的完成期限。在T公司中,由评价组把握这些原则进行指标筛选。具体的操作过程如下:评价主体为项目组和企业中高层管理人员,衡量标准采用5分制,1到5代表重要程度越来越强,评价得分越高,指标越有效。评分完成后,由项目组进行统计处理,对总得分低的指标予以剔除。

第六步，以企业经营重点为纲，采用经验法确定指标权重。

指标权重的分配，是以指标与企业战略目标的关联度作为确定权重大小的依据，一般会向那些与企业经营重点联系紧密的指标倾斜。权重的确定主要使用经验法，即依靠企业的历史数据和项目组专家的直观判断来确定。T公司指标权重的分配工作分成两个步骤进行。首先，技术部对公司的价值贡献主要在于为企业的船航运输提供技术支持，因而内部运营维度类指标是其主要考评点，同时技术部是为公司内部提供服务，因而客户维度类指标是其次要的考评重点。因此，可以确定技术部四大维度权重的大致分配；其次，内部运营类指标"船舶检验的合格率"、"船舶出勤率"是考评技术部的重要结果指标，且根据公司以往经验发现该两项指标具有同等重要性。因而在维度权重确定的基础上，该两项指标的权重同时为30％。

第七步，确定指标的达成要求和评分标准。

T公司技术部门负责人根据各指标目前的实际情况，结合企业的发展目标，订立出各项指标的目标值与合格值，并采用扣分制的评分方式，换算出各项指标的评分标准。在确定"船舶修理费用控制率"这一指标的计分方式时，根据公司历史数据资料发现技术部2006～2008年的实际维修费用与计划维修费用的比率分别为100％、108％、105％，从当年开始严格实现预算管理的体系。因此将该项指标的达成要求范围设在100％～110％较符合部门的实际情况。另外，"船舶修理费用控制率"指标分数为10分，通过对达成要求范围的换算，可以得出，实际发生的船舶修理费用每超出1％就扣1分，扣完为止。这种指标的计分方法有助于企业对各个部门的严格控制。（资料来源：李雨洁，唐波，熊娇，秦思杨．中国人力资源开发，2009，8.）

案例思考：分析和讨论部门考评指标的"七步设计法"的操作性和可行性。

[1] 廖泉文．人力资源管理．北京：高教出版社，2007.

[2] 中国绩效管理网 http://www.zgjxgl.gov.cn/

[3] 中国人力资源网 http://www.hr.com.cn/

第 14 章　国际物流

开篇案例·索尼集团的国际物流

索尼集团公司是日本一家跨国经营和生产电子产品的厂商，在全球拥有 75 家工厂和 200 多个销售网点。为了充分发挥跨国经营的杠杆作用，扩大其在国际市场上的竞争能力，该集团公司每年都会与承运人及其代理展开全球性商谈，以便进一步改善物流供应链，提高索尼集团公司的经济效益。

1. 每年一度的全球物流洽谈

索尼集团公司每年都会举行一次与承运人的全球物流洽谈会，通过认真谈判把计划中的集装箱货运量配送给选中的承运服务提供人。在一年中，如果索尼提供的箱量低于许诺，索尼向承运人赔款，如果箱量超过许诺，索尼不要求承运人提供回扣。在合同中，索尼只要求承运人提供半年至一年的运价成本。索尼集团公司这样做的目的是为了加强与同样艰苦奋斗、拼搏不止的承运人的合作和联系，建立和提高质量上乘、价位低廉的物流链服务网络。

2. 立足长远的物流理念

索尼的物流理念是：必须从战略高度去审视和经营物流，每时每刻都不能忽视物流，满足客户及市场的需要是物流的灵魂，索尼集团公司麾下的各家公司必须紧紧跟随市场的潮流。索尼物流涉及到采购、生产和销售等项目，一般是在不同地区与承运人商谈不同的物流项目。如索尼公司在北美和亚洲的物流谈判就不包括采购项目，在欧洲的物流谈判就包括采购项目，这是因为索尼是跨国经营集团，要做的是全球性的物流，需要的是全球性物流供应链管理。

3. 独特务实的远洋运输业务处理方式

索尼在处理自己产品的远洋运输业务中，往往是与集装箱运输公司直接洽谈运输合同而不是与货运代理谈，但是在具体业务中索尼也乐意与货运代理打交道。同时索尼非常重视电子信息管理技术(EICT)，使用比较先进的通用电子信息服务(GEIS)软件，与日本和世界各地的国际集装箱运输公司建立密切的电子数据交换联系(EDIL)。

4. 全球各地物流分支机构联合服务

索尼在原有机构功能的基础上加大功能，扩大服务范围，索尼公司的物流成本降低，经济效益得到极大提高。例如：新加坡或者马来西亚有一家索尼物流分支公司把来自当地的零部件拼装箱，运到位于日本的另一家索尼物流分支公司。后者收到集装箱货后，立即拆箱，把货物迅速配送到分布于日本各地的索尼工厂车间。

（资料来源：摘自深圳物流网 http://wuliu.sz.bendibao.com/）

14.1 国际物流概述

国际物流是相对国内物流而言的，是不同国家之间的物流。国际物流是国内物流的延伸和进一步扩展，是跨国界的、流通范围扩大了的物的流通。与市场全球化的不断发展相对应，全球经济一体化的趋势不断增强，从而促使经济与贸易跨越了国与国、地区与地区的界限，直接推动了国际物流的产生与发展。

14.1.1 国际物流的含义

1. 国际物流的含义

国际物流(International Logistics，IL)是组织货物在国际间的合理流动，即发生在不同国家间的物流活动，也称国际大流通和大物流。国际物流可以理解为：当生产和消费分别在两个或两个以上的国家(或地区)独立进行的情况下，为了克服生产和消费之间的空间隔离和时间距离而对物资(商品)所进行的物理性移动的一项国际商品贸易或交流活动，完成国际商品交易的最终目的，即实现卖方交付单证、货物和收取货款，而买方接受单证、支付货款和收取货物。

与国内物流相比，国际物流具有物流环境差异性大、物流系统范围广、物流信息系统建立难度大以及标准化要求更高的特点。

2. 国际物流与国内物流的区别

国际物流是指国际范围内的物流运作，但它并不是国内物流的简单延伸。由于国际物流涉及不同的国家，导致它与国内物流作业的差异，主要表现在以下方面。

(1)完成周期的长短不同。这是国际物流作业与国内物流作业的主要区别。国际物流作业往往需要以周或月为单位来衡量完成周期的长短，而不能以 3～5 天的转移时间或 4～10 天的完成周期来计。国际物流作业之所以需要较长的完成周期，是因为受通信传输延迟、融通资金需要、特殊包装要求、远洋运输船期表、长途运输时间，以及海关清关手续等因素综合作用的影响。

(2)作业复杂程度不同。这主要是由于语言、产品数目、单证数量、存货的物权和地点、运输复杂程度以及系统一体化等方面的原因所导致的。

14.1.2 国际物流的产生与发展

国际物流已经逐渐成为世界各国经济建设普遍关注的问题之一，也是当今世界经济竞争中的一个焦点。国际物流活动的发展经历了以下 3 个阶段。

第一阶段：20 世纪 50 年代至 80 年代初。这一阶段物流设施和物流技术得到了极大的发展，建立了配送中心，广泛运用电子计算机进行管理，出现了立体无人仓库，一些国家建立了本国的物流标准化体系等等。物流系统的改善促进了国际贸易的发展，物流活动已经超出了一国范围，但物流国际化的趋势还没有得到人们的重视。

第二阶段：20 世纪 80 年代初至 90 年代初。随着经济技术的发展和国际经济往来的日益扩大，物流国际化趋势开始成为世界性的共同问题。美国密歇根州立大学教授波索克斯认为，进入80年代,美国经济已经失去了兴旺发展的势头,陷入长期倒退的危机之中。因此,必须强调改善国际性物流管理,降低产品成本,并且要改善服务,扩大销售,在激烈的国际竞争中获得胜利。与此同时,日本正处于成熟的经济发展期,以贸易立国,要实现与其对外贸易相适应的物流国际化,并采取了建立物流信息网络,加强物流全面质量管理等一系列措施,提高物流国际化的效率。这一阶段物流国际化的趋势局限在美、日和欧洲一些发达国家。

第三阶段:20世纪90年代初至今。这一阶段国际物流的概念和重要性已被各国政府和外贸部门所普遍接受。贸易伙伴遍布全球,必然要求物流国际化,即物流设施国际化、物流技术国际化、物流服务国际化、货物运输国际化、包装国际化和流通加工国际化等等。世界各国广泛开展国际物流理论和实践方面的大胆探索,人们已经形成共识:只有广泛开展国际物流合作,才能促进世界经济繁荣,物流无国界。

14.1.3　国际物流的种类

1. 进口物流和出口物流

根据商品在国与国之间的流向分类,可以分为进口物流和出口物流。当国际物流服务于一国的商品进口时,即可称为进口物流;反之,当国际物流服务于一国的商品出口时,即为出口物流。

2. 根据跨国运送的商品特性分类

a. 国际商品物流。指通过国际贸易实现的交易活动的商品在国际间的流动。因为涉及的商品流动通常是单方面的,又被称为"有去无回"。通常所讲的国际物流主要指的是国际商品物流。

b. 国际展品物流。指以展览、展示为目的,暂时将商品运入一国境内,待展览结束后再复运出境的物流活动。由于商品的流动是双向的,又被称为"有去有回"。

c. 国际邮政物流。指通过国际邮政运送系统办理的包裹、函件等递送活动。

d. 国际逆向物流。指对国际贸易中回流的商品进行改造和重修的活动,包括循环利用容器和包装材料、退货、调货等,是目前物流领域中的热点。

3. 不同国家之间的物流和不同区域之间的物流

根据商品流动的关税区域,将国际物流划分为不同国家之间的物流和不同区域之间的物流。区域经济的发展是当今国际经济发展的一大主题,如欧洲经济共同体、北美自由贸易区,这些区域经济集团成员国由于同属共同的关税区,成员国之间的物流运作与成员国和非成员国之间的物流运作在方式和环节上会存在较大差异。

14.1.4　国际物流与国际贸易的关系

国际物流是伴随着国际贸易的发展而产生和发展起来的,并已成为影响和制约国际贸易发展的重要因素。国际物流与国际贸易之间是互为促进和相互制约的关系。

1. 国际贸易促进了国际物流的产生与发展

(1)国际贸易促进了国际物流的产生。国际贸易是国际物流产生的前提,同时,国际物流也是国际贸易得以实现的必要条件。

(2)国际贸易的发展促进了国际物流技术的进步。国际贸易的发展要求从各个方面降低成本,这就对国际物流的各个环节提出了新的挑战和要求。在国际贸易的这种推动下,国际物流从理论上到技术上都有了重大的创新和发展。

(3)国际贸易的发展不断对国际物流提出新的要求。国际贸易的变化发展对国际物流的质量、效率、安全等提出了新的要求。

(4)国际贸易对国际物流发展趋势产生影响。伴随着国际贸易商经营取向的变革应运而生了物流经营的专业化、集约化、电子物流和绿色物流等。

2. 高效的国际物流系统成为国际贸易持续发展的保证

贸易量的增长势必带来更多的物流量，这要求国际物流为货物转移在货物的运输、装卸、仓储、信息传输等各个环节都提供便利。企业的物流渠道、物流功能、物流环节与制造环节集成化，使物流服务扩大化和系列化，并通过规范作业，使贸易过程中延迟交货、送货不及时或货物损坏灭失等不可控制风险大大降低，从而便利各国企业间达成贸易。低效率的物流体系同样会成为国际贸易发展的瓶颈，从事国际贸易带来的利益会被巨大的流通费用开支所抵消。国际物流也已成为影响和制约国际贸易进一步发展的重要因素。

14.2 国际物流业务流程

国际物流主要包括发货、国内运输、保险、国内检验、出口国报关、国际运输、进口国报关及检验、支付等环节。在整个业务流程中，涉及订单处理、运输和保险、检验、报关、国际货运代理、国际运输、理货、支付等业务内容。其中，国际运输是国际物流的关键和核心业务环节。图14.1是一个典型的国际物流业务流程图。整个物流过程可以委托一家国际性物流服务商来完成，也可以分别委托给各地方的仓储企业、运输企业和货代企业来完成。

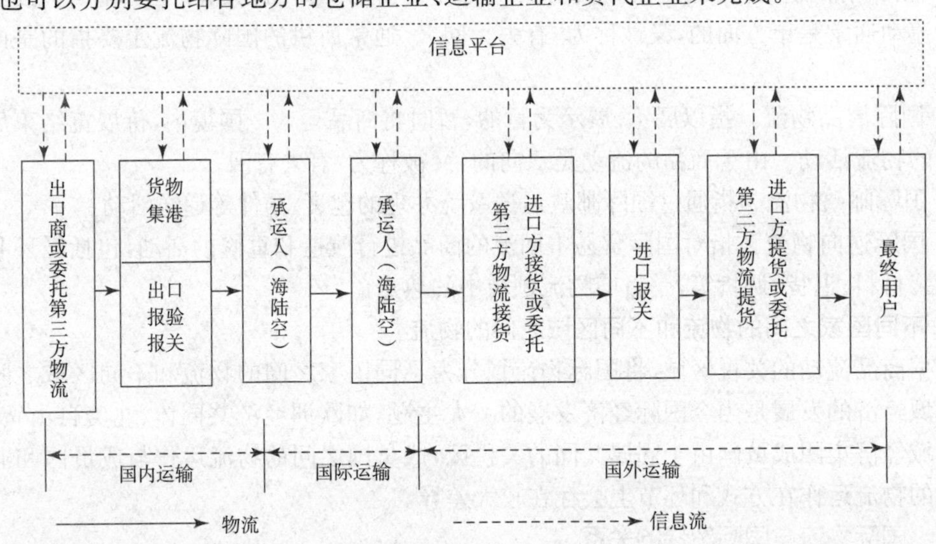

图 14.1 国际物流业务流程图

14.2.1 订单处理

如果进口商与出口商经过交易磋商签订了正式合同，订单处理就是对履行合同的相关事项所做的安排。它主要包括以下内容。

1. 为了执行合同而进行的一些履约准备工作

①如有进口许可证、进口配额限制的国家，进口商人须申请进口许可证、进口配额等相关文件；在信用证(Letter of Credit，L/C)支付条件下，还应在合同规定的期限内，按照合同有关规定填写开立信用证申请书向银行办理开证手续，经银行审核后将信用证开给卖方。

②出口商人在按时、按质、按量准备应交货物的同时，应催促买方按合同规定及时办理开立信用证或付款手续，信用证开到后还要对信用证内容逐项认真审核，信用证条款必须与合同内容相一致，以保证及时装船，安全结汇，如信用证所列事项与双方签订的合同不符，出口方有

权要求更改信用证。

2. 进出口商人之间的联络

主要是针对装运、保险、接货等问题所做的信息沟通，以及双方根据术语有关规定完成一定的通知义务。

小资料：暂不生效条款
国外一些商人在开出的信用证中常常含有软条款，又称暂不生效条款，意指只有在某项条件完成时，方可支付。因此，收到含有软条款的信用证，卖方不可立即托运发货，应先设法达到条款规定的要求，使信用证正式生效，然后才能使用。如意大利进口商习惯于一面向其当局申请进口许可证，一面开出信用证，因此在来证中常规定“此证暂不生效”。出口方应等进口方通过开证行批准生效后方能发货。

14.2.2 运输和保险

为了确保国际物流的经济安全，进出口双方应合理选择货物运输的路线、运输方式、运输工具，并对货物在运输中的风险进行投保。

1. 运输

不同的贸易术语对运输和保险责任的划分有所不同，如在 FOB 交货条件下，由买方负责派船到对方口岸接运货物，在 CIF 或 CFR 条件下，租船订舱是卖方的责任之一。如出口货物数量较大，需要整船载运的，则要对外办理租船手续；对出口货物数量不大，不需整船装运的，则安排洽订班轮或租订部分舱位运输。

小资料：提单
提单是船公司或其代理人根据收货单签发给托运人，证明货物已经装船并保证在目的港交付货物的可以装让的凭证。它既规定了承运人、托运人的权利和义务、责任和免责，所以具有运输合同的作用，又是表明承运人收到货物并已装船运输的货物收据，以及提单持有人凭此提货或背书转让的物权凭证。同时，当出口方向议付行办理结汇手续时，提单也是必不可少的单据之一。

2. 保险

在国际贸易中，每笔成交的货物，从卖方交至买方手中，一般都要经过长途运输。在此过程中，货物可能遇到自然灾害或意外事故，致使货物遭受损失。为了转嫁货物在途中的风险，货主通常都要投保货物运输保险。不同的贸易术语对运输费用和责任的划分不同，对保险责任的划分也不同。如在 FOB 交货条件下，由买方负责派船到对方口岸接运货物，并负责购买保险；在 CIF 条件下，保险则由卖方负责。承担投保责任的一方应根据合同要求的投保金额和险别及时向保险公司办理投保手续。投保险别根据商品特点及运输风险确定。

国际货物运输保险，是以运输过程中的各种货物作为保险标的，被保险人（卖方或买方）向保险人（保险公司）按一定的金额投保一定的险别，并缴纳保险费。保险人承保以后，如果保险标的在运输过程中发生约定范围内的损失，应按照规定给予被保险人经济上的补偿。

国际货物运输保险的种类很多，其中包括海上货物运输保险、陆上货物运输保险、航空货物运输保险和邮包运输保险。

（1）海洋运输保险。海运保险涉及的各个要素内容可用图 14.2 予以概括。

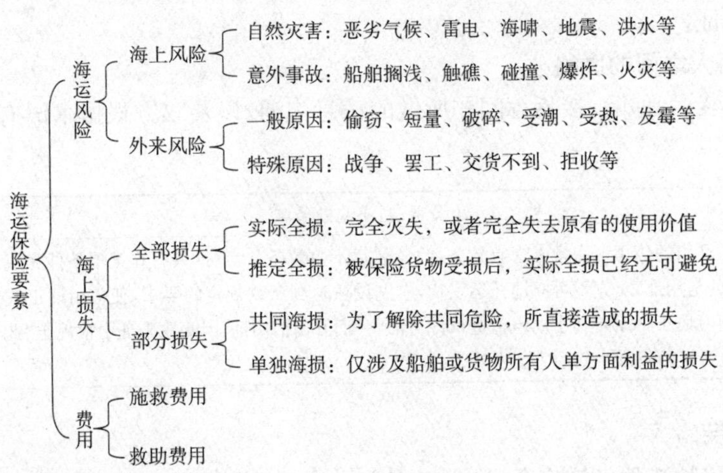

图 14.2　海运保险要素内容

不同风险引发的不同损失和产生的费用，会因投保人投保的保险险别不同，获得不同额度的赔付。保险险别是保险人与被保险人履行权利与义务的基础，也是保险人承保责任大小和被保险人交付保险费多少的依据。海洋货物运输的保险险别很多，概括起来分为基本险别和附加险别两大类。

小案例：投保的失误
我方向外出口一批货物，对方来证规定：价格条件为 CFR，但要求我方代为投保水渍险，保险费可在信用证中支取。我方业务人员未仔细审核信用证的要求，按习惯向"人保"公司投保了"一切险和战争险"，结果不仅多付了保费，而且造成单证不符，遭银行拒付。

(2)陆上运输保险。主要包括陆运险和陆运一切险两种。

陆运险的责任范围：被保险货物在运输途中遭受暴风、雷电、地震、洪水等自然灾害，或由于路上运输工具遭受碰撞、倾覆或出轨等意外事故所造成的全部损失或部分损失。保险公司对陆运险的承保范围大致相当于海运货物保险中的"水渍险"。

陆运一切险的责任范围包括：除上述陆运险的责任外，保险公司对被保险或在运输途中由于一般外来原因造成的短少、偷窃、渗透、碰损、破碎、钩损、雨淋、生锈、受潮、受热、发霉、窜味、玷污等全部或部分损失，也负赔偿责任。

(3)航空运输货物保险。分为航空运输险和航空运输一切险两种。航空运输险的承包责任范围与海运水渍险大体相同。航空运输一切险除包括上述航空运输险的责任外，对被保险货物在运输途中由于一般外来原因所造成的偷窃、短少等全部或部分损失也负赔偿责任。

(4)邮政包裹保险。是承保邮包在运输途中因自然灾害、意外事故和外来原因所造成的损失。包括邮包险和邮包一切险两种基本险别。邮包险和邮包一切险的保险责任从被保险货物离开保险单所载明的起运地或寄件人的处所运往邮局时开始生效，直至该项邮包运达保险单所载明的目的地邮局，从邮局发出到货通知给收件人的当日午夜起算满 15 天为止。

14.2.3　商品检验

由于国际贸易和跨国经营具有投资大、风险高、周期长等特点，就使得商品检验成为国际物流系统中一个重要的子系统。通过商品检验，确定交货品质、数量和包装条件是否符合合同规定。如发现问题，可分清责任，向有关方面索赔。

在国际贸易买卖合同中，一般都规定有商品检验条款，其主要内容有检验时间与地点、检验机构与检验证明、检验标准与检验方法等。

1. 我国进出口商品实施检验的范围

我国对外贸易中的商品检验，主要是对进出口商品的品质、规格、数量以及包装等实施检验，对某些商品进行检验以确定其是否符合安全、卫生的要求；对动植物及其产品实施病虫害检疫；对进出口商品的残损状况和装运某些商品的运输工具等进行检验。商检的范围主要有以下几方面：①现行《商检机构实施检验的进出口商品种类表》规定的商品；②根据《中华人民共和国食品卫生法》和《进出境动植物检疫法》规定的商品；③船舱和集装箱检验；④ 海运出口危险品的包装检验；⑤ 对外贸易合同规定由商检局实施检验的进出口商品。

我国进出口商品实施检验的范围除以上所列之外，根据《商检法》的规定，还包括其他法律、行政法规规定需经商检机构或其他检验机构实施检验的进出口商品或检验项目。

2. 检验时间与地点

(1)在出口国检验。又分为工厂检验和装船前检验或装船时检验。工厂检验是由工厂的检验单位或买方的验收人员在货物出厂前进行检验或验收。装船前检验是指出口货物在装船前交由双方约定的机构或人员进行检验，商品的品质数量以当时的检验结果为准。这是国际上通常所说的“离岸品质、离岸重量”。装船时检验是装船时抽出一部分检验。

(2)在进口国检验。又分为卸货时检验，一般是指货物到达目的地卸货后在约定的时间内，由目的港商品检验机构进行检验。也是国际上通常所说的“到岸品质、到岸重量”。以及买方营业处所在地或最后用户所在地检验。货物的品质和重量是以用户所在地的检验结果为准。

(3)出口国检验，进口国复验。也称离岸重量，到岸品质。商品在装船前进行检验，以装运港的检验证书作为交付货款的依据；在商品到达目的港之后，允许买方公证机构对商品进行复验并出具检验证书作为商品交接的最后依据。在我国实际业务中一般采用这种做法。

3. 检验机构

国际贸易中的商品检验工作，一般来讲，规定在出口国检验时，应由出口国的检验机构进行检验；在进口国检验时，则由进口国的检验机构负责，由专业性的检验部门或检验企业办理，有时由买卖双方自己检验商品。

在我国，从事进出口商品检验的机构，根据《商检法》的规定是国家设立的商检部门和设在全国各地的商检局。中国进出口商品检验总公司及其设在各地的分公司根据商检局的指定，也以第三者地位，办理进出口商品的检验和鉴定业务。在实际交易中，选用哪类检验机构检验商品，取决于各国的规章制度、商品性质以及交易条件等。

4. 检验证书种类

商品检验证明即进出口商品经检验、鉴定后，由检验机构出具具有法律效力的证明文件。检验证书是证明卖方所交商品在品质、重量、包装、卫生条件等方面是否与合同规定相符的依据。如与合同不符，买卖双方可据此作为拒收、索赔和理赔的依据。

目前在国际贸易中常见的检验证书有品质检验证书、数量检验证书、重量检验证书、价值检验证书、产地检验证书、卫生检验证书、兽医检验证书、消毒检验证书、验残检验证书等。此外，常见的还有植物检疫证明、积货鉴定证书、船舱检验证书、货载衡量检验证书等。究竟提供何种证书，国际贸易买卖双方要根据成交商品的种类、性质、有关法律和贸易习惯以及政府的涉外经济政策而定。

5. 进出口商品检验检疫程序

凡属法定检验检疫商品或合同规定需要检验检疫机构进行检验并出具检验证书的商品，对外贸易关系人均应及时提请检验机构检验。我国进出口商品的检验程序主要包括报验、抽样、检验和签发证书四个基本环节。如图 14.3 所示。

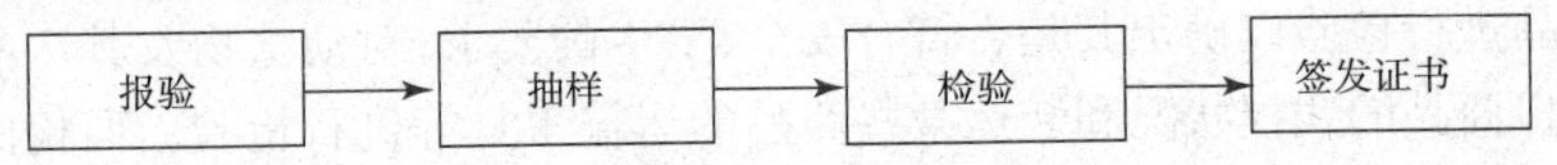

图 14.3 进出口商品检验的基本程序

对于入境货物的检验检疫工作程序是:报检→ 先放行通关→再进行检验检疫→最后签发证书。出境货物的检验检疫工作程序是:报检→ 先检验检疫→再放行通关→最后签发证书。

(1)报验。也称报检,是指对外贸易关系人向检验机构申请检验。凡属检验范围的进出口商品,都必须报验。

(2) 抽样。检验机构接受报验后,商检机构须及时派人对货物堆存地点进行现场检验鉴定。根据不同的货物形态,采取随机取样方式抽取样品。

(3) 检验。检验机构可以采用从感官到化学分析、仪器分析等各种技术手段,对出口商品进行检验,检验的形式有商检自验、共同检验、驻厂检验和产地检验。

(4)签发证书。商检机构对检验合格的商品签发检验证书,或在“出口货物报关单”上加盖放行章。出口企业在取得检验证书或放行通知单后,在规定的有效期内报运出口。

小案例:索赔中的检验证明问题
我国某公司与新加坡一家公司以 CIF 新加坡为条件,出口一批土特产品。订约时,该公司已知道该批货物要转销美国。货到新加坡后,立即转运美国。其后,新加坡的买主凭美国商检机构签发的美国检验证明书,向该公司提出索赔。请问我国该公司应当如何对待美国的检验证书?

14.2.4 报关

所谓报关是指商品在进出境时由进出口商品的收、发货人或其代理人,按照海关规定格式填报《进出口商品报关单》,随附海关规定应交验的单证,请求海关办理商品进出口手续。

海关是国家设在进出口境口岸的监督机关,在国家对外经济贸易活动和国际交往中,海关代表国家行使监督管理的权利。通过海关的监督管理职能,保证国家进出口政策、法律、法令的有效实施,维护国家的权利。

1. 报关单证和报关期限

进出口货物的报关期限在《海关法》中有明确的规定,而且出口货物报关期限与进口货物报关期限是不同的。出口货物的发货人或其代理人除海关特许外,应当在装货的 24 小时以前向海关申报。进口货物的收货人或其代理人应当自载运该货的运输工具申报进境之日起 14 天内向海关办理进口货物的通关申报手续。

对一般的进出口货物需交验下列单证。

(1)进出(口)货物报关单。这是海关验货、征税和结关放行的法定单据,也是海关对进出口商品汇总统计的原始资料。

(2)进(出)口货物许可证(如属列入许可证管理范围的,需提交)或国家有关主管机关签发的批准文件。凡国家规定应申领进出口许可证的商品,报关时必须交验外贸管理部门签发的进出口货物许可证。凡根据国家有关规定需要有关主管部门批准文件的还应交验有关批准文件。

(3)提货单、装货单或运单。这是海关加盖放行章后发还给报关人以提取或发运货物的凭证。

(4)发票。它是海关审定完税价格的重要依据,报关时应递交载明货物真实价格、运费、保险费和其他费用的发票。

(5)装箱单。对散装货物或单一品种,且包装内容一致的件装货物可免交。

(6)减税、免税或免验的证明。

(7)商品检验证明。

(8)海关认为必要时应交验的贸易合同以及其他有关单证。

2. 报关涉及的对象

报关涉及的对象可分为进出境的运输工具和货物、物品两大类。由于性质不同,其报关程序各异。运输工具如船舶、飞机等通常应由船长、机长签署到达、离境报关单、交验载货清单、空运单、海运单等单证向海关申报,作为海关对装卸货物和上下旅客实施监管的依据。而货物和物品则应由其收发货人或其代理人,按照货物的贸易性质或物品的类别,填写报关单,并随附有关的法定单证及商业和运输单证报关。

3. 报关程序

《海关法》规定,进出口货物必须经设有海关的地点进境或者出境,进口货物的收货人、出口货物的发货人或其代理人应当向海关如实申报,接受海关监管。对一般进出口货物,海关的监管程序是:接受申报、查验货物、征收税费、结关放行。而相对应的收、发货人或其代理人的报关程序是申请报关、交验货物、缴纳税费、凭单取货。一般的货物进出境监管程序如图14.4所示。

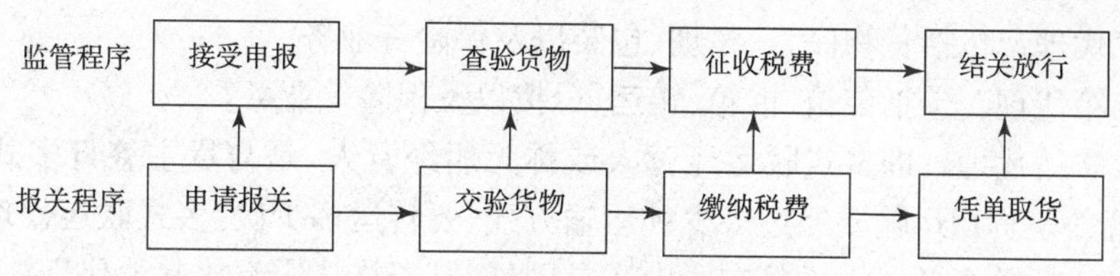

图14.4 报关基本流程

(1)进出口货物的申报。进出口货物的收、发货人或者他们的代理人,在货物进出口时,应在海关规定的期限内,按海关规定的格式填写进出口货物报关单,随附有关的货运、商业单据,同时提供批准货物进出口的证件,向海关申报。海关在规定时间内接受报关单位的申报后,审核单证是否齐全、填写是否正确,报关单内容与所附各项单证是否相符。

(2) 进出口货物的查验。进出口货物,除海关总署特准查验的以外,都应接受海关查验。查验的目的是核对报关单证所报内容与实际到货是否相符,有无错报、漏报、瞒报、伪报等情况,审查货物的进出口是否合法。海关查验货物,应在海关规定的时间和场所进行。

(3) 税费征缴。货物经查验通过后,如属应纳税货物,由海关计算税费,填发税款缴纳证,报关单位据此缴纳相关税费。

(4)进出口货物的放行。海关对进出口货物的报关,经过审核报关单据、查验实际货物,并依法办理了征收货物税费手续或减免税手续后,在有关单据上签盖放行章,货物的所有人或其代理人才能提取或装运货物。此时,海关对进出口货物的监管才算结束。另外,进出口货物因各种原因需海关特殊处理的，可向海关申请担保放行。海关对担保的范围和方式均有明确的规定。

14.2.5 国际货运代理

国际贸易中的跨国商品运输和配送可以由进出口双方单位自行组织，也可以委托跨国的第三方物流组织完成。其中，国际货运代理是方便、节约地执行国际物流中不可缺少的一个重要环节。

1. 国际货运代理及其性质

国际货运代理是指根据客户的指示，并为客户的利益而揽取货物运输的人，其本身并不是承运人。货运代理也可以从事与运输合同有关的活动，如储存、报关、验收、收款等。它是以货主代理人身份并按代理业务项目和提供的劳务向货主收取劳务费。

从国际货运代理的基本性质看，它主要是接受委托人的委托，就有关货物运输、转运、仓储、保险，以及与货物运输有关的各种业务提供服务的一个机构。它是一种中间人性质的运输业者，既代表货方，保护货方的利益，又协调承运人进行承运工作，其本质就是"货物中间人"，在以发货人或收货人为一方，承运人为另一方的两者之间行事。

2. 国际货运代理的业务范围

国际货运代理的业务范围有大有小，大的兼办多项业务，如海陆空及多式联运货运代理业务齐全；小的则专办一项或两项业务，如某些空运货运代理和速递公司。较常见的货运代理主要有以下几类。

(1) 租船订舱代理。这类代理与国内外货主企业有广泛的业务关系。

(2) 货物报关代理。有些国家对这类代理应具备的条件规定较严，必须向有关部门申请登记，并经过考试合格，发给执照才能营业。

(3) 转运及理货代理。其办事机构一般设在中转站及港口。

(4) 储存代理。包括货物保管、整理、包装以及保险等业务。

(5) 集装箱代理。包括装箱、拆箱、转运、分拨以及保险等业务。

(6) 多式联运代理。即多式联运经营人或称无船经营人，是与货主签订多式联运合同的当事人。不管一票货物运输要经过多少种运输方式，要转运多少次，多式联运代理必须对全程运输(包括转运)负总责任。无论是在国内还是国外，其资格认定都比其他代理严格。

3. 国际货运代理的作用

(1) 组织协调作用。国际货运代理人历来被称为"运输的设计师"，"门到门"运输的组织者和协调者。凭借其拥有的运输知识及其他相关知识，组织运输活动，设计运输路线，选择运输方式和承运人(或货主)，协调各方关系，可以省却委托人时间，减少许多不必要的麻烦，专心致力于主营业务。

(2) 专业服务作用。国际货运代理人通过向委托人提供各种专业服务，可以使委托人不必在自己不够熟悉的业务领域花费更多的心思和精力，使不便或难以依靠自己力量办理的事宜得到恰当、有效的处理，有助于提高委托人的工作效率。

(3) 沟通控制作用。国际货运代理人拥有广泛的业务关系，发达的服务网络，先进的信息技术手段，可以随时保持货物运输各方关系人的有效沟通，对货物运输的全过程进行准确跟踪和控制，保证货物安全、及时运抵目的地，顺利办理相关手续，准确送达收货人，并应委托人的要求提供全过程的信息服务及其他相关服务。

(4) 咨询顾问作用。国际货运代理人通晓国际贸易环节，精通各种运输业务，熟悉有关法律、法规，了解世界各地有关情况，信息来源准确、及时，可以就货物在国际物流过程中的如包装、储存等问题向委托人提出明确、具体的咨询意见，协助委托人设计、选择适当处理方案，避免、减少不必要风险、周折和浪费。

(5) 降低成本作用。国际货运代理人掌握货物的运输、仓储、装卸、保险市场行情，与货物的运输关系人、仓储保管人、港口、机场、车站、堆场经营人和保险人有着长期、密切的友好合作关系，拥有丰富的专业知识和业务经验，有利的谈判地位，娴熟的谈判技巧，通过国际货运代理人的努力，可以选择货物的最佳运输路线、运输方式、最佳仓储保管人、装卸作业人和保险人，争取公平、合理的费率，甚至可以通过集运效应使所有相关各方受益，从而降低货物运输关系人的业务成本，提高其主营业务效益。

(6) 资金融通作用。国际货运代理人与货物的运输关系人、仓储保管人、装卸作业人及银行、海关当局等相互了解，关系密切，长期合作，彼此信任，国际货运代理人可以代替收、发货人支付有关费用、税金，提前与承运人、仓储保管人、装卸作业人结算有关费用，凭借自己的实力和信誉向承运人、仓储保管人、装卸作业人及银行、海关当局提供费用、税金担保或风险担保，可以帮助委托人融通资金，减少资金占压，提高资金利用效率。

14.2.6 国际运输

国际货物运输是国际物流系统的核心。商品通过国际货物运输作业由卖方转移给买方。国际货物运输具有路线长、环节多、涉及面广、手续繁杂、风险性大、时间性强等特点。运输费用在国际贸易价格中占有很大比重。国际运输主要包括运输方式的选择、运输单据的处理以及投保等有关方面。国际运输的方式很多，涉及运输通道与运输工具两个要素。

1. 国际海上货物运输

国际海上货物运输虽然存在速度较低、风险较大的不足，但是由于它的通过能力大、运量大、运费低，以及对货物适应性强等长处，加上全球特有的地理条件，使它成为国际贸易中主要的运输方式。由于集装箱运输的兴起和发展，不仅使货物运输向集合化、合理化方向发展，而且节省了货物包装用料和运杂费，减少了货损货差，保证了运输质量，缩短了运输时间，从而降低了运输成本。

国际海上运输的营运方式主要有两种，班轮运输和租船运输。班轮运输是按固定的航行时间表，以固定的港口顺序，并按事先公布的固定运价收取运费的海洋运输方式。租船运输是指租船人向船东租赁船舶，用于货物运输的海洋运输方式。

2. 国际铁路货物运输

国际铁路运输是国际贸易中陆地运输的一种主要方式，也是我国对外贸易中比较重要的运输方式。铁路运输在国际贸易货物运输中的地位仅次于海洋运输。我国幅员辽阔，海运进口货物大部分利用铁路从港口运往内地的收货人，海运出口货物大部分也是由内地通过铁路向港口集中，因此铁路运输是我国国际货物运输的重要集散方式。在我国对外贸易中，铁路运输主要有下列两种方式。

(1)国际铁路联运。指两个或两个以上国家的铁路连接起来，完成一批货物从出口国向进口国转移所进行的运输。它使用一份统一的国际联运单据，由铁路部门负责办理铁路运输的出入境，在由一国铁路向另一国铁路移交货物时，无需发货人、收货人参与。我国与西欧、北欧和中东地区一些国家就通过国际铁路联运来进行进出口货物的运输。

(2)对中国香港特区的铁路运输。由境内段铁路运输和港段铁路运输两部分构成的。

小资料:中国香港特区的铁路运输
中国香港特区的铁路运输的具体做法是:从发货地运至深圳北站后,由中国对外贸易运输总公司深圳分公司接货;然后,办理港段铁路托运手续,并向海关申报。报关后,由深圳外运分公司在中国香港特区的代理人——香港中国旅行社收货后,转运至九龙目的地,交给香港收货人。

3. 国际公路货物运输

公路运输(一般是指汽车运输)是陆上两种基本运输方式之一,在国际货物运输中,它是不可缺少的重要运输方式。具有机动灵活、简洁方便的特点。适用于路途短、数量不多的货物运输,是货物进出码头、车站、机场的重要手段,是连接铁路、水路、航空等运输方式不可缺少的条件。可以将两种或多种运输方式衔接起来,实现多种运输方式联合运输,做到进出口货物运输的"门到门"服务。其缺点是载运量有限,运输成本比较高,运输风险也比较大。

4. 国际航空货物运输

国际航空货物运输虽然起步较晚,但发展极为迅速,这是与它所具备的许多特点分不开的,这种运输方式具有以下特点:运送速度快,安全准确,手续简便,节省包装、保险、利息和储存等费用,但运量小且运价高,较适合鲜活易腐和季节性商品、贵重物品的运输。

5. 集装箱运输

集装箱运输是以集装箱作为运输单位进行货物运输的现代化运输方式,目前已成为国际上普遍采用的一种重要的运输方式。集装箱运输提高了装卸效率,提高港口的吞吐能力,加速了船舶的周转和港口的疏港;减少货物装卸次数,有利于提高运输质量,减少货损货差;节省包装费、作业费等各项费用,降低货运成本;简化货运手续,便利货物运输;把传统单一运输串联成为连贯的成组运输,从而促进了国际多式联运的发展。

6. 国际多式联运

国际多式联运是在集装箱运输的基础上产生和发展起来的,一般以集装箱为媒介,把海上运输、铁路运输、公路运输和航空运输等传统单一运输方式,有机地联合起来,完成国际间的货物运输。在当前国际贸易竞争激烈的形势下,货物运输要求速度快、损失少、费用低,而国际多式联运适应了这些要求,因此,它是当前国际货物运输的发展方向。

7. 大陆桥运输

大陆桥运输是指以大陆上铁路或公路运输系统为中间桥梁,把大陆两端的海洋连接起来的集装箱连贯运输方式。大陆桥运输一般都是以集装箱为媒介,采用国际铁路系统来运送。我国目前开办的西伯利亚大陆桥和新欧亚大陆桥的铁路集装箱运输具有安全、迅速、节省的优点。这种运输方式对发展我国与中、近东及欧洲各国的贸易提供了便利的运输条件。为了适应我国经济贸易的发展需要,利用这两条大陆桥开展铁路集装箱运输也是必经之道,将会促进我国与这些国家和地区的国际贸易发展。

14.2.7 理货业务

理货是对外贸易与国际商品运输配送中不可缺少的一项重要工作,它履行判断商品交接数量和状态的职能,是托运和承运双方履行运输契约、分清商品短缺或毁损责任的重要过程。

1. 理货的概念

理货是随着水上贸易运输的出现而产生的,英文叫 TALLY,其含义为计数用的筹码。最早的理货工作就是计数。现在,理货是指船方或货主根据运输合同在装运港和卸货港收受和交付货物时,委托港口的理货机构代理完成的在港口对货物进行计数、检查货物残损、指导装舱积载、制作有关单证等工作。

2. 理货单证

理货单证是理货机构在理货业务中使用和出具的单证，它是反映船舶运载商品在港口交接时的数量和状态的实际情况的原始记录，因此具有凭证和证据的性质。理货机构一般是公正性或证明性的机构，理货人员编制的理货单证，其凭据或证据具有法律效力。理货单证是承运人与托运人或提单持有人之间办理商品数字和外表状态交接的证明，是港口安排作业、收货人安排提货的主要依据，是买卖双方履行合同情况的主要凭证和理货机构处理日常业务往来的主要依据，也是承运人、托运人、提单持有人以及港方、保险人之间处理商品索赔案件的凭证。主要的理货单证有：理货委托书、计数单、现场记录、日报单、待时记录、货物溢短单、货物残损单、货物积载图；还有分港卸货单、货物分舱单、复查单、更正单、分标志单、查询单、货物丈量单或证明书等单证。

3. 理货工作的内容

①分票。分票是理货员的一项基本工作。分票就是依据出口装货单或进口舱单分清货物的主标志或归属，分清混票和隔票不清货物的归属。分票是理货工作的起点，理货员在理数之前，首先要按出口装货单或进口舱单分清货物的主标志，以明确货物的归属，然后才能根据理货数字，确定货物是否有溢短、残损，进行处理。分票也是提高货物运输质量的重要保障。卸船时，如理货人员发现舱内货物混票或隔票不清，应及时通知船方人员验看，并编制现场记录取得船方签认，然后指导装卸工组按票分批装卸。

②理数。这是理货员的一项最基本的工作，是理货工作的核心内容，也是鉴定理货质量的主要尺度。理数就是在船舶装卸货物过程中，记录起吊货物的钩数，点清钩内货物细数，计算装卸货物的数字。理数的方法有：发簿理数、划钩理数、挂牌理数点理数、抄号理数、自动理数等。

③溢短货物。溢短货物是指船舶承运的货物，在装运港以装货单数字为准，在卸货港以进口舱单数字为准，当理货数字比装货单或进口舱单数字溢出时，称为溢货(Over)，短少时，称为短货(Short)。在船舶装卸货物时，装货单和进口舱单是理货和船舶承运货物的凭证和依据。理货结果就是跟装货单和进口舱单进行对照，来确定货物是否溢出或短少。货物装卸船后，由理货长根据计数单核对装货单或进口舱单，确定实际装卸货物是否有溢短。

④理残。凡货物包装或外表出现破损、污损、水湿、锈蚀、异常变化等现象，可能危及货物的质量或数量，称为残损(Damaged)。理残是理货人员的一项主要工作。其工作内容主要是对船舶承运货物在装卸时，检查货物包装或外表是否有异常状况。理货人员为了确保出口货物完整无损，进口货物分清原残和工残，在船舶装卸过程中，剔除残损货物，记载原残货物的积载部位，残损情况和数字的工作叫理残，亦称分残。

⑤绘制实际货物积载图。装船前，理货机构从船方或其代理人取得配载图，理货人员根据配载图来指导和监督工人装舱积载。但是由于各种原因，在装船过程中经常会发生调整和变更配载。理货长必须参与配载图的调整和变更事宜，在装船结束时，理货长还要绘制实际装船位置的示意图，即实际货物积载图。

⑥签证和批注。理货机构为船方办理货物交接手续，一般是要取得船方签认的，同时，承运人也有义务对托运人和收货人履行货物收受和交付的签证责任。船方为其办理货物交付和收受手续，在理货单证上签字，主要是在货物残损单、货物溢短单、大副收据和理货证明书上签字，称为签证。签证是船方对理货结果的确认，是承运人对托运人履行义务，是划分承、托运双

方责任的依据，是一项政策性和实践性较强的业务。签证工作一般在船舶装卸货物结束后、开船之前完成。我国港口规定，一般不超过船舶装卸货物结束后两小时内完成。

在理货或货运单证上书写对货物数字或状态的意见，称为批注。按加批注的对象不同，批注可分为船方批注和理货批注两类。

小资料：船方批注和理货批注
我船方批注是船方加的批注，一般加在理货单证和大副收据上。理货批注一般可分两种情况，一种是在装货时，理货人员发现货物外表状况有问题，发货人又不能进行处理，而又要坚持装船，这时理货人员就得如实批注在大副收据上。还有发现货物数字不符，而发货人坚持要按装货单上记载数字装船，理货人员也应在装货单上按理货数字批注。有时还有如实批注货物的装船日期等内容。另一种是在卸货时，理货长对船方加在理货单证上的批注内容有不同意见，经摆事实，讲道理后，船方仍坚持不改变批注内容。这时，理货长可在理货单证上加放不同意船方批注内容的反批注意见。

⑦复查和查询。处理卸港理货数字与舱单记载的货物数字不一致，国际航运习惯做法是，船方在理货单上批注"复查"方面的内容，即要求理货机构对理货数字进行重新核查。所以，理货机构采取各种方式对所理货物数字进行核查，以证实其准确性，称为复查。复查的另一个含义，还包括理货机构主动进行的复查，即当理货数字与舱单记载的货物数字差异比较大时，为确保理货数字的准确性，在提请船方签证之前，往往要对所理货物进行复核。复查的方式有重理、复查、查单、查账、调查、询问。

14.2.8 支付

在国际贸易中，货款的支付是买方的基本义务，直接影响到买卖双方的资金周转和融通，以及各种金融风险和费用的负担。因此，支付条件是关系到买卖双方利益的关键问题。款项的支付一般涉及支付工具与支付方式两个方面的内容。

1. 支付工具

国际贸易货款的收付，以及国际物流服务款项的收付，采用现金结算的较少，大多使用非现金结算，即使用代替现金作为流通手段和支付手段的信贷工具来结算国际间的债权债务。票据是国际通行的结算和信贷工具，是可以流通转让的债权凭证。国际贸易中使用的票据主要有汇票、本票和支票，其中以使用汇票为主。

(1)汇票(Bill of Exchange，简称 Draft)。汇票是出票人签发的，委托付款人在见票时或者在指定日期无条件支付确定的金额给收款人或者持票人的票据。

(2)本票(Promissory Notes)。本票是由出票人签发的，承诺自己在见票时无条件支付确定的金额给收款人或持票人的票据。

(3)支票(Check，Cheque)。支票是以银行为付款人的即期汇票，即存款人对银行签发的无条件支付一定金额的委托或命令。

2. 支付方式

国际贸易的支付方式有很多种，汇付、托收和信用证是基本的支付方式。

(1)汇付(Remittance)。又称汇款，指付款人主动通过银行或其他途径将款项汇交收款人，对外贸易的货款如采用汇付，一般是由买方按合同约定的条件和时间，将货款通过银行，汇交给卖方。汇付方式可分为信汇、电汇和票汇三种。

(2)托收(Collection)。托收是指债权人出具汇票委托银行向债务人收取货款的一种支付方式。托收方式一般都通过银行办理，所以，又叫银行托收。

(3)信用证(Letter of Credit,简称 L/C)。信用证支付方式是随着国际贸易的发展,在银行与金融机构参与国际贸易结算的过程中逐步形成的。信用证支付方式把由进口人履行付款责任,转为由银行履行付款,保证出口人安全迅速地收到货款,买方按时收到货运单据。因此,在一定程度上解决了进出口人之间互不信任的矛盾;同时,也为进出口双方提供资金融通的便利,所以,自出现信用证以来,这种支付方式发展很快,并在国际贸易中被广泛应用。当今,信用证付款已成为国际贸易中普遍采用的一种主要的支付方式。

信用证是开证银行根据开证申请人的请求和指示,以自身的名义向收益人开立的,具有一定金额,在一定期限内凭规定的单据实现支付的书面保证文件。信用证付款是一种银行信用,信用证是独立于合同之外的一种自足的文件,信用证项下付款是一种单据的买卖。

信用证方式支付的一般程序如图 14.5 所示。

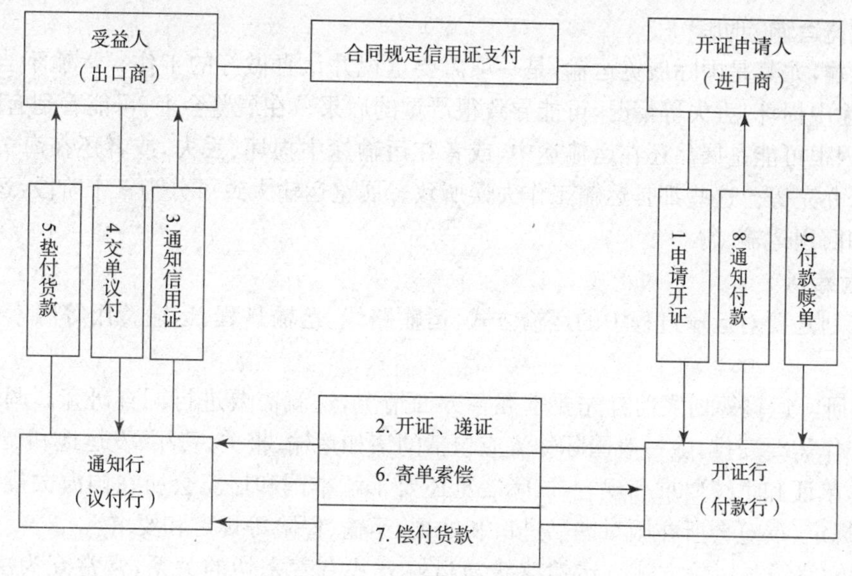

图 14.5 即付跟单信用证的程序

进口商对出口商支付货款的程序因所采用的支付方式不同而有差异,在中国出口业务中,使用议付信用证方式较为普遍。货物装运后,受益人应及时制单,在信用证规定的有效期和交单期内向银行交单。议付行收到交易所后,按照信用证的要求审单,并在收到单据后 7 个银行工作日将审单结果通知受益人。如果确认"单证一致,单单一致",议付行将向开证行或其指定的银行寄单索偿,同时按与受益人约定的方法进行结汇。开证行收到国外寄来的汇票及单据后,对照信用证的规定核对单据的份数和内容。如果内容无误,即由银行对国外付款,同时进口商向银行承兑或付款赎单。进口商在取得相关单据后可以凭单提取进口货物。如果银行在审单时发现单证不符,应做出适当处理,如停止对外付款、相符部分付款不符部分拒付、货到检验合格后再付款、在付款的同时提出保留索赔权等。

小案例:支付的问题

我出口公司收到上海甲银行通知的自挪威乙银行开来的,金额为外汇人民币 22 000 元,货物运出后我方向甲行交单议付,甲行在索汇时,未按来证偿付条款的规定(In reimbursement, please advise where you want counter)提出偿付路线,致使乙行收到单据后无所适从。乙行无人民币外汇,即以等值挪威克良(NOK)汇票寄给甲行偿付,甲行收到该汇票后再送请当地中国银行办理该汇票的托收,待中行向挪威收妥后才折合外汇人民币结汇。从案例中我们可得到较深刻的教训。

14.3 国际展品物流

据统计，自 1977 年至 1988 年，全世界经国际博览会联盟认可的国际展览会由 780 个增长到 1 850 个。在 1990 年，约有 5 000 家美国公司在国外展出。随着我国对外经贸交往的进一步深化，我国越来越多的企业参与到国际展览会中，同时也吸引了诸多国外企业到中国来参展布展。因此，国际展品物流也成为国际物流的主要部分。

14.3.1 国际展品物流的概念

国际展品物流是指以展览、展示为目的，暂时将商品运如一国境内，待展览结束后再复运出境的物流活动。

14.3.2 展览运输的阶段

展览运输，尤其是国际展览运输，是一项需要重视并认真做好的工作。运输不当，可能出现未运到、途中损坏、丢失等情况，可能导致很严重的后果。在展览会上，可能看到有的展台空无一物，原因很可能是展品还在运输途中，或者在运输途中损坏、丢失，或者还在海关仓库里，海关手续未办完等。这些都是运输工作失误所致。展览运输大致可分为三个阶段：运输筹划、去程运输和回程运输。

1. 运输筹划

运输筹划是要对运输过程中的运输方式、运输路线、运输日程、运输费用等因素进行设计安排。

(1) 调研。运输筹划之前首先要掌握各方面情况，这就需要进行调查研究。调研的范围主要根据工作需要安排，除一般国际物流应包括的诸如运输、报关、费用、发运地和展出地对展品和道具的单证和手续要求和规定，国际展览还要了解本国和展览会所在国海关规定、手续、税率，特殊规定，展览会所在国对展品进口和处理、运输、保险等规定和要求。

(2) 运输路线与运输方式。运输路线与运输方式有着密切的关系，常常互为决定因素。国际运输最常使用的路线可以分为三段：第一段，从展出者所在地将展品陆运到港口；第二段，从港口将展品海运到展览会所在地国的港口；第三段，从港口陆运到展览会所在地。运输费用通常也是这样计算。可根据不同运输方式的优劣、日程安排、路程远近、展品情况和特性决定运输方式和运输路线。

(3) 运输日程。展览运输的日程要尽早安排，以便能协调安排好一系列工作包括展品，道具、资料等展览用品的筹备，使展品以及其他展览用品能在恰当的时间运抵目的地。运输方式和日期确定后，尽快作出具体安排如定舱等。另外要通知并监督所有有关方面协调做好工作，以免出现该发运了，展品还未制作好等情况。

(4)集体运输和单独运输。集体展出通常由组织者统一安排运输。统一运输可以节省参展者的时间和费用，可以避免混乱，也可以更有保证地将展品按时运到展地，并可以使用集装箱方式运输，安全快捷。

使用集体运输的方式，参展者需要按组织者的要求提前准备展品、道具和资料，在规定时间内将展品等运到指定的集中地点，并按要求办理有关单证，主要是展品清册。然后由组织者安排理货、装箱、发运、接货、办理有关手续，将展品运到展场。组织者负责安排空箱存放。展览会结束后，参展者负责再包装、装箱，并交组织者。组织者再安排办理有关手续、回运或调运、接货、办理有关手续和分运。

如果是单独展出，或者集体展出却不统一安排集体运输，那么展出者就需要自己安排运输事宜。单独安排运输的程序与统一安排运输基本一样。

掌握各方面情况后，就可以制定具体的运输工作方案，明确工作内容、期限、费用、负责人等。

2. 去程运输

去程运输是指展品自展出者所在地至展台之间的运输。一个比较完整的集体安排的去程运输过程可以大致分为以下几个阶段。

(1)展品集中。这是集体展出、统一安排运输的特点。参展者将各自的展品、道具运到指定的集中地点。首先要安排一个合理的展品集中日期，合理是指考虑到参展者准备展品的时间和运输所需的时间而决定的日期。展品集中后，由集体展出的组织者或受托人理货。根据展品量安排运输箱及运输事宜，然后将展品箱拼装装入运输箱内。

(2)装车。指在展品集中地将运输箱装上卡车，运往港口、机场火车站。装车日期与下一程的长途发运日期应衔接好。装车要做好现场记录、核对箱数、监督装车、办理手续。发车后立即通知装货港口、机场或车站的运输代理准备接货。

(3)长途运输。这是运输的中心环节，包括水运、陆运和空运，还可能包括中途的转运，其中海运的手续最为复杂，卡车运输最为简单。

(4)交接。安排运输的人员可能不参加展览会，因此要将有关情况交代给制定的展台人员。

(5)接运。指在目的地接受展品，办理有关手续，并将展品安排运到展馆。

(6)掏箱。指将展品箱从运输箱中掏出或卸下，并搬运到指定的展台位置。

(7)开箱。指开展品箱，开箱工作一般由展台人员自己做，特殊展品可以安排专业人员开箱。

3. 回程运输

回程运输是指将展品自展台运回至展出者所在地的运输，简称“回运”。但是对于安排统一运输的集体展出组织者而言，将展品自展台运至原展品集中地的运输称作“回运”，然后将展品自展品集中地分别运回给参展者所在地的运输称作“分运”。还有一种情况是将展品运至下一个展览地，传统上称作“调运”。

(1)回运。回运与去程运输基本相同，只是运输方向相反，另外除了包装、装箱、装车运载要求抓紧时间外，其他时间要求一般不高。

(2)分运。展品回运到原先的展品集中地后，由集体展出的组织者或委托的运输代理将展品箱再分别运还给参展者。

(3)调运，也称作转运或调拨。有关安排和手续与去程运输相似。

展品物流是一项比较繁琐、复杂的工作，可以将物流工作中的大部分具体业务委托给代理办理，但是，展品和运输负责人必须掌握全面情况，指挥、协调、监督、配合有关方面保质保量地做好展品和运输工作，以保证展览工作的顺利进行。展品物流工作结束时，还需要安排必要的评估和总结。

14.4　国际邮政物流

国际邮政物流是指通过国际邮政运输(International Postal Transport)和国际特快专递

业务办理的包裹、函件等。每年全世界通过国际邮政所完成的包裹、函件、特快专递等数量相当庞大,因此它成为国际物流的一个重要组成部分。

14.4.1 国际邮政运输

邮政运输是一种较简便的运输方式。国际上各国邮政之间订有协定和公约,通过这些协定和公约,使邮件包裹的传递畅通无阻,四通八达,形成全球性的邮政运输网,从而使国际邮政运输成为国际物流中普遍采用的运输方法之一。

1. 国际邮政运输的概念

国际邮政运输是一种具有国际多式联运性质的运输方式。一件国际邮件一般要经过两个或两个以上国家的邮政局和两种或两种以上不同运输方式的联合作业方可完成。

2. 国际邮政运输的特点和作用

国际邮政运输是国际贸易运输不可缺少的渠道。根据它的性质和任务,概括起来主要有以下几个特点。

(1)具有广泛的国际性。国际邮政是在国与国之间进行的,在多数情况下,国际邮件需要经过一个或几个国家经转。各国相互经转对方的国际邮件,是在平等互利、相互协作配合的基础上,遵照国际邮政公约和协定的规定进行的。为确保邮政运输的安全、迅速、准确地传送,在办理邮政运输时,必须熟悉并严格遵守本国和国际间的邮政各项规定和制度。

小资料:万国邮政联盟组织
万国邮政联盟(Universal Postal Union)简称邮联。其宗旨是根据邮联组织法规定,组成一个国际间邮政领域,以便相互交换邮件;组织和改善国际邮政业务,以利国际合作的发展;推广先进经验,给予会员国邮政技术援助。邮联的组织机构有:大会,为邮联的最高权力机构,每五年举行一次;执行理事会,为大会休会期间的执行机构;邮政研究咨询理事会,研究邮政技术和合作方面的问题,并就此问题提出改进建议以及推广邮政经济和成就;国际局,为邮联的中央办事机构,设在瑞士伯尔尼,其主要任务是对各国邮政进行联络、情报和咨询,负责大会筹备工作和准备各项年度工作报告。我国于 1972 年加入邮联组织。截至 2006 年 7 月,邮联已由初建时的 22 个国家发展为拥有 191 个成员国的组织。

(2)具有国际多式联运性质。国际邮政运输过程一般需要经过两个或两个以上国家的邮政局和两种或两种以上不同的运输方式的联合作业才能完成。但从邮政托运人角度来说,它只要向邮政局照章办理一次托运,一次付清足额邮资,并取得一张包裹收据(Parcel Post Receipt),全部手续即告完备。至于邮件运送、交接、保管、传递等一切事宜均由各国邮政局负责办理。邮件运抵目的地,收件人即可凭邮政局到件通知和收据向邮政局提取邮件。所以,国际邮政运输就其性质而论,是一种国际多式联合运输性质。

(3)具有"门到门"(Door to Door)运输的性质。各国邮政局如星斗密布于全国各地,邮件一般可在当地就近向邮政局办理,邮件到达目的地后,收件人也可在当地就近邮政局提取邮件。所以邮政运输基本上可以说是"门到门"运输。它为邮件托运人和收件人提供了极大的方便,但国际邮政运输与其他运输方式还是有所不同。国际邮政运输主要任务是通过国际邮件的传递,沟通和加强各国人民之间的通讯联系,促进相互间的政治、经济、文化交流。这与国际贸易大量货物运输在业务性质上是存在差别的。国际邮政运输,对邮件重量和体积均有限制,如每件包裹重量不得超额 20 kg,长度不得超过 1 公尺。所以邮政运输只适宜于重量轻、体积小的商品,如精密仪器、机器零件、金银首饰、药品等。

3. 国际邮政运输的主要内容

国际邮件按运输方法分为水陆路邮件和航空邮件。按内容性质和经营方式分为函件和包裹两大类。按我国邮政规定，邮包分为以下几类。

(1)普通包裹。凡适于邮递的物品，除违反规定禁寄和限寄的以外，都可以作为包裹寄送。

(2)脆弱包裹。容易破损和需要小心处理的包裹，如玻璃器皿、古玩等。

(3)保价包裹。邮局按寄件人申明价值承担补偿责任的包裹。一般适于邮递贵重物品。如金银首饰、珠宝、工艺品等。此外，国际上还有快递包裹，代收货价包裹、收件人免付费用包裹等，目前我国邮政暂不办理这些项目。以上包裹如以航空方式邮递，即分别称为航空普通包裹、航空脆弱包裹和航空保价包裹。邮政局在收寄包裹时，均给寄件人以执据，故包裹邮件系属于给据邮件。给据邮件均可以办理附寄邮件回执。回执是在邮件投交收件人作为收到凭证的邮件。回执尚可按普通、挂号或航空寄送。

4. 国际邮资

邮资和单证邮资是邮政局为提供邮递服务而收取的费用。各国对邮资采取不同的政策，有些国家把邮政收入作为国家外汇收入来源之一，有些国家要求邮政自给自足，收支大致相抵，有些国家对邮政实行补贴政策，从而形成不同的邮资水平。

根据《万国邮政公约》规定，国际邮资应按照与金法郎接近的等价折成其本国货币制定。邮联以金法郎为单位，规定了基本邮资，允许各国可按基本国情增减。增减幅度最高可增加70%，最低可减少50%。国际邮资均按重量分级为其计算标准。邮资由基本邮资和特别邮资两部分组成。基本邮资是指邮件经水陆路运往寄达国应付的邮资，也是特别邮资计算的基础。基本邮资费率是根据不同邮件种类和国家地区制订的，邮政局对每一邮件都要照章收取基本邮资。特别邮资是为某项附加手续或责任而收取的邮资，如挂号费、回执费、保价费等，是在基本邮资的基础上，按每件加收的，但是保价邮资须另按所保价值计收。邮政运输的主要单证是邮政收据(Post Receipt)。邮政收据是邮政局收到寄件人的邮件后所出据的凭证，是邮件灭失或损坏时凭以向邮政局索赔的凭证，也是收件人提取邮件的凭证。

5. 国际邮政运输的有关规定

(1)禁寄限寄范围国际邮件内容，除必须遵照国际间一般禁止或限制寄递的规定外，还必须遵照本国禁止和限制出口的规定，以及寄达国禁止和限制进口和经转国禁止和限制过境的规定。

(2)有关重量、尺寸、封装和封面书写要求规定。按照国际和我国邮政规定，每件邮包重量不得超过20kg，长度不得超过1公尺。

6. 邮政运输的责任范围

邮政部门与寄件人之间是委托与被委托的关系。双方的权利义务和责任豁免是由国家法律和国家授权制订的邮政规章予以明确规定，并受其制约的，与此同时，还要受到国际公约和协定的约束。这种关系自邮政部门接受寄件人的委托起建立，并一直至邮政部门交付邮件于收件人而告终止。根据邮政法规，寄件人应遵守邮政有关规定，办理邮件委托手续并照章交付邮资；邮政部门负有安全、准确、迅速完成接受委托的邮递责任，并对邮件的灭失、短少、损坏负有补偿责任。但非由于邮政部门的过失所造成的邮件灭失、短少、损坏，邮政部门可免于负责。

14.4.2　国际特快专递业务

1. 国际快递业务概况

国际特快专递业务由世界各国邮政联合创办，受各国法律的保护，享有航空和海关验关的优先权，是以高速度、高质量、高效率传递国际邮件的新业务。

为适应社会经济发展的客观需求，我国邮政于1980年7月15日首先与新加坡开办了国际特快专递业务。截至目前，我国邮政已与80多个国家和地区的邮政部门建立了业务联系，尚未与我国建立EMS业务联系的国家和地区的特快专递邮件，通过与TNT的合作来补充EMS网络的不足，使国际特快专递邮件可通达200多个国家和地区。

2. 国际快递业务范围

国际特快专递邮件根据内件性质，分为信函、文件资料和物品三大类。

(1)信函类。具有个人现时通信内容的信件应按信函类邮件寄递。信函类国际特快专递邮件的通信秘密受法律保护。信函与文件资料或物品混封时，应按文件资料或物品类邮件收寄。

(2)文件资料类。准寄商业合同、工程图纸、照片、照相复制品、金融票据、有价证券(不包括各国货币和无记名支票)、证书、单据、报表及手稿文件等全部用印刷方式印制、复制的各种纸质制品。各国海关对文件资料类特快专递邮件一般均免验放行或优先验关放行。

(3)物品类。物品邮件中准寄所有适于邮递的货样、商品、馈赠礼品及其他物品。

寄递物品类国际特快专递邮件应向海关详细申报，并提供相关票据、文件。国际特快专递邮件禁寄、限寄的范围除应参照有关规定外，还应依照"中华人民共和国海关对进出口邮递物品监管办法"、"中华人民共和国海关对寄自或寄往香港澳门的个人邮递物品监管办法"和国家法令有关我国禁止和限制邮寄物品的规定以及各寄达国(地区)邮政禁止和限制邮寄进口物品的规定办理。

14.5 国际物流仓储与包装

仓储是国际物流不可缺少的环节，不仅负担着进出口商品保管存储的任务，还担负着出口的加工、挑选、整理、包装、刷唛、备货、组装和发运等一系列的任务。仓库是对外贸易运输的基地。

商品储存保管使商品在其流通过程中处于一种或长或短的相对停滞状态，这种停滞是完全必要的。因为，商品流通是一个由分散到集中，再由集中到分散的源源不断的流通过程。国际贸易和跨国经营中的商品从生产厂或供应部门被集中运送到装运港口，有时须临时存放一段时间，再装运出口，到达进口国卸货港口，因通关、商检等原因，也需临时存放一段时间，是一个集和散的过程。这种商品的储存主要是在各国的保税区和保税仓库进行的。

14.5.1 保税货物、保税仓库与保税区

1. 保税货物

保税是指海关保留对货物征税的权利。根据我国《海关法》的定义，保税货物是指经海关批准未办理纳税手续进境，在境内储存、加工、装配后复运出境的货物。具体包括来料加工进口的料件和设备，补偿贸易进口的设备，寄售维修零配件，供应国际航行船舶的燃料、零配件，贸易商的转口贸易货物，保税区内进口的货物，以及其他一些经海关批准进口时暂未办理纳税手续的货物等。

2. 保税仓库(详见第5章)

3. 保税区

保税区，又称保税仓库区，是海关设置或经海关批准注册的，受海关监督的特定地区和仓库。外国商品存入保税区，可暂时不缴纳进口税；如再出口，不缴纳进口税；如要运进所在国的

国内市场，则需办理报关手续，缴纳进口税。运入区内的外国商品可进行储存、改装、分类、混合、展览、加工和制造等。

1990 年，经国务院批准，我国按照自由贸易区模式建立了中国第一个自由经济区——上海外高桥保税区。随后几年，我国又先后在深圳、烟台、青岛、天津、厦门等建立保税区。

14.5.2　国际物流包装

在国际货物买卖中，包装是说明货物的重要组成部分，包装条件是买卖合同中的一项主要条件。按照某些国家的法律规定，如卖方交付的货物未按约定的条件包装，或者货物的包装与行业习惯不符，买方有权拒收货物。如果货物虽按约定的方式包装，但与其他货物混杂在一起，买方可以拒收违反规定包装的那部分货物，甚至可以拒收整批货物。根据商品包装在流通过程中的作用不同，可分为运输包装和销售包装两种。国际物流中主要涉及运输包装。

1. 运输包装

运输包装习惯上称为大包装或外包装，其主要作用在于保护商品，防止在储运过程中发生货损货差。按照包装方式，运输包装可分为单件运输包装和集合运输包装。单件运输包装的具体形式有箱、桶、袋、包、捆等。集合运输包装是将一定数量的单件包装组合成一件大的包装或装入一个大的容器内。具体形式有托盘、集装箱、集装袋等。

2. 运输包装的标志

运输包装的标志是指为了便于在装卸、运输、仓储、检验、交接中识别货物、防止货物损坏而在商品包装上刷制的标志。按其作用，运输包装的标志可分为运输标志、指示性标志、危险品标志三种。

3. 对运输包装的要求

国际物流的运输包装比国内贸易商品的运输包装要求更高，它应当体现下列要求：①必须适应商品的特性；②必须适应各种不同运输方式的要求；③必须考虑有关国家的法律规定和客户的要求；④便于各环节有关人员进行操作；⑤在保证包装牢固的前提下节省费用。

小资料：美国对木质包装材料要求

美国海关边境保护局 2006 年 7 月 5 日全面执行于 2005 年 9 月 16 日生效的木质材料包装规例，所有以有关木质材料为包装（包括装货托板、装货箱、盒子、货垫、木块、垫木等）的货品均受影响（豁免除外）。

处理及标记规定：国际货物所使用的木质包装材料必须：(a)经过加热处理，最低木心温度为摄氏 56 度，最少需处理 30 分钟，或(b)以甲基溴进行熏蒸约 16 小时。

此外，木质包装材料必须加上国际植物保护公约标记，以及国际标准化组织 ISO 的双字母国家编码，显示处理木质包装材料的国家。标记又必须包括由国家植物保护机构向负责公司分配的独有号码，确保木质包装材料已经适当处理。

案例：我某公司出口某种化工原料，共 500 公吨。合同规定以“单层新麻袋，每袋 50 kg”包装。但我方装船发货时发现新麻袋装的货物只够 450 公吨，剩余 50 公吨货物用一种更结实，价格也较麻袋贵的涂塑麻袋包装，结果被对方索赔。

正确合理的包装，不仅可以保护商品在长途运输中性能、品质完好，还能帮助企业节约成本，提高效率，减少不必要的人力、财力和物力的浪费。此外，在考虑出口商品包装设计和具体作业过程时，应把包装、储存、搬运和运输有机联系起来，统筹考虑，全面规划，实现现代国际物流系统所要求的“包、储、运一体化”。

14.6 国际物流的发展

1. 国际物流系统更加集成化

传统物流一般只是货物运输的起点到终点的流动过程，如产品出厂后从包装、运输、装卸到仓储这样一个流程；而现代物流，从纵向看，它将传统物流向两头延伸并注入新的内涵，即从最早的货物采购物流开始，经过生产物流再进入销售领域，其间要经过包装、运输、装卸、仓储、加工配送等过程到最终送达用户手中，甚至最后还有回收物流，整个过程包括了产品出“生”入“死”的全过程。从横向看，它将社会物流和企业物流、国际物流和国内物流等各种物流系统，通过利益输送、股权控制等形式将它们有机地组织在一起，即通过统筹协调、合理规划来掌控整个商品的流动过程，以满足各种用户的需求和不断变化的需要，争取做到效益最大和成本最小。

国际物流的集成化，是将整个物流系统打造成一个高效、通畅、可控制的流通体系，以此来减少流通环节、节约流通费用，达到实现科学的物流管理、提高流通的效率和效益的目的，以适应在经济全球化背景下“物流无国界”的发展趋势。国际物流的这种集成化趋势，是一个国家为适应国际竞争正在形成的跨部门、跨行业、跨区域的社会系统，是一个国家流通业正在走向现代化的主要标志，也是一个国家综合国力的具体体现。

2. 国际物流管理更加网络化

在系统工程思想的指导下，以现代信息技术提供的条件，强化资源整合和优化物流过程是当今国际物流发展的最本质特征。信息化与标准化这两大关键技术对当前国际物流的整合与优化起到了革命性的影响。同时，又由于标准化的推行，使信息化的进一步普及获得了广泛的支撑，使国际物流可以实现跨国界、跨区域的信息共享，物流信息的传递更加方便、快捷、准确，加强了整个物流系统的信息连接。现代国际物流就是这样在信息系统和标准化的共同支撑下，借助于储运和运输等系统的参与、借助于各种物流设施的帮助，形成了一个纵横交错、四通八达的物流网络，使国际物流覆盖面不断扩大，规模经济效益更加明显。

3. 国际物流标准更加统一化

国际物流的标准化是以国际物流为一个大系统，制定系统内部设施、机械装备、专用工具等各个分系统的技术标准；制定各系统内分领域的包装、装卸、运输、配送等方面的工作标准；以系统为出发点，研究各分系统与分领域中技术标准与工作标准的配合性；按配合性要求，统一整个国际物流系统的标准；最后研究国际物流系统与其他相关系统的配合问题，谋求国际物流大系统标准的统一。随着经济全球化的不断深入，世界各国都很重视本国物流与国际物流的相互衔接问题，努力使本国物流在发展的初期，其标准就力求与国际物流的标准体系相一致。

4. 国际物流运输更加现代化

国际物流的支点离不开运输与仓储。而要适应当今国际竞争快节奏的特点，仓储和运输都要求现代化，要求通过实现高度的机械化、自动化、标准化手段来提高物流的速度和效率。国际物流运输的最主要方式是海运，有一部分是空运，但它还会渗透其国内的其他一部分运输，因此，国际物流要求建立起海路、空运、铁路、公路的“立体化”运输体系，来实现快速便捷的“一条龙”服务。为了提高物流的便捷化，当前世界各国都在采用先进的物流技术，开发新的运输和装卸机械，大力改进运输方式，比如应用现代化物流手段和方式，发展集装箱运输、托盘技术等等。总之,融合了信息技术与交通运输现代化手段的国际物流,对世界经济运行将继续产生积极的影响。

本章小结

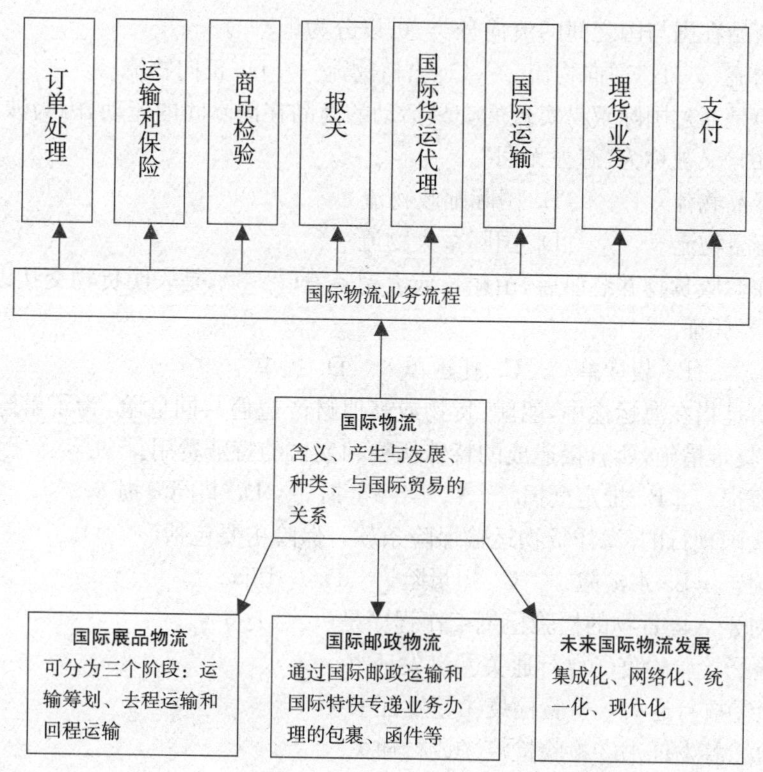

关键概念

国际物流　国际运输　国际货物运输保险　报检　报关　国际货运代理　理货

课堂讨论

(1)随着经济全球化的深化,跨国公司的进一步发展,国际贸易领域出现了很多变化,请收集相关的资讯,并讨论这些变化会对国际物流产生哪些影响。

(2)相较于国内运输方式而言,国际运输方式的选择有哪些需要特别注意的事项?

复习思考题

1. 选择题

(1)根据商品在国与国之间的流向分类,可以分为(　　)。

A. 进口物流　B. 逆向物流　C. 出口物流　D. 正向物流

(2)(　　)是通过国际贸易实现的交易活动的商品在国际间的流动,因为涉及的商品流动通常是单方面的,又被称为"有去无回"。

A. 国际展品物流　B. 国际邮政物流

C. 国际商品物流　D. 国际军火物流

(3)船方在验收货物并装船后,由船长或大副签发(　　),是表明货物交接以及划分承、托双方责任的重要凭证。

A. 收货单　B. 装货单　C. 托运单　D. 提单

(4)(　　)是指在海运途中,船舶、货物或其他财产遭遇共同危险,为了解除共同危险,有意采取合理的救难措施,所直接造成的特殊牺牲和支付的特殊费用。

A. 单独海损　B. 推定全损　C. 实际全损　D. 共同海损

(5)根据我国现行的《海洋货物运输保险条款》,保险主要包括(　　)。

A. 平安险　B. 水渍险　C. 短量险　D. 一切险

(6)我国对于入境货物的检验检疫工作程序是(　　)。

A. ①报检②检验检疫③放行通关④签发证书

B. ①报检②放行通关③检验检疫④签发证书

C. ①报检②签发证书③检验检疫④放行通关

D. ①报检②检验检疫③签发证书④放行通关

(7) 国际海上运输的营运方式主要有(　　)。

A. 班轮运输　B. 程租　C. 期租　D. 光租

(8) 国际物流中运输方式的选择,应考虑以下因素(　　)。

A. 运输成本　B. 运行速度　C. 物流基础设施条件　D. 货物数量

(9) 理货工作的主要内容包括(　　)。

A. 分票　B. 理数　C. 理残　D. 绘制实际货物积载图

(10)经海关批准可以存入保税仓库的货物有(　　)。

A. 供应国际航行船舶的燃料、零配件　B. 外商暂存货物

C. 未办结海关手续的一般贸易货物　D. 加工贸易进口货物

2. 问答题

(1) 什么是国际物流？它与国内物流相比有什么区别？

(2) 如何正确理解国际贸易与国际物流的关系？

(3) 国际物流的特点是什么？

(4) 国际物流包装应考虑的因素有哪些？

(5) 海洋货物运输保险险别有哪些？

(6) 简述商品报检的流程。

(7) 简述商品报关的流程。

(8) 国际货运代理有何作用？

(9) 在国际物流中，款项的支付主要有哪些方式？

(10) 什么是国际展品物流？简述国际展品物流的各个阶段。

案例分析

ZARA 的苛刻和挑剔，引导了一家独具特色的物流公司在中国的成长。“给 ZARA 做过(配送)，别的就没有做不了的了。”负责 ZARA 在华物流配送的普及东西物流公司北京代表处(下称普及东西)总经理说。

北京 ZARA 世贸天阶店开业至今已经一年多，据估算，卖出的服装已经有五六十万件。而所有这些服装，无论来自 ZARA 西班牙的时装中心，还是中国本土的代理加工厂商，都由这家中文译名怪异的物流公司经手，在每个周三和周六的清晨送到 ZARA 的门店。

在销售淡季，普及东西每次的送货量在 3 000 件以上，逢年过节一周则会达到 1 万件。春节临近，他们的工作量增加，经理打趣说，“见过卖服装的，没见过像 ZARA 这么能卖的。”2007 年的 7、8 月份，普及东西跟随 ZARA 的脚步，先后在广州和天津成立了分部。对于这家总部位于德国、少为人知的物流公司来说，在中国的冒险之旅只是刚刚展开。

《商业评论》把 ZARA 誉为“服装行业的 DELL”，哈佛商学院认为 ZARA 是欧洲最值得研究的品牌，沃顿商学院将 ZARA 视为研究未来制造业的典范，而更多的人认为 ZARA 是“时装行业的 Swatch 手表。”

ZARA 从设计到销售，周期可控制到 15 天以内，甚至当天完成。其产品在工厂间走管道，在门店之间坐飞机。在西班牙 ZARA 成为国内众多服装企业争相仿效的对象，这不仅因为 ZARA 的店铺形象好、款式品种多、紧跟流行趋势，更重要的是设计速度快、价格便宜。

据 ZARA 门店的人士介绍，在成品服装配送环节上，在欧洲用卡车两天内可以保证到达，而对于美国、中国和日本等市场，ZARA 全部采用空运来提高配送速度。速度是效率的保证，也是对物流公司的考验。

ZARA 素以苛刻的时间要求闻名。之前，普及东西物流接手过很多一线品牌的服装，在他们看来，这些一线品牌服装比起 ZARA 来实在是“太好做了”，比如在运输过程中注意保证产品质量，在打标签上稍加注意就可以。但是，对 ZARA 来说，保质保量仅仅是最基本的要求，更高的要求在于苛刻的时间上。与其他品牌大批量运输配送不同，ZARA 是小批量，多批次配送，以快制胜，这就需要负责配送的物流公司在第一时间付诸行动。

ZARA 迷们都知道，喜欢 ZARA 的某一件衣服最好马上下单，因为下周就看不见了。这是因为，ZARA 每种款式的服装基本都是 5 件左右，而且不会补货。这种独特的经营方式是 ZARA 的魅力所在，但对物流公司来说，则意味着难度更大的小批量、多批次配送。这种苛刻让普及东西不得不千方百计降低成本。普及东西物流每次到店面送货只是一辆大卡车、一辆面包车和 3 个工作人员。“能用 3 个人，就不用 4 个人，因为我们本身也不是很赚钱。”

目前，普及东西正在忙于配合 ZARA 调整送货时间。从 2007 年 12 月中旬起，ZARA 改变了北京世贸天阶店的铺货时间。ZARA 店的员工早上 8 点前接货的准备由原来的每周三和周六改为现在的周二和周五。据 ZARA 店经理介绍，这是因为周末的销售量越来越大，而周六的顾客较多，一大早还要接货会比较忙乱，没有充足的时间做准备。

“从西班牙空运来的货物每周末到达北京机场，被要求送到店面的时间提前了，物流公司从顺利清关到运到自己的仓库这一过程都需要加把劲了。”普及东西物流正在适应这种改变。周末海关休息，星期一普及东西办理清关交税等手续，最快在下午 3 点把货物送到北京附近的普及东西仓库。第二天早上 8 点前必须把货物送到店内，由 ZARA 工作人员直接摆上货架。其间，普及东西的工作人员要连夜把 ZARA 服装的价格和商标换成中文标签贴好。

随着 ZARA 在中国扩张的野心继续，普及东西的生意也在延伸。

（资料来源：杜慧清．物流管理，并经部分整理．）

案例思考：(1)ZARA 对物流公司的服务提出了什么特殊要求？物流公司是如何解决的？

(2) 你认为一家优秀的国际物流公司应该具备什么样的素质？

推荐阅读

[1] 各种中外物流期刊．

[2] 国际商会中国国家委员会组织编译．ICC 跟单信用证统一惯例(UCP600)．北京：中国民主法制出版社，2006，11.

[3] 彭福永．国际贸易实务教程．上海：上海财经大学出版社，2005.

[4] 符海清．国际货运代理实务．北京：对外经济贸易大学出版社，2007.

[5] 丁立言，张铎．国际物流学．北京：清华大学出版社，2008.

[6] 李元旭，吴国新．国际贸易单证实务．北京：清华大学出版社，2005.

[7] 吴清一．物流学．北京：中国物资出版社，2006.

参考文献

[1] 王之泰. 新编现代物流学[M]. 北京:首都经济贸易大学出版社,2005.2.

[2] 冯耕中. 现代物流与供应链管理[M]. 西安:西安交通大学出版社,2003.11.

[3] 周启蕾. 物流学概论[M]. 北京:清华大学出版社,2005.8.

[4] David . Bloomberg. 物流学[M]. 北京:清华大学出版社,2004.10.

[5] 吴清一. 现代物流概论[M]. 北京:中国物资出版社,2003.11.

[6] 中国物流与采购联合会. 中国物流发展报告(05－06)[R]. 北京:中国物资出版社,2006.5.

[7] 张锦. 物流系统规划[M]. 北京:中国铁道出版社,2004.

[8] 汝宜红. 物流学导论[M]. 北京:清华大学出版社,北京交通大学出版社,2004.

[9] 崔介何. 物流学[M]. 北京:北京大学出版社,2003.

[10] 张诚. 现代物流管理[M]. 南昌:江西人民出版社,2008.

[11] 方仲民,等. 物流系统规划与设计[M]. 北京:机械工业出版社,2007.

[12] 罗纳德. H. 巴罗. 企业物流管理——供应链的规划、组织和控制[M]. 2 版. 北京:机械工业出版社,2006.

[13] 刘冀生. 企业经营战略[M]. 北京:清华大学出版社,2000.

[14] 徐利民,马良成. 仓储中心的动态规划选址及应用[J]. 武汉理工大学学报(交通科学与工程版),2003,27(2):256－262.

[15] 马天山. 我国物流业发展战略研究[D]. 西安:长安大学,2005.

[16] 张敏,等. 物流运输管理[M]. 上海:上海财经大学出版社,2004.

[17] 张理,等. 现代物流运输管理[M]. 北京:中国水利水电出版社,2005.

[18] 叶怀珍. 现代物流学[M]. 北京:高等教育出版社,2006.

[19] 王蓓彬,胡维忠. 现代仓储管理[M]. 北京:人民交通出版社,2005.

[20] 张洪革,李忠国. 物流仓储与配送管理[M]. 北京:中国劳动社会保障出版社,2006.

[21] 真虹,张婕姝. 物流企业仓储管理与实务[M]. 北京:中国物资出版社,2003.

[22] 于宝琴. 现代物流信息管理[M]. 北京:北京大学出版社,2004.

[23] 傅和彦. 现代物料管理[M]. 厦门:厦门大学出版社,2005.

[24] 王槐林. 采购管理与库存控制[M]. 北京:中国物资出版社,2002.

[25] 爱德华·弗雷兹. 当代仓储及物料管理[M]. 刘庆林译. 北京:人民邮电出版社,2004.

[26] 田源. 仓储管理[M]. 北京:机械工业出版社,2007.

[27] 刘彦平. 仓储和配送管理[M]. 北京:电子工业出版社,2008.

[28] 王雄志. 配送中心配货作业方法研究[M]. 北京:中国经济出版社,2008.

[29] 徐贤浩. 物流配送中心规划与运作管理[M]. 武汉:华中科技大学出版社,2008.

[30] 徐天亮. 运输与配送[M]. 北京:中国物资出版社,2002.

[31] 汝宜红. 配送管理[M]. 北京:机械工业出版社:2005.

[32] 汝宜红. 现代物流[M]. 北京:清华大学出版社,2005.

[33] 鲁晓春,吴志强. 物流设施与装备[M]. 北京:清华大学出版社,北京交通大学出版社,2005.

[34] 王新利. 物流管理[M]. 北京:中国农业出版社,2007.

[35] 沈默,李承霖. 现代物流管理[M]. 北京:中国林业出版社,2007.

[36] 韦恒,杨学春. 物流学[M]. 北京:清华大学出版社,2007.

[37] 齐二石,方庆琯. 物流工程[M]. 北京:机械工业出版社,2006.

[38] 邓爱民,张国方. 物流工程[M]. 北京:机械工业出版社,2002.

[39] 贺盛瑜,胡云涛. 第三方物流理论与实务[M]. 成都:电子科技大学出版社,2005,2.

[40] 蒋长兵. 现代物流管理案例集[M]. 北京:中国物资出版社,2005,1.

[41] 蒋长兵. 现代物流学导论[M]. 北京:中国物资出版社,2006.

[42] 黄君麟. 物流学导论[M]. 北京:人民交通出版社,2007.

[43] 汝宜红. 物流学[M]. 北京:中国铁道出版社,2003.

[44] 吴清一. 物流学[M]. 北京:中国物资出版社,2006.

[45] 李严锋,张丽娟. 现代物流管理[M]. 大连:东北财经大学出版社,2004.

[46] 李苏剑,等. 企业物流管理[M]. 北京:机械工业出版社,2007.

[47] 王健. 现代物流概论[M]. 北京:北京大学出版社,2005.

[48] 采峰. 现代企业物流[M]. 大连:东北财经大学出版社,2005.

[49] 唐纳德·沃特斯. 物流管理概论[M]. 北京:电子工业出版社,2005.

[50] 易华. 物流成本管理[M]. 北京:清华大学出版社,北京交通大学出版社,2005,3.

[51] 吴清一. 物流管理[M]. 2 版. 北京:中国物资出版社,2005,12.

[52] 徐印州. 物流管理概论[M]. 广东:暨南大学出版社,2008.

[53] 黄祖庆,汤易兵. 现代物流管理. [M]. 北京:科学出版社,2007.

[54] 美国供应链管理专业协会(CSCMP). 供应链管理流程标准[M]. 王国文,佟文立,等译. 北京:清华大学出版社,2007.

[55] 兰伯特. 供应链管理:流程、伙伴、业绩[M]. 2 版. 王平译,北京:北京大学出版社,2007,8.

[56] 梁晨. 如何进行物流服务管理[M]. 北京:北京大学出版社, 2004.

[57] 冉文学,李严锋, 宋志兰, 刘胜春. 物流质量管理[M]. 北京:科学出版社,2008.

[58] 白世贞. 物流企业质量管理[M]. 北京:中国物资出版社,2006.

[59] 倪凤琴. 物流成本管理[M]. 北京:电子工业出版社,2005. 3.

[60] 小保罗. R. 墨菲,唐纳德. F. 伍德. 当代物流学[M]. 北京:中国人民大学出版社,2004,10.

[61] 谭洪涛. 供应链条件下的企业物流绩效评价[J]. 中国高新技术企业,2008(17).

[62] 张宝友,黄祖庆. 物流绩效评价的指标体系、方法研究的现状及趋势[J]. 江淮论坛,2008(4).

[63] 赵君田,崔媛. 浅析物流绩效评价问题[J]. 中国市场,2007(4).

[64] 徐敏娟. 企业物流的绩效评价[J]. 物流科技,2007(4).

[65] 李孟涛,冯康. 辽宁城市物流绩效评价[J]. 物流技术,2007(1).

[66] 潘文荣. 企业物流绩效评价指标体系构建[J]. 统计与决策,2005(11).

[67] 张光明,邓倩. 物流绩效评价的问题和对策[J]. 湖南商学院学报,2005(10).

[68] 周 涛. 物流企业绩效评价体系及层次评价[J]. 华东经济管理,2005(6).

[69] 范春梅,辛若朋. 物流绩效评价研究现状分析[J]. 物流技术,2004(9).

[70] 甘红云,杨家其. 物流绩效评价研究述评[J]. 集装箱化,2002(10).

[71] 万文君,肖平. 物流企业绩效评价方法论[J]. 价值工程,2007(4).

[72] 刘慧敏,戴更新. 物流企业绩效评价方法的实证研究[J]. 科学技术与工程,2006(20).

[73] 朱文琦. 现代物流企业绩效评价发展与现状综述[J]. 商场现代化,2006(10).

[74] 王铁宁,迟玉强. 现代物流企业绩效评价的原则和方法初探[J]. 物流科技,2004(27).

[75] 胡吉全,李娜. 我国制造业发展敏捷物流的关键[J]. 现代企业,2006(7).

[76] 韩江. 敏捷物流企业的建立与运作模式研究[J]. 物流工程,2007(12).

[77] 田宇, 朱道立. 精益物流[J]. 物流工程,1999(6).

[78] 刘志学,龚凤美. 关于大规模定制物流的思考[J]. 物流工程,2003(1).

[79] 胡云涛. 大规模定制下的物流管理[D]. 武汉理工大学,2003.

[80] 尹传勇. 浅析我国应急物流研究现状[J]. 法制与社会,2007(5).

[81] 龙运军,姜大. 虚拟物流研究概况及其发展[J]. 商品储运与养护, 2008(1).

[82] 王长琼. 绿色物流的内涵、特征及其战略价值研究[J]. 中国流通经济,2004(3).

[83] 丁国良. 绿色物流理论及其发展路径探析[J]. 科技信息,2006(6).

[84] 刘小卉. 物流管理信息系统[M]. 上海:复旦大学出版社, 2006,5.

[85] 徐燕. 物流信息管理[M]. 北京:对外经济贸易大学出版社, 2004.

[86] 林自葵. 物流信息管理[M]. 北京:清华大学出版社, 2005.

[87] 王虎,张骏. 管理信息系统[M]. 武汉:武汉理工大学出版社, 2007,5.

[88] 陆道生. 第四方物流:理论探索与实践运作[M]. 上海:上海社会科学院出版社,2003..

[89] 赵广华. 第四方物流的运作模式探析[J]. 财贸经济,2004,(10). P71－72.

[90] 宋华. 整合供应链服务提供商——第四方物流[J]. 经济理论与经济管理,2003,(8).

教师服务登记表

填表日期：________

<table>
<tr><td>教师姓名</td><td></td><td>□先生
□女士</td><td>出生年月</td><td></td><td>职务</td><td></td><td colspan="2">职称 □教授 □副教授 □讲师
□助教 □其他</td></tr>
<tr><td>学校</td><td colspan="3"></td><td>学院</td><td colspan="2"></td><td>系别</td><td></td></tr>
<tr><td>联系电话</td><td colspan="3">办公：
移动：</td><td colspan="2">联系地址及邮编
E-mail</td><td colspan="3"></td></tr>
<tr><td>学历</td><td></td><td>毕业院校</td><td></td><td colspan="2">国外进修及讲学经历</td><td colspan="3"></td></tr>
<tr><td>研究领域</td><td colspan="8"></td></tr>
<tr><td colspan="3">主讲课程</td><td colspan="2">现用教材名</td><td colspan="2">作者及出版社</td><td colspan="2">教材满意度</td></tr>
<tr><td colspan="3">课程 1
□专□本□研　人数：　学期：□春□秋</td><td colspan="2"></td><td colspan="2"></td><td colspan="2">□满意 □一般
□不满意 □希望更换</td></tr>
<tr><td colspan="3">课程 2
□专□本□研　人数：　学期：□春□秋</td><td colspan="2"></td><td colspan="2"></td><td colspan="2">□满意 □一般
□不满意 □希望更换</td></tr>
<tr><td colspan="3">课程 3
□专□本□研　人数：　学期：□春□秋</td><td colspan="2"></td><td colspan="2"></td><td colspan="2">□满意 □一般
□不满意 □希望更换</td></tr>
<tr><td colspan="2">著书计划</td><td colspan="7"></td></tr>
<tr><td colspan="9">希望提供的样书
注：申请的样书必须与本表填写的授课情况相符。</td></tr>
<tr><td colspan="3">书　号</td><td colspan="6">书　名</td></tr>
<tr><td colspan="3">ISBN 7-113-□□□□□</td><td colspan="6"></td></tr>
<tr><td colspan="9">意见和建议</td></tr>
<tr><td colspan="9"></td></tr>
</table>

此表请填写人据实填写，以详尽、清晰为盼。填妥后请选择以下任何一种方式将此表返回：（如方便请赐名片）

地　址：北京市宣武区右安门西街 8 号

中国铁道出版社综合编辑部　**邮编**：100054

电　话：(010)51873104

传真：(010)51873027

E-mail：book@tdpress.com

图书详情可登录 http://www.tdpress.com 网站查询